Alfredo Coviello

GUILLERMO GASIÓ

ALFREDO COVIELLO

Su tiempo. Sus circunstancias.
Apuntes para una biografía intelectual.
Textos. Fuentes. Ensayos.
Materiales sobre su vida y obra

Gasió, Guillermo
 Alfredo Coviello : su tiempo, sus circunstancias. Apuntes para una biografía intelectual. Textos. Fuentes. Ensayos. Materiales sobre su vida y obra . - 1a ed. - Buenos Aires : Teseo, 2013.
 566 p. ; 20x13 cm.
 ISBN 978-987-1867-62-2
 1. Coviello, Alfredo.Biografía.
 CDD 921

© Editorial Teseo, 2013

Buenos Aires, Argentina

ISBN 978-987-1867-62-2

Editorial Teseo

Hecho el depósito que previene la ley 11.723

Para sugerencias o comentarios acerca del contenido de esta obra, escríbanos a: **info@editorialteseo.com**

www.editorialteseo.com

Este ensayo se expone en tres partes. La primera comienza con una síntesis de las claves de Alfredo Coviello. A continuación se despliega una larga serie de notas y digresiones con la idea de abarcar un panorama general sobre personas y temas que se desarrollarán en la tercera parte, donde se presentan materiales de archivo y textos referidos específicamente al personaje objeto de este libro: en conjunto, totalizan quinientas fichas.

1.
ALFREDO COVIELLO
SU TIEMPO. SUS CIRCUNSTANCIAS.
APUNTES PARA UNA BIOGRAFÍA INTELECTUAL.

ALFREDO COVIELLO:
ALGUNAS CLAVES DE SU VIDA, SU MEDIO Y SU ÉPOCA

DATOS DE PARTIDA

Alfredo Coviello.
Nació en Buenos Aires el 25 de abril de 1898.
Centro de sus actividades: Tucumán.
Años de mayor actuación: 1933 a fines de 1943.
Sede principal de sus actividades: el diario *La Gaceta*.
Otros ámbitos: Universidad Nacional de Tucumán, Sociedad Sarmiento, Filial Tucumán de la Sociedad Argentina de Escritores (S.A.D.E.).
Fundador y director de la revista *Sustancia*.
Falleció en Tucumán, a los 46 años de edad, el 13 de julio de 1944.

A MODO DE CURRÍCULUM SINTÉTICO PARA UN HIPOTÉTICO DICCIONARIO BIOGRÁFICO

Alfredo Coviello (1898-1944). Porteño de origen, se afincó desde su juventud en la provincia de Tucumán, donde habría de desarrollar una fecunda y variada labor. A pesar de su origen modesto (sexto hijo de inmigrantes napolitanos) y de no haber completado sus estudios universitarios, llegó a ocupar un lugar destacado en los escenarios institucionales de la época en dicha provincia. Tras cumplir una eficiente tarea como Secretario de Hacienda de la Municipalidad, llegó a ser codirector del diario *La Gaceta* hasta el momento de su muerte. Integró el Consejo Superior de la Universidad Nacional de Tucumán, donde impulsó la creación de las facultades de Derecho y Ciencias Sociales, y de Farmacia y Bioquímica (1937-1939). Fue además presidente de la Sociedad Sarmiento, gestando desde allí la formación del movimiento intelectual conocido como Grupo Septentrión. Fundó y dirigió *Sustancia*, prestigiosa revista cultural publicada en Tucumán a partir de junio de 1939. Fundó y presidió asimismo la Filial Tucumán de la Sociedad Argentina de Escritores (S.A.D.E.), organizadora del Tercer Congreso de la entidad en julio de 1941. En su carácter de codirector de *La Gaceta* participó de la delegación invitada a visitar los Estados Unidos, de febrero a abril de 1943. Publicó numerosos libros sobre temas filosóficos, universitarios y culturales, destacándose: *Geografía intelectual de la República Argentina* y *Sentido integral de las Universidades Regionales*, ambos en 1941.

BREVE NOTA SOBRE SU VIDA, SU MEDIO Y SU ÉPOCA

"Toda su obra, como su lucha cotidiana, le presentan como un espectáculo de acción magnífica"; "Tuvo más que muchos el sentido de la regionalidad. Expuso sus puntos de vista en libros, conferencias y artículos periodísticos. En ese concepto se afianza definitivamente la universalidad de su pensamiento", afirma la nota necrológica de Alfredo Coviello, publicada en *La Gaceta*, el 14 de julio de 1944. "Era el hombre que concentraba autoridad y la ejercía con una precisión apabullante":

así lo recuerda Nicandro Pereyra en la redacción del diario en que desplegaba "su arrolladora capacidad de trabajo y de influencia". Tal vez esas sean las claves de Coviello: su fuerte personalidad, proyectada en un quehacer constante teniendo como herramienta central al gran diario y como meta la ponderación de Tucumán, con particular énfasis en sus manifestaciones universitarias, intelectuales y culturales. La ofrenda en bronce a su memoria, emplazada en uno de los locales de la Universidad Nacional de Tucumán propone inmortalizarlo señalando que "animó con su ejemplo todo esfuerzo de cultura".

En la noche del 13 de diciembre de 1939, cuando la sociedad de Tucumán se congregó en el Hotel Savoy para homenajear a Alfredo Coviello, muchos se preguntarían cuáles habían sido las razones que encumbraron al porteño y originalmente modesto Coviello en un personaje tan destacado de la provincia. Bajo el rectorado de Julio Prebisch, sin ser graduado universitario, Coviello se desempeñó como Consejero de la Universidad Nacional de Tucumán; fue codirector de *La Gaceta* sin pertenecer a la familia García Hamilton.
Basta recordar que rodearon a Coviello en la mesa cabecera en aquel banquete servido en su honor: el gobernador Miguel Critto, el ex gobernador Miguel Campero; Alfredo Guzmán y Enrique García Hamilton; el rector Adolfo Piossek, quien ofició de anfitrión; y quien posiblemente haya sido su mejor amigo personal: Francisco Padilla.

A Tucumán, "ciudad escondida en el corazón de América, que ha sabido guardarse libre", conforme Paul Groussac, dedicó una reveladora nota Juan B. Terán, publicada en octubre de 1937, en que describe el "destino histórico" de Tucumán, y reitera su condición geográfica de "corazón" de la Argentina. El ensayo de Manuel Lizondo Borda, *Tucumán indígena*, de 1938, contribuyó a la caracterización de Tucumán como región más que como provincia. También aportarían a la reputación de Tucumán como eje del Norte – por ejemplo – los ensayos de Bernardo Canal Feijóo, en particular su libro *De la estructura*

mediterránea argentina, de 1948. (Merece rescatarse además una bonita página de Enrique Anderson Imbert).
Coviello fue un convincente propulsor de la jerarquía y de la primacía de Tucumán en el noroeste argentino, defendiendo y promoviendo el regionalismo como factor de integridad nacional – su defensa incluyó el proteccionismo a la industria azucarera – advirtiendo sobre los perniciosos efectos del macrocefalismo centralista de Buenos Aires.
Al impulso regionalista promovido con gran lucidez y persistencia por Terán, Ernesto Padilla y Alberto Rougés, le infundió Coviello un certero replanteo con base en la Universidad Nacional de Tucumán, logrando consolidarla y expandirla, desde sus funciones de Consejero durante el rectorado de Prebisch.
Coviello advirtió que el factor universitario era la clave de bóveda del regionalismo; por ende, promovió los estudios superiores en la provincia teniendo como meta que resultaran no inferiores a, y diferentes de, los que ofrecían Buenos Aires, Córdoba, La Plata y el Litoral. La Universidad Nacional de Tucumán, además, debía ser un factor de identidad y de arraigo regionales. En el discurso de aquella noche, Coviello se ocupó en destacar la compenetración de la Universidad con su medio y en afirmar que la descentralización de la cultura respondía a un principio democrático esencial.
Por entonces, en la Argentina que pugnaba por salir de la crisis económica y la incertidumbre política, y en un marco internacional de guerras y totalitarismos (bolchevique, fascista, nacionalsocialista), Tucumán aparecería como un remanso propicio para las iniciativas académicas y culturales.

Coviello comprendió y supo cultivar una *regla de oro*: relacionarse en términos favorables con el poder que en la provincia ejercían los propietarios de los grandes ingenios azucareros: Alfredo Guzmán, mitrista y conservador, senador nacional, dueño del Ingenio Concepción; y Manuel García Fernández, radical, dueño del Ingenio Bella Vista. También, con Ramón Paz Posse, casado con Elvira Gallo, hermana de Vicente.

ALFREDO COVIELLO: 1. APUNTES

Ernesto Padilla, Juan B. Terán, y Alberto Rougés, personajes claves de la Generación del Centenario, habían sabido ligar el progreso de la industria azucarera con la organización y difusión de actividades y organizaciones académicas, intelectuales y culturales. Los tres, apoyaron sostenidamente al Coviello emprendedor; confiaron en su capacidad de hacer más que en sus méritos intelectuales.

Su amigo de la adolescencia, Francisco Padilla, fue Rector del Colegio Nacional, editorialista de *La Gaceta*, director de la revista *Ideas*, que se publicó de 1937 a 1942, referida a temas de educación. Son significativos sus dichos sobre Coviello en el número póstumo de *Sustancia*, en que destaca "su asombrosa vitalidad".

Otras personalidades claves en la vida de Coviello fueron sucesivamente: el político Juan Luis Nougués, el médico Julio Prebisch, el empresario Alberto García Hamilton.

Con el aporte de Coviello, *La Gaceta* amplió su horizonte, disputándole al diario *El Orden* el liderazgo que hasta ese momento ejercía en todo el Noroeste argentino. Coviello comprendió los alcances (y los límites) del poder mediático, como permanente caja de resonancia y como promotor, difusor, y crítico de la sociedad sobre la que influye. A lo largo de los años, su gestión, particularmente durante los que se desempeñó como codirector, estuvo regida por la búsqueda de eficiencia y organización en lo estrictamente empresario y comercial (en el año 36 se instalan las rotativas marca Hoe), y por la expresa voluntad de jerarquizar la función social y cultural del periodismo, como lo demuestran el nivel y la amplitud de las notas y colaboraciones, hasta el rigor editorial en lo político, signado por una especificidad de la profesión periodística: el tránsito entre la indispensable libertad y los inevitables compromisos.

Vale relacionar el editorial de *La Gaceta* en sus bodas de plata (4 de agosto de 1937), seguramente debido a la pluma de Coviello, en la cual el diario se considera "a la vanguardia del periodismo provinciano", en cuyas páginas queda reflejada "la historia del último cuarto de siglo del Norte Argentino" ("Si con cada paso arriba que daba el Norte se dilataba el radio de acción de *La Gaceta*, ésta a su vez impulsaba a la zona en su continua progresión. Tan estrechamente se vincularon de ese modo la región y su periódico característico, que hoy no se concibe al uno sin la otra"), con la evolución de *Sustancia*: el primer Consejo de Colaboración de la *Revista de cultura superior* es eminentemente tucumano (junio del 39), mientras que el Comité Federativo del número 11-12 (octubre de 1942) tiene alcances interregionales en la revista devenida *Tribuna continental de la Cultura Provinciana*, en que "tenderá a *descentralizar* la cultura argentina, *integrar* la vida espiritual de las regiones, *dignificar* el movimiento intelectual provinciano". O sea: *La Gaceta* y *Sustancia*, a impulso de Coviello, proclaman haber logrado erigirse como factores del liderazgo tucumano en el contexto provincial del Noroeste, con proyecciones en Córdoba y Cuyo.

Por entonces (noviembre del 42), Coviello lanzó una concluyente declaración desde las páginas de *Los Andes*, de Mendoza: "Nuestros propósitos se encauzan en una lucha por conseguir que el estudiante y los estudiosos encuentren apoyo oficial a sus vocaciones y no abandonen su medio; que los hombres de letras vivan la presencia de sus problemas y paisajes. [...] Se ha constituido ya una confederación de la cultura provinciana, en la que figuran los hombres más representativos de la vida intelectual de cada provincia. Tenemos un órgano de lucha y exposición, la revista *Sustancia*, que dirijo".

El editorial del centenario de *La Gaceta*, del 4 de agosto de 2012, titulado "Un siglo al servicio de los lectores", señala que el diario en la provincia "refleja en todo tiempo sus problemas, sus inquietudes y sus sueños". Y en el discurso enmarcado en las celebraciones, Alberto García Hamilton, Presidente del Directorio, afirma: "En Tucumán, *diario* se dice *gaceta*".
El 17 de abril de 1943, el diario informó que para el tiraje de ese día se había utilizado papel fabricado en la provincia por la empresa Papelera del Norte. En septiembre de aquel año, el diario publicó que había aumentado su tiraje a 70.160

ejemplares. Al despedir sus restos, quedó escrito en *La Gaceta* que Alfredo Coviello, "en su constante bregar por la superación periodística, supo dar todo cuanto pudo para engrandecer a nuestra empresa".

Supo Coviello congeniar con el presidente Agustín Pedro Justo, y congraciarse con los gobernadores Miguel Campero y Miguel Critto, o sea, con el ciclo de la Concordancia: conservadores y radicales antiyrigoyenistas, que fueron conformando una suerte de gobierno compartido. Catorce números de *Sustancia* se publicaron durante el mandato de Critto.
A modo de ejemplo basta atender los editoriales de *La Gaceta* referidos a las elecciones en Santa Fe, de febrero de 1937, clave para la sucesión presidencial de ese año; y las declaraciones enviadas por Coviello al vespertino *Crítica* con motivo de un incidente provocado por nacionalistas contra el ex presidente Justo en noviembre de 1942. *La Gaceta* de Coviello supo también, manteniendo sus principios, no colisionar irreversiblemente con el Gobierno de la Revolución del 4 de junio de 1943.
Profeso adversario de los nacionalismos en boga, Coviello nunca tuvo afinidades con el Eje, y consecuentemente simpatizó abiertamente con las Naciones Unidas en el tramo final de su vida, cuando la victoria de la causa Aliada parecía decidida pero aún no estaba completamente lograda.

Convendría a esta altura, evocar como características de la sociedad provinciana: la observancia de las tradiciones locales; los lazos y parentescos que se mantienen, consolidan y amplían mediante las uniones conyugales; el cultivo de tales lazos en las frecuentes reuniones realizadas en casas de familia, salones sociales, clubes.
A las posibilidades de relacionamiento social que brinda un medio como *La Gaceta* aunadas a las relaciones personales forjadas con las ya señaladas figuras de prominente actuación en la provincia, Coviello agregó el valor de las instituciones y de los círculos locales, a los que se ocupó de pertenecer y, más aun, liderar. Así fue Coviello configurando primero su inserción

y finalmente su prestigio en Tucumán. Sin embargo, no hay registros de que perteneciera a ninguna logia, ni tampoco que mantuviera especiales relaciones con dos poderosas instituciones de la época: el Ejército y la Iglesia.

El tucumano-santiagueño Ricardo Rojas, persistente cultor de "la argentinidad integral", aparece como un personaje fundamental si se atiende al más amplio panorama del ambiente intelectual argentino partiendo del Centenario y llegando hasta mediados de la década de los años 40, o sea, con el surgimiento del peronismo.
Rojas acompañó a la Universidad Nacional de Tucumán en momentos importantes. Así, puede trazarse una coherente línea directriz partiendo de las tres conferencias dictadas en 1914, al tiempo de fundarse la Universidad, llegando al acto de homenaje en septiembre de 1941. Esto implica haber plasmado el carácter de "universidad pragmática sudamericana" como signo característico de las universidades del interior, "llamadas a equilibrar el país mediante la cultura". El Instituto Miguel Lillo y el Departamento de Investigaciones Regionales son claros indicios de esa orientación. Implica además, el tránsito de Padilla y Terán a Piossek en la línea política de la Universidad Nacional de Tucumán.
Coviello abarcó con su actuación universitaria a las dos figuras dominantes de dicha Universidad: Terán, de 1914 a 1929, y Prebisch, de 1929 a 1940, prologándola en los comienzos de la gestión Piossek. Con motivo de las controversias emanadas de la propuesta de creación de la Facultad de Derecho y Ciencias Sociales, Coviello acertó en realizar una campaña en apoyo de la iniciativa desde las páginas de *La Gaceta*, enfrentando la posición adversa del rector Prebisch, pero contando con el apoyo de Padilla y Rougés, quienes sabrían en su momento poner límites a la acción del dinámico Coviello. (Rougés publicó en *La Gaceta*, del 13 de marzo del 38, la nota "Universidad integral es el pensamiento de los fundadores").
La restauración nacionalista, de Ricardo Rojas, de 1909, obra en que propicia "el culto de la tradición y la formación de un ambiente histórico nacional", sintoniza con las propuestas de

Terán, así como con una temprana nota que publica Rougés en los idus el Centenario. El punto neurálgico apunta al conflicto entre el interior tradicional frente al litoral cosmopolita y al Buenos Aires centralista y disgregador de la nacionalidad.
Rojas buscó en la literatura la esencia de la nacionalidad y por extensión, "todo el *logos* del hombre". A continuación, planteó a partir de lo telúrico una estética propia de las culturas americanas (*Eurindia*, 1922; *Silabario de la decoración americana*, 1930), basamento de artes aplicadas, o sea, de industrias culturales propias (otra vuelta de tuerca sobre el apuntado carácter *pragmático* de los estudios superiores en las universidades provinciales).
Persistió Rojas en su vocación docente y, en consecuencia, en su ambición de influir sobre la juventud que, a la sazón, atendía mayoritariamente a los cánones reformistas, que lo llevarían del Decanato de Filosofía y Letras al Rectorado de la Universidad de Buenos Aires. Su afiliación a la Unión Cívica Radical, tras la caída de Yrigoyen (con quien no simpatizaría plenamente), lo condujo a crecientes padecimientos durante el gobierno de Justo, no menguados durante el de Perón. En un acto en su homenaje, tributado en Tucumán, en octubre del 54, Rojas reafirmó su prédica: "es urgente restaurar la conciencia americana de las provincias, su confianza en sí, su anhelo de creación regional como cuando el Norte y Cuyo forjaban la epopeya". Más de tres décadas atrás, bajo el título "El equilibrio interno", Rojas había sentenciado que: "Acaso la clave de muchos problemas argentinos, consista hoy en el *aporteñamiento* cursi de las provincias y en el *provincialismo* servil de Buenos Aires, con respecto a las capitales europeas". En el lanzamiento de *Sustancia*, el texto de Rojas marca una pauta definitoria de la orientación de la revista (aun cuando ni sus redactores ni posiblemente sus lectores hayan sido los jóvenes), señalando a Tucumán como "ciudad predestinada" y apuntando a su Universidad Nacional en términos de "un taller de la nueva emancipación". De modo que Terán y Coviello buscaron en Rojas el espaldarazo necesario para sus más ambiciosos proyectos, separados por un cuarto de siglo. Al respecto, Bruno Jacovella advierte lúcidamente que el

regionalismo encerraba un prerrequisito insalvable (que por otro lado acentúa la contradicción capital-interior): "Ningún proyecto nacional que aspire a rencauzar a la Argentina en su autenticidad creativa, en su genuina ley de crecimiento, puede prosperar sin la injerencia principal y apasionada de Buenos Aires". Rojas representaba plenamente al provinciano residente y activo en la inexorable *capital federal* desde la cual oficiaba como promotor de la cultura *nacional* con base en el interior y enfrentada a la metrópoli.

Algunas de las proyecciones más relevantes de la personalidad y la obra de Rojas en su época – consideradas en los materiales incluidos en este ensayo – se perciben en Canal Feijóo, Pagés Larraya, Ángel Guido, y en las investigaciones sobre literatura y folklore publicadas por la Facultad de Filosofía y Letras de la Universidad de Buenos Aires, de donde surgieron Carlos Vega, Ismael Moya, Augusto Raúl Cortazar, María Rosa Lida.

Coviello comprendió el valor político de la cultura, como lo demuestra, ante todo, la inclusión de una página de crítica bibliográfica y análisis cultural en *La Gaceta*; a continuación, el resurgimiento de la Sociedad Sarmiento debido a su impulso personal; la creación de *Sustancia*, un esfuerzo intelectual y organizativo sobresaliente; y finalmente, situándose en el liderazgo del medio intelectual de la provincia mediante la Filial Tucumán de la S.A.D.E. Por cierto que Coviello, "hombre de la cultura: escritor, pensador y docente", además de hacer, se preocupó por difundir lo que hacía.

Seguramente, Coviello estaba convencido que la filosofía importaba el grado más alto del saber y, en consecuencia, que más le valía ser considerado filósofo que periodista, funcionario universitario, o gestor de emprendimientos intelectuales. Buscó, y logró, ser interlocutor de Francisco Romero, quien contribuyó con notas en la página literaria de *La Gaceta* y con ensayos en *Sustancia*. Conocedor del carácter infatigable de Coviello, con fecha 10 de diciembre de 1937, le escribe Romero: "adminístrese un poco más en

beneficio de la continuidad del esfuerzo"; y en carta del 19 de agosto de 1938, le anticipa su propósito de "ir hacia una escuela argentina de filosofía de la cultura".
Tratándose de gestar una "filosofía nacional", habrían de servir como fundantes José Ingenieros y, sobre todo, Alejandro Korn ("el espíritu del filósofo en sí", "la filosofía viviente"). Coviello se ocupó de editar una amplia cobertura en *La Gaceta* con motivo del fallecimiento de Korn; e incluye notas sobre Korn e Ingenieros en *Crítica bibliográfica y análisis cultural*, de 1938, y a ellos dedica Coviello el segundo libro de la serie "Crítica de los problemas argentinos", de 1942. Tal vez la manifestación más original dejada por Coviello sobre el particular sea "El pensamiento filosófico y su expresión en la Argentina", incluido en su libro *La esencia de la contradicción*, de 1939.
El español García Morente, tomista, orteguiano y monárquico, cuyas concurridas conferencias eran difundidas desde *La Gaceta*, dejó huella a su paso por la Universidad Nacional de Tucumán, donde coincidió con una época de convergencia de eminentes talentos emigrados durante las sucesivas conflagraciones europeas (Guerra Civil Española; Segunda Guerra Mundial) de vertientes liberales, socialistas y comunistas: Lorenzo Luzuriaga, Gino Arias, Renato Treves, Rodolfo Mondolfo, Roger (Rogelio P.) Labrousse, a los que se sumaron Eugenio Pucciarelli, Risieri Frondizi, Marcos Morínigo, Aníbal Sánchez Reulet, Enrique Anderson Imbert: la generalidad de los cuales, colaboraría en *Sustancia*, y mantendría amistosa correspondencia con Coviello, quien en el texto inaugural de dicha revista señalaría con justeza: "El ambiente intelectual de Tucumán se ha enriquecido con precipitación durante los últimos años. Hay ya entre nosotros revistas de fama mundial que antes nos fueron desconocidas".
Entusiasta divulgador de las modernas corrientes filosóficas, Coviello se dedicó al estudio del filósofo en boga: Henri Bergson y su *intuicionismo* (al cual accedió seguramente gracias a Rougés) y al rescate de otro, menos conocido: Hans Driesch, y su *vitalismo*, así como a cultivar el enfoque filosófico en notas sobre diferentes manifestaciones culturales. Publicó en *Sustancia* la primera traducción al español de un texto de

Martín Heidegger y dedicó un número de homenaje a Henri Bergson, que incluía colaboraciones de especialistas locales y europeos a la vez que difundía una completa bibliografía (luego publicada en libro).
Tal vez sirva agregar que entre los libros de la biblioteca de Coviello, se encuentra la obra de Georges Brandés *Jesús es un mito* (Traducción de Eloy Muñiz. Prólogos de Rafael Torres Morey y Federica Montseny. Buenos Aires: Colección Claridad: "La religión al alcance de todos", sin fecha). Repasando sucesivos textos de Coviello, así como los índices de *Sustancia*, confirman su condición de liberal-agnóstico.

"Queremos contribuir con nuestra voz al movimiento cultural argentino llamando la atención sobre la rica tradición provinciana, que tan escasamente es percibida en nuestros días": tal uno de los enunciados propósitos fundantes de *Sustancia*, en el número inicial, de junio de 1939.
Por entonces, Coviello era Consejero de la Universidad, codirector de *La Gaceta*, Presidente de la Sociedad Sarmiento. A poco andar, fue invitado al Segundo Congreso de la S.A.D.E. en Córdoba, donde logró que el Tercero se realice en Tucumán, para lo cual estableció y presidió la primera Filial de dicha institución en la provincia. Tales actividades se enmarcan en un momento pleno de iniciativas y realizaciones en la cultura argentina, irradiadas desde la Capital. A decir del propio Coviello: "La Argentina está de parabienes: Buenos Aires se ha convertido en la capital de la intelectualidad hispanoamericana. La guerra civil y las persecuciones raciales han influido decididamente en ello. Pero todo ha sido posible, además, por otras razones. Debemos mencionar en primer término el amplio espíritu humanitario que implica nuestra posición democrática. Un profundo sentido de solidaridad intelectual se ha puesto de manifiesto por encima de las cuestiones ideológicas".
Restablecer la alicaída Sociedad Sarmiento y transformarla en sede de actividades intelectuales y artísticas fue obra de Coviello, logrando – entre otros méritos – que Padilla y Rougés regresaran a la institución: "En materia de cultura, la mies es

mucha pero los trabajadores pocos, como en el Evangelio. Por eso es grande mi satisfacción para la promoción de Ud. a la Presidencia de la Sociedad Sarmiento", le escribe Rougés. *Sustancia* se proclamó órgano de la Sarmiento, de donde provinieron sus colaboradores frecuentes y en cuya sede funcionó la redacción de la revista, la cual, en la realidad, al igual que el Grupo Septentrión y el Ateneo de Sustancia –surgidos de su seno– operaron como basamento antes que como usina. Eso sí, sirvieron para acompañar a Coviello como anfitrión de visitantes ilustres a la ciudad, cuyas presencias fueron difundidas desde *La Gaceta*.

Otra fuente de reclutamiento del personal de *Sustancia* procedía de la redacción de *La Gaceta*, siendo que el subtítulo de *Revista de cultura superior* importaba diferenciarla del periodismo, y también, por su diversidad temática, de las publicaciones especializadas de los institutos universitarios. Ernesto Padilla (de manera muy destacada), Juan Simón Padrós, y Fernando Prat Gay – que pueden contarse entre los tantos influyentes políticos de provincia con actuación en la política nacional desde la *capital federal* – prestaron sostenido apoyo (en avisos y subsidios) a favor de *Sustancia*.

La figura del poeta modernista Ricardo Jaimes Freyre fue recurrentemente socorrida por Coviello: implicaba para él su primer lazo de inserción en la sociedad tucumana, puesto que evocaba a su antiguo profesor del Colegio Nacional; a la vez, implicaba relacionarlo con Ernesto Padilla, Juan B. Terán, y Julio López Mañán, con quienes Jaimes Freyre había fundado la influyente *Revista de Letras y Ciencias Sociales*. Coviello se ubicaba, en ese sentido, con *Sustancia*, como continuador de la obra de los maestros de la Generación del Centenario, dándole un sentido de actualidad y con mayores alcances.

La diagramación, la ornamentación, la cuidada tipografía, la calidad del papel de *Sustancia* lucían acorde con una revista *importante* (Coviello destacó el valor de ese tipo de publicaciones en "Las revistas y el panorama intelectual argentino", incluido en *Geografía intelectual de la República Argentina*), orientada a guardar correlación con la pluralidad de sus colaboradores, la calidad de su contenido, y el propósito de la publicación: "Cubierta y contenido, forma y fondo que son y revisten las cosas del espíritu, nos llevan sin equívocos al propósito primero y último que acicatea nuestra aparición. Y es eso lo que el signo de esta publicación periódica no podría revelar con más propiedad: SUSTANCIA, en cuanto posición u orientación, en cuanto delimitación de su campo, por cierto amplísimo".

Esa apuesta a la calidad, a la vez, debía servir como reflejo del rol de Tucumán en la cultura del Noroeste argentino, proyectándose al campo internacional. A tal fin se buscaba difundir "el tono de la expresión nacional, armónicamente conjugado con el sentido universal de la humanidad y de la cultura", contribuyendo así al "ideal de la unidad nacional mediante la cultura".

La revista fue pasando del provincialismo y el regionalismo noroestino a la interrelación provincial, y de la faz especulativa, literaria y artística al diagnóstico y proposiciones para transformar la realidad socio-económica de la región, conforme surge de la sección "El pensamiento en acción".

Las páginas de *La Gaceta* de aquellos años, las colaboraciones publicadas en *Sustancia*, y la correspondencia conservada en el Archivo de Alfredo Coviello, permiten trazar un sistema de relaciones que revela amplitud y diversidad: a los ya citados Padilla, Rougés y Terán, se añaden Rojas y Canal Feijóo, los socialistas Alfredo Palacios (quien en 1942 publicó en edición de *La Vanguardia* el libro *Pueblos desamparados. Solución de los problemas del Noroeste argentino*, que recoge sus intervenciones en el Senado de la Nación) y Américo Ghioldi, el conservador-nacionalista Juan P. Ramos (propulsor de la Encuesta Nacional de Folklore, de 1921), el socialista *facundiano* Saúl Taborda, y el antivanguardista José Gabriel (quien pasaría de *Crítica* a ser hombre de Apold).

El Comité Federativo de *Sustancia* extiende el panorama a escritores que genéricamente son presentados en la segunda parte de este libro como autores de obras que reflejan "la integración cósmica de hombre, paisaje e historia": los

mendocinos Juan Draghi Lucero y Fausto Burgos, y el jujeño Daniel Ovejero (a los que se agregan el tucumano Pablo Rojas Paz, los santafesinos Luis Gudiño Kramer y Alcides Greca, el tucumano-santiagueño Fortunato E. Mendilaharzu, el salteño José Hernán Figueroa Aráoz); se añaden a esos narradores los poetas Ricardo Tudela, mendocino; Alfredo Bufano, también mendocino; Ataliva Herrera, cordobés; Horacio G. Rava, santiagueño; Antonio de la Torre, sanjuanino.
Los destacados nombres de los miembros del Consejo de Colaboración y del Comité Federativo, las numerosas y diversas firmas de quienes publicaron colaboraciones – en buen número de profesores de la Universidad –, podría llevar a pensar en un proyecto colectivo, pero no lo fue: *Sustancia* nació y murió con su fundador, director y *alma mater*: Alfredo Coviello.

El ensayo de María Rosa Lida, "El cuento popular hispanoamericano y la literatura", de 1941, entronca la producción provincial de raigambre popular con los clásicos greco-latinos y la tradición literaria europea y española en particular.
Por otro lado, corresponde señalar que si Rojas en *El país de la selva*, de 1907, expresaba que la preservación del carácter autóctono era el resultado del aislamiento geográfico, y Canal Feijóo, en prólogo a una antología titulada *El Norte*, en 1942, apuntaba que "todavía el destino del Norte tiene un aspecto de encerrona más o menos amena del espíritu nacional", Coviello diría ese mismo año desde *Sustancia*, presentada como *Tribuna continental de la Cultura Provinciana*, que la revista: "Acentuará el tono de la expresión nacional, armónicamente conjugado con el sentido universal de la humanidad y de la cultura. Será su afán primigenio decir con *voz propia* y no repetir como *eco*". Canal Feijóo, en *Confines de Occidente* (1954), afirmó en completa sintonía con la cita precitada, que "sólo el regionalismo permite rencontrar – si esto vale de algo – al hombre personal, íntegro, tan torpemente escamoteado por los universalismos abstractistas de toda especie".

El salteño conservador-nacionalista Carlos Ibarguren fue un prominente actor en la política cultural argentina de la década de los años 30 y comienzos de los 40, en su carácter de Presidente de influyentes organismos oficiales. Algunos testimonios de su prédica apuntan a reflejar el tono tradicionalista que llegó a predominar en vastos círculos nacionales. "La Argentina más genuina y característica está en las campañas, en las provincias"; "Nuestro país mantiene aún su fisonomía propia en las provincias del interior, a diferencia de las ciudades mercantiles del litoral y de sus puertos que recibieron una influencia foránea que amenaza alterar nuestros rasgos originales"; "Apoyo con simpatía el estímulo de la tendencia regional en nuestra literatura". La Comisión Nacional de Cultura presidida por Ibarguren operó durante la década como validador de orientaciones tradicionalistas en la cultura argentina.

Canal Feijóo y el catamarqueño Juan Oscar Ponferrada (también relacionados con Coviello), produjeron obras teatrales de fuerte impronta regional, argentina y americana. La "expresión popular dramática" se presenta ligada con el mito, según surge en particular de una sucesión de obras de Canal Feijóo, quien fue pionero en utilizar materiales teóricos tomados del psicoanálisis, y en particular de los ensayos de Karl Jung. La escenificación cuenta con un notable valor agregado en cuanto relación obra-público; en este caso, con público predominantemente paisano-lugareño; valor agregado que se potencia cuando se le agregan el baile y el canto. En una etapa de inicios de la difusión de la música popular argentina, cabe pensar en qué medida el logro de la escenificación del gaucho Moreira por los hermanos Podestá, pasó al tango con Francisco Canaro, y al folklore con Andrés Chazarreta.
Coviello, en su crítica bibliográfica al libro de Canal Feijóo *Ensayo sobre la expresión popular artística en Santiago* (incluida en *Crítica bibliográfica y análisis cultural*, de 1938) se hace cargo de la contradicción entre espíritu moderno y espíritu de tradición. Coviello, por sus funciones en *La Gaceta* – y más allá de ciertas asunciones filosóficas – sabía que no podía

manejarse al margen de la actualidad, del dinamismo de los acontecimientos. Una de las contradicciones que hacía al caso, apuntaba a que por entonces el criollismo gauchesco bonaerense resultaba una suerte de ficción, aparecía como un artificio intelectualizado, mientras que el tradicionalismo norteño presentaba notas de autenticidad, basadas en el arte anónimo de los paisanos. Por otra parte, la declinación del gaucho real tenía como signo característico el haber sido desplazado o asimilado por el inmigrante. De allí que Zapata Gollán (por ejemplo), en *Las puertas de la tierra* presente al Litoral, a la *pampa gringa*, como una nueva expresión de la identidad nacional a partir de la inmigración y la colonización; de cómo el trabajo con la tierra genera un nuevo tipo de arraigo.

En materia de folklore, sobresale la obra de Juan Alfonso Carrizo con sus *Cancioneros*. A ellos se agregan los de Orestes Di Lullo, en Santiago del Estero, y Juan Draghi Lucero, en Mendoza. El ciclo iniciado con la referida Encuesta de 1921 cierra con la publicación por el Consejo Nacional de Educación, de la *Antología folklórica argentina: I. Para las escuelas primarias; II. Para las escuelas de adultos*, ambos, de 1940. El Estado nacional acabó por protagonizar un rol didáctico teniendo como objetivo la nacionalización de la cultura, apuntando al argentinismo más que regionalismo y – a la vez – reforzando el propósito de *nacionalizar* al inmigrante antes que aislarlo o segregarlo.

Carrizo abarca toda una época, una tarea, y una doctrina sobre la naturaleza de la tradición. Del sostenido apoyo brindado por Ernesto Padilla desde los años 20, pasaría al peronismo. Lo mismo ocurrió con Bruno Jacovella, quien pasaría del ensayo folklórico de matriz antropológica al ensayismo político – tal su fundamental texto originalmente titulado "Tradición, Ilustración y Romanticismo en las luchas por la definición del ser nacional". La valoración del espíritu nacional, conservado y expresado en la tradición oral, tiene matriz romántica: basta evocar la obra de Echeverría, que lleva a su vez, a plantear la dicotomía entre cultura popular y cultura de élite.

En el doble número 7-8 de *Sustancia*, Carrizo publicó "José Domingo Díaz. Su vida y su obra", presentando a aquel rústico paisano tucumano del siglo XIX de quien recogió y conservó numerosas piezas de gran utilidad para la investigación volcada en sus *Cancioneros*.

También se abocaron con gran mérito a trabajos de campo los musicólogos Carlos Vega e Isabel Aretz, a los que se agregó Augusto Raúl Cortazar, que produjo una obra que de algún modo cierra el ciclo: *El folklore en el carnaval calchaquí* (Buenos Aires: Sudamericana, 1949). Aquella minuciosa, prolija e infatigable tarea de rescate, catalogación y conservación se inscribe en la línea de las investigaciones que venían realizándose – en su gran mayoría desde la Universidad Nacional de Tucumán – sobre flora y fauna regionales, geografía local, archivos históricos, estudios antropológicos y etnográficos sobre los pueblos originarios, trabajos arqueológicos.

Desde fines de la década de los años 30 y comienzos de los 40, se operó un significativo cambio en la concepción y en el ejercicio de la música de raíz folklórica, producto de la extensión de la radiodifusión a escala nacional, de la profesionalización de los intérpretes, de la profusión de notas de prensa, y por ende, de la extensión del consumo: el mercado fue sobreponiéndose al Estado y la Universidad. El *pueblo* aparece como receptor de expresiones artísticas (no necesariamente folklóricas, ni siquiera argentinas) a las que otorga *popularidad*. Expresivo de ese panorama es la declaración de Atahualpa Yupanqui que recoge Félix Molina-Tellez. Otra figura relevante fue el musicólogo santiagueño Manuel Gómez Carrillo. Así, en el contexto de la tradición, el folklore se afirma como su valor simbólico expresivo de la nacionalidad, pero con nuevas modalidades.

Coviello dio cabida al tradicionalismo a la vez que al vanguardismo, tal surge del cotejo del ya citado análisis de *Ensayo sobre la expresión popular artística en Santiago*, de Canal Feijóo, y su "Ensayo de crítica filosófica sobre la producción literaria de Juan Carlos Dávalos" (en *La esencia de la contradicción*, 1939), con sus intercambios con el poeta Alberto Hidalgo

("Fundamentación filosófica de la poesía", en el N° 4 de *Sustancia*) y su relación con Macedonio Fernández. Hidalgo se proclamaría orgullosamente vanguardista y provinciano. (En una ponencia que viene al caso, José Isaacson señala la correspondencia entre la mítica revista *Martín Fierro*, de Buenos Aires, y la propuesta lanzada en el manifiesto de *La Brasa*, desde Santiago del Estero).
En la nota "La posición del escritor ante el folklore", publicada en *Sustancia* (septiembre de 1941), Coviello sentenció: "ya no se puede improvisar en materia de folklore después de la monumental obra de recopilación y sistematización llevada a cabo por Juan Alfonso Carrizo y de las producciones de otros escritores de autoridad como Juan Carlos Dávalos y Bernardo Canal Feijóo. [...] Di Lullo, Jijena Sánchez, Bruno Jacovella, Julio Aramburu, Fausto Burgos, Draghi Lucero, Adán Quiroga, Guido Buffo".

El pensamiento y la acción de Coviello propendían, a partir de lo regional, a lograr la armonía y la concordia nacionales; la región operando como factor de equilibrio, de integración, y de preservación del patrimonio argentino, proyectándose hacia el exterior. Así lo revelan en particular dos libros suyos, ambos publicados en el mismo año 1941 (tal vez como carta de presentación con motivo del Congreso de la SADE en Tucumán): *Geografía intelectual de la República Argentina* y *El sentido integral de las universidades regionales*, en el cual afirma: "la misión de las universidades modernas está completamente definida en esa conjugación de lo universal-regional, que aplica la investigación científica de manera inmediata al ambiente en que actúa". (Afirmación que se corresponde con el discurso de Rojas de aquel año al ser designado miembro honorario de la UNT, y se completa con el primer libro publicado por Coviello en la serie "Crítica de los problemas argentinos").
Algunos datos del Tucumán del 41: gobernaba Miguel Critto; se crea la Orquesta Filarmónica de la Provincia, con 98 músicos, y el Museo de Historia en la vieja casona del Obispo Colombres, en la calle 24 de Septiembre; comenzó la reconstrucción de

la Casa Histórica, con Buschiazzo escarbando los cimientos y con una vieja fotografía de Paganelli para rehacer la fachada; se declaran monumentos históricos a lo que quedaba de ese solar y a las casas del Obispo Colombres y de Avellaneda, así como a la Catedral que se reabre al culto luego de cuatro años de refacciones y a las antiguas capillas de Chicligasta y San Ignacio de la Concha, se consolidan los trabajos del camino a los valles calchaquíes; se funda la Hostería de San Javier; aparece un nuevo diario: *La Unión*, y la *Revista de Matemática y Física Teórica*, que lanzó su primer número con un artículo de Einstein.

El ensayo argentino tenía por entonces como uno de sus calificados exponentes al historiador Ricardo Levene, desplegando gran actividad desde la Academia Nacional de la Historia y el Archivo Histórico de la Provincia de Buenos Aires, a la vez que promoviendo la preservación del patrimonio artístico y cultural desde la Comisión Nacional de Museos y de Monumentos y Lugares Históricos. Al respecto, es posible conjeturar su diálogo con Coviello sobre la Casa Histórica, conforme surge de una nota gráfica y notas de *La Gaceta* durante su visita a Tucumán en julio de 1940. También de la época son los ensayos de los arquitectos Martín Noel y Mario Buschiazzo; del antropólogo Romualdo Ardissone; y de Adán Quiroga (autor de *Folklore calchaquí*, editado por la Universidad de Buenos Aires en 1929) con la redición de *La cruz en América*.

Del Nº 10 de *Sustancia*, merece destacarse el comentario bibliográfico de Coviello sobre una obra fundamental de Ángel Guido: *Redescubrimiento de América en el Arte* – otra obra del período explícitamente tributaria del pensamiento de Ricardo Rojas – en la cual el gran rosarino afirmaba: "en este grave momento crucial de la rehumanización del arte, nuestra América Redescubierta podrá ofrecer a aquel artista nuevo, el Paisaje virgen que sueña y el Hombre limpio que espera. Redescubrimiento no es exhumación de valores muertos. Es exaltación de valores vivos".

"Si fuéramos a decirlo en breves palabras, todo el vigor argumental con que nos informa capítulo tras capítulo, tiende a señalar sin dubitaciones de ningún género, la ruta propia, nuestra ruta en el arte, el camino de América en la búsqueda de su propia expresión", sintetiza Coviello, quien destaca en la admirable obra de Guido, su rescate del Hombre y el Paisaje de América, bases de un arte genuinamente argentino y americano, que Guido advierte en la obra muralista, producto de la Revolución Mexicana, de Diego Rivera ("la única originalidad plástica en el arte actual de América") (Coviello señala a la obra de Ramón Gómez Cornet, quien según su opinión "ha conseguido ya el milagro de la propia expresión"), en la arquitectura de Frank Lloyd Wright, y en los rascacielos que iban poblando la geografía urbana de los Estados Unidos. Se advierte una exaltación de América como la Tierra Nueva; América como superación de la vieja Europa. Al continente envuelto en guerra y bajo totalitarismos, se oponía, emergente, el ideal de una nueva civilización basada en la paz, la tolerancia, la libertad. Esas ideas guardan correspondencia con el discurso pronunciado por el escritor Eduardo Mallea al inaugurar el Tercer Congreso de la S.A.D.E. en Tucumán. Subyace una revaluación del panamericanismo y una atenta observación del *New Deal* del presidente Franklin Roosevelt, política cuya influencia en el medio argentino no aparece en general suficientemente atendida y valorada.

Guido plantea además una reargentinización edilicia por el urbanismo, aspecto que desarrolla en la nota "Estética filosófica del espacio en el urbanismo", publicada en *Sustancia* (N° 15-16). Además, dice Coviello, "pregona Guido con su trompeta arquitectural, la reargentinización edilicia de la región septentrional a través del estilo que creó a nuestras viejas y frescas casas coloniales barridas por la invasión exotista". De la relación de Coviello con Rojas y Guido se explica que el arquitecto José Graña haya puesto en práctica muchas de las ideas desarrolladas conceptualmente por aquéllos en la construcción de la última vivienda de la familia Coviello en Tucumán.

Como hombre de la cultura, y ávido lector, Coviello atendió a la producción bibliográfico-editorial, según surge de la inclusión (antes señalada) de una página semanal de *La Gaceta* dedicada al comentario de novedades y, a modo de ejemplo, de la lectura de su nota "Panorama bibliográfico argentino" (en el primer número de *Sustancia*), en la cual destaca el rol cumplido por el editor Gonzalo Losada. Asimismo, Coviello se ocupó de conservar y acrecentar las bibliotecas de la UNT y la Sociedad Sarmiento. (Una contribución intelectual, a la vez que revelaciones de su propia experiencia, figuran en el segundo libro de la serie "Crítica de los problemas argentinos"). Seguramente no imaginó Coviello las vicisitudes que debería sortear la donación de su propia biblioteca. Pero Coviello tuvo claro, según dejó escrito en *Geografía intelectual de la República Argentina*, que: "A pesar del auge de las editoriales y de la liberalidad cada vez más acentuada para con nuestros autores, el verdadero héroe de la literatura continúa siendo el escritor argentino".
La actividad de Coviello se prodigó durante el Tercer Congreso de la S.A.D.E. realizado en Tucumán, en julio de 1941, oportunidad en que conceptualmente volvió sobre sus recurrentes planteos sobre la descentralización de la cultura, la integración de las culturas regionales y la dignificación del escritor residente en provincias. En ese Congreso, Coviello tuvo oportunidad de mostrarse interactuando con Gerchunoff, Mallea, Martínez Estrada; de ofrecer notas en *La Gaceta* y tribuna académica a Soto, José Gabriel, Juan Filloy, Tudela, Greca, Barletta. Durante aquellos días, Tucumán fue el centro de la actividad intelectual del país, con Coviello oficiando de anfitrión.

Coviello se ocupó de las mentadas "crisis" y "decadencia" de la democracia, defendiendo lo que consideraba sus notas características: su cualidad intrínseca, como sistema de vida que expresa la dignidad humana; y por lo tanto, portadora de valores que trascienden toda coyuntura, de allí su atemporalidad. Tal el planteo esencial de *Los trece temas de la democracia*, publicado en 1938, o sea, meses antes del

estallido de la Segunda Guerra Mundial, promediada la cual, en 1942 dictó su conferencia "El drama del hombre y del mundo" en el Instituto Popular de Conferencias del diario *La Prensa*, en Buenos Aires. Allí desarrolló los conceptos de "inmanencia y trascendencia de la cultura": "Concebimos la cultura nacional como un movimiento doble, hacia adentro y hacia fuera. Hay un ente regional de propios impulsos que recibe a su vez la influencia del ámbito externo: es un movimiento finito, perfectamente definido, de gradación superable, permanente, de conquistas incesantes, que consiste en un plegarse y desplegarse sucesivos. [...] Es lo finito y lo infinito resolviéndose dialécticamente. Y así nos explicamos cómo la provincia influye sobre la región, la región sobre la nación, la nación sobre el continente, el continente sobre el universo: porque son fuerzas inmanentes que se trascienden en juegos finitos e impregnaciones infinitas".
A modo de legado intelectual, señaló Coviello la necesidad, en la Argentina, de un "repliegue sobre el hombre y su paisaje, de la metrópolis a la campaña y la montaña". "Dirigiendo la mirada en nuestro derredor – dijo Coviello en aquella conferencia – deberíamos concebir y materializar el enraizamiento del hombre argentino en una armonización equilibrante: hay que revivir las provincias, fortificar las raíces en profundidad para que el tronco se robustezca y en toda la frondosidad de sus ramas aflore la salud. [...] Esta horizontalidad nacional que es la unidad del hombre argentino y esta perpendicularidad provinciana nos otorgan la visión clara de nuestra vida espiritual: la cual ha de culminar mediante la descentralización de la cultura. Para que el hombre sea fiel a su destino, ha de convivir con *su paisaje*. Con gran acierto, Ángel Guido en su *Redescubrimiento de América en el Arte*, llama la atención sobre el momento actual".
El paisaje como expresión de *la tierra*, de *las propias raíces*, es tema recurrente en Rojas, Ibarguren, Draghi Lucero; continuado por Canal Feijóo y Pagés Larraya. Augusto Raúl Cortazar examina el valor del paisaje en la obra magna de Ricardo Güiraldes y en los cancioneros bonaerense y salteño. La tradición como nostalgia del pasado se advierte en obras

de Rojas Paz y Ovejero. La tradición argentina fundada en el hispanismo-católico aparece expuesta en Rougés, Ibarguren, Carrizo, y cultivada desde los Cursos de Cultura Católica, donde se destacan los aportes de Rafael Jijena Sánchez.
(Una nota a destacar: los tucumanos de gran apertura internacional: los Prebisch: Raúl, economista; Alberto, arquitecto; Julio, médico; el arquitecto César Pelli; Guillermo Oliver, el bioquímico que desarrolló la leche biótica; y los médicos Eliseo Cantón, Gregorio Aráoz Alfaro, León de Soldati y Tiburcio Padilla).

En su primer y único viaje al exterior, Coviello visitó los Estados Unidos y Canadá como parte de un programa organizado por el Departamento de Estado, de febrero a abril de 1943. Si el Congreso de la S.A.D.E. sirvió a Coviello para interactuar con calificados exponentes de las letras argentinas, durante aquel viaje lo hizo integrando, en su condición de codirector de *La Gaceta*, una calificada comitiva de dirigentes de la prensa argentina. Además, en el plano exterior, su nombre pasó a figurar en la agenda de Nelson Rockefeller.

Durante los largos y penosos meses de 1944 en que Coviello fue despidiéndose tempranamente de la vida, la Argentina transitaba progresivamente del tradicionalismo entre liberal-conservador-nacionalista, al nacionalismo popular, que sería una de las banderas del incipiente movimiento político liderado por el coronel Perón. De modo que el fin de la vida de Coviello coincide con el cierre de un ciclo histórico en el país. *La Gaceta* sabría adaptarse a los cambios y mantener su prestigio y su influencia. Su amigo Horacio Descole ocuparía un rol preminente en la Universidad Nacional de Tucumán. El también talentoso y activo Guido Parpagnoli sería un promotor notable de la cultura regional.
Al cabo de los trabajos y los días, Alfredo Coviello dejó como legado "un espectáculo de acción magnífica".

2.
NOTAS Y DIGRESIONES RELACIONADAS CON EL BREVE ENSAYO PRECEDENTE Y CON LOS MATERIALES PRESENTADOS EN LA TERCERA PARTE DE ESTE LIBRO

EL INGENIO SAN PABLO Y LA FAMILIA PADILLA

[001] El progreso de la industria azucarera tuvo como correlato en los empresarios tucumanos su inclinación por la organización cultural.

Investigaciones de base:
Donna J. Guy. *Política azucarera. Tucumán y la generación del 80*. Tucumán: Fundación Banco Comercial del Norte, 1981.
Eduardo Rosenzvaig. *Historia social de Tucumán y del azúcar. El ingenio*. Universidad Nacional de Tucumán, 1986.
Roberto Pucci. "Azúcar y proteccionismo en la Argentina, 1870-1920. Un conflicto regional entre la burguesía mediterránea y el Litoral agropecuario", en Daniel Campi (compilador). *Estudios sobre la historia de la industria azucarera argentina*. Universidad Nacional de Tucumán. Facultad de Ciencias Económicas, 1993.
Noemí Girbal de Blacha. "Azúcar, poder político y propuestas de concertación para el Noroeste argentino. Las conferencias de gobernadores de 1926 y 1927", en *Desarrollo Económico*, Volumen 34, N° 133, 1994.
María Celia Bravo. "Liberales, socialistas, Iglesia y patrones frente a la situación de los trabajadores en Tucumán", en Juan Suriano (compilador). *La cuestión social en Argentina, 1870-1943*. Buenos Aires: La Colmena, 2000.
María Celia Bravo; Daniel Campi. "Elite y poder en Tucumán. Argentina, segunda mitad del siglo XIX. Problemas y propuestas", en *Secuencia*, Nueva época, N° 47, mayo-agosto de 2000.

Claudia Herrera. "La élite tucumana: familia, azúcar y poder", en *La generación del Centenario y su proyección en el Noroeste argentino (1900-1950). Actas de las VI Jornadas realizadas en San Miguel de Tucumán, 2005.* Tucumán: Fundación Miguel Lillo. Centro Cultural Alberto Rougés, 2006.

Oscar Chamosa. *Breve historia del folclore argentino 1920-1970: Identidad, política y nación.* Buenos Aires: Edhasa, 2012. Versión en español de los tres primeros capítulos de su libro *The Argentine Folklore Movement: Sugar Elites, Criollo Workers, and the Politics of Cultural Nationalism, 1900-1955,* editado por la Universidad de Arizona en 2010.

[002] Miguel Alfredo Nougués en su libro *Los fundadores. Los propulsores. Los realizadores de San Pablo* (Tucumán: Club de Lectores, 1976), en el capítulo "La generación de oro", dice:

Los realizadores de San Pablo constituyen la bien calificada *generación de oro*, o la *de los dos centenarios*. Algunos, asimismo, la señalan como la generación *de la universidad tucumana*.

Tiene la singularidad de contar con la suma de gran número de personalidades de prestigio que se implican recíprocamente, se complementan hasta confundirse y homogeneizarse, en común afán de progreso y de irradiación cultural, para constituir en Tucumán un selecto grupo de memorable intelectualidad provinciana. Actúan en equipo y se multiplican hasta veinte lo que hasta entonces sólo había sido *un* Alberdi, *un* Avellaneda, *un* Roca.

Los tres realizadores de San Pablo: Luis F., Juan Carlos y Ambrosio A. Nougués, comparten el espacio generacional con sus primos Julio López Mañán, León Alberto y Marcos Rougés, Ernesto y José Padilla y el sobrino de todos ellos: Juan B. Terán. Actúan juntos con el sabio Miguel Lillo, el poeta Ricardo Jaimes Freyre, y los periodistas Germán y Alberto García Hamilton, con José Ignacio Aráoz y Juan Heller, con Miguel P. Díaz, José Lucas Penna, Adolfo Piossek y el historiador Manuel Lizondo Cainzo, Gaspar Taboada, Eudoro Avellaneda Terán, Pedro Cossio, Ricardo Frías, Juan Simón Padrós, Emilio Terán Frías, Luis M.

Poviña, Lauro Fagalde, para no citar a los que, como el último, descuellan entre los otros hermanos y parientes igualmente bien dotados y eminentes.

Pertenecen también a esta generación los tucumanos radicados en Buenos Aires en el desempeño de funciones de gobierno, legislativas, judiciales y docentes universitarias, como Vicente C. Gallo, Gregorio Aráoz Alfaro, Alberto Zavalía Guzmán, Uladislao F. Padilla y Evaristo Etchecopar. En la dirección de empresas: Guillermo Padilla.

Esa generación se ve sublimada por las últimas realizaciones de Guillermina Leston de Guzmán, y de Serafina Rougés de Nougués, las primeras de María Helguera de Frías, como las de las esposas de gobernadores: Julia Etchecopar de Nougués, Isolina Zavalía de Frías Silva, y Elvira Salvatierra de Padilla.

Embellece a esta generación de oro, la tucumana poesía de Amalia Piossek, luego señora de Piossek.

[003] En el capítulo "Los continuadores", señala Miguel Alfredo Nougués:

El ingeniero José Padilla (1881-1948), en quien se concentra no sólo la de un técnico experimentado, sino también la imagen patronal de un hombre de este siglo con el concepto moderno y cristiano de dirigente de empresa, fue Ministro de Agricultura de Ortiz, renunciando ante la intervención a la provincia de Buenos Aires, en marzo de 1940. Dirigió el ingenio Santa Ana, presidió los directorios de Atanor, de productos químicos, y de La Continental, de seguros, y pasaría a desempeñarse como presidente del directorio de Fabricaciones Militares.

JUAN LUIS NOUGUÉS Y SAN PABLO

[004] Clara Helena Nougués, hija de Juan Luis Nougués, en *De la Quinta del Retiro a Villa Nougués. Trescientos años de historia familiar* (Buenos Aires: Dunken, 2001. Prólogo de Raúl M. Crespo Montes), refiere que su padre, el 1º de diciembre de 1929 fundó el Partido Blanco, también llamado Defensa

Provincial, o Bandera Blanca; su segunda intendencia fue intervenida por el gobernador yrigoyenista Sortheix, en mayo de 1930; ganó las elecciones del 8 de noviembre de 1931 y el 19 de febrero de 1932 asumió la Gobernación de la Provincia. El gobernador Nougués impuso un impuesto adicional de 2 centavos por kilo de azúcar, despertando la oposición de su propio padre, Juan Carlos Nougués, dueño del ingenio San Pablo. Resultando que el 9 de junio de 1934, el presidente general Justo intervino su gobierno, que duró 859 días, o sea 27 meses. Agrega Clara Helena: "Se le inició un juicio político, a consecuencia del cual, perdimos la casa de la calle 24 de Septiembre, la que se remató en 1939. A partir de entonces nos fuimos a vivir a un departamento de la calle Salta 410, también en Tucumán". Casado con María Teresa Herrera Vegas, el matrimonio había habitado en la casa normanda en Villa Nougués, construida en 1918, por su padre, Juan Carlos Nougués.

DON ALFREDO GUZMÁN

[005] Carlos Páez de la Torre (h), en *Vida de Don Alfredo Guzmán. 1855-1951* (Tucumán: Estación Experimental Agro-Industrial "Obispo Colombres", 1989), lo presenta como dueño del Ingenio Concepción desde 1887-1888, uno de los más importantes de Sudamérica; fundador de la Granja Modelo, la Estación Experimental, la Quinta Guillermina; director del Banco Provincial; senador y diputado provinciales por el partido mitrista; miembro de los clubes El Círculo y El Club Social; poseedor de una valiosa colección de obras de arte en su casa de 25 de Mayo y Mendoza.

Guzmán fue candidato a gobernador en 1916 por Concentración Popular, suma del Partido Constitucional y el Partido Conservador, y en 1923, primer presidente del Centro Azucarero Regional, entidad defensora de dicha industria. Fue senador nacional por el Partido Liberal, firmando el Manifiesto de los 44, detonante del golpe del 6 de septiembre de 1930.

Presidió la Junta Ejecutiva organizadora, constituida el 10 de junio de 1931, y fue primer presidente del Partido Demócrata Nacional, cargo al que renunció a los pocos meses, alegando razones personales, en particular, sus continuos viajes a Buenos Aires para atender asuntos de sus empresas.
Fue un acendrado opositor al gobierno de Juan Luis Nougués.
[006] Escribe Páez de la Torre:
Si bien teóricamente don Alfredo Guzmán ya estaba retirado de la política, su palabra seguía teniendo tanto peso en la vida cívica de la provincia, que no siempre le era posible seguir manteniendo tal retiro. Obraba también en ese punto la misma personalidad del pionero, acostumbrado a dar su parecer en toda circunstancia importante.
A mediados de 1938, al empezar la campaña electoral por la gobernación, hace drásticas declaraciones en contra de la forma en que el oficialismo designa su precandidato, instando a su partido a "ponerse de pie, en nombre de las instituciones, para salvar su prestigio y decoro".
Sus tajantes apreciaciones repercuten como una bomba en el ambiente político. A pesar de la edad del que las emite, dieron la idea – señala el columnista del diario *La Gaceta* – de que no está tan retirado como afirma, y que puede volver. Don Alfredo comenta al columnista: "He hablado en términos claros para que se sepa qué es lo que pienso y, sobre todo, para que no se me confunda. Porque soy político de una sola pieza, chapado a la antigua, pero sin complicaciones".
Y, algunos meses después, ya en pleno desarrollo de la campaña, accede a otra entrevista con *La Gaceta*. Los años no parecen pasarle cuando recalca sus juicios conocidos de opositor a la línea *personalista* del radicalismo y en apoyo fervoroso a la candidatura de Simón Padrós, del PDN. Interesa sobre todo un tramo de la vivaz conversación con el periodista, en referencia a una ley reguladora de la producción azucarera. Afirma don Alfredo que:
"Tucumán, a causa de esta política radical de incomprensión, no tiene a menudo quien la defienda bien y exija para ella el respeto que le deben todos: no sólo por

su tradición histórica, sino por su aporte invalorable al progreso y a la civilización de una región olvidada del país. Es que quienes deben cumplir esa alta y patriótica misión, se cohíben y aplastan por obra de su propia inferioridad.
"Tomemos un ejemplo que por su semejanza con Tucumán merece destacarse. Me refiero a Mendoza. También la provincia andina soportó las graves consecuencias de la superproducción vitivinícola. Y la Nación acudió en su ayuda: el Congreso dictó la ley reguladora que se regatea hoy a Tucumán, y se le entregaron 80 millones de pesos para regularizar una situación que había llegado a ser muy crítica. A Mendoza nada se le exige en materia social. Mientras tanto, Tucumán jamás ha pedido ni obtenido nada en este sentido, no obstante haberse visto muchas veces abocado a más graves problemas. Sin embargo, cuando acude en demanda, no digo de millones, sino de una simple ley de amparo de los distintos factores de su industria, no faltan voces que se alzan airadas, gritando: '¿Hasta cuándo Tucumán va a seguir gravitando en la economía del país?' La industria tucumana jamás ha recibido de la Nación ayuda financiera. Se ha desenvuelto sola, sin más apoyo que un gravamen aduanero, como se ha hecho y se hace hoy para defender las industrias nacionales del dumping, hoy generalizado en todas las naciones, especialmente en aquellas que producen azúcar.
"En obras públicas ocurre lo mismo. Hasta la revolución de 1930, la provincia de Tucumán fue tratada siempre con desigualdad, tanto que, de no haberse producido ese acontecimiento político, ni siquiera tendríamos los pocos caminos transitables de que hoy disponemos".
[...]
En 1940, el rector Piossek, inicia gestiones entre los industriales tucumanos para obtener donaciones que le permitan integrar un fondo que costee la instalación de un consultorio médico y odontológico para estudiantes de la casa. "El primero en responder a esta noble iniciativa ha sido don Alfredo Guzmán, quien se ha dirigido al Rector

enviando la suma de 3.000 pesos que ha sido fijada como una cuota inicial de esta contribución", informó *La Gaceta*.
[...]
En 1940 vuelve a romper su silencio don Alfredo Guzmán. Los 85 años no han afectado su lucidez para opinar sobre los problemas de la provincia, sino todo lo contrario: ahora los mira con mucha mayor objetividad, y enriquecidos por la perspectiva. Además, esta vez prefiere algo menos fugaz que la declaración periodística. Así, escribe un folleto de 34 páginas, formato 18 x 34 cm. titulado *Algunos aspectos de la industria azucarera*, que se imprime en la casa Miguel Violetto.
El folleto está dividido en cuatro partes: "La industria azucarera, su significación y sus detractores"; "Tucumán olvidado por los poderes nacionales"; "Esfuerzo tucumano para cimentar la industria"; "La llamada protección a la industria azucarera"; y "Acción social de la industria azucarera". A lo largo de ellas, el pionero desarrolla ideas sobre las que ha venido insistiendo a lo largo de los años. El texto de don Alfredo Guzmán sintetiza una apasionante y entrañable visión de la industria azucarera tucumana en cuyos avatares había querido vivir desde la adolescencia, y que había defendido sin tregua a lo largo de toda la vida:
"Tucumán, como no puede ser de otro modo, está identificado con la industria azucarera, y los hechos parecen revelar que el contagio de la mala voluntad de la gente del Litoral hacia nuestra industria, ha penetrado también en la órbita del Gobierno Federal, que ha hecho olvido de esta provincia, por considerarla tal vez culpable de mantener, en el extremo Norte del país, esta expresión de argentinidad que se llama industria azucarera.
"La indiferencia o abandono que se advierte en el Gobierno Federal para con nuestra provincia, se patentiza en el hecho de que, en medio siglo, la Nación no ha contribuido en su beneficio, con obras públicas de importancia.
"Una sola obra pública se ha realizado: la del Correo, cuyo estrecho edificio ha demorado diez años en construirse.

"Además, hace 34 años que la provincia, mediante una ley, acordó con el Gobierno de la Nación, la construcción del famoso dique El Cadillal, que al fin se llamó a licitación en 1939, con la concurrencia de varias empresas extranjeras de reputación mundial, y sin embargo parece que tiende a otra postergación, según se asegura. (Comentemos que no se equivocaba don Alfredo Guzmán, el dique recién se empezaría a construir en 1961, y con el solo esfuerzo económico de la Provincia de Tucumán...).

"En cambio, otras provincias, han sido beneficiadas, como Córdoba por ejemplo, donde está en construcción el *cuarto* dique, lo cual desde luego no censuro, pero no puedo menos que señalar la injusticia con que se trata a mi provincia..."

Refuta supuestos prejuicios sobre la *protección* a la industria azucarera, "defendida en su producción por simples medidas de orden aduanero, como lo están tantas otras actividades".

"El pueblo de la República sabe cuántos millones de pesos cuestan, a la Nación, la industria vitivinícola y la yerbatera; los subsidios que, provenientes del margen de cambios, se destinan a la Junta Nacional de Carnes, a la Junta Reguladora de Granos, a la Junta Reguladora de la Industria Lechera, a la Junta Nacional del Algodón, y también las cantidades que se invierten en el fomento de los elevadores de granos y de otros renglones de la producción, como ser la fabricación de manteca, que ha recibido en el presente año - según información de la prensa - alrededor de dos millones de pesos como subsidio a los fabricantes del producto.

"No critico esta política, y me limito tan sólo a señalar la desigualdad del tratamiento.

"En cambio, la industria azucarera, no cuesta ni pide ni ha pedido un solo centavo al Gobierno Nacional, y por el contrario, contribuye al erario público con fuertes cantidades en concepto de impuestos".

[...]

Guzmán traza un cuadro un tanto idílico de la acción social de la industria en el último capítulo de su opúsculo:

"16.000 explotaciones cañeras dentro de la provincia, dan cuenta de la distribución de su riqueza. Ellas pertenecen a más de 10.000 familias de agricultores, que viven y se benefician exclusivamente de la producción de caña de azúcar, ya que en Tucumán no se ha podido llegar, a pesar de todos los esfuerzos realizados en ese sentido, a la diversificación de los cultivos, sabia y previsora política agraria sin eco entre nosotros.
"La subdivisión de la propiedad en manos de pequeños agricultores, muestra asimismo otro aspecto interesante del asunto, que cobra relieve al comprobar que, entre ellos, son poseedores de plantaciones de 1 a 200 surcos, más de 7.000 cañeros, o sea aproximadamente el 66% del total de plantadores de la provincia... Difícilmente habrá otra industria que ampare, proteja y defienda al pequeño agricultor en la forma en que aquí se hace, y ello corresponde anotar, para destacar aún más los beneficios de carácter social que le dan significación y carácter.
"Pero no es sólo en la distribución de la tierra y en la valorización del fruto que de ella se obtiene, donde radica la acción social de la industria. Ella se extiende también, con no menos intensidad, a todos los factores que intervienen... El peón del surco, el obrero y el empleado de la fábrica, reciben toda la asistencia social requerida en el establecimiento donde trabajan, y disponen además de hospitales, salas de primeros auxilios, bibliotecas, campos de deportes, escuelas, etcétera, que hacen fácil y amable su vida, en núcleos de población donde arraiga la familia argentina..."
Don Alfredo perdió la vista en 1943, a sus 88 años...
Con su esposa, Guillermina Leston, en 1944 donó un nuevo edificio para el Hogar para Ancianas "San Roque", a la Sociedad de Beneficencia de Tucumán.

[007] En 1943 se publica el magnífico libro de Emilio Schleh (especialista en la historia de la industria azucarera), titulado *Los grandes pioneers de la Argentina. La obra económico-social de don Alfredo Guzmán*, de 222 páginas (además de excelentes fotografías), impreso en Kraft, Buenos Aires. "Es un trabajo

fundamental para valorar la vida de su biografiado, dada la gran documentación que inserta – en su mayor parte inédita – y que, realmente, habla por sí sola", apunta Páez de la Torre.

[008] Emilio Schleh tuvo a su cargo la redacción del libro *Centro Azucarero Argentino. Cincuentenario 1894-1944* (Buenos Aires, 1944), en el cual destaca el liderazgo del ingenio Concepción:
[...] el más alto exponente de la industria tucumana y el más completo por su adelantos modernos, su capacidad de molienda y la elaboración diaria del azúcar.
[...]
Dispone en la actualidad de dos poderosas baterías de trapiches, clarificadores Dorr, modernas centrífugas automáticas Roberts, sección completa para fabricar, envolver y envasar azúcar en pancitos, todo mecánicamente, encontrándose electrificadas la casi totalidad de las instalaciones de la fábrica. Posee un amplio taller de construcción y reparación de máquinas, perfectamente montado, con hornos de fundición con capacidad de 20.000 kilogramos.
Hoy, el ingenio Concepción, cuya empresa cuenta con un capital realizado de $ 17.100.000, tiene una capacidad de producción diaria de 6.500 bolsas de azúcar refinado. Posee el ingenio un total de 16.094 hectáreas, de las cuales 8.040 están plantadas con caña, 2.825 con maíz y alfalfa y 5.229 dedicadas al pastoreo. Trabajan en el ingenio, en funciones de toda índole, alrededor de 8.000 personas, de las cuales 1.500 en la fábrica y 6.500 en el cerco, todas las cuales, con sus familiares, suman más de 15.000 personas.
Schleh describe el "socialismo cristiano" practicado por Alfredo Guzmán, destacando los establecimientos de enseñanza y los centros de salud, espacios para recreación y deportivos; la formación y sostenimiento de barrios para obreros y empleados.

Otra publicación de interés: el folleto de 30 páginas, de la profesora Primavera Acuña de Mones Ruiz: *Figuras tucumanas. Don Alfredo Guzmán y su obra social* (Impreso en Buenos Aires, por Amorrortu), texto de la disertación que había pronunciado en la Corporación Mitre.

LA GENERACIÓN DEL CENTENARIO EN TUCUMÁN

[009] Sobre Ernesto Padilla, Juan B. Terán y Alberto Rougés, la Fundación Miguel Lillo. Centro Cultural Alberto Rougés, dirigido por Elena Perilli de Colombres Garmendia, viene publicando desde 1997 una serie de documentos, textos y ensayos que irán citándose a lo largo de estas páginas.

JUAN B. TERÁN: CÓMO UN PEQUEÑO PUEBLO MEDITERRÁNEO ALCANZASE PERSONALIDAD CONTINENTAL

[010] La revista *Atlántida*, dirigida por F. Ortiga Anckermann, popular por las notas que firmaba como Pescatore di Perle, dedica un *Número extraordinario: La República Argentina*, N° 849, octubre de 1937, en el que incluye textos sobre las distintas provincias y territorios nacionales, por calificadas plumas de la época: Córdoba, por Ataliva Herrera; Tucumán, por Juan B. Terán; Mendoza, por Jorge A. Calle; Salta, por Juan Carlos Dávalos; San Juan, por Juan Pablo Echagüe; Jujuy, por Julio Aramburu; Santiago del Estero, por Bernardo Canal Feijóo; La Rioja, por Arturo Marasso; Catamarca, por Luis Franco; Los Andes, por Juan Alfonso Carrizo.

La nota de Juan B. Terán sobre Tucumán sintoniza con el regionalismo del momento, expresivo en personalidades como Coviello:
> Su destino histórico ha sido elaborado por la unión de las dos influencias, la del Norte - de Perú y del Pacífico -, y la del Sur - de Buenos Aires y el Atlántico.
> Su papel ha sido de intermediarlo entre ambas, lugar del encuentro y conciliación de las formaciones sociales diversas, en cierto modo beligerantes; su posición geográfica le dio el destino de puerto terrestre forzoso en la comunicación entre los pueblos del Pacífico y los del Río de la Plata.
> [...]

Frontera entre la tierra fangosa y la tierra llana, fue también frontera entre las razas indígenas y separó poblaciones de diverso carácter.

Esta función desempeñada por siglos, de estación de contacto y de empalme de tierras, razas y caracteres sociales que representaban dos grandes formaciones diversas, nos explica cómo un pequeño pueblo mediterráneo alcanzase personalidad continental.

Más tarde se la vio concretada en dos hechos, que reciben de esa larga gestación su sentido verdadero: la batalla de Belgrano que detuvo para siempre al ejército español y la Declaración de la Independencia de las Provincias Unidas. Ambos fueron hechos con trascendencia americana.

[...]

Las grandes luchas que fraguaron la unidad de país no se definían si no se sellaban en tierra de Tucumán. Solamente después de la batalla de Ciudadela, en 1831, podía considerarse vencida la revolución de Lavalle de 1828. Solamente después de Famaillá, en 1841, pudo tenerse Rosas por vencedor y amo de la República. Antes de Pavón, estuvo con Mitre. Para gobernar por primera vez la Nación unificada, Mitre se asoció a un tucumano, Marcos Paz.

Fue un tucumano, en esa época de pasiones bravías, quien completó la unificación del país, imponiendo como capital política a su capital histórica.

Avellaneda traducía en ese acto una inspiración secular de su tierra, que había sido el puente de dos civilizaciones durante la colonia, que había alzado la causa de la fraternidad por encima de los antagonismos provinciales y albergado, en su seno propicio, la causa de la nación.

Así comprendemos el sentido de la figura poética que dice de Tucumán que tiene la forma de un corazón y ocupa su puesto en la imagen de nuestro país.

En aquel número de *Atlántida*, Canal Feijóo comenzó su colaboración en estos términos:

Nuestro destino histórico está conformado de manera que, hoy por hoy, los valores simplemente tradicionales sólo deben merecer una consideración muy secundaria. Las promesas o proposiciones de futuro que él encierra le resultan mucho más interesantes y halagüeños que los legados del pasado.

[011] Juan B. Terán bajo el título "Origen de una nueva universidad", presentó la exposición de motivos a la Legislatura provincial, texto incluido en *La universidad y la vida* (Buenos Aires: Coni, 1921), reproducido en *Una nueva universidad*, de 1928, y en el tomo V de las *Obras completas*, de 1980
A Terán se debe el "Proyecto de ley de creación de la nueva Universidad", incluido en *Compilación histórica de la Universidad Nacional de Tucumán. Desde su fundación hasta el 31 de diciembre de 1936* (Tucumán: Universidad Nacional de Tucumán, 1964).

[012] Terán fue Presidente del Consejo General de Educación de la Provincia de Tucumán, en la intervención que siguió al golpe de septiembre de 1930, por breve tiempo, dado que asumió como Presidente del Consejo Nacional de Educación, en noviembre de 1930.
En junio del año anterior, había sido uno de los fundadores (con sus amigos Ricardo Bascary, León y Alberto Rougés, José Padilla, Sisto Terán, Prudencio Santillán) del Rotary Club de Tucumán.

[013] En su libro *Al servicio de la novísima generación de la América Española* (Buenos Aires: Cabaut, 1932), Juan B. Terán caracterizó a la generación de 1918, signada por el radicalismo y la Reforma Universitaria:
> La Reforma Universitaria no tiene, a pesar de su nombre, un fin universitario. Es el grito que lanza la Revolución Social a las puertas de la Universidad, de paso a su heroico destino. [...] Su ideario es esencialmente económico y su procedimiento invariablemente político. En términos más simples, es un Partido Político con programa económico. Dentro de las corrientes contemporáneas, es socialista-comunista.

[...]
La Reforma Universitaria no nació para combatir el gobierno sino amparada a su sombra. Ha sido dictatorial, dócil al ejemplo del partido cuyo triunfo auspició su nacimiento.

Bajo el título "La novísima generación", o sea, la que sucedió al yrigoyenismo, Torán escribe:

La generación inminente entró a la escuela cuando apareció la generación de la Reforma Universitaria. Está ahora en la Universidad o ha comenzado su vida práctica, sin pasar por ella.

[014] Sobre la base de una conferencia pronunciada en el Instituto Popular de Conferencias de *La Prensa*, el 23 de junio de 1933, Juan B. Terán publicó *La formación de la inteligencia argentina* (Buenos Aires: Cabaut, 1939), que concluye así:

El romanticismo de los países nuevos, la riqueza sentimental de nuestra vida es una fuente de mal si no los corrige y disciplina la inteligencia. Tal es la faena que corresponde en esta hora a los argentinos. Lograda esta conquista, aquel patrimonio sentimental adquiere un valor decisivo para que un día florezca en nuestro suelo una cultura memorable.

[015] Juan B. Terán en su *Discurso de recepción del Dr. Octavio R. Amadeo, en la Academia de Derecho de la Universidad de Buenos Aires. Noviembre 16 de 1934* (Buenos Aires: Cabaut, 1934), desarrolla tres temas:

El primero, autobiográfico: "El estudiante de Derecho de 1900", en la Universidad de Buenos Aires, en donde traza cálidas evocaciones de sus profesores Juan Agustín García y Juan Antonio Bibiloni.

En el segundo, "Las generaciones de 1900, 1918 y 1934", se relaciona con los tiempos de Amadeo:

Si no pertenecemos a la misma generación universitaria, pertenecemos a la misma generación histórica, la que llegaba, a la aurora del nuevo siglo, orgullosa de la herencia que le dejaba el siglo que moría.

[...]
Los primeros sorprendidos con lo que ha ocurrido en el país en los últimos treinta años es la propia generación de 1900. Muchos hombres de sus filas se encuentran hoy en la situación de quien hubiera guardado en un cofre un tesoro precioso y que llegado el momento de recurrir a él, al abrirlo, se encuentra con que el tesoro ha desaparecido, sin que haya sido forzada la cerradura. El tesoro no existe ya, el tesoro no existió nunca. No sé si creísteis en el tesoro y si habéis experimentado el chasco: hay motivos para penar que en todo caso, estabais preparado.

En el tercer tema, "El nuevo académico", Terán elogia *Vidas argentinas*:
Su calidad es la calidad de los hombres de justicia y de los pintores: la objetividad. [...] [Sus páginas] serán en el futuro un gran documento, la luz que aclarará, completará y vivificará los papeles de archivo.

Concluye:
Para medir el camino de estos últimos treinta años bástenos pensar en el imperio que ejerce Bergson, que Maritain y Gilson doctrinan nuestros días y que el puesto de Anatole France está ocupado, en la conciencia de muchos jóvenes de hoy, por François Mauriac, el glorioso escritor que ha hablado y sentido la *gracia* como una fuerza que deroga las leyes de la naturales, capaz de imprimir al espíritu una juventud inmarcesible.

[016] Estimulado por la convocatoria lograda en el Congreso Eucarístico Internacional celebrado en Buenos Aires, agrupaciones de derecha impulsan a Terán a aceptar la candidatura a senador por la Capital Federal. Candidato por la Concordancia, se presenta como rival de Alfredo L. Palacios, candidato por el Partido Socialista, quien le envía una carta que trasciende a la prensa (*El Argentino*, 12 de marzo de 1935) en la cual acusa recibo y le agradece el envío "con amistosa dedicatoria" de la publicación del discurso de recepción de Amadeo en la Academia de Derecho:
Se trata de una pieza serena, de corte magistral, a la que usted ha infundido un noble acento emotivo.

Lamento no estar de acuerdo con los juicios que usted enuncia al calificar la obra o la índole de las últimas generaciones argentinas. Observo un fondo de escepticismo y de dolorosa decepción en sus palabras, cuando expresa que los primeros sorprendidos con lo que ha ocurrido en el país, en los últimos treinta años, es la propia generación de 1900, pues muchos hombres de sus filas se encuentran hoy en la situación de quien hubiera guardado, en un cofre, un tesoro preciso y que llegado el momento de recurrir a él, al abrirlo, se encuentra con que el tesoro ha desaparecido sin que haya sido forzada la cerradura. El tesoro no existe ya; el tesoro no existió nunca, dice usted amargamente. Y esa exclamación de angustia la corrobora al afirmar que la generación de 1918, no creyó sino en la realidad inmediata, en la fuerza, y que por eso se la tomó por revolucionaria, siendo solamente el fruto de gérmenes antiguos inculcados hacia 1880. Mientras la de 1918, dice usted, se alzaba contra el pasado de donde procedía la de 1934, la actual, siendo genuinamente revolucionaria por sus ideas y sus creencias, invoca ese pasado para darse un blasón.
Y agrega: "Es revolucionaria porque no puede referirse a precursores argentinos, pues desde Moreno hasta Sáenz Peña, los directores de nuestro país, pensaron lo contrario de su fe"...
Aquí está, a mi juicio, la clave del pesimismo desalentador que trasciende de su discurso.
Los pocos jóvenes a que usted se refiere, denominándolos equivocadamente, generación del 34, jóvenes que por serlo merecen mi simpatía – debido a una ofuscación que, sin duda, será breve –, han perdido la fe en la argentinidad. Buscan ahora, su fe en valores y normas extraños a nuestra índole. ¿Es eso una actitud revolucionaria?
La naturaleza propia de nuestro país, lo más característico en él, es un ritmo evolutivo tan acelerado que todo el que no camina apresuradamente, pronto se queda atrás, perdido entre la sombra. Y mientras el pueblo avanza a impulsos de su ideal, los rezagados pretenden volver atrás, resucitando épocas extintas, y se tornan reaccionarios, por más que hablen en nombre de la revolución. Pero los

pueblos no pueden volver sobre sus pasos, ni renegar de sí mismos, y quienes pretendan hacerlo entre nosotros quedarán abandonados al margen del sendero.

La juventud del 18 no se rebeló contra las generaciones anteriores, como usted afirma; las continuó. Y en la continuación, hay diferencia. No creyó en la fuerza ni en la realidad inmediata, como usted supone. En lo que creyó fue en la justicia, y con su esfuerzo creó otra realidad que había de tomar extensión iberoamericana. Y en los momentos en que la fuerza se erigía como poder y norma fueron, los continuadores de esa generación, quienes tuvieron la audacia y el arrojo de mantener en alto el principio de la soberanía civil y la libertad humana, salvando con su actitud la dignidad nacional.

Permítame por tanto, que disienta de su afirmación decepcionada de que haya desaparecido ningún tesoro. Soy, por lo contrario, un convencido de que el principal tesoro nuestro que es el sentido argentino de vida – sentido de justicia, de libertad y de armonización de los contrarios – no sólo no ha desaparecido sino que se acrecienta y se depura todos los días.

Y cada generación pule su faceta propia en el diamante que constituye nuestro pueblo, encarnación viviente de idealismo que ha de alumbrar, para el mundo, una nueva cultura.

Tal es mi esperanza, que hubiera deseado ver compartida por usted.

Aprovecho esta oportunidad para saludar al prestigioso adversario político, en plena contienda, sin la sombra de un encono y con una gran tolerancia que amplía mi pensamiento y me permite percibir la nota de verdad que vibra en el fondo de toda convicción sincera.

Le estrecha cordialmente la mano su amigo y S.S. (Firmado) Alfredo L. Palacios.

Libro de base:
Carlos Páez de la Torre (h). *Pedes in terra ad sidera visus. Vida y tarea de Juan B. Terán (1880-1938)*. Tucumán / Buenos Aires: Fundación Miguel Lillo. Centro Cultural Alberto Rougés; Academia Argentina de Letras; Academia Nacional de la Historia, 2010.

También sobre Terán: *Estudios sobre la vida y obra de Juan B. Terán*. Buenos Aires: Sociedad de Historia Argentina, 1939. Incluye contribuciones de Julio Aramburu; Ricardo Lafuente Machain; Sigfrido Radaeli; Gastón Terán Echecopar. – Enrique Kreibohm. *Juan B. Terán. Su vida: 1880-1938. Su obra. Ensayo bibliográfico*. Tucumán: Universidad Nacional de Tucumán. Ediciones del Cincuentenario. Imprenta de la Universidad, 1964.

ALBERTO ROUGÉS

[017] Diego F. Pró en *Alberto Rougés* (Valles Calchaquíes. Imprenta López, Buenos Aires, 1957. Nueva edición: Universidad Nacional de Tucumán. Biblioteca Central, 1967), dice sobre su biografiado:
> Uno de los primeros trabajos que escribe es un artículo sobre las autonomías provinciales que publicó en *La Gaceta*, de Buenos Aires, en los días del Centenario. Desde aquella fecha hasta sus días extremos, fue firme en él la convicción de que el país tenía que organizar su vida jurídica, política, social y económica según la concepción democrática de Estado y la forma republicana, representativa y federal de gobierno. No es sino con desasosiego que ve el crecimiento de los poderes nacionales a costa de la autonomía de los estados provinciales.
> [...]
> Para Alberto Rougés la cuestión de la autonomía de los estados provinciales es la esencia misma de la concepción política argentina. No concibe la autonomía política sin la de los medios económicos.
> En su artículo de 1910, señala Rougés que el total de los presupuestos provinciales no alcanza a ser la sexta parte del presupuesto nacional, lo que demuestra, desde luego, la absorción financiera ejercida por el poder central, con mengua de los recursos de las provincias, que se ven obligadas a pedir a aquél subsidios para la realización de obras que no pueden costear por sí mismas.

[018] Víctor Massuh publicó un par de encomiables notas sobre Rougés: "Vida y razón de Alberto Rougés. Un grande de Tucumán y de la filosofía argentina" y "Rougés en su epistolario", ambas en *La Gaceta. Suplemento Literario*. Tucumán, 20 de febrero de 2000.

> A través del epistolario de Rougés se puede rastrear la acción de una dirigencia que cambió la fisonomía cultural de la provincia.
> [...]
> La *Correspondencia* de Rougés permite seguir la acción notable de un grupo de voluntades en una época que vio fundaciones decisivas: ingenios, bancos, instituciones, la Universidad, el diario *La Gaceta*, el Instituto Miguel Lillo, la Escuela Vocacional Sarmiento, las facultades de Derecho, de Bioquímica y la de Filosofía y Letras, la revista *Sustancia*, las publicaciones científicas de la Universidad y su memorable Cancionero Folklórico.

Massuh señala como "columna vertebral" de la compilación, la correspondencia Padilla-Rougés, citando de la carta 391, este párrafo de Padilla:

> Es para mí como vocación definitiva la de querer a Tucumán y trabajar por su destino, sin mirar lo que pueda haber de inferior en los hechos de sus hombres.

Rougés se lo reconoce, expresando en la carta 583 que las grandes empresas de la cultura de Tucumán

> [...] frecuentemente no encuentran otra puerta abierta que la tuya. Tu misión es providencial y nada podemos hacer para ahorrártela.

Continúa Massuh su análisis de la correspondencia de Rougés con estas reflexiones:

> Sorprende la multitud de trabajos que llenaban su tiempo y a los que dio atención sostenida. Se trataba de *hacer* Tucumán en lo grande y en lo pequeño, desde las instituciones hasta el interés por los cultivos, según el más puro estilo sarmientino. Y dentro de este hacer creador incluía, como su parte intrínseca, un *pensar* Tucumán. Como su comprovinciano ilustre, el inspirador de la Constitución del 53, Rougés sabía que el pensamiento es la dimensión más importante de la acción, y por eso

su entrega a Tucumán se prolongaba en una entrega a la filosofía. Y también a una vocación religiosa. Su compromiso con un *hacer* Tucumán que se tradujera en obras, lo llevó a escribir a Francisco Romero: *somos artífices de una obra divina"* (carta 679).
[...]
El epistolario de Rougés muestra con nitidez su entusiasmo por las investigaciones de Juan Alfonso Carrizo, plasmadas desde los primeros tomos del *Cancionero del Noroeste Argentino*, y por las grabaciones de coplas, canciones y danzas populares realizadas por Isabel Aretz Thiele.

Rougés era miembro de la familia propietaria del ingenio Santa Ana.

RICARDO JAIMES FREYRE

[019] Por decisión del gobernador Ernesto Padilla, se encargó al escritor Ricardo Jaimes Freyre la organización del Archivo Histórico de la Provincia de Tucumán.
Producto de aquella tarea resultaron los libros: *Tucumán y el Norte Argentino*, por Juan B. Terán, de 1910; *Tucumán antiguo*, de Julio López Mañán, de 1915; y los del propio Jaimes Freyre, de 1909 a 1916: *Tucumán en 1816; Historia de la República de Tucumán; El Tucumán de siglo XVI; El Tucumán colonial; Historia del descubrimiento de Tucumán.*

[020] Juan B. Terán publicó "Ricardo Jaimes Freyre", en *Nosotros*, N° 287, abril de 1933, nota en la cual destacaba:
> La Universidad fue fundada con su colaboración y cobró fuerza con la suya. El Tucumán de la conquista y la colonia, tuvo su historiador. Del Colegio Nacional salían innumerables jóvenes escribiendo versos, amando las letras y amando un maestro. La pequeña ciudad se había convertido en un centro intelectual.

En esa nota, Terán señala a Alberto Rougés como "un amigo del grupo tucumano a quien amó entrañablemente".

En el mismo número de *Nosotros*: Ernesto Mario Barreda, "Ricardo Jaimes Freyre. (Un maestro del simbolismo)".

Merece consultarse la monografía de Emilio Carilla. *Ricardo Jaimes Freyre*. Buenos Aires: Ediciones Culturales Argentinas, 1962. También, las notas de: Arturo Marasso. "Ricardo Jaimes Freyre", en *Boletín de la Academia Argentina de Letras*, Nº 1, 1933. – Vicente Atilio Billone: "Ricardo Jaimes Freyre en Tucumán", en *Ensayos y Estudios. Revista de Filosofía y Cultura*. Tucumán, 1975. – "Un grupo de discípulos tucumanos de Jaimes Freyre", en *Humanitas*. Revista de la Facultad de Filosofía y Letras de la Universidad de Tucumán, Año XIX, Nº 25, 1994.

[021] Durante la gobernación de Padilla también se dieron a la imprenta estas valiosas obras: *Tucumán a través de la historia*; *El Tucumán de los poetas*, de Manuel Lizondo Borda; *El Congreso de Tucumán*, de Paul Groussac.

SUS ACTIVIDADES ATINGENTES AL PROXENETISMO PERIODÍSTICO

[022] Una oleada de fascismo, catolicismo sectario, nacionalismo antidemocrático y antiliberal, hispanismo monárquico y luego franquista, culto a la violencia, exaltación del Estado como suprema voluntad de poder, fue alentada por diversos grupos genéricamente denominados nacionalistas, que más allá de la reivindicación del tradicionalismo, conformaron una impronta antimoderna, desconfiando del progreso económico por considerarlo materialista y en muchas ocasiones viraron hacia la xenofobia, tornándose críticos de la inmigración con sus expectativas innovadoras.

Uno de esos grupos, la Legión Cívica Argentina, encabezada por el uriburista teniente coronel Emilio Kinkelín, ante la asunción del radical Miguel Campero como gobernador de Tucumán, consideraron pertinente realizar una campaña de agitación en la provincia, resultando, entre otros avatares, un incidente contra *La Gaceta* y, en particular contra Coviello, según se verá páginas adelante.

[023] El diario *Bandera Argentina*, en su edición del 10 de abril de 1935, frente a las demostraciones de repudio suscitadas en Tucumán ante las provocativas actividades de Kinkelín y sus acólitos – entre las que se contaron editoriales y notas de *La Gaceta* – publicó una nota de franco corte injurioso, soez y antisemita:

> Los incidentes y provocaciones que los peludistas y comunistas promovieron últimamente en Tucumán con motivo de la llegada a dicha ciudad del consejero de la Legión Cívica Argentina, coronel Kinkelín, han venido a poner en descubierto un infamante maridaje existente en la capital del Jardín de la República entre las fuerzas de la disolución social del comunismo, la demagogia y la prensa amarilla, a base de la complicidad incondicional del gobernador Campero, quien ha colocado la administración pública bajo la férula de la circuncisión hebraica, que domina en todos sus planteles burocráticos.
>
> Aquello es un verdadero bodrio de mugre peludista, de carroña comunista y de indecencia gubernamental, a la que se agrega la campaña enervada y pestilente de la prensa extranjerizante y enemiga del país, representada allí por un sórdido pasquín mercantilista de la misma calidad de *Crítica*, y por rara coincidencia, también de propiedad y dirigida por un uruguayo, otro de los tantos aventureros que la Banda Oriental no se cansa de expurgar como pus a esta tierra de promisión, para salvaguardar la salud de la propia. Nos referimos a *La Gaceta*, que Raúl Castro Videla motejó a fuego en su diario *La Nota* con un calificativo que le dura hasta ahora, en consonancia con su impudicia y sus actividades atingentes al proxenetismo periodístico.
>
> *La Gaceta* es digno órgano oficial del judaísmo, del comunismo, del peludismo demagógico y de Campero, hidra que arrasará a Tucumán, si es que su pueblo, en lo que tiene de digno y argentino, no se apresura a aplastar de un solo golpe.

EL PAÍS DE LA SELVA, A RICARDO ROJAS

[024] Leopoldo Lugones, Enrique Larreta, Julio Payró y Ricardo Rojas, todos ellos radicados en Buenos Aires, fueron labrando la construcción de un personaje: el argentino tradicional, el campeón del alma argentina, expresando cada uno a su modo la recurrente contradicción entre el interior y la metrópoli capital.

[025] Alfredo de la Guardia, en su libro *Ricardo Rojas: 1882-1957* (Buenos Aires: Schapire, 1967), destaca las siguientes características en su biografiado:
> Analizada en su conjunto, la obra de Rojas tiene gran coherencia desde el punto de vista del eje temático. Se trata de su lucha perpetua por la *definición de la identidad nacional*, su difusión a través de la educación formal e informal a los efectos de formar la *conciencia colectiva* que permita a los argentinos constituir su *nosotros*, y su plasmación a partir del accionar de la dirigencia y de la población.

Según De la Guardia, las características de la identidad nacional argentina se cifran para Rojas en el crisol humano amalgamado bajo el influjo de la tierra argentina:
> Una nación racial, lingüística y culturalmente mestizas, en el folklore nativo, el espíritu criollo, la tradición hispana, la ciencia y la estructura orgánica europeas.
> [...]
> La síntesis entre país, espíritu y creación es el meollo teórico y perspectiva epistemológica de su obra.

De modo que, conforme el autor que se cita, para Rojas la escritura actuaría como legitimadora de la Nación, como constitución de su conciencia. De allí que corresponda destacar:
> El esfuerzo de Rojas por conseguir la inteligibilidad del sistema basado en la dialéctica del territorio, el hombre y el pueblo con la palabra.

En Rojas predomina, según De la Guardia,
> [...] el maestro que enseña al político que adoctrina.

Otros textos sobre Rojas, relacionados con su pensamiento y sus actividades relacionadas con la nacionalidad argentina:
Bernardo Canal Feijóo. "Sobre el americanismo de Ricardo Rojas", en *Revista Iberoamericana*, Vol. XXIII, N° 46. Pittsburg, Pennsylvania, julio-diciembre de 1958.
Antonio Pagés Larraya. "Perfil de las letras argentinas", en *Cuadernos Hispanoamericanos*, N° 178, octubre de 1964:
> Ricardo Rojas seguramente seguirá hablando al futuro con un lenguaje parecido al de los fundadores espirituales de la patria. A ella le dio todo: sus libros y el esfuerzo de una vida limpia, henchida de generosidad; la vida de un hombre que con sólo haber sabido sostenerla con tan inigualado decoro sería ya un paradigma de belleza.

Antonio Pagés Larraya. "Ricardo Rojas y la historia de las letras argentinas", en *La Nación*, 3 de octubre de 1965.
Antonio Pagés Larraya. "Ricardo Rojas: literatura y espíritu nacional", en *Boletín de la Academia Argentina de Letras*. Tomo XLVII, N° 185-186, julio-diciembre de 1982.
En *Boletín de la Academia Argentina de Letras*. Tomo XLVII, N° 185-186, julio-diciembre de 1982: Bernardo Canal Feijóo. "Homenaje a don Ricardo Rojas": "vivió poseído, quizás más profundamente que los demás, de un ideal de autenticidad y grandeza del genio argentino"; Antonio Pagés Larraya. "Ricardo Rojas: literatura y espíritu nacional": "Buscó Rojas en la literatura la dimensión central y operante de la Argentina", "la literatura como clave de la experiencia y en una forma de indagar la evolución del país, de enjuiciarlo, y acaso, también, de encauzarlo".
N. M. Flawiá de Fernández. "Ricardo Rojas: telurismo e identidad", en su libro *El ensayo argentino. 1900-1950* (Tucumán: Instituto de Investigaciones Lingüísticas y Literarias Hispanoamericanas (INSIL), 1991. "Prólogo", de Herminia Terrón de Bellomo), destaca el factor *tierra* en Ricardo Rojas:
> [...] un concepto que es el eje aglutinador de sentido: el sentimiento ante la tierra, que incluye su posición ante la nación y por cierto el interrogante identitario sobre el argentino. Esa isotropía [...] funciona en todos los textos de Rojas, por lo que podemos leerlos como partes de un único discurso.

[026] Ricardo Rojas nació en Tucumán el 16 de septiembre de 1882, por motivos fortuitos, pues toda su familia y su estirpe eran oriundos de Santiago del Estero, provincia en la cual su padre, Absalón Rojas, había sido gobernador, quien debió

emigrar por razones políticas a provincias vecinas, siendo en una de esas ocasiones en que nació su hijo Ricardo.

En 1907, estando en Europa, hace imprimir en París, *El país de la selva*, libro dedicado a narrar el mundo tradicional y folklórico de la región del antiguo Tucumán, y especialmente de Santiago del Estero, provincia en la que pasó su juventud. El aislamiento geográfico debido a la impenetrabilidad de su recio bosque le hizo conservar como en ninguna otra provincia argentina, a Santiago del Estero, su carácter autóctono, su folklore autóctono.

En la "Nota del editor" al libro de Ricardo Rojas, *El país de la selva* (Buenos Aires: Librería Hachette. Colección "El pasado argentino", dirigida por Gregorio Weinberg, 1956), se señala que el pueblo santiagueño en un acto público celebrado en el Teatro 25 de Mayo, en 1940, al hacerle entrega al autor de *El país de la selva* de un álbum con más de 20.000 firmas recogidas a través de toda la provincia, el mismo llevaba esta inscripción: "El País de la Selva a Ricardo Rojas"

Luis César Alén Lascano en *Ricardo Rojas y el país de la selva* (Cuadernos de la UNSE: Universidad Nacional de Santiago del Estero. Nº 7. Serie Ensayos y Estudios, Vol. I, Nº 3, 1982), reconstruye los años que Rojas pasó en Santiago del Estero, sus primeras experiencias y el contacto permanente que mantuvo con la tierra de su infancia y mocedad. Conforme Alén Lascano, se desprende que, lo que Rojas dejó escrito en *El país de la selva* y *Elelín*, en la leyenda dramática *Ollantay*, en algunos materiales de su *Historia de la Literatura Argentina* y en numerosos romances y sonetos, debe interpretarse a través de la indagación de esa fuente inspiradora originaria ubicada en Santiago del Estero.

Manuel P. Gómez Carrillo. "Ricardo Rojas y los santiagueños", en: *Testimonios sobre Ricardo Rojas* (Universidad de Buenos Aires. Facultad de Filosofía y Letras. Instituto de Literatura Argentina "Ricardo Rojas", dirigido por Antonio Pagés Larraya. Buenos Aires, 1984), recoge testimonios de Manuel Gómez Carrillo, su padre, "entrañable amigo de Ricardo Rojas".

Rojas supo matar al *Mataquito*, sobrenombre que le había puesto el padre por su pergeño indiano, para ser rotundamente Ricardo.

Hasta el final de sus días coexistió con su doble condición de tucumano y santiagueño.

RICARDO ROJAS: EL CULTO DE LA TRADICIÓN Y LA FORMACIÓN DE UN AMBIENTE HISTÓRICO NACIONAL

[027] Ricardo Rojas viajó en 1907, por primera vez a Europa después de haber vivido siete años en Buenos Aires, absorbiéndola como estudiante de Derecho y como redactor del diario *El País*.

De aquella época datan sus obras:

El alma española. (Ensayo sobre la moderna literatura castellana) (Valencia: F. Sampere y Compañía, 1907), libro dedicado "A la memoria de los primeros conquistadores de América y a la obra de los nuevos escritores de España". Son ensayos de crítica escritos desde 1900.

Cartas de Europa (Barcelona: Sopena, 1908), obra dedicada "A los camaradas de *La Nación*. Donde estas cartas se publicaron". Son crónicas sobre Francia, Inglaterra e Italia, y análisis de obras literarias de autores españoles: Núñez de Arce, Blasco Ibáñez, Pérez Galdós, Baroja, Echegaray, Rueda, Dicente; a los que se agrega Rubén Darío.

Cosmópolis (París: Garnier Hermanos, 1908), en cuyo Prólogo señala Rojas:
> Encarecer el culto a la tradición no es proclamar un dogma hostil al progreso ni a la idea de fraternidad que entraña la vida cosmopolita. Es por el contrario, crear la condición de esa propia fraternidad, dando a cada hombre una sociedad homogénea que preste eficacia a su obra por la especie.

Y agrega en el texto del libro:
> Las repúblicas sudamericanas – nuestra Argentina sobre todo – necesitan crear su *folklore*. [...] Somos por razones históricas y geográficas tributarios de Europa, como lo fueron los Estados Unidos, y continuaremos siéndolo hasta poder competir con ella en la liza de la civilización. [...] La España actual es harto diversa de la España de Felipe II y aunque hayan cambiado límites,

indumentarias, ciudades y gobiernos, el alma española es la misma en sus rasgos característicos y sus virtudes sustanciales. He ahí a lo que también nosotros aspiramos a ser, no solamente una entidad política, sino también una entidad étnica y espiritual.

[028] *La restauración nacionalista. Informe sobre educación* (Buenos Aires: Ministerio de Justicia e Instrucción Pública, 1909) (512 pp.) es una obra clave en la producción intelectual de Rojas acerca del debate siempre abierto sobre la pertinencia y características del pensamiento nacional argentino.
En ese libro – resultado de una comisión ad honorem cumplida por Rojas en su condición de funcionario del Ministerio para estudiar los planes de la enseñanza de la historia en algunos países europeos –, Rojas elabora unas Bases para una restauración histórica de nuestra enseñanza en donde llega, entre otras, a esta conclusión:

c) Nuestra situación de pueblo nuevo y cosmopolita requiere del Estado argentino, hoy más que nunca, el culto de la tradición y la formación de un ambiente histórico nacional.

Apunta De la Guardia en su ya citada biografía de Rojas, que en *La restauración nacionalista* está ya la idea de escribir la *Historia de la literatura*, así como en *Eurindia* está un resumen de la misma *Historia*. Todas ellas, en torno el concepto de *argentinidad*.

Una posterior edición: Ricardo Rojas. *La restauración nacionalista. Crítica de la educación argentina y bases para una reforma del estado de las humanidades modernas* (Buenos Aires: A. Peña-Lillo, 1971), lleva un estudio preliminar de Fermín Chávez, quien señala que hacia 1910, la obra de Lugones; *El diario de Gabriel Quiroga*, de Manuel Gálvez; y *La restauración nacionalista* distinguen a sus autores como

[...] los líderes de este *movimiento de espiritualización de la conciencia nacional* que se gestó en el país durante los primeros lustros del siglo XX.

Conforme Chávez:
> Certeramente Ricardo Rojas se ubica en este libro frente a la problemática clave del hombre argentino: su necesidad de descolonización mental a través de la educación. Necesidad tardíamente entrevista por Sarmiento en su libro *Conflictos y armonías de las razas*.

Sobre La *restauración nacionalista*
> Puede decirse que la grandeza aparente de Buenos Aires se ha formado por la agregación fatal de esfuerzos individualistas o egoístas, y de intereses internacionales ajenos a la nación. El ideal nacionalista, que es la conciliación de ambos extremos, falta entre nosotros.

Advierte Chávez que Rojas encomia la educación laica, lo cual resultaba contradictorio con la prédica de nacionalistas e hispanistas. Así, el carácter liberal-progresista-laicista de Rojas se diferencia de los intelectuales de su generación porque en sus obras pone de manifiesto su apasionado fervor por todo aquello que sea aborigen y criollo, en contraposición a lo extranjero, que con la llegada al país de millones de inmigrantes habría de ejercer una influencia muy grande en las costumbres, el habla, y la economía del país.

Rojas, en la *Restauración*, y en libros sucesivos, opone a la fórmula alberdiana de "gobernar es poblar", la de "gobernar es crear un pueblo"; y a la fórmula sarmientina de "civilización y barbarie", la de "indianismo y exotismo".

Nueva edición: Ricardo Rojas. *La restauración nacionalista*. Presentación de Darío Pulfer. La Plata: Unipe. Colección "Educación y cuestión nacional en el Centenario", 2010.

Cabe dejar señalado que la influencia de *La restauración nacionalista* se proyecta hacia los referidos textos de Juan B. Terán sobre la creación de la Universidad de Tucumán.

RICARDO ROJAS: LA UNIVERSIDAD PRAGMÁTICA SUDAMERICANA

[029] Texto de base: Carlos Páez de la Torre (h). *Crónica histórica de la Universidad Nacional de Tucumán. Período 1914-1923. La etapa provincial y los comienzos de la nacionalización*. Tucumán: Universidad Nacional de Tucumán. Ediciones del Rectorado, 2004.

Conforme el texto *Universidad Nacional de Tucumán. Vigésimo quinto aniversario de su fundación. 1914-1939*. Tucumán: Talleres gráficos de Miguel Violetto, 1939. Publicación N° 246:

> La Universidad de Tucumán fue creada por ley de la provincia, de fecha 2 de julio de 1914, siendo gobernador Ernesto Padilla. Fueron, puede decirse, un anticipo de la nueva Universidad, la Facultad de Jurisprudencia y Ciencias Políticas que, fundada en 1875, hubo de ser suprimida diez años después, y los cursos libres que se dictaron en la Sociedad Sarmiento en 1906, sobre materias diversas y con espíritu universitario.
> En 1908, Juan B. Terán, diputado por entonces a la Legislatura de la Provincia, presentó el proyecto de ley que, sancionado con algunas modificaciones en 1912, puesto en ejecución en 1913 y realizado en 1914, dio origen a la Universidad actual.
> Concebida como una institución modesta, como una federación de institutos existentes a los que daría una íntima independencia y armonía, afirmando la conexión y unidad de los conocimientos humanos, la Universidad de Tucumán aspiraba, empero, a otras funciones y a otro desarrollo. Quería ser, al mismo tiempo, profesional y científica; un órgano de vida nueva intelectual; un punto de refugio para las vocaciones especulativas y de investigación hasta entonces malogradas.
> El 22 de octubre de 1913, el gobernador Padilla, o sea, el Poder Ejecutivo de la Provincia, dio el primer paso para el cumplimiento de creación de la Universidad, designando a los doctores Juan B. Terán, Miguel Lillo, José Ignacio Aráoz, Guillermo Paterson, Arturo H. Rosenfeld, Ricardo Jaimes Freyre, Miguel P. Díaz, Estergidio de la Vega, e ingenieros Alejandro Uslenghi, José Padilla, Juan Chavanne, y señor Juan B. González para formar el Consejo Superior, fundador de la Universidad, y al doctor José Lucas Penna, secretario del mismo. Por decreto del 24 de noviembre del mismo año, el número de miembros del Consejo fue ampliado con la designación de doctores Juan Heller y Alberto Rougés, y del señor Inocencio Liberani.

Con fecha 27 de noviembre de 1913, el Consejo Superior elevó al Ministro de Instrucción Pública de la Provincia, el primer plan de estudios con el que la Universidad iniciaría su funcionamiento en 1914.
En su origen, la Universidad estaba constituida por la Escuela Superior de Química y Agricultura, Escuela Sarmiento, Escuela de Agrimensura, Academia de Bellas Artes, Archivo Histórico de la Provincia, y Museo de Productos Naturales y Artificiales, y la Extensión Universitaria. A estos se agregó, poco después, la Escuela de Farmacia, proyectada por el doctor Estergidio de la Vega.
En su sesión del 24 de diciembre de 1913, el Consejo Superior designó primer Rector de la Universidad, por unanimidad de votos, al doctor Juan B. Terán.
El 25 de mayo de 1914, la Universidad inauguró solemnemente sus cursos, con asistencia de los representantes de los gobiernos de la Nación y de las provincias de Tucumán, Santiago del Estero, Catamarca y Jujuy, y de las universidades de Buenos Aires, Córdoba y La Plata.

[030] En 1914, al celebrar la provincia de Tucumán el centenario de su erección como tal, fundaba su Universidad.
En tan fausto año, el gobernador Ernesto Padilla, y su primer rector, Juan B. Terán, invitaron a Rojas, ya por entonces figura prestigiosa de las letras y de la historia patria, a pronunciar un ciclo de disertaciones en la ciudad capital, las que se publicaron en 1915 bajo el título *La Universidad de Tucumán. Tres conferencias* (Buenos Aires: Librería Argentina de Enrique García, 1915), libro dedicado "A Ernesto Padilla", y que incluye una "Salutación del rector, Juan B. Terán":

Tengo el honor de acompañar a Ricardo Rojas hasta esta tribuna que él va a magnificar con su visión de historiador y su verbo de poeta. El más joven de los pensadores argentinos, fecundo y noble espíritu, a quien ha sido otorgada la fortuna de ser a un tiempo historiador y maestro, evocador del pasado y reconstructor de leyendas, poeta y filósofo; pero fundamentalmente poeta [...].

[031] En la primera conferencia Rojas se refirió a "El ambiente geográfico y el nombre de la Universidad de Tucumán".

La Universidad de Tucumán está llamada a salvar por encima de la política cuanto la política malogró, o sea, a

reintegrar en el hogar de la ciencia, del arte y de la historia, la unidad espiritual de estas siete provincias septentrionales, la sedimentación secular de la formación argentina, la clara genealogía de nuestro destino americano.
[...]
Esta Universidad está llamada a realizar una misión de fraternidad regional entre los pueblos del norte, y de equilibrio regional entre los pueblos del sur, emancipando al nativo por el trabajo inteligente y dignificando la vida mediterránea por la ciencia, por la higiene, por el arte, por el ideal.
[...]
La secular Universidad de Lovaina acaba de perecer en Europa devastada por las teas de la guerra, cuando la novísima Universidad de Tucumán surgía iluminada en América por las antorchas de la paz. Que la trágica coincidencia sea para vosotros un compromiso y un símbolo, pues surge vuestra institución en un momento que me atrevo a llamar providencial, ya que el trance patético enciende las íntimas potencias de una vida interior. Y tal como un mago antiguo que anunciaba el destino de los seres en la conjunción de sus astros malignos y benignos, yo debo señalar también la conjunción de estas crisis adversas, que hacen resplandecer más bellamente sobre el azul de vuestro cielo, las estrellas perennes de nuestro ideal americano.

[032] Dijo Rojas en la segunda conferencia:
Muchos argentinos modernos, educados en la Universidad legalista, se preguntarán, al no ver aquí las tres Facultades napoleónicas, si esto puede ser una Universidad. Sí, señores: lo es en el sentido que esta palabra asume en instituciones similares de los Estados Unidos. [...] Falta aquí, por ejemplo, una Facultad de Derecho; pero creer que sin ella no puede existir una verdadera Universidad, es como si un argentino del tiempo de Rivadavia se hubiera sorprendido al ver aquellas oficinas que acababan de fundarse, y creído que eso no era una Universidad, porque le faltaba la Facultad de Teología.

A continuación, Rojas se hizo cargo de otras objeciones formuladas contra la creación de la nueva universidad: "esta ciudad es insuficiente para servir de albergue a una institución de cultura superior", "declara presuntuoso el nombre de *Universidad* para la corporación de pequeños institutos prexistentes".

Esta es una Universidad distinta de las tres predecesoras [Córdoba, Buenos Aires y La Plata], como era distinta de las anteriores la de La Plata, y como la de Buenos Aires era distinta de la primitiva fundación cordobesa. Pero, del mismo modo que ésta fue transformada por la de Buenos Aires, con ejemplo de sus facultades liberales; y la de Buenos Aires está siéndolo por la platense, la universidad tucumana está llamada a influir sobre sus tres predecesoras, por sola acción de presencia, si acierta a definir acabadamente fundamentos filosóficos y propósitos morales, diversos de aquellas. A la Universidad-convento, a la Universidad-bufete, a la Universidad-laboratorio, sígale esta otra como un tipo nuevo; y que su espíritu, creando la universidad pragmática sudamericana, influya sobre el dogmatismo autoritario, sobre la vanidad doctoral y sobre el experimentalismo pedante, creando, por la libertad, el desinterés y la intuición, una verdadera cultura nacional. He ahí, señores, el destino que aguarda a la universidad tucumana, si ella acierta a definir su sistema, armonizando los venturosos auspicios de esta ciudad, la fuerza secular de su tradición, la prestigiosa belleza de su territorio, la plenitud emocional de su raza, los actuales conflictos de la vida argentina y las recientes transformaciones de la filosofía que están conmoviendo con el neoespiritualismo la ola orgullosa de la razón humana, como ésta conmoviera en el siglo XVI las fábricas hermenéuticas de la fe religiosa.

Crear la conciencia científica del suelo patrio, por el estudio de la fauna y gea regionales; utilizar esa conciencia para la adopción biológica del hombre local a su medio geográfico; enseñar la explotación de la fortuna abundante en la comarca rica y suplir por la industria las fuentes que cegó el azar en la comarca pobre; dotar al nativo de aptitudes técnicas necesarias para defenderse y triunfar en la competencia de la inmigración que por razones obvias hoy le desplaza; elevar el nivel económico y moral de las provincias interiores, creando por el estudio, la higiene y el trabajo una compensación ante las provincias litorales, a quienes en su infancia favoreciera como un ayo benigno el mar generoso; restaurar nuestra conciencia histórica por el estudio de los archivos provinciales, bajo un espíritu de justicia, para con el indio progenitor, de amnistía para con la España colonizadora y de neutralidad para con las luchas regionales de cada formación nacional o federal en el continente; esclarecer por la información objetiva nuestro fenómeno económico, dentro de la más indestructible solidaridad argentina; vigorizar nuestra conciencia colectiva por la idea de suelo, idioma, tradición e ideales democráticos; educar el sentimiento de la naturaleza americana, para acelerar el advenimiento de una poesía propia, de una pintura propia, de una música propia; he ahí, señores, la obra constructiva y urgente, que el porvenir de la patria espera de vuestra universidad, *alma mater* futura de esta tierra, donde según su propio lema – *pedes in terra* – pone la planta; siendo la estrella donde pone sus ojos, la propia voz oculta de su nombre histórico.

[033] Rojas, en la tercera conferencia, propuso el fomento de las artes y las artesanías locales, entendiendo que el estímulo de las viejas industrias tradicionales sería un significativo aporte económico para las clases más pobres de la población.

El arte americano que preconizo, no vamos a crearlo nosotros, porque está ya creado, en sus unidades y en sus series. Aquí en el Tucumán, un pueblo antepasado de sus habitantes actuales, un pueblo que vivió en comunidad con esta misma montaña que nosotros amamos y admiramos, supo crearlo hace siglos. Sólo le falta ambiente moral, procedimiento político, técnica nueva que lo restituyan a la vida, reincorporándolo a las formas de la sociedad contemporánea. Cuando esa incorporación se haya realizado, podremos decir que tenemos una

decoración nacional, surgida de la emoción de nuestra raza, en el misterio de su tradición colectiva y en el crisol de su propia tierra multiforme y creadora.
[...]
Abogo por un arte de raíces colectivas e históricas. Aquí están los caminos de la naturaleza bella y de la tradición misteriosa, tentados ya por Jorge Bermúdez en pintura, y por Pascual de Rogatis en música. Reunir en un vasto acervo documental el mayor fondo arqueológico y folklórico de América para entregarlo en dominio libre a la inspiración de nuestros artistas creadores, he ahí la empresa necesaria a vuestra universidad, si es que ella aspira a coronarse un día con la diadema de esa gloria inefable. La sección de trabajos históricos, con el archivo regional plausiblemente transferido, y con la colaboración de la actual Escuela de Bellas Artes y del Conservatorio de Música y de un urgente Museo Americano, ha de afrontar entonces, al par de sus ediciones paleográficas ya proyectadas compilaciones como la *Poranduda amazonensis*, compuesta con leyendas del Brasil; o la de *Cantos y Contos populares* de la misma nación, reunidos por el notorio Sylvio Romero, o el *Corpus de yaravíes precolombinos* coleccionados por el maestro Alomias Robles en las montañas del Perú, o el *Folklore araucano*, dado a luz en Chile por Tomás Guevara, rector del liceo de Temuco, o los facsímiles de los códices aztecas reproducidos en México por el Museo nacional – para no citar sino descollantes trabajos americanos que interesan directamente a la emancipación de la conciencia estética en América. Pero no es de las artes superiores de las que yo prefiero hablaros esta noche, sino de las artes industriales aplicadas al embellecimiento de la persona o la casa propias, en el ornamento de la vida diaria. Pero la sección de trabajos históricos sería la llamada a realizar una parte importante en la compleja tarea, formando un museo de artes decorativas americanas, con todo el material arqueológico que hoy se dispersa, malogrado por la incuria de los dueños de estancia, donde la pala del peón rompe una pieza hermosa al cavar una acequia

en los cerros; o acaparada por el coleccionista venal y por el expedicionario inteligente de los museos extranjeros. Hoy es más fácil estudiar telas, vasos y objetos de tocador precolombinos en museos de Europa, que no en sus fuentes americanas; y los de Tucumán, en Buenos Aires y La Plata, que no aquí en la montaña de los explotados yacimientos. Dictada una ley de protección arqueológica, análoga a la ley italiana *Per le antichitá e le belli arti*, y fundada en la Universidad de Tucumán, aquí debemos organizar un centro vigoroso de tales estudios.

Al respecto, Rojas propuso concretamente:

1º La universidad ha de diferenciar sus trabajos para la creación de un arte nacional, con emoción y técnica propias, y sus trabajos para la divulgación de la enseñanza estética, destinada a educar alumnos más o menos virtuosos del piano, la paleta o el cincel; lo primero es un esfuerzo totalmente nuevo, mientras lo otro es universal y tiene sus notorios modelos en los conservatorios, academias y liceos de todos los países.

2º En sus esfuerzos por fomentar la expresión de una belleza propia, la universidad ha de diferenciar las artes de producción individual, como la música, la poesía o la pintura, que nacerán por obra independiente de artistas geniales; y las artes de producción colectiva, como los tapices, los vasos, las joyas, los muebles, la encuadernación, la tipografía, la cocina, el repujado de metales, las esencias del tocador, las molduras arquitectónicas, etc., todas ellas susceptibles de organización industrial. Para el fomento de las artes puras, a la universidad le bastaría esperar el advenimiento de artistas creadores, nacidos en no importa qué parte de la República, preparándoles el ambiente por la educación popular, y preparándoles por investigación científica toda la documentación folklórica de que quisieran ellos servirse; en tanto que para el fomento de las artes aplicadas, podría salir de esa actitud un tanto pasiva, hasta convertirse ella misma en productora de objetos decorativos y en organizadora de tales industrias.

3º En las mencionadas artes industriales, la universidad habrá de diferenciar aquellos géneros cuya producción ofrezca, sobre otros, mayores ventajas pecuniarias para el obrero o el artista que a ellas se dedique; tal, por ejemplo, las alfombras sobre los encajes, los vasos sobre las joyas, los muebles sobre el repujado, etc.; y dentro de todos ellos habrá de diferenciar los objetos que por su tipo o su forma sean más susceptibles de una caracterización racional, según sus unidades ornamentales y su empleo en la vida colectiva.

Apéndice del libro:
"I. Crónica de las conferencias". (Notas publicadas en *La Gaceta* y *El Orden*).
"II. Explicación de la Universidad". Plan presentado por el Consejo Universitario, dirigido por Juan B. Terán.

[Nota de Carlos Páez de la Torre (h). "Una nueva Universidad. Ricardo Rojas y nuestra casa de estudios", en *La Gaceta*, 17 de marzo de 2004].

[034] Gaspar Risco Fernández, en *Cultura y región* (Tucumán: Centro de Estudios Regionales. / Instituto Internacional "Jacques Maritain", 1991), destaca que "el origen y desarrollo del planteo regional a nivel crítico está íntimamente ligado a la existencia de la Universidad de Tucumán".

RICARDO ROJAS. BASES TELÚRICAS Y ECUMÉNICAS TAN ENCONTRADAS

[035] En *La argentinidad. Ensayo histórico sobre nuestra conciencia nacional en la gesta de la emancipación. 1810-1816* (Buenos Aires: La Facultad, de Juan Roldán, 1916), señala Rojas en el prólogo:
Del extranjero dependemos por abyecto vasallaje de nuestras clases intelectuales y por dolorosa servidumbre de nuestras clases obreras. Somos todavía *colonia*, y tenemos, no una *metrópoli*, deshecha en 1816, sino varias: las del capital, las de la industria, las de la población y

las ideas, formadas después de nuestra independencia nominal.

Es en *La argentinidad*, donde Rojas plantea los orígenes populares de la Revolución de Mayo. De manera que, según De la Guardia, en el ciclo abierto con *Cosmópolis* y que cierra con *La argentinidad*,

> Rojas ha dejado sentada la necesidad de ver a la Argentina como una totalidad territorial e histórica [y] la urgencia de fundar la sociedad argentina sobre supuestos culturales que no excluyan, en una suerte de fuga idealizante, los factores sociales, políticos y económicos.

Apunta también De la Guardia que ya en esa obra se advierte en Rojas la confianza, acaso exagerada, en la enseñanza para la urgente misión de dar un sentido nacional a nuestra cultura.

[036] Bruno Jacovella, en un ensayo que pasará a ser citado en distintas oportunidades en estas digresiones en torno a la vida y obra de Coviello, señala que Rojas lanzó su programa de restauración nacionalista o "argentinidad integral" sobre bases telúricas y ecuménicas tan encontradas, que pronto se vio navegando en plena abstracción, fuera de la corriente social que llevó políticamente al triunfo al radicalismo. Así, de *La restauración nacionalista* y *La argentinidad*, especialmente, puede un escudriñador despiadado extraer punzantes libelos contra la Ilustración y todo el sistema oficial que soñó Rivadavia, impulsó Sarmiento, sazonó Mitre y ejecutó Roca. Sus miramientos para con Mitre – continúa Jacovella – lo salvaron de la proscripción total. El apoyo de *La Nación*, en efecto, fue para él decisivo, aunque para ganarlo tuvo que sacrificar, tal vez, sin darse cuenta, su federalismo juvenil y pactar con el "envejecido ideario" de Sarmiento e, inclusive, capitular ante él.

RICARDO ROJAS: LA LITERATURA Y TODO EL *LOGOS* DEL HOMBRE

[037] Rojas inauguró el 7 de junio de 1913 la cátedra de Literatura Argentina en la Facultad de Filosofía y Letras de la Universidad de Buenos Aires.
La conferencia que leyó en aquella oportunidad fue publicada en folleto: Ricardo Rojas. *La literatura argentina. Orígenes – Evolución – Períodos – Influencia – Caracteres*. Separata de la *Revista de la Universidad de Buenos Aires*, Tomo XXI. Buenos Aires: Imprenta de la Universidad, 1913.
Rojas, según sus palabras, consideraba a la historia de la literatura como
> [...] una parte de la historia general, animada en medio de la vida del país y de la civilización.

Proclamó su propósito de
> [...] crear en las nuevas generaciones el sentimiento de que tenemos una tradición intelectual, y el ideal de que debemos continuarla y esclarecerla.

Concluyó a modo de mensaje:
> Nuestros padres llamaron a Buenos Aires la Atenas del Plata. No lo olvidemos nosotros, ni olvidemos que en la Atenas antigua, el simulacro de Pallas coronaba la Acrópolis, como símbolo de las tradiciones y de los ideales helénicos.

Sobre el tema: Graciela Perosio; Nannina Rivarola. "Ricardo Rojas. Primer profesor de literatura argentina", en Susana Zanetti (directora). *Historia de la literatura argentina*. Buenos Aires: Centro Editor de América Latina, Tomo 3: *Las primeras décadas del siglo*, 1986.

[038] A la cátedra sobrevino el texto, con cierto propósito docente.
En la primera edición del primer tomo de *Historia de la literatura argentina*, se lee en la portada interior *La literatura argentina. Ensayo filosófico sobre la evolución de la cultura en el Plata*. I. *Los gauchescos*. Buenos Aires: Imprenta de Coni Hermanos, 1917.

El segundo tomo se titula *Historia de la literatura argentina. II. Los coloniales*. Buenos Aires: Librería La Facultad de J. Roldán, 1918. El III. *Los proscriptos*. La Facultad, 1920; y el IV. *Los modernos*. La Facultad, 1922.

[039] A los efectos de estas notas preliminares, cabría citar de *Los gauchescos*, esta declaración de Rojas:

Me propongo historiar las emociones, los sentimientos, las pasiones, las ideas, las sensaciones y los ideales argentinos, tomando como signo de esos estados de alma nuestra literatura. [...] Ha resultado esta obra un ensayo filosófico sobre la evolución de la cultura en el Plata, pues mi concepto de la literatura no es sino el de un idioma en función estética o en función científica. La literatura abarca todo el contenido de la conciencia como expresión y del universo como representación. El filósofo ve caer en ese cauce la poesía y la didáctica. El estudio completo de una literatura ha de abarcar así, todo el *logos* del hombre, desde el folklore hasta el parnaso, desde el arte rústico hasta el del culto.

[040] Dice Rojas en *Los modernos*:

No hay forma social o intelectual que no corresponda a *los gauchescos* por la emoción territorial y la técnica primitiva; a *los coloniales* por la tradición racial y la disciplina clásica; a *los proscriptos* por el ideario democrático y el sentimiento romántico; a *los modernos* por la simpatía cosmopolita y la emoción personal. En la fusión de estos cuatro elementos hallaremos la clave de nuestro ideal en política, en arte, en educación. Nuestra estética deberá fundarse así en la tradición colectiva, rectificada y superada por su constante anhelo de belleza capaz de universalizarse.

Los modernos cierra con "El Esperado", expresión que destaca el uso de mayúsculas, con un rotundo manifiesto:

El Esperado no es un libro ni un autor, ni un momento estético; es, me permito muy tímidamente insinuarlo, la verdadera conciliación de la literatura con el espíritu argentino.

[041] En 1922, Ricardo Rojas asume el Decanato de la Facultad de Filosofía y Letras de la Universidad de Buenos Aires.

RICARDO ROJAS: LA PRIMERA ESTÉTICA ARGENTINA

[042] La obra de Ricardo Rojas *Eurindia. Ensayo de estética fundado en la experiencia histórica de las culturas americanas* (Buenos Aires: La Facultad, 1924), fue reditada en la colección *Capítulo. Biblioteca Argentina Fundamental, N° 54* (Buenos Aires: Centro Editor de América Latina, 1980), con Prólogo de Graciela Perosio, quien se ocupa en primer lugar de relacionar esa obra con *Influencias filosóficas en la evolución nacional (1912-1919)*, de Alejandro Korn; *Historia de la literatura argentina (1917-1922)*, de Ricardo Rojas; y *La evolución de las ideas argentinas (1918-1920)*, de José Ingenieros. Entiende Perosio que toda la obra de Rojas se inscribe en la línea del descubrimiento del *genio nativo* y del *ideal argentino e hispanoamericano*, planteando Rojas en *Eurindia*, "la primera estética argentina", una síntesis de lo autóctono con lo europeo, también la indisoluble unidad entre sociedad y arte, entre arte e historia.

No puede dejar de apuntarse una nueva adhesión a lo popular sobre lo falsamente elitista en el medio argentino:

> [...] lo que aquí se llama *aristocracia* – apunta Rojas en *Eurindia* – no es sino plutocracia advenediza.

Vale recurrir a la alusión de Perosio a la obra Atilio Chiáppori *Recuerdos de la vida literaria y artística* (Buenos Aires: Emecé, 1944), en que se refiere a Emilio Becher: en el capítulo inicial, titulado "El cuarto de Emilio", y en el final, sin titular.

Chiáppori se detiene en el año 1905, cuando se reunía con Becher y Emilio Ortiz Grognet en el "acogedor y estratégico Hôtel du Helder, que abría una burguesa portada en Florida, y con la misma dignidad, soslayaba una salida discreta por Cuyo (hoy Sarmiento) para la simpática clientela permanente de estudiantes e *intelectuales* más o menos bohemios". Situándose a mediados de 1919, se refiere a Ricardo Rojas como autor del prólogo del libro *Diálogo de las sombras y otras páginas de Emilio Becher* (Instituto de Literatura Argentina, 1938). Chiáppori destaca en Becher al personaje que cierra una época y lo caracteriza como un estilo de personaje que después se reeditará en Macedonio Fernández.

[043] Resultado de la entusiasta admiración de Rojas a lo telúrico es su libro *Silabario de la decoración americana*, aparecido en 1930, en donde plantea en qué medida el arte indígena puede ser aprovechado por las modernas artes industriales.

[044] A esta altura convendría detenerse para señalar ciertas influencias operantes sobre Rojas, características de su medio y sus tiempos: el platonismo, Fichte, Hegel y su *Fenomenología del espíritu* y *Estética* (tal como sugiere el citado primer subtítulo de la *Historia*), que se relacionan con los postulados del espíritu del pueblo = *Volkgeist*, y del espíritu nacional = *Nationalgeist*; Taine y su *Filosofía del arte*; Henri Bergson y su teoría del intuicionismo desarrollada en *L'energie spirituelle*; el español Giner de los Ríos y su Institución Libre de Enseñanza en Madrid; con Miguel Unamuno, con quien mantuvo larga relación epistolar; el arielismo de Rodó y los dilemas planteados por Sarmiento en *Condición del extranjero en América* y en *Conflictos y armonías de las razas en América*, se reflejan en *La restauración nacionalista; La argentinidad; Blasón de plata*.

[045] El persistente reclamo de Rojas por el rescate del subyacente aporte cultural indígena o aborigen aparece matizado en *Blasón de plata*, y con mayor precisión en la parte final de *Retablo español*, de 1938.
    En España había algo más para mi propósito: era ésta la nación que fundó nuestras ciudades; era la raza que engendró nuestros héroes de la independencia; era el idioma del *Quijote* en que están escritos el *Martín Fierro*, el Himno Nacional y el preámbulo de nuestra Constitución. Sobre esa España, declarada caduca por nuestros maestros; sobre esa raza declarada incapaz de civilización; sobre ese idioma, el mismo que hablo y escribo, yo necesitaba conocer la verdad.

[046] Adolfo de Obieta, en "Zonas investigables en la vida y obra de Ricardo Rojas", en: *Testimonios sobre Ricardo Rojas*

(Universidad de Buenos Aires. Facultad de Filosofía y Letras. Instituto de Literatura Argentina "Ricardo Rojas", dirigido por Antonio Pagés Larraya. Buenos Aires, 1984), deja planteada una oportuna declaración de vastos alcances a partir del análisis de Rojas:
> Reconstruir su cosmovisión. Situarlo en la historia de nuestra evolución esotérica. Examinar sus afinidades con otros escritores o pensadores en los que la atracción por las *letras* o las *humanidades*, al trascender los datos de los sentidos y la disciplina de la razón, ha sido el camino para alcanzar una comprensión espiritual del sentido y destino de la persona y de la humanidad. (Como Joaquín V. González, Ricardo Güirales, Arturo Capdevila, Arturo Marasso).
> Se puede en esa obra [la de Ricardo Rojas], explorar, por ejemplo, la parapsicología (literatura, folklórica, esotérica); o el ocultismo; la religiosidad; el profetismo; las anticipaciones; la relación de la visión americanista con la visión cósmica o metafísica; la temprana insurrección prometeica y sus sueños de rebelión y redención; su orientalismo; su platonismo; su nietzschismo; su nacionalismo-humanismo-universalismo; su socialismo y su radicalismo...

RICARDO ROJAS: LA UNIVERSIDAD EMPIEZA A COMPRENDER, Y EL PUEBLO EMPIEZA A COMPROBAR

[047] Rojas lanzó en 1923 un llamamiento a la juventud en el homenaje que le tributaron Nosotros, el Ateneo Universitario y el Centro de Estudiantes de Filosofía y Letras, pronunciándose contra el futurismo y el ultraísmo, el fascismo y el bolchevismo. Al ser electo en 1926 como Rector de la Universidad de Buenos Aires, entre quienes aplaudieron entusiastamente su designación se contó Julio V. González, recordando – en una nota publicada *Sagitario*, La Plata, 1º de marzo de 1926 – que en 1919, desde el escenario del Teatro San Martín de Buenos Aires, fue Rojas quien "proclamó el nacimiento de una

nueva generación histórica estableciendo su divorcio con la precedente, llamada de la Constitución".
[*Universidad de Buenos Aires. Actos públicos. 1926-1930. Discursos del Rector, Don Ricardo Rojas*. Buenos Aires: Imprenta de la Universidad, 1930].

[048] En ocasión de la Primera Exposición Nacional del Libro, realizada en el Teatro Cervantes, del 14 al 30 de septiembre de 1928, dijo Rojas:
> La Universidad empieza a comprender que necesita servir a las realidades ambientes y el pueblo empieza a comprobar que sólo la cultura organizada puede convertir los frutos de la inteligencia individual en un bien colectivo.
> [...]
> La Universidad ya no es solamente un seminario de diplomados, sino un laboratorio de todas las especulaciones espirituales, y un centro de divulgación editorial, como lo comprueban los volúmenes enviados por ella a este concurso, los cuales abarcan en su amplitud enciclopédica, todas las formas universales y locales del pensamiento, desde el folklore campesino hasta las abstracciones metafísicas y las fórmulas matemáticas.

Sobre el tema: Guillermo Gasió. *El más caro de los lujos. Primera Exposición Nacional del Libro. Teatro Cervantes, septiembre de 1928*. Buenos Aires: Teseo, 2008. Presentación y conclusiones por Florencia Abbate.

RICARDO ROJAS: EL ESPÍRITU DE LOS LUGARES

[049] Julián Cáceres Freyre, en "Ricardo Rojas y los regionalismos culturales", en *Revista Nacional de Cultura*, Nº 13, 1979, rescata un valioso trabajo de Ricardo Rojas: sus diversos artículos publicados en el diario *La Nación*, desde abril hasta agosto de 1922, bajo el título general de *Las provincias. Su carácter y significación en la cultura argentina*, con los cuales, bajo la denominación de *La vida intelectual en provincias*, integrará la parte preliminar del volumen 4º *Los modernos*, de su *Historia de la literatura argentina*, el que volverá a reproducir más tarde, en 1927, en el tomo XVII de sus *Obras*, con el título de *Las provincias*. (Buenos Aires: La Facultad, 1927).

[050] De aquellas notas vale prestar atención al capítulo titulado "El equilibrio interno":

Hay quienes creen – hoy todavía – que la federalización de Buenos Aires fue un error, porque esta ciudad perdió su carácter nativo y asumió excesiva influencia sobre la vida de las provincias interiores.

Una cosa es la federalización de Buenos Aires, impuesta por la geografía y por la historia para la definitiva organización de la República; otra es la política de los gobiernos sucesivos en materia de inmigración; otra aún, la actitud posterior de las provincias respecto a su propia personalidad. De estos descastamientos que yo mismo he criticado otras veces. Si todas las vías férreas no convergiesen a la capital, si todos los barcos de inmigrantes no convergiesen al puerto de Buenos Aires, si no se incurriese en tanta centralización administrativa, si a la metrópoli no se la hubiera convertido en asiento de oficinas, institutos y mercados que no tienen para qué estar en ella, si no se hubieran multiplicado los puertos fáciles y se hubiera atendido mejor a la economía de las regiones interiores, parece indudable que sería menor la congestión de cosmopolitismo y riqueza que hoy deforma el cuerpo de la República. Este ha sido el error de cuarenta años, que la era próxima deberá rectificar. Pero aun con ese error – por otra parte rectificable – la República es hoy más poderosa que antes de la federalización de Buenos Aires. Lo es en demografía, en industria, en democracia, en bienestar, en cultura.

[...]

Las provincias, a su vez, tomaron por modelo a la nación cuando organizaron funciones que les eran privativas: la enseñanza primaria, la justicia, el parlamento, la prensa, los partidos, la vida municipal y social. Pero bajo esta analogía de las formas políticas, en cada región han continuado obrando las influencias de la herencia y del medio, o lo que podríamos, en lenguaje místico, llamar el espíritu de los lugares. Eso es lo que deseo mostrar en los siguientes capítulos, porque tales influencias regionales han trascendido a nuestra cultura, ya en la psicología de algunos escritores, ya en el asunto de algunas obras. Por el tono de emoción y el calor del lenguaje, *Martín Fierro*, de Hernández, es un libro de las pampas bonaerenses, y *Montaraz*, de Leguizamón, lo es de las cuchillas entrerrianas, y *Mis montañas*, de González, lo es de los paisajes riojanos. Todo ello sin contar con que varias de las ciudades interiores – Córdoba, La Plata, Rosario, Tucumán, Paraná – son o han sido focos de vida intelectual: si las provincias reciben de Buenos Aires las influencias europeizadoras, Buenos Aires recibe de las provincias las influencias americanizantes, proviniendo de este flujo y reflujo de fuerzas espirituales, la inquietud fecunda y la compleja originalidad de nuestra cultura en formación.

[051] En la referida edición en libro independiente, de 1927, Rojas le agregó un *Post scriptum*, donde señalaba:

Aquel sentimiento federal que nos condujo en otros tiempos a la solidaridad americana (1810), a la democracia nativa (1820), a la constitución republicana (1853) y a la unidad del Estado (1880), es aún capaz de nuevas hazañas, si las nuevas generaciones saben reanimarlo, en función de los problemas de nuestro tiempo.

Acaso la clave de muchos problemas argentinos, consista hoy en el *aporteñamiento* cursi de las provincias y en el *provincialismo* servil de Buenos Aires, con respecto a las capitales europeas.

Tal cosa ha quebrado el eje de nuestra conciencia histórica, desvirtuando la política, la educación, el arte, la vida moral y económica de nuestro país.

Buscar una nueva fuerza de coherencia nacional y americana, parece un deber de patriotismo ante la obra solidaria de la civilización, aprovechando para tal empresa todas las fuentes de energía donde quiera que podamos hallarla.

RICARDO ROJAS: LA CRUZ DEL PUEBLO

[052] Consecuente con el ideario político que venía profesando, y a pesar de sus diferencias con la política y la acción de gobierno de Yrigoyen (particularmente durante su trunca segunda presidencia), Rojas perseveró en la Unión Cívica Radical tras el golpe del 6 de septiembre de 1930, como queda explicitado en su libro *El radicalismo de mañana* (1931):
> Un hondo sentimiento de argentinidad me condujo a las filas del radicalismo, porque era allí donde más padecía la carne argentina y el ideal de nuestros manes. [...] Pedí la cruz del pueblo para echármela yo también al hombro y para crucificarme por la patria.

Sobre el tema: María Elisa Darmanian de Chaparro. "Ricardo Rojas: del nacionalismo tradicionalista hacia el nacionalismo democrático", en Nilda M. Flawiá de Fernández (compiladora). *Argentina 1910-1930. Discurso e identidad*. Universidad Nacional de Tucumán. Facultad de Filosofía y Letras. Instituto Interdisciplinario de Literatura Argentina y Comparada, 1999.

Rojas supo sobrellevar el ostracismo moral, el exilio, la condena, la prisión en Ushuaia, vejaciones y aislaciones, a que lo condujo – por su condición de radical – el gobierno del presidente Justo.

[053] A la caída de la Concordancia sobrevino la era de Perón. Ricardo Rojas fue tapa de la revisa *Qué*, Nº 12, 24 de octubre de 1946, con motivo de su biografía de Sarmiento, *El profeta de la pampa*: "Un profeta y su historiador: Ricardo Rojas. En la Comisión Nacional, ningún premio: en la SADE, Gran Premio de Honor".
Horacio Castillo, en *Ricardo Rojas* (Buenos Aires: Academia Nacional de la Historia, 1999), señala que en septiembre de 1953, el Centro de Estudiantes de la Facultad de Derecho de la Universidad de Buenos Aires propuso a Ricardo Rojas como candidato al Premio Nobel. Tal nominación recibió muchas adhesiones del exterior. Pero la respuesta oficial del gobierno peronista fue el allanamiento por la policía del local

estudiantil y el secuestro de la documentación relacionada con la propuesta a la Academia sueca.
Al respecto, se conserva el folleto de 16 páginas: *El Centro de Derecho y Ciencias Sociales solicita el Premio Nobel de Letras para Ricardo Rojas al cumplirse el cincuentenario de su primer libro:* La victoria del hombre. Firman la presentación: Hipólito Solari Yrigoyen; Edelmiro Solari Yrigoyen; Jorge Gardella; Horacio Gómez Iza; Jorge Caldas Villar; Horacio Oyhanarte; Augusto Castellano; Ricardo Azaretto; Edison Podestá; Juan Carlos Berisso; Luis Asensio; Pedro Etchichuri.

[054] En Tucumán, el 15 de octubre de 1954, tuvo lugar un acto organizado por la Comisión Popular Ejecutiva de Homenaje a Ricardo Rojas, entidad presidida por Eloy Suárez (hijo); entre sus miembros figura Serafín Pazzi, y en la Comisión de Señoras y Señoritas: Elvira Martínez Castro, viuda de Coviello. Dijo Ricardo Rojas aquel día en su querida ciudad de Tucumán:
Para dar nuevo sentido a la vida nacional y a Buenos Aires, es urgente restaurar la conciencia americana de las provincias, su confianza en sí, su anhelo de creación regional como cuando el Norte y Cuyo forjaban la epopeya. No postulo un retorno al federalismo de antaño, y mucho menos una vuelta a lo indígena. Digo tan sólo que para superar el materialismo cosmopolita y frívolo de nuestro tiempo, los pueblos del interior deben empezar por constituirse en centros de autonomía cultural...
[Folleto *Homenaje a Ricardo Rojas*. Tucumán: Talleres Gráficos La Raza, 1955].

LAS BODAS DE PLATA

[055] Por decreto del presidente Hipólito Yrigoyen, de fecha 7 de octubre de 1922 - o sea, en la última semana de su mandato -, por el cual sanciona la ley 11027, la Universidad de Tucumán se convirtió en Universidad Nacional, y sus primitivas escuelas se agruparon en torno a las facultades de Farmacia e Higiene, y de Ingeniería.
Subsistió esa estructura universitaria, sin modificaciones fundamentales, hasta 1936, año en que fue creado el

Departamento de Filosofía y Letras, llamado a formar el profesorado de enseñanza secundaria y universitaria en las distintas disciplinas. Dicho Departamento vino a llenar una necesidad imperiosa de todo el Norte Argentino, ya que la enseñanza en los establecimientos secundarios de esta región del país estaba a cargo, salvo raras excepciones, de personas que carecían de título habilitante para ejercer la función docente.

Al año siguiente, fue creado el Departamento de Investigaciones Regionales, integrando ocho institutos científicos.

Desde 1938 fue dado un nuevo paso hacia la realización de la Universidad integral, con la creación de las facultades de Derecho y Ciencias Sociales, y la transformación de la Facultad de Farmacia e Higiene en la Facultad de Farmacia y Bioquímica.

[*Universidad Nacional de Tucumán. Vigésimo quinto aniversario de su fundación. 1914-1939.* Tucumán: Talleres gráficos de Miguel Violetto, 1939. Publicación Nº 246].

[056] Al cumplirse los 25 años de la fundación de la Universidad, en 1939, Miguel Critto era el Gobernador; Julio Prebisch, el Rector; y Alfredo Coviello integraba su Consejo.

El cuadro de las autoridades universitarias se completaba con los directores de institutos:

Instituto de Medicina Regional: doctor Eduardo Sabaté.

Instituto de Historia, Lingüística y Folklore: doctor Manuel Lizondo Borda.

Instituto "Miguel Lillo", de investigaciones botánicas: señor Rodolfo Schreiter.

Instituto de Antropología: profesor Radamés Altieri (encargado).

Instituto de Mineralogía y Geología: señor Abel Peirano.

Instituto de Zoología: señor Abel Peirano (encargado).

Instituto de Investigaciones Técnico-Industriales: ingeniero Arturo Guzmán.

Instituto de Investigaciones Económicas y Sociológicas: doctor Gino Arias.

[057] La Universidad editaba estas publicaciones: *Boletín de la Universidad*; *Museo de Ciencias Naturales*; *Departamento de Física*; *Departamento de Investigaciones Industriales*; *Revista del Instituto de Antropología*; *Lilloa* (Revista de Botánica); *Departamento de Filosofía y Letras*; *Instituto de Historia, Lingüística y Folklore*; *Instituto de Mineralogía y Geología*; *Revista de Etnología*.
El Museo de Ciencias Naturales llevaba publicados 12 trabajos en el primer tomo y 5 en el segundo; el Departamento de Física, 13; y 14 el de Investigaciones Industriales, el último de los cuales databa de 1926: *Sobre un experimento demostrativo de extracción de fibras del lino argentino. Las fibras textiles y vegetales*, por Italo Vitagliano.
El Departamento de Filosofía y Letras publicó: *Lecciones preliminares de Filosofía*, por Manuel García Morente (1938); *Introducción al filosofar*, por Juan David García Baca (1939); *Cuatro clases sobre Sarmiento escritor*, por Carlos María Onetti (1939).
El Instituto de Historia, Lingüística y Folklore dio a la imprenta: *Actas de la Sala de Representantes de Tucumán. Volumen I: 1823-1935; Volumen II: 1836-1852*, con prólogo y anotaciones de Alfredo Coviello; y *Tucumán indígena*, por Manuel Lizondo Borda (1939).

RICARDO ROJAS: ESTAS UNIVERSIDADES DEL INTERIOR, LLAMADAS A EQUILIBRAR EL PAÍS MEDIANTE LA CULTURA

[058] El rector Adolfo Piossek suscribió el 21 de abril de 1941 la resolución que ratificaba la designación de Padilla y Aráoz Alfaro como "miembros honorarios de la Universidad" y designaba "nuevo miembro honorario" a Rojas. El acto de entrega de diplomas y medallas de oro realizó el 23 de septiembre.
[Universidad Nacional de Tucumán. *Homenaje a los doctores Ernesto E. Padilla, Gregorio Aráoz Alfaro y Ricardo Rojas. Septiembre 23 de 1941.* Publicación Nº 297.]

[059] Dijo Piossek en aquel acto:
Los tres han realizado obra de argentinidad con la comprensión cabal del fenómeno en todas sus proyecciones y con una acción firme y tranquila. La patria del futuro los colocará entre sus arquetipos principales y ocuparán el lugar reservado a los hombres símbolos para inspirar a las generaciones venideras.

[060] Dijo Ricardo Rojas:
Misterios grandes del ser y del nacer son la cuna y el nombre, signos estelares; y aquí, en la Catedral de Tucumán, guárdase el acta del sacramento por la cual yo me llamo Ricardo Rojas, y a pocos pasos de la Catedral está la casa donde he nacido...

Yo tenía dos años apenas cuando mis padres me llevaron de aquí para vivir en Santiago del Estero, donde pasé las experiencias escolares, acumulando emociones de niñez y primera mocedad, cuyos recuerdos han influido tanto en mi destino y en mi obra. Al bañarme en el Dulce pensé que sus aguas eran las mismas del Salí, llevando hasta allá los raudales de estas quebradas; y algunas tardes serenas, desde aquel mismo lugar, a través del aire diáfano, pude ver la muralla azul del Aconquija, cuya cumbre recortaba su perfil sobre el horizonte que me parecía tan cercano. Creí, desde entonces, que no existía sino en el mapa la frontera entre ambas provincias, y las vi reunidas en un solo amor, como ya lo estaba en la tradición de mi familia.

Así realizóse en mi propia sensibilidad, por el ideal y por la tradición doméstica, aquella unidad geográfica de lo que en pasados siglos se llamó Tucumán; y cuando estudié la historia de nuestros orígenes nacionales, comprobé esa misma unidad en la génesis de nuestras ciudades norteñas, hasta que el autor de *El país de la selva* se apegó a la Pentápolis del Norte y con esa inspiración exaltó el heroísmo del salteño Güemes, o la virtud del jujeño Gorriti, o la santidad del catamarqueño Esquiú, sintiendo en todos ellos la fraternidad de aquel origen. Aquí la tierra ha hablado siempre por sus hombres. Aquí viven más evidentes las tradiciones de la América prehistórica y las

de la colonización española que bajó del Perú, y las de la
Argentinidad que subió del Plata hasta alumbrarse en la
victoria de 1812, que salvó a la revolución de Mayo, y en
el Congreso de 1816, aurora de la nacionalidad.
He necesitado decir estas cosas personales para que
comprendáis cómo resuena en mi conciencia el acto
de hoy; mas ahora debo declarar lo que significa para
mí este honroso diploma que agradezco emocionado
y los recuerdos que me ligan a la Universidad que tan
generosamente me lo confiere.
Veinticinco años han pasado desde que pronuncié en
esta ciudad tres conferencias sobre la Universidad de
Tucumán, que apercibíase entonces a comenzar su
existencia. Auspiciado por el gobernador Ernesto Padilla,
nacía el nuevo instituto como creación local, sin ayudas
extrañas, y eso es lo que más cautivó mi simpatía. Su iniciador Juan B. Terán – a quien no puedo imaginar ausente
en esta ceremonia – invitóme a pronunciar aquí esas
conferencias, después editadas en volumen. La incipiente
Universidad carecía de local adecuado para actos de ese
género, y prestó su local la Sociedad Sarmiento que desde
años atrás venía trabajando por la cultura tucumana y sin
duda preparando el ambiente para fundaciones de este
género. Hablé del Tucumán, su tierra y su historia, para
definir las tradiciones y el área de influencia de la nueva
Universidad. Hablé de los diversos tipos de Universidades
argentinas – Córdoba, Buenos Aires, La Plata – nacidas en
función de doctrinas y necesidades diferentes, según las
épocas en que aparecieron. Hablé del arte y el folklore,
como disciplinas llamadas a dar un estilo a la expresión
espiritual del norte argentino. Por esas tres conferencias pronunciadas en 1914, yo me siento vinculado a
los orígenes de la Universidad de Tucumán, que nació
entre la indiferencia de muchos y la mofa de algunos, y
acaso con la sorda hostilidad de sus hermanas mayores.
Para contrarrestar el maleficio era menester pronunciar
palabras de comunicativa esperanza. Tocóme entonces,
como junto a la cuna de un niño, decir los presagios
venturosos, y podéis comprender con cuanta emoción

me acerco, un cuarto de siglo después, a comprobar que aquellos presagios se han realizado. Encuentro a la Universidad ya crecida, con sus múltiples departamentos, con sus aulas bullentes de alumnos, con su entusiasta equipo de profesores.

Al regresar después de tanto tiempo, encuentro nacionalizada a la Universidad que nació como una fundación provincial. La nacionalización comporta ventajas a los diplomados y da mayores recursos para el fomento de las escuelas. [...] La Nación provee los fondos, pero las normas didácticas han de forjarse aquí, no sólo con la ciencia de sus propios maestros, sino con la simpatía de toda la sociedad. Así os mantendréis fieles al origen de esta fundación, sin que ello obste a una mayor latitud de vuestra influencia nacional, como el árbol que se nutre por la raíz en un suelo y abre su ramaje a realidades locales, que no por serlo dejan de ser nacionales y universales en el ámbito de la cultura. Lo que conviene evitar es que se convierta en un invernáculo de artificiosos trasplantes, porque al convertirse en mera forma burocrática, regida desde los centros políticos de Buenos Aires, correrá el riesgo de cristalizarse y morir.

[...]

La Nación toma de las provincias ingentes millones por impuestos internos y por tarifas de aduana que pesan sobre los consumidores del interior. Sin embargo, vemos que los legisladores provincianos votan gastos suntuarios para la Capital y aceptan que se hable de *ayuda* a las provincias, como si se tratara de un favor y como si las rentas no pertenecieran a todas las regiones.

[...]

Las provincias necesitan explotar sus propias riquezas, recobrar su personalidad histórica, tener más influencia en el destino político de la República y en el manejo de los intereses nacionales. Precursoras de tal empresa son estas universidades del interior, llamadas a equilibrar el país mediante la cultura.

Graves problemas plantean estas universidades nuevas en un país nuevo. Las ya existentes, miran con recelo a las

recién venidas, aduciendo el peligro de la plétora profesional en las tres carreras tradicionales. Lo evidente es que la juventud argentina quiere cursar estudios superiores, y se agolpa anhelosa en las escuelas; aflujo de vida y de ambición que no podemos considerar como un mal en sí mismo. Las nuevas fundaciones crecen y, sin embargo, no se descongestionan las anteriores. Deber de educadores o estadistas es orientar esas corrientes vocacionales. Las fundaciones de La Plata, Litoral, Tucumán, y Cuyo últimamente alarmaron a Buenos Aires y a Córdoba; pero, diferenciándose, han de justificarse.
Con este motivo se ha hablado mucho de universidades regionales y de universidades técnicas; denominaciones que es necesario aclarar, porque sería peligroso no aclarar. La Argentina como otros países sudamericanos, posee vasta extensión de tierra, múltiples riquezas, y el hombre vive anonadado ante ellas. La naturaleza muéstrase aquí imponente en su virginidad y superior al hombre. El hombre se recoge en su pequeñez por la emoción que el paisaje le impone, y además carece de medios técnicos para utilizar las riquezas óptimas del suelo. No tiene los medios de hacerlo porque nuestra educación, desde la escuela primaria a la superior, está desvirtuada. Sus planes exóticos y verbales, cultivan la inteligencia, pero no educan para la acción, ni arraigan al argentino en su tierra. Nos atenemos a los libros, que son palabras forjadas en estados extraños y para necesidades de otros pueblos. No inducimos la mente nativa a la invención y a la empresa creadora fundada en las realidades que nos circundan, y de ahí proviene la pasividad del criollo, que abre el camino a la penetración extranjera, de la que luego nos quejamos. Los imperialismos son como el viento que ocupa los lugares vacíos, aprovechando desequilibrios de la masa atmosférica. Desde el exterior se controla nuestra producción, nuestro mercado, nuestra moneda, y se traza la legislación en beneficio de intereses particulares o de empresas extranjeras. Al criollo le enseñamos muchas cosas, menos lo que necesita para la defensa de su país. Escuelas de minería, de petróleo, de electrónica, de

construcciones, de química industrial, eso debe tener la Universidad de Tucumán, como actualmente lo proyecta el Rector Piossek, con un laudable plan de carreras breves, y con fines prácticos inmediatos, de aplicación regional. Tales enunciados suelen promover polémicas contra las cuales deseo preveniros, porque son ociosas o equívocas. Se cree ver una contradicción que no existe entre la técnica y las humanidades, o entre la regionalidad y la universalidad de los estudios.

[...]

Un técnico o un sabio, es, ante todo, un hombre, y como ese hombre vive en un medio geográfico y en una sociedad determinada, no podemos formarlo sin el auxilio de la filosofía, la historia, las letras, o sea, sin el conocimiento de sí mismo y de la colectividad en que actúa, con su economía, su moral y sus leyes. Mal se conducirá el especialista si su capacidad profesional no se halla sometida a normas ideales. Preconizo, pues, la educación técnica especializada como una necesidad ineludible de nuestro país y de nuestro tiempo; mas advierto el peligro de formar técnicos sin alma. Las ciencias de la naturaleza pueden ser nocivas sin las ciencias del espíritu. Las humanidades son fundamento y atmósfera de toda instrucción que no quiera ser inhumana.

[...]

Señalo otra razón que atañe al patriotismo: la industria azucarera de Tucumán, tan honrosa para los criollos que son sus promotores, emplea, sin embargo, máquinas extranjeras y técnicas extranjeras, con lo que anuncio la importancia que tiene para nuestra liberación, o sea, para la integración de la soberanía argentina, que la Universidad forme técnicos y economistas capaces de inventar, fabricar y manejar todos los mecanismos de nuestra industria, todavía tributaria de culturas ajenas.

No es exclusiva de la economía tucumana esa servidumbre por atraso de nuestro genio, de nuestra ciencia y de nuestra voluntad; puesto que tal es el estado de toda la economía argentina. Precisamente por ser así, necesitamos pregonarlo, para remover sumisiones y

quebrar rutinas y desvanecer prejuicios. Ha ya treinta años que vengo diciéndolo, porque me parece que vivimos entre las fantasmagorías de una prosperidad ilusoria y deprimente para la nacionalidad. Yo no me envanezco de esos automóviles que congestionan las calles, ni de esas luces eléctricas que nos alumbran, ni de esos cinematógrafos que recrean o anestesian a nuestros pueblos; y no me envanezco porque nada de eso es creación nacional. De eso puede enorgullecerse Estados Unidos, por ejemplo, desde que son productos de su ciencia, de su ingenio, de su economía, de su civilización. Frente a esas adquisiciones la Argentina sólo aparece como un consumidor colonial. Por eso debemos superarnos por la ciencia, para integrar nuestra economía.
La mayor falla de la vida argentina consiste en haber puesto la ambición en mejoramientos materiales, olvidándonos de los valores humanos. No podemos seguir hablando de progreso nacional si contemplamos las cifras pavorosas de mortalidad infantil tantas veces denunciadas por el doctor Aráoz Alfaro; y los resultados de las inspecciones médicas escolares con tantos niños desnutridos, y las bajas de la conscripción militar por incapacidad fisiológica de muchos conscriptos, y las condiciones de parias en que viven los campesinos, y el espectáculo miserable de las habitaciones obreras, aun en las más importantes ciudades. Pongamos el acento de nuestro ideal patriótico sobre la salvación del hombre argentino. Eso mandan la caridad y la conveniencia política. Bien están los símbolos litúrgicos de la argentinidad y sus fastos teatrales y su oratoria conmemorativa en loor de aquellos héroes libertadores que en su hora cumplieron con su deber; pero no basta ahora un patriotismo de recuerdos; necesitamos un patriotismo de obra y de esperanza. La independencia de una nación crea deberes en cada tiempo renovados. Las pasadas generaciones cumplieron con el suyo; las de hoy, no lo hemos cumplido.
Perdónenme si hablo con excesiva franqueza, porque esa es mi mejor manera de hablar. No me gusta la palabra

deshumanizada, ni me complazco en la cultura inmóvil. Acaso esto se deba a que no obstante ser académico y doctor, sigo siendo un autodidacto militante y voluntarioso. Me he formado por mi esfuerzo y siempre he trabajado para vivir. He enseñado treinta años con vocación y con pasión. He recorrido diversos campos del saber como en una aventura alucinante. He andado por escabrosos caminos, y mi itinerario en la tierra puede trazarse desde París... hasta Ushuaia. Con tantas experiencias, qué mejor cosa podía decir en este acto sino las verdades de mi soledad disconforme, para ofrecerla a los jóvenes como un mensaje de esperanza que los llame al estudio y a la acción.

Agregó Rojas en la parte final de su discurso:
No olvidéis que estas costosas escuelas son mantenidas por el Estado argentino con recursos que provienen del trabajo popular, y que interrumpir o desvirtuar su labor es defraudar al pueblo. Día llegará en que las cátedras, el gobierno, la dirección de la sociedad, hayan pasado a vuestras manos, y entonces habrá sonado la hora de que os mostréis capaces de mejorar la vida y las instituciones. Entretanto, preparaos austeramente para la empresa futura. Disipad desde ahora fantasmas y confusiones. Poned la ciencia al servicio del bien, la conducta al servicio de un ideal realizable; y alzad la enseña de la Universidad como vuestro más noble estandarte.

ALEJANDRO KORN: UNA FILOSOFÍA NACIONAL

[061] En carta de Rougés a Julio V. González, fechada en Tucumán el 8 de marzo de 1932, se refiere al influjo de Henri Bergson y José Ortega y Gasset en la Argentina:
Goza en este momento, entre nosotros, de excesivo favor, el cambio, la movilidad. Ello se debe, en parte, al influjo de la filosofía de Bergson. Hemos retenido de ésta la transformación incesante y hemos pasado por alto lo que hay en ella de permanencia: la conservación íntegra de nuestro pasado psíquico, afirmada por el filósofo

francés. Su devenir no es un incesante ser y no ser, sino una maduración, una memoria que nada pierde y se enriquece constantemente con nuevas adquisiciones.
[...]
Algunas ideas de Ortega han influido también entre nosotros, en la sobrestimación del cambio. Se busca la última sensibilidad, la última manera de enfrentar el cosmos, con la misma ansiedad que la noticia de última hora de un diario. Está formándose así, en núcleos importantes de nuestra intelectualidad, una creciente aversión por lo que no es reciente. Este camino lleva a preferir más lo nuevo, aunque carezca de valor, que la obra maestra que no es reciente; a desechar conocer y sentir profundamente lo que es profundo, lo que es adquisición permanente de una cultura. Por ese camino, en suma, se llega a ser turista del conocimiento y el arte, nada más que un turista. Ese mal no es sólo nuestro. En estos últimos años ha recrudecido en el mundo una literatura de turistas, a la que se ha dado un rango superior al que corresponde, elevándola a veces a la categoría de filosofía.

[062] Massuh, en su ya citada nota "Vida y razón de Alberto Rougés", advierte "cierta influencia" de Korn y Romero en Rougés:
No sólo porque ambos fueron buenos conocedores de Henri Begson, sino también porque la idea de *libertad creadora* los fascinaba por igual.
Al respecto, refiere la nota de Rougés sobre Korn en *Nosotros*, de julio de 1936. Y agrega Massuh:
La *Correspondencia* de Rougés hace visible una situación notable: el modo en que el socialista Korn, el militar Romero y el antisocialista Rougés convergen en una tarea común, en un entusiasmo filosófico comunitario que hizo posible la fundación real de la filosofía argentina.

[063] En 1943 se publica *Las jerarquías del ser y la eternidad*, el único gran libro de Rougés, por la Facultad de Filosofía y Letras de la Universidad de Tucumán, de la que fue electo Decano.

Alcanzó el cargo de Rector de la Universidad, pero fallece de un paro cardíaco dos semanas después, el 4 de mayo de 1945, a los 65 años.

[064] Una serie de anotaciones a la obra de Korn, por quienes lo conocieron y abrevaron de sus enseñanzas, ilustran sobre su personalidad.

Luis Aznar, en "Introducción bibliográfica", fechada en La Plata en octubre de 1936, incluida en: Alejandro Korn. *Influencias filosóficas en la evolución nacional* (Buenos Aires: Claridad. "Obras completas de Alejandro Korn"), señala:

> Sus últimos años los consagró a reajustar sus escritos doctrinarios y a examinar, desde las más diversas tribunas, las corrientes filosóficas modernas. De Tucumán, Santiago del Estero, Córdoba y Rosario fue llamado a dictar cursos breves o conferencias aisladas de filosofía. No desoyó nunca el llamado de las modestas instituciones culturales y era frecuente verlo disertar en humildes salones suburbanos ante reducidos auditorios de neófitos. Abandonó la vida a los 76 años de edad, con un gesto digno de un griego de la edad de oro: rodeado de sus familiares y amigos, levantó su copa en un brindis postrero y se durmió para siempre, serenamente.

Aznar presenta a Korn como "el campeón del antipositivismo en la Argentina":

> Enemigo, por igual, de la insuficiencia teórica del positivismo y de las abstracciones metafísicas en que han florecido las angustias y conflictos de la posguerra, Korn exigía de toda filosofía auténtica la identificación de la doctrina con la realidad social que la sustenta y entraña. A eso llamaba Korn una *filosofía nacional* – expresión histórica de una colectividad humana definida y coherente – que, para el caso argentino, había formulado para su hora y para su tiempo, Juan Bautista Alberdi.

Enrique Anderson Imbert, en la Introducción a: Alejandro Korn. *Ensayos críticos sobre Filosofía, Ciencias y Letras* (Buenos Aires: Claridad. "Obras completas de Alejandro Korn"), escribe:

> Lo grandioso de Alejandro Korn es su personalidad. Fue una suerte intimar con ella: era un ejemplo de dignidad,

de elegancia, de heroica autonomía. [...] Korn cultivaba el orgullo de su propia filosofía. La sabía original y congruente. Y la expresó sin rodeos. Tanta conciencia de su valer redondea sus párrafos en sentencias incisivas.

En *Alejandro Korn* (Losada, 1940), se reúnen un Prólogo de F.R. (Francisco Romero, director de la Biblioteca Filosófica. Estudios y documentos sobre la Filosofía en América), y los ensayos de: Francisco Romero. "Alejandro Korn"; Angel Vasallo. "Presentación de Alejandro Korn, filósofo"; Luis Aznar. "Apuntaciones biográficas"; y los Apéndices de Francisco Romero: "Recuerdo de Alejandro Korn", y "El testamento de un filósofo", pp. 135-138, publicado originalmente en *La Gaceta*, 1º de enero de 1937, donde también se incluye una nota de Alfredo Coviello.

Angel Vasallo, en un trabajo leído en el acto organizado por la Universidad Popular Alejandro Korn, de La Plata, el 8 de octubre de 1938, en el segundo aniversario de la muerte de Korn, señaló:

> Creo que Alejandro Korn pertenecía a aquella clase de filósofos o, si ustedes quieren, de hombres filosofantes, cuya autenticidad se muestra en que, según la bella fórmula de Bergson, "no tienen, no han tenido jamás, sino una sola cosa que decir". [...] El filosofar de Korn se me hace transparente tan sólo como una continuada meditación de la libertad. Bosquejar el esquema esencial de la filosofía de Korn viene a ser lo mismo, por lo tanto, que trazar en abreviada manera el itinerario de su pensamiento de la libertad.

[065] Francisco Romero en *Los problemas de la filosofía de la cultura* (Santa Fe: Universidad Nacional del Litoral. Instituto Social, 1936), tras un desarrollo histórico de los planteos sobre la cultura, se enrola con

> [...] quien acaso ha proporcionado más sólidos y durables materiales para la teoría completa de la cultura que ya se va perfilando en Hans Freyer, en su breve y sustancial libro *Teoría del espíritu objetivo*, publicado hace muy pocos años.

Y, según sus palabras,
> [...] como mi intención no es exponer a Freyer, sino dar una idea general de la cuestión, modificaré quizá alguno de sus puntos de vista si otros me parecen más aceptables.

Concluye en estos términos:
> Con el planteo de los problemas de la cultura a la filosofía actual, se le abren nuevos y dilatados horizontes. Indagadas largamente por el pensamiento tradicional (lo que no quiere decir que estén resueltas) las cuestiones referentes a la naturaleza, se inicia el examen de un nuevo orden de temas, apasionantes y vírgenes; temas que nos son próximos y entrañables, los que más de cerca tocan a nuestra vida y a nuestro destino. Nuestro país va reclamando su sitio entre los pueblos que trabajan en las grandes tareas del pensamiento, y debemos esperar y desear que aporte su contribución a la profundización y aclaración de estas cuestiones.

MANUEL GARCÍA MORENTE: LA PALABRA TRADICIÓN ADQUIERE AHORA UN SENTIDO CLARO

[066] El filósofo español Manuel García Morente nació en abril de 1886. Ante la Guerra Civil, destituido de su cátedra y amenazada su vida, huyó a Francia y se embarcó con destino final en Tucumán. Regresó a España el 4 de junio de 1938 ingresando al sacerdocio; el 1º de enero de 1940 celebró su primera misa. No sobrellevó una operación quirúrgica, falleciendo el 7 de diciembre de 1942.

[067] García Morente en *La filosofía de Henri Bergson* (Madrid: Publicaciones de la Residencia de Estudiantes, 1917), incluye las tres conferencias pronunciadas el 27, 28 y 29 de abril de 1916, así como el discurso pronunciado por Bergson, también en la Residencia de Estudiantes, el 1º de mayo de 1916.

[068] En *Idea de la Hispanidad* (Buenos Aires: Espasa-Calpe, 1938), García Morente incluye las conferencias pronunciadas

en Buenos Aires los días 1 y 2 de junio de 1938 en la Asociación Amigos del Arte: "I. España como estilo"; "II. El caballero cristiano".
En la primera de ellas, bajo el subtítulo "Nacionalismo y tradicionalismo", dijo:
> El nacionalismo, el patriotismo, el gobierno patriótico de una nación, consisten esencialmente en la fidelidad del pueblo y de los gobernantes al propio estilo secular, que es la propia esencia eterna.
> [...]
> Los pueblos que en su vivir son siempre fieles a sí mismos, a su estilo nacional, pueden aguantar impávidos las más borrascosas vicisitudes de la historia y son capaces incluso de absorber, digerir, asimilar, nacionalizar, en suma, a sus propios conquistadores.
> [...]
> Desde nuestro punto de vista la palabra tradición adquiere ahora un sentido claro, transparente, inequívoco. Tradición es, en realidad, la transmisión del *estilo nacional* de una generación a otra. No es, pues, la perpetuación del pasado; no significa la repetición de los mismos actos en quietud durmiente; no consiste en seguir haciendo o en volver a hacer *las mismas cosas*. La tradición, consiste en hacer todas las cosas nuevas que sean necesarias, convenientes, útiles; pero en el viejo, en el secular estilo de la nación.

En el mismo sentido, se expresa en "II. El caballero cristiano", en el acápite: "Simbolización del espíritu español".

[069] Su obra *Ensayos* (Madrid: Revista de Occidente, 1945) lleva una "Nota preliminar" de Manuel Granell titulada "Morente o el clasicismo", en la cual señala como característico del autor de las *Lecciones preliminares*, que su "afán de clasicismo en lo fundamental y decisivo se completa de modo natural con su clasicismo de método y estilo".
En ese libro, figura la nota de García Morente "El clasicismo de Santo Tomás de Aquino", en uno de cuyos párrafos se lee:
> El concepto de lo clásico puede reducirse a tres notas características; primera: predominio de la atención a lo diverso y diferencial sobre la atención a lo común y

general; segunda: intención de las jerarquías dominantes en las distintas formas de realidad; tercera: respeto a la objetividad.

LORENZO LUZURIAGA: LA GUERRA ACTUAL DECIDIRÁ

[070] La obra de **Lorenzo Luzuriaga** *La educación nueva* fue publicada por la Universidad Nacional de Tucumán. Facultad de Filosofía y Letras. Instituto de Estudios Pedagógicos, en 1943.
Por entonces, era Rector el ingeniero José G. Sortheix; Decano de Filosofía y Letras, Eugenio Pucciarelli; y entre los miembros del Consejo Directivo se encontraban, además de Luzuriaga: Silvio Frondizi; Aníbal Sánchez Reulet; Renato Treves.
Luzuriga afirma que la *educación nueva* cuenta con cincuenta años de existencia, cuyas primeras manifestaciones fueron las escuelas inglesas creadas entre 1889 y 1893:
> En su desarrollo ha producido ya ideas pedagógicas de gran originalidad; ha creado valiosos métodos educativos; ha fundado innumerables instituciones escolares y ha conquistado la voluntad de las autoridades oficiales de muchos países.

Por cierto que la crisis mundial que llevó a la gran conflagración estallada en el año 39 repercutió en la educación:
> La guerra mundial ha acentuado más el carácter social y democrático de los partidarios de la educación nueva. [...]
> Nos encontramos hoy en presencia de dos ideologías en pugna, las mismas que existen en la sociedad actual. De un lado, los regímenes totalitarios y la educación totalitaria; de otro, los regímenes democráticos y la educación liberal.
> La guerra actual decidirá, evidentemente, la suerte de unos u otros, y con ello, el destino de la educación nueva.

[071] En 1943, la Facultad de Filosofía y Letras había agregado a los textos, ya mencionados, de García Morente, García Baca, y Onetti, otro de García Baca: *Tipos históricos del filosofar físico*. En la colección Cuadernos de la Facultad se publicaron estos títulos:
Lorenzo Luzuriaga, además de *La educación nueva*, su obra *Pedagogía contemporánea*.
Alberto Rougés. *Las jerarquías del ser y la eternidad*.
Rodolfo Mondolfo. *El genio helénico y los caracteres de sus creaciones espirituales*.
Aníbal Sánchez Reulet. *Raíz y destino de la filosofía*.
Benvenuto Terracini. *¿Qué es la lingüística?*
Raimundo Lida. *Belleza, arte y poesía en la estética de Santayana*.
Enrique Anderson Imbert. *Tres novelas de Payró, con pícaros en tres miras*.
En Publicaciones del Instituto de Estudios Pedagógicos figura el ensayo de Lorenzo Luzuriaga. *La enseñanza primaria y secundaria argentina comparada con la de otros países*.

GONZALO LOSADA: AUNAR LO CLÁSICO CON LO CONTEMPORÁNEO, LA TRADICIÓN CON LA VANGUARDIA

[072] Eduardo Gudiño Kiefer en *Gonzalo Losada, el editor que difundió el libro argentino en el mundo* (Buenos Aires: Dunken, 2004), traza la historia de la afamada casa editorial fundada en agosto de 1938 por Gonzalo Losada, Guillermo de Torre y Atilio Rossi.
A un año de creada la editorial, en el catálogo de 1939 - anota Gudiño - se da cuenta del éxito de las siguientes colecciones: "Biblioteca Contemporánea", luego "Clásica y Contemporánea" (a la manera de la colección Austral, de Espasa-Calpe); "Las cien obras maestras de la literatura y el pensamiento universal", dirigida por Pedro Henríquez Ureña; "Obras completas de Federico García Lorca", recopiladas por Guillermo de Torre;

"Panoramas", dirigida por Guillermo de Torre; "Biblioteca Filosófica", dirigida por Francisco Romero.
Uno de los primeros títulos de la editorial Losada data del año de su establecimiento: *Lo inconsciente*, de C.G. Jung, "un verdadero desafío". Conforme Gudiño, dicha editorial se distinguió porque tuvo como finalidad "desde el primer momento, aunar lo clásico con lo contemporáneo, la tradición con la vanguardia".

SAÚL TABORDA: EL SOCIALISMO

[073] Saúl Taborda, en *La crisis espiritual y el ideario argentino* (Santa Fe: Universidad Nacional del Litoral. Instituto Social. Publicación de "Extensión universitaria" Nº 24, 1941) (La primera publicación data de 1939), abunda en citas de Hegel, Fichte, Menguer, Alfredo Weber, Herman Heller, Carl Schmitt (sobre la crisis del parlamentarismo), Hans Fehr, y Carlos Ibarguren (sobre la crisis del constitucionalismo). Critica la experiencia del sufragio universal en la política argentina y deplora

> [...] la exclusión de los intelectuales de la gestión de los negocios públicos decretada por el radicalismo triunfante.

Se pronuncia por el socialismo

> [...] una fe. Fe operante y creadora. Fuente nutricia de toda relación que aspira a decantarse en símbolos representativos.

Concluye con abundantes citas de Fichte: "La tierra es de Dios".

JOSÉ GABRIEL: EL RESURGIMIENTO DE LAS NACIONALIDADES CON LA NOCIÓN DE SOLIDARIDAD MUTUA

[074] José Gabriel, *Aclaraciones a la cultura* (Buenos Aires, 1940) trae la siguiente dedicatoria:

Este libro, por ser un acto americano libertador de las conciencias, queda puesto bajo la protección de San Martín, libertador externo e íntimo.

Por sus páginas desfilan: Virgilio, Cervantes, *Hamlet*, Sócrates, Whitman, *Martín Fierro*.

Entre los temas del libro figuran "Clásicos y populares"; "Idioma culto e idioma vulgar"; "¿Tiene Iberoamérica una cultura propia?".

En "La pureza argentina" elogia el habla de la "gente llana" de la región bonaerense; a modo de ejemplo, cita extensamente dos textos: *La sombra del telar*, de Rodolfo Juárez Núñez; *La mañana*, de Francisco Gilardi.

En "La filosofía y las copas" se pronuncia contra las deformaciones del profesionalismo, contra lo "característico de todo profesionalismo", por ejemplo:

Se consagra cronista deportivo el que va a la cancha (o no va, eso es lo de menos) y vuelve, no con la fiesta a que ha asistido, sino con la jerga periodística convenida; y ¡pobre de él si pretende otra cosa! Y se consagra filósofo, con cátedra bien rentada, el que lee o no lee a Platón (mejor si no lo lee) pero expone la jerga filosófica convencional. Expone, expende...

[075] Del libro de José Gabriel, *Entrada en la modernidad* (Buenos Aires, 1942) se destaca la nota "En compañía de García Morente", con su conferencia "Definición de las épocas *modernas* en la historia", que en el decir del autor

[...] constituye una de las meditaciones más inspiradas de este profesor.

Y en la cual deja planteado

[...] el sentido más íntimo de la época moderna: el resurgimiento de las nacionalidades con la noción de solidaridad mutua. El mundo rehabilita su naturaleza particular con su vínculo general.

El libro se cierra con la versión en español del poema *La época moderna*, de Whitman.

[076] José Gabriel aplaude el Mensaje presidencial de Perón al inaugurar el año legislativo de 1951, en su obra *La encrucijada. Europa entre la revolución y la guerra* (La Plata: Moreno, 1951), escrita tras "un breve viaje por Europa".

CARLOS IBARGUREN: NUESTRO PAÍS MANTIENE AÚN SU FISONOMÍA PROPIA EN LAS PROVINCIAS DEL INTERIOR

[077] Carlos Ibarguren en el capítulo "Dos décadas de la cultura argentina", de *La historia que he vivido* (Buenos Aires: Peuser, 1955), comienza señalando:
> En el lapso comprendido entre los años 1920 y 1940, la cultura en la Argentina se difundió con intensidad, sobre todo en Buenos Aires que había asumido ya el carácter de gran metrópoli en América y era, entonces, foco que irradiaba magníficamente las luces de su propia mentalidad y las que recibía desde el extranjero.

[078] En la década del 30, Ibarguren fue Presidente de importantes instituciones oficiales: Comisión Argentina de Cooperación Intelectual, Academia Argentina de Letras, Comisión Nacional de Cultura. Además, integró los directorios de estas instituciones particulares: Instituto Popular de Conferencias, del diario *La Prensa*; Los Amigos del Arte [Verónica Gabriela Meo Laos. *Vanguardia y renovación estética. Asociación Amigos del Arte (1924-1942)*. Buenos Aires: CICCUS, 2007]; Instituto de la Universidad de París en Buenos Aires; Colegio Libre de Estudios Superiores; PEN Club de Buenos Aires, organizador del 14º Congreso Internacional.

[079] En "El espíritu y la cultura hispánica en la expresión popular argentina", estudio leído en la Institución Cultural Española con motivo de celebrar su 25º aniversario (publicado en el *Boletín de la Academia Argentina de Letras*, Tomo VII, Nº 28, octubre-diciembre de 1939), Ibarguren afirmó:

La Argentina más genuina y característica está en las campañas, en las provincias. Las urbes populosas no tienen por lo general acertado tipo nacional, excepto aquellas que representan y conservan una tradición histórica peculiar. La fisonomía propia y la vida esencial de un país, sobre todo cuando es agrícola y pastoril, está en los campos donde la geografía y las fuerzas telúricas de cada comarca determinan la idiosincrasia de los aborígenes y hasta influyen en su tipo físico. No solamente el espíritu nacional en su aspecto elemental y agreste, colorido y pintoresco, se destaca con más claridad en el terruño, sino también el lenguaje brota allí más puro y lozano, y las palabras y los giros campesinos se modulan en tono peculiar y vibran más expresivos. El contacto directo con la tierra comunica así intensamente esa emanación misteriosa que da patria a los hombres y a las cosas. Con razón dijo Ganivet que lo más permanente en un país es el espíritu del territorio. [...]
En la pampa y en las montañas, entre los gauchos, los arrieros y los campesinos criollos es donde se halla con más fuerza el alma de España. Esa alma late no sólo en viejos vocablos y rancios modismos sino también en las formas expresivas de la sensibilidad y de la psicología popular. El folklore argentino, en una considerable porción de sus manifestaciones, es fruto y flor de semilla genuinamente española. Basta para probarlo echar una rápida ojeada a nuestros cancioneros y refraneros publicados con estudios enjundiosos como la notable obra de Juan Alfonso Carrizo y las interesantes de Ciro Bayo (*Romancerillo del Plata*), de Jorge M. Furt (*Cancionero rioplatense*), de Lehman-Nitsche, de Draghi Lucero (*Cancionero popular cuyano*). El erudito trabajo sobre *Martín Fierro* de mi distinguido colega el académico don Eleuterio Tiscornia, riquísima información literaria y filológica, confirma mi aserto.
Al lado de la gran poesía individualizada que es obra superior de toda literatura, la vena lírica popular viértese armoniosamente en las coplas, en los cantares, en los romances anónimos, entonados al son de la guitarra por nuestros paisanos. Esos cantos palpitan en el fondo del

pueblo, penetran en todas partes, cambian de formas, se tiñen con matices diversos según las comarcas que atraviesan y se arraigan en el corazón de las gentes, consagrando por siglos y a través de las generaciones la misma esencia psicológica que los inspiró. Y al moldar sus ritmos y al pronunciar sus palabras el pueblo las incorpora a su propio ser velando en ellos sus anhelos y sus amores, sus cuitas y sus nostalgias, su fantasía y sus angustias. La mayoría de esos cantos proceden de España en su integridad o en su germen; son viejos casi todos, algunos vienen desde tiempos muy remotos, muchos nacieron en humilde cuna plebeya y otros son de alcurnia suntuosa porque se han desprendido de poetas y de poemas clásicos del siglo de oro.

[080] En su carácter de Presidente de la Academia Argentina de Letras, pronunció Ibarguren la conferencia "El sentido nacional en nuestra literatura" (*Boletín de la Academia Argentina de Letras*. Tomo XII, N° 45, 1943), en la cual reafirmó su credo:
Nuestro país mantiene aún su fisonomía propia en las provincias del interior, a diferencia de las ciudades mercantiles del litoral y de sus puertos que recibieron una influencia foránea que amenaza alterar nuestros rasgos originales. [...] Una avalancha exótica procedente de todas partes del orbe y recibida sin vigilancia alguna ha convertido a Buenos Aires y a otras regiones nuestras en una verdadera Babel, heterogénea y caótica, tanto del punto de vista étnico como del lingüístico; este fenómeno conspira contra nuestra integridad espiritual y puede modificar paulatinamente los caracteres de nuestra alma genuina. A esa alma debemos defenderla celosamente para forjar la unidad moral de todas las fuerzas sociales amalgamándolas en un solo espíritu. En estos tiempos de convulsión terrible y trágica que sufre el mundo, ha llegado el momento de bregar porque un ideal nacional y un alma única – la auténticamente nuestra – impere en todo nuestro territorio y sea la base firme de la grande Argentina del futuro. Para ello es menester velar, en primer término, para que se conserven nuestras tradiciones.

[La] suma de recuerdos, de imágenes del pasado, de costumbres, de creencias, de sentimientos, de ideales y de glorias comunes constituye la trama esencial y recóndita de una tradición.
[...]
La Patria no es sólo una representación material sino, sobre todo, un sentimiento basado en las tradiciones nacionales que hermana en una asociación eterna a una definida colectividad y a su estirpe. Cuando los pueblos pierden su tradición mueren para la historia.

Refiriéndose a la literatura y a la misión del escritor, concluye Ibarguren:

Apoyo con simpatía el estímulo de la tendencia regional en nuestra literatura. Así como creo que el exaltado regionalismo político debe evitarse porque ello tiende a aflojar el sentimiento de la unión nacional que es necesario predomine, ante todo y sobre todo, para que la República Argentina pueda cumplir la misión de gran potencia que le corresponde y que debe realizar en el porvenir, pienso que del punto de vista intelectual, sentimental y estético, cada zona de nuestro país está obligada a mantener su originalidad e independencia espiritual para valorizar nuestro patrimonio intelectual volcando plenamente su alma típica en las visiones y en las creencias de sus poetas y de sus novelistas.

[081] En sintonía con ese ideario, en el *Boletín de la Academia Argentina de Letras* se publicaron textos de Dávalos y Carrizo: Juan Carlos Dávalos. "Origen del cuento popular" (Tomo IX, Nº 33, enero-marzo de 1941), conferencia leída por el autor en el salón de actos de la Caja Popular de Ahorros de Tucumán, en la cual relató numerosos cuentos y leyendas del Noroeste: Salta, La Rioja, Catamarca, Tucumán, deteniéndose en la historia de Salsi, el cachazudo.

Comenzó diciendo Dávalos:

Los cuentos, como los sueños, parecen responder a la necesidad de eludir la represión: son válvulas de escape. En los cuentos suceden, como en los sueños, cosas que, aunque sean disparatadas e imposibles, quisiéramos ver convertidas en realidades halagüeñas. [...] Mientras el mundo, castigado por la guerra, escucha trepidaciones de acero que asuelan el mar, la tierra y los aires [...] el tropel aterrador de los caballos que montados por sus cuatro jinetes atroces vio San Juan – acaso nos convenga, siquiera por pocos instantes, procurar evadirnos de esta tragedia que es una pesadilla para los seres conscientes de todas las razas. Sentémonos junto a la lumbre, a evocar viejas e ingenuas historias de un mundo mejor, de ese trasmundo creado por la imaginación de nuestros antepasados más remotos.

Por Juan Alfonso Carrizo: "El tema del ave, del suspiro o del papel mensajero" (Tomo XII, N° 45, 1943); "El tema de la invocación de la muerte" (Tomo XIII, N° 49, octubre-diciembre de 1944).

LA FORMA MÁS FIRME Y PODEROSA DEL LENGUAJE DEL PUEBLO

[082] Texto de base: Graciela González de Díaz Araujo. "Expresiones de un teatro regional, argentino y americano. Ricardo Rojas, Juan Ponferrada y Bernardo Canal Feijóo", en *Revista de Literaturas Modernas*. Anejo V: *La periodización de la literatura argentina. Problemas, criterios, autores, textos*. Tomo II. *Actas del IV Congreso Nacional de Literatura Argentina. Mendoza, 23-27 de noviembre de 1987*. Universidad Nacional de Cuyo. Facultad de Filosofía y Letras. Instituto de Literaturas Modernas, 1989.

Dice la autora:

> El tema vertebrador de sus producciones es el de la relación con la tierra. Esa tierra, teñida por las sugestiones y recuerdos de la infancia y adolescencia, aparece mostrada en lo hondo, con su historia, tradiciones, mitos y leyendas y con su religiosidad particular en la que convergen elementos paganos e ideas cristianas en la suma de un pasado indígena e historia española.

También sobre el tema: Ana S. de Cabrera. "Elementos teatrales en el folklore nacional", en *Cuadernos de cultura teatral*, N° 9. Buenos Aires: Instituto Nacional de Estudios de Teatro, 1940.
Julio Aramburu. "Salta y Jujuy. Temas para nuestro teatro", en *Cuadernos de cultura teatral*, N° 16. Buenos Aires: Instituto Nacional de Estudios de Teatro, 1942.

[083] **Ricardo Rojas** estrenó *La casa colonial* en 1932, con Eva Franco como primera actriz.
En 1939, Rojas publicó *Un titán en los Andes* (Buenos Aires: Losada), referida a *Ollantay*. Tragedia en cuatro actos y en verso, estrenada aquel año en el Teatro Nacional de Comedia. La obra obtuvo el Primer Premio de Teatro, por la Comisión Nacional de Cultura.
También de Rojas son *La Salamanca. Misterio colonial* (1942), y *La Salamanca. Drama en verso* (Buenos Aires: Losada, 1943), Primer Premio de Teatro, por la Comisión Nacional de Cultura.

[084] Juan Oscar Ponferrada se definió como
> [...] nexo umbilical con el solar nativo que es la tierra en lo más hondo con sus añejos de la tradición y cierta religiosidad.

[*Encuesta a la literatura argentina contemporánea*. Buenos Aires: Centro Editor de América Latina. *Capítulo. La historia de la literatura argentina* N° 140, 1979].
De Bernardo Canal Feijóo vale repasar su nota "En el principio era el teatro", en *Cuadernos de Cultura Teatral* N° 18, Buenos Aires: Comisión Nacional de Cultura. Instituto Nacional de Estudios de Teatro, 1942.

[085] **Canal Feijóo** en su libro *La expresión popular dramática* (Tucumán: Universidad de Tucumán. Facultad de Filosofía y Letras, 1943), presenta una definición certera:
> La expresión popular dramática o en acto constituye a menudo la forma más firme y poderosa del lenguaje del pueblo acaso en necesaria compensación de sus pobrezas verbales o musicales.

[086] **Juan Oscar Ponferrada** se consagró con *El carnaval del diablo*. Tragicomedia con un prólogo y cuatro actos. (Buenos Aires: Penca, diciembre de 1943), con un texto introductorio del padre Leonardo Castellani:

> *El carnaval del diablo* es un verdadero acontecimiento en el teatro argentino, pese a la miopía o la malevolencia de algunos críticos ocasionales. [...] Ha sido doloroso constatar la negligencia o la inhonestidad de un sector de la crítica oficial que dispone en la Argentina de los grandes vehículos publicitarios: ante una obra que es la mejor que ha dado el teatro argentino en muchos años, la crítica solemne ha claudicado casi unánimemente. ¿Está pasando el país por una crisis de la inteligencia; o es que existe la inteligencia y está amordazada y suplantada por la mistificación y la expureidad? Poco importa. Esta obra ha triunfado por su propio peso, y el poeta, su autor, ha gozado del triunfo más sabroso que es el triunfo combatido y obstaculizado. Un teatro oficial le rechazó la obra; algunos críticos pontificantes ha contado pelillos innumerables; y, lo que es más triste, el pensamiento católico argentino no se supo reconocer en ella muy claramente, hasta ahora al menos.
> [...]
> He aquí un trabajo que no tiene nada que ver con cierto tipo de caducas tragedias de exhumación indígena o soporíferas crónicas dramáticas (para las cuales hubo en el país y rige todavía un prejuicioso *bill* de indemnidad, con recompensas y honores) pero que con la propiedad de la cosas vivas, va derecho a la inteligencia de los espectadores, les arranca lágrimas y se les mete en el alma. Conténtese con esto el poeta. No se trabaja para los hombres; quiero decir para una casta de hombres solamente. Es mucho mejor el *ser* que el *figurar*.

Ponferrada dedicó *El carnaval del diablo* "A Orestes Caviglia".

[087] De aquel año 43 data la adhesión de Ponferrada al Gobierno de la Revolución del 4 de junio, y consiguientemente su compromiso con el peronismo.

Pedro Luis Barcia advierte que
> [...] da un poco de desazón si reparamos las historias del teatro argentino, el advertir el poco espacio concedido a Ponferrada, y peor aún, los despistes de información que nuestros principales historiógrafos teatrales cometen.

[*Homenaje a Juan Oscar Ponferrada*. Catamarca: Gobierno de Catamarca. Secretaría de Estado de Gabinete / Agora. Ciclo de conferencias, 2007. Contribuciones de Pedro Luis Barcia; María Rosa Calás de Clark; Elio Fernández; José Horacio Monayar; Hilda Angélica García; Juan Rosa Collado de Sastre].

La revaluación de Ponferrada se inicia con Angela Blanco Amores de Pagella. *Motivaciones del teatro argentino en el siglo XX* (Buenos Aires: Ediciones Culturales Argentinas, 1983).

También sobre el teatro de Ponferrada:
Armando Raúl Bazán. "Juan Oscar Ponferrada. Poeta y dramaturgo relevante del Noroeste argentino", en *Diálogos. Letras, Artes y Ciencias del Noroeste argentino*. Salta, Año II, N° 6, 1994.
José Horacio Monayar. "Juan Oscar Ponferrada y su teatro", en: *Historia de las letras de Catamarca*. Publicada bajo la dirección de María Rosa Calás de Clark. Tomo II: 1920-1943. Catamarca: Universidad Nacional de Catamarca, 1993.
Jorge Dubatti. "Nativismo e intertextos de la Biblia y Paul Claudel en el teatro de Juan Oscar Ponferrada", en *Letras*. Revista de la Facultad de Filosofía y Letras de la Pontificia Universidad Católica Argentina, N° 35-36. Buenos Aires, enero-diciembre de 1997.

[088] Otra destacada obra de aquellos años por Juan Oscar Ponferrada fue su *Loor de Nuestra Señora la Virgen del Valle. La compuso J.O.P. para celebrar el cincuentenario de la coronación de la Excelsa Patrona de Tucumán y especial Protectora de Catamarca* (Buenos Aires: La Mazorca, 1941. Ilustraciones de Ballester Peña).
> *Todo cuanto tú tienes propicia la alabanza*
> *Ya es bendito en la Imagen que inspira tu confianza;*
> *¡Oh, Catamarca, tierra de salud y esperanza:*
> *Nueva depositaria del Arca de la Alianza!*

Sobre la Virgen del Valle de Catamarca: Rafael Cano. *Historia de la Morenita del Valle*. Buenos Aires: Del Colegio, 1941.

Esas obras son réplicas a la descripción pagana del culto a la Virgen del Valle que había presentado Roberto Payró en su difundido libro *En tierras de Inti*.

EN LA TIERRA EL PRINCIPIO DIFERENCIADOR

A modo de introducción al despliegue de autores nacionales de la época nativos y/o residentes en diferentes provincias de la Argentina, relacionados con Alfredo Coviello, tal vez resulte oportuno evocar algunas referencias críticas.

[089] Luis Emilio Soto en *Región y querencia en la poesía argentina. Balance y perspectiva* (Buenos Aires, 1957. Originalmente publicado en la revista *Comentario*, Nº 17, octubre-noviembre-diciembre de 1957), traza un inventario de la producción creada desde Joaquín V. González a Bernardo Canal Feijóo, y concluye:
> Si la expresión poética de vivencias nacionales tiene libre curso, nada se opone a que lo tenga la motivación regional, sobre todo cuando interviene el espíritu y la transfigura en valores universales de belleza. Para ello se sobrentiende que el estímulo de la comarca sobre el sentimiento y la fantasía consistirá en una impalpable saturación de paisaje, fermentos populares de antiguo arrastre y de tradiciones vivas.

Cita como ejemplos a: Juan Carlos Dávalos, Luis Franco, José Pedroni, Carlos Mastronardi, Antonio de la Torre, Ricardo Molinari, Juan L. Ortiz, Jorge Enrique Ramponi, Manuel J. Castilla, Raúl Aráoz Anzoátegui, Fausto Hernández, Vicente Barbieri, Juan G. Ferreyra Basso, Lysardo D. Galtier, Miguel D. Etchebarne, Jorge Calvetti.

[090] Antonio Pagés Larraya. "Rasgos de la literatura argentina", en *La Torre*. Revista General de la Universidad de Puerto Rico (Año XIII, N° 51, septiembre-diciembre de 1965), proclama:
La búsqueda de identificación y filiación explica una absorbente presencia del paisaje y la naturaleza en nuestra literatura. Toda una teoría de la cultura hispanoamericana ve en la tierra el principio diferenciador. Ha llegado así, en algunos casos, a una suerte de mito naturalístico con derivaciones que limitan lo nacional a pintoresquismo o folklore. El *telurismo* fue la expresión de actitudes y complejos antieuropeos no siempre confesados, que retornará en nuestro siglo por la influencia poderosa del irracionalismo vitalista.
[...]
Camilo José Cela dijo en una de las reuniones de Formentor (1959) que América, literalmente hablando, "está siempre al borde de ser devorada por su propio paisaje". Ese pasmoso dominio de la naturaleza vuélvese, pues, una nota profundamente singularizadora.

También sobre el tema: Roberto Ledesma. *Una geografía argentina vista por poetas*. Buenos Aires: Ediciones Culturales Argentinas, 1964.
– Susana Chertudi. *El cuento folklórico y literario regional. Bibliografía argentina de artes y letras*. Buenos Aires: Fondo Nacional de la Artes, 1963. Compilación especial N° 16.
Leonor Fleming. *Una literatura del interior: el Noroeste argentino*. Madrid: Cuadernos Hispanoamericanos, 1984. – Leonor Fleming. *Narrativa del Noroeste de Argentina*. Madrid: Universidad Complutense, 1985.
María Isabel Costilla. *Bio-bibliografía de escritores tucumanos*. Tucumán: Dirección General Cultural, 1983.
Alicia Poderti. *La narrativa del Noroeste Argentino. Historia socio-cultural*. Salta: MILOR; Universidad Nacional de Salta. Consejo de Investigación, 2000. Prólogo de Armando Raúl Bazán. – Fernando Sánchez Zinny. "Criollismo, folklore y nativismo", en *Letras de Buenos Aires*. Segunda época, N° 1, noviembre de 2003.

[091] Particular interés sobre el tema resulta de las *Actas – Simposio de Literatura Regional. Salta, 17 al 21 de agosto de 1978*. Universidad Nacional de Salta. Secretaría de Estado de Educación y Cultura, 1980.

Dicho Simposio tuvo como Presidente a Bernardo Canal Feijóo, Secretaria general de la Comisión Organizadora: María Fanny Osán de Pérez Sáez. De las contribuciones presentadas cabe mencionar por su relación con el tema objeto de este análisis: Guillermo Ara. "Literatura regional y literatura nacional"; Bernardo Canal Feijóo. "Función y misión de la literatura"; Berta K. de Abner; María Cristina Krause; Berta V. de Klement. (De la Universidad Nacional de San Juan). "Aproximaciones al concepto de literatura regional", quienes centran su análisis en el caso de Cuyo; Edelweiss Serra. "La investigación de la literatura argentina desde la perspectiva regional", quien rescata el concepto de *mundovista*, denominación acuñada por el chileno Francisco Contreras, en el Proemio a su novela *El pueblo maravilloso*, de 1927; Silvia Arraya Martínez. "Reflejos del ambiente en la literatura del Noroeste argentino".

[092] José Isaacson, en la ponencia presentada en dicho Simposio, "Nucleamientos regionales en la poesía nacional", señala:

> En 1924 comienza la publicación de la mítica revista *Martín Fierro*. [...] Casi coetáneamente, en el eje mismo de la mediterraneidad argentina, un grupo de intelectuales santiagueños encabezados por Bernardo Canal Feijóo, lanza en septiembre de 1925 su propio manifiesto:
> "*La Brasa* quiere ser lo que hace falta: un centro de pura actividad espiritual. Como aquí las cosas, las grandes iniciativas mueren tal vez, en un exceso de organización, *La Brasa* ha tratado de descubrir el modo de no acabar de constituirse. No es una sociedad de beneficencia, no es una empresa comercial de corretajes artísticos. Es una inquietud, un problema de porvenir planteado para muchos. *La Brasa* no se propone redimir a nadie, no pretende hacer de un leño una antorcha, no ofrece dulces mentiras para curar a nadie de su amarga verdad".
> Con profundidad e ironía, el manifiesto de Canal Feijóo también se nutre en la insoslayable presencia nacional de Macedonio Fernández, evidente en ese intento que acabamos de enunciar: *descubrir el modo de no acabar de constituirse*; es decir, descubrir el modo de evitar el anquilosamiento amiláceo al que solemos ser tan afectos y que, en algún modo, se vincula con el anacronismo y el mimetismo denunciados por Oliverio Girondo.

[Sobre el tema: Marta Cartier de Hamann. *La Brasa. Una expresión generacional santiagueña*. Santa Fe: Colmegna, 1977].

[093] Raúl Galán, en el manifiesto de *La Carpa*, de 1944, proclamó:

> Los autores de estos poemas hemos nacido y residimos en el Norte de la República Argentina pero no tenemos ningún mensaje regionalista que transmitir, como no sea nuestro amor por este retazo de país donde el paisaje alcanza sus más altas galas y en el cual el hombre identifica su sed de libertad con la razón misma de vivir.
> [...]
> Creemos que la poesía es flor de tierra, en ella se nutre y se presenta como una armoniosa resonancia de las vibraciones telúricas. Creemos que el poeta es la expresión más cabal del hombre, del hombre hijo de la tierra, aunque se yerga como el árbol en voluntad de altura.

En el Tercer Cuaderno de *La Carpa*: *Muestra colectiva de poemas*. Tucumán, 1944, dijeron sus integrantes: María Adela Agudo, Raúl Aráoz Anzoátegui, Julio Ardiles Gray, Manuel J. Castilla, José Fernández Molina, Raúl Galán, María Elvira Suárez, Nicandro Pereyra, Sara San Martín:

> Se está aquí en un más cercano contacto con la tierra, con las tradiciones y el pasado, elementos auténticamente poéticos que no son responsables de las secreciones de cierto nativismo mezquino que encubre su prosa con el injerto de giros regionales y de palabras aborígenes.

[Sobre el tema: Soledad Martínez Zuccardi. "Afirmación de la literatura y del perfil de escritor en la década de 1940. La revista *Cántico* y el grupo La Carpa", en Fabiola Orquera (Edición y coordinación). *Ese ardiente jardín de la República - Formación y desarticulación de un "campo" cultural: Tucumán, 1880-1975*. Córdoba: Alción, 2010].

LA INTEGRACIÓN CÓSMICA DE HOMBRE, PAISAJE E HISTORIA

[094]
En 1920 empiezo a cantar las bellezas vernáculas del oeste argentino [...] con lo que inauguro en la poesía de nuestra región el canto con estremecimientos nativos,
Sentenció **Ricardo Tudela**, quien sería fundador y celoso animador de la SADE en Mendoza.
Sus obras más importantes son: *El inquilino de la soledad*. Buenos Aires: Gleizer, 1929. Retrato al carbón por Ramón Subirats; *El hecho lírico. Ensayos de estética y poética*. Mendoza: Cuadernos del Oeste, 1937; segunda edición, publicada en La Habana, 1942; *El labrador de sueños. Poemas*. Mendoza: Gráfica Minerva, 1969.
Vale también citar su contribución al libro colectivo *Mendoza pulsada por sus hijos. Integración, motivos de historia, figuras representativas, nuestro folklore, paisajes e impresiones, poesía regional*. Mendoza: Andina, 1936. Carátula de Pedro Vera Sales.
Póstumamente se publicaron dos volúmenes: (1) Ricardo Tudela. *El pensamiento perenne. Ensayos y escritos. 1940-1970*. Mendoza: Ediciones Culturales de Mendoza, 1989. Compilación y edición crítica, por Ana Selva Martí. Incluye: "Testimonio", por Ana Selva Martí; "En memoria de Ricardo Tudela", por Juan Draghi Lucero. (2) Ricardo Tudela. *El pensamiento perenne. Ensayos y escritos. 1940-1970*. Mendoza: Biblioteca Comunal, 1993. Compilación y edición crítica, por Ana Selva Martí. Incluye: "Ricardo Tudela, *la sabiduría del poeta*", por Graciela Maturo.

En los anales de la cultura mendocina, posiblemente no se repetirá un valor como el de Ricardo Tudela,
afirma Draghi Lucero.
Graciela Maturo lo llama *libro-hombre*, porque define un temperamento militante, reacio al esteticismo. Examina el significativo papel cumplido por la provincia de Mendoza en los años 20, la atención de los escritores cuyanos a los ecos de Buenos Aires, pero también a las inquietudes de Chile, Cuba y el Caribe. "Regionalismo y vanguardia se mostraban para

ellos como términos no incompatibles, en una superación del fácil color local, pintoresquismo *avant la lettre*. Prueba de esa actividad que no da la espalda a lo propio es el grupo Megáfono que edita en Mendoza una revista oral en 1928, recobrando los fueros de la palabra proferida y aprovechando el auge de la radio".

Es importante consignar la influencia de dos filósofos en el pensamiento de Tudela: [...] evoco aquí, en este Cuyo de mis soledades y mis luchas, el orgánico y vivificante pensamiento filosófico y sociológico: de José Ingenieros y Alejandro Korn.

[También sobre Tudela: Graciela Maturo. *La mirada del poeta. Ensayos sobre el conocimiento y el lenguaje poético*. Buenos Aires: Corregidor, 1996; Graciela Maturo. *Los trabajos de Orfeo. Experiencias y lenguaje de la poesía*. Mendoza: Universidad Nacional de Cuyo (EDIUNC), 2008; Gloria Videla de Rivero. "La poética de Ricardo Tudela: sus filiaciones literarias posrománticas", en *Piedra y Canto* Nº 7. Mendoza, 1996)].

[095] Luis Gudiño Kramer. *Aquerenciada soledad. Apuntes para el conocimiento de un sector humano del país*. Santa Fe, 1940. (Nueva edición: *Aquerenciada soledad*. Buenos Aires: Centro Editor de América Latina. Libros de las provincias, 1968), presenta como temas de sus relatos: El camino de la costa. Estancias. Islas. Chacras. Pueblos.

En el relato titulado "Gente decente", leemos:

Apenas los hijos tienen 9 ó 10 años de edad, ya los hacen trabajar y los hacen trabajar en forma desconsiderada y brutal, en los trabajos de la chacra. El resultado de esto, usté lo comprueba en las revisaciones médicas para el servicio militar. El hijo de colono de esta zona norte de la Argentina, es inepto en su mayoría. Insuficiencia torácica... Mala dentadura... Enfermedades orgánicas hereditarias. No será un elemento ponderable para nuestro adelanto esta generación de argentinos que ha desertado a edad temprana de la escuela, de la niñez y de la salud. Y vaya a saber cuál generación será redimida. Si continuamos con los mismos sistemas de arrendamiento y de expulsión de la tierra, ello no ocurrirá nunca.

[096] También de Luis Gudiño Kramer: *Tierra ajena*. Buenos Aires: Lautaro, 1943; *Médicos, magos y curanderos*. Buenos Aires: Emecé. Colección Buen Aire, 1945.
De ambiente santafesino son los relatos del padre Leonardo Castellani, publicados con el seudónimo de Jerónimo del Rey. *Camperas. Fábulas santafesinas*. Buenos Aires: Jurco, 1941. Prólogo de Hugo Wast.

Las obras literarias [de esos autores], sus respectivos mensajes, conjugan una textualidad coherente, ya que aportan, desde cada ángulo particular de mira y de intención del emisor, dimensiones integrantes de una totalidad ofrecida al destinatario o receptor con ademán de inteligibilidad y comprensión de la región como figura del mundo. La manifestación de la comarca en estos escritores y sus textos no es reduccionista a estrecho localismo ni a vano estatismo ni menos a simple retrospección costumbrista; es, en cambio, perfilada representación verbal y artística de realidades inmediatas con proyecciones suprarregionales, en tanto el microcosmos provinciano es imagen del macrocosmos nacional y latinoamericano, en la medida en que la parcela de tierra y de humanidad de la región se configura como parte de una totalidad donde, a la postre, se produce la integración cósmica de hombre, paisaje e historia.

[Edelweis Serra (Directora). *Literatura del Litoral Argentino*. Rosario: Consejo de Investigaciones / Universidad Nacional de Rosario, 1977. Presenta investigaciones sobre textos de Greca, Ortiz, Castellani, Pedroni, Gudiño Kramer, Oxley y Manauta].

[Asimismo: María Delia Rosetti, e Inés Santa Cruz sobre *Historias del Norte bravo* (1935) y *Las muertes del Padre Metri* (1942), de Leonardo Castellani; Rosa Boldoni: "De [Luis] Gudiño Kramer, por su obra *Aquerenciada soledad* (1940) a Manauta"].

[097] Fortunato E. Mendilaharzu reunió sus cuentos inspirados en el folklore tucumano y santiagueño, en su mayoría publicados en el suplemento literario de *La Prensa*, en su libro *¡Cruz Diablo!... Cuentos y relatos*. (Buenos Aires: Compañía Impresora Argentina, 1940. Ilustraciones de Luis R. Söhn). Obra premiada por la Comisión Nacional de Cultura, 1940.

Escribe Mendilaharzu en la presentación:
El paisano vive la superstición y la leyenda tal cual el hombre urbano vive la esperanza y el milagro en la fe religiosa. Por eso ha acumulado, en el desarrollo de cada tema, el mayor acopio posible de datos y observaciones personales, ampliando supersticiones y leyendas ya conocidas. [...] En ningún caso he transcripto una creación popular; esa labor folklórica, fría e inerte. Me he concentrado a reflejar verazmente el ambiente actual en su vida de relación. Tierra y protagonista de Tucumán y Santiago del Estero; atmósfera espiritual. De ahí surge la denominación genérica: ¡*Cruz Diablo!*

[098] **Pablo Rojas Paz** cuenta con una destacada producción literaria.
En su libro *El patio de la noche* (Buenos Aires: Kraft, 1940), con dibujos de Ramón Gómez Cornet, reúne cuentos de ambiente tucumano. En el titulado "La higuera", escribe:
Me refiero a la época en que bastaba la palabra. Cuando dos hombres creaban un compromiso recíproco, se decían *basta la palabra* y no se hablaba más. Los campos estaban sin alambrar, las casas abiertas, las cosechas entregadas sin recibo, las deudas pagadas sin documento. Como lo tuyo y lo mío eran respetados, los escribanos y los doctores tenían poco trabajo. Los comerciantes llevaban sus libros para hacer memoria, nada más. [...] En todo era lo mismo: en los sentimientos, en los deberes, en la gratitud. Es verdad que eran épocas de pobreza; había poco que cuidar; por lo tanto, mucho menos para dar. De esa época quiero hablar yo. No soy tan viejo como para haber vivido en ella; pero mis abuelos, muy ancianos, sabían recordarlas a la hora del mate, las mañanas que amanecían con buena memoria. Estoy oyéndolos. Primero era un silencio con mucho contemplar el cielo y después un distraído mirarse a las manos.

[099] Del libro de Rojas Paz *Campo argentino* (Buenos Aires: Atlántida, 1944), citamos:
Hacia el Aconquija – oro en la tarde, turquí a la mañana – se recuesta la Tucumania. La montaña se atraviesa en

el camino de los vientos para hacer de condensador del vapor de agua que ellos arrastran. Y con esa humedad florece el subtrópico con sus bosques de laureles, cedros, birarúes, palorrosas, con sus flores de aire, sus violetas, sus líquenes, sus enredaderas, sus orquídeas blancas y sus pájaros. Los primeros descubridores del paisaje argentino – los viajeros ingleses que recorrieron el país en la primera mitad del siglo XIX – hablaron maravillas de esa región.

[100] En *Cada cual y su mundo. Ensayos biográficos* (Buenos Aires: Poseidón, 1944), Rojas Paz se ocupa de Mallarmé, Laforgue, Carlos Adalberto Chamisso de Boucourt, Dickens, Neruda, Vallejo, Payró, Boscán, Zola, Carmen Sylva, Nerval, Hudson, Gervasio Méndez, Cézanne.

[101] El poeta **Horacio G. Rava** publicó *Nacer y renacer en el paisaje* (Tucumán: Cervantes, 1945).
El poema que da título al libro comienza así:
*Una vieja amistad con el camino
nace y vive en mi sombra y en mi sueño;
agrio cordial que ya desde pequeño
gustó mi boca cual si fuera un vino.*
Obras anteriores de Rava: *Hijo de América. (Poema a Sarmiento)*, 1938; *Romances sin romance y otros poemas*, 1940.

[102] El salteño **Juan Carlos Dávalos** publicó en 1941, *Estampas lugareñas* (Tucumán: La Raza). En el prefacio traza revelaciones, recuerdos y reflexiones sobre su trayectoria como escritor; y en la segunda parte, "Relatos autobiográficos". Concluye Dávalos en el prefacio:
Las cosas que, andando el tiempo, emprendí después – comedia, sainetes, dramas, crónicas, narraciones, cuentos, poesías breves – no son sino reflejo de la tranquila y reflexiva y lenta existencia provinciana. En el fondo, autobiografía, expresión de inquietudes personales. Cuando no se vive en un ambiente amplio, complejo y rico, se lo inventa, se crea uno su mundo interior, un mundo que linda con los sueños. Y los sueños son vida.

Porque la vida está hecha de la misma trama con que se tejen los sueños.

[103] José Hernán Figueroa Aráoz, también salteño, dio a la prensa: *Provincia. (Cuentos)* (Buenos Aires: Columna, 1938); y *Tiempo fugado. (Novela)* (Tucumán: La Raza, 1941), que incluye relatos autobiográficos. El prólogo lleva como titulo "Portal de la vida". El primer capítulo concluye:
   A Salta se la ama por las virtudes infinitas que brinda. Aquí se siente latir el corazón del mundo. Todavía existen calles olvidadas donde un aldabazo resuena en la silente noche como una detonación de arcabúz. [...] Aquí nací, aquí deseo morir.

[104] Luis Franco publicó por aquellos años, su novela *El fracaso de Juan Tobal* (Buenos Aires: Nuestra novela, 1941), y los poemas reunidos en *Catamarca en cielo y tierra* (Buenos Aires: Kraft, 1944).
[Sobre Luis Franco: Autores varios. *Verdad y poesía de Luis Franco.* Buenos Aires: C. Di Vruno, 1941. Colaboraciones de Enrique Espinosa (Samuel Glusberg), Carlos Mastronardi, Roberto Arlt. – Beatriz Correas. *Luis Franco.* Buenos Aires: Ediciones Culturales Argentinas, 1962. – María Rosa Calás de Clark. *Luis Franco – Narrativa. Poesía. Ensayo.* Catamarca: Universidad Nacional de Catamarca. – María Rosa Calás de Clark. "Luis Franco. Su vida y su trayectoria lírica", en: *Historia de las letras de Catamarca.* Publicada bajo la Dirección de María Rosa Calás de Clark. Tomo II: 1920-1943. Catamarca: Universidad Nacional de Catamarca, 1993. – Judith de los Angeles Moreno de Fedelli. "Luis Franco. La prosa de ideas", en la antes citada *Historia de las letras de Catamarca*].

[105] La producción de **Fausto Burgos** es profusa: *Cuesta arriba*. Cuentos cuyanos; *De Tucumán*. Cuentos tucumanos; *María Rosario*. Novela; *Cuentos de la Puna*; *La sonrisa de Puca-Puca*. Relatos puneños; *Coca, Chicha y Alcohol*. Relatos cerreros; *Kanchis Soruco*. Novela. Obra que obtuvo en 1929 el Primer Premio del Concurso Municipal de Mendoza; *Huaucaras*. Poemas; *Aibe*. Cuentos tucumanos; *Cara de tigre*. Relatos mendocinos; *Valle de Lerma. Paisaje y figuras de Salta*; *Poemas de la Puna*; *Poemas del regreso*; *Nahuel*. Cuentos mendocinos; *La cabeza del Huiracocha*. Cuentos keswas; *Naatuchic el médico*. Cuentos tobas; *Pomán*. Cuentos; *Paisajes y figuras de España; Huankaras*. Poemas; *Cachisumpi*. Cuentos de la Puna; *El salar*. Novela; *El gringo*. Novela; *Alba grande*. Cuentos tucumanos; *Molino en ruinas*. Novela; *Refugios de almas*. Novela; *Huilca*. Cuentos del Kosko; *Los regionales*. Novela; *Rumor leve*. Poemas; *Sol a sol*. Poemas de La Rioja; *Horizontes*. Poemas; *Aire de mar*. Novela.

[106] *El surumpio. Cuentos de la Puna* recibió el Premio Nacional Literario Zona Norte y Andina, 1942. (Comisión Nacional presidida por Carlos Ibarguren). Obra editada por Peuser en 1943.

[107] La obra más conocida de Fausto Burgos es *El salar. Novela* (San Rafael: Butti, 1935. Dibujos de Víctor Valdivia), que comienza con estas frases:

Sí, fue un sueño alucinante aquel sueño mío. Desperté y en vano, en vano separé los brazos para estrechar con ellos a mi hijo. Sabía yo que se llamaba Néstor David, sabía también que llevaba el apellido de la madre...

El ejemplar de aquella preciosa edición de *El salar* conservado en la Biblioteca de la Academia Argentina de Letras lleva esta dedicatoria del autor: "A Manuel García Hernández, Señor de las Letras, notable crítico, idealista hermano nuestro nacido en la bella Venezuela. Con un abrazo, Fausto Burgos, 1948".

[108] Francisco D. Segovia. *Del pasado entrerriano. Cuentos y anécdotas paranaenses* (Buenos Aires: Imprenta A. Rieri & Cía., 1941). Libro en cuyo Prólogo, por Julio R. Barcos, se lee:

El arte de evocar el pasado y revivirlo con ingenua sinceridad, es el género menos cultivado en la literatura rioplatense. [Debemos] ayudarnos a reconstruir lo que los cronistas llaman el teatro de los sucesos, escasea cada día más en las letras argentinas.

Esta difícil sencillez que, cual la elegancia hereditaria, constituía el señorial donaire de la vieja estirpe criolla, antes de que el cosmopolitismo convirtiera a nuestro país en una feria internacional, es difícil encontrarla hoy, ni aun siquiera en los escritores costumbristas de nuestra

época. También el autor folklórico trabaja, generalmente, con recetas estéticas y filosóficas que limitan el vuelo de la imaginación creadora y de la sinceridad, eternos manantiales del arte.
[...]
Todos los capítulos del libro de Segovia, despiertan la apetencia de su lectura, sin duda porque todas las cosas que nos refiere, tienen para nosotros los provincianos, particularmente, el sabor y la fragancia del terruño.

[109] Segovia, por su parte, dice en el texto introductorio:
Algunos cuadros y escenas narradas al correr de la pluma y sin pretensiones de ninguna índole, serán los motivos de estos apuntes que me he decidido a presentar a mis comprovincianos quienes, en el afán de esta vida moderna, inconexa y transpuesta, van olvidando en la evolución material y moral lo que, hace más de medio siglo, fue el ambiente paranaense sacudido por las revoluciones internas y externas, y cuál fue el afán dominante de mejores días para la libertad y el progreso.

[110] **Fernán Félix de Amador** dice al comienzo de su libro *Allú Mapu o "El país de la lejanía". Visiones, paisajes y leyendas de la Patagonia / de la Cordillera Austral* (Buenos Aires: Araujo, 1941):
Todo está en él como al principio del mundo, en el maravilloso desaliño de una belleza siempre renaciente, rítmicamente pura y absoluta, según el divino soplo que allá en la aurora de los siglos, hizo la luz con la propia esencia de las tinieblas.
[...]
Con claridad de libro abierto penetran mis sentidos, hasta ayer aletargados, la salvaje armonía de la naturaleza, y desde la piedra al árbol devélase ante mi intuición, en elocuente panteísmo, el inexpresado secreto que rige en el tiempo y en el espacio la suprema ley de la vida. [...] Tal es el ritmo milagroso de la existencia en aquel valle encantado, a quien llamo *Allú Mapu*, según la olvidada lengua de los muertos hijos del Ande, que puede ser

muy bien, por su quejumbrosa levedad, la más antigua del mundo.

Fragmentos de aquellos años vividos en la libertad de mi ser en el país de la lejanía que marca el confín de la Tierra de Nadie, son estos ritmos a los que llamo *dorados*, no por la codiciada perfección que como nacidas de hombre jamás pudieran poseer, sino por la entrañable riqueza que aportaron en su momento a la orfandad amarga de mi alma.

[111] La obra de **Daniel Ovejero** *El terruño. (Vida jujeña)* (Buenos Aires: Kraft, 1942), comienza con un texto que da sentido a todos los relatos del libro:

Del viejo Jujuy. (Hombres y cosas)

Los jóvenes apenas si podrían formarse una idea de lo que fue Jujuy hace cuarenta años. Ninguna capital provinciana ha sufrido una transformación más radical y completa. [...] Una serie ininterrumpida de intendentes *progresistas*, ha acabado con todo lo antiguo. [...] Con la antigua arquitectura se fueron costumbres, escenas y tipos llenos de intenso colorido. [...] Es verdad que la ciudad actual, *la tacita de plata*, con sus calles asfaltadas, sus flamantes edificios, su aeródromo, sus parques y sus campos de deporte, no carece de encantos. Conserva, desde luego, el marco grandioso de sus montañas, invulnerables a las torpezas del hombre. Es activa y rumorosa, como una colmena; despierta una sensación de confianza optimista y sólido bienestar. Pero ha tomado cierto aire advenedizo y petulante de *nuevo rico*, y ha perdido mucho de su alma. Sólo el tiempo podrá dársela otra vez.

Mis predilecciones están por el viejo Jujuy, la villa colonial que conocí en mi infancia. Parecería sumergida en el sosiego de un remanso. Era silenciosa y recatada, modesta y apacible. Ya viejo también, no sé qué impulso irresistible me lleva a evocarla en estas páginas humildes.

Las dedico a mi tierra, a mi terruño, a los que lucharon y luchan por su engrandecimiento, a los que duermen en él su último sueño.

[112] **Horacio Carrillo** en *Humahuaca* (Jujuy: B. Buttazoni, 1942), se ocupa extensamente de la historia de Jujuy y de numerosas ciudades de la provincia.

[113] El cordobés **Ataliva Herrera**, en *El poema nativo. Sonetos a la tierra* (Buenos Aires: Revista Nosotros, 1916), había comenzado sentenciando:
  Me saben más a patria las cosas de la tierra
  Que el ampuloso canto de las gestas de guerra.
Del mismo ambiente y entonación es su obra de 1944, de doce extensos cantos, titulada *Bamba. Poema de Córdoba regional*. (Edición definitiva. Buenos Aires: Peuser, 1944. Ilustraciones de Francisco de Santo).

[114] **Antonio de la Torre**. *San Juan. Voz de la tierra y del hombre*. (Buenos Aires: Kraft, 1952. Ilustraciones de Santiago Paredes). Incluye, a modo de proemio "Romance de Antonio de la Torre", por Alfredo R. Bufano, escrito tras el terremoto de 1944. El soneto "Esta fue mi Ciudad" comienza:
  Esta fue mi ciudad. Vedla yacente
  bajo la noche; se agiganta en una
  belleza sepulcral cuando la luna
  recorre sus escombros, lentamente.

[115] Otras obras de ficción de ambiente regional publicadas en el período:
Guillermo House. *El camino de los gauchos*. Buenos Aires: Comisión Argentina de Publicaciones e Intercambio, 1938.
Aníbal Cambas. *Leyendas misioneras*. Posadas: Gobernación de Misiones, 1939.
Rafael Cano. *Allpamisqui ("Tierra dulce"). Folklore del Noroeste*. Buenos Aires: Del Colegio, 1938.
Blanca Irurzun. *Changos. Apuntes y relatos*. Santiago del Estero, 1939.
Francisco Rodríguez del Busto. *Del ambiente incaico*. Tucumán, 1940; y *Estampas argentinas*. Tucumán: La Raza, 1941.

Eduardo Joubin Colombres. *Romancero tucumano.* Tucumán, 1941.
Fernán Silva Valdés. *Cuentos y leyendas del Río de la Plata.* Buenos Aires: Kraft, 1941.
Juan Pablo Echagüe. *Tradiciones, leyendas y cuentos argentinos.* Buenos Aires: Espasa Calpe, 1944.

MARÍA ROSA LIDA: EL ESTUDIO DE LA NARRACIÓN POPULAR QUE NO DESATIENDA A LA ACTIVIDAD ARTÍSTICA QUE TANTO HA CONTRIBUIDO A SU CONSERVACIÓN E INFLUJO

Merece evocarse los fragmentos centrales de una nota de época, temprana muestra del talento de una notable erudita:

[116] María Rosa Lida. *El cuento popular hispano-americano y la literatura.* Buenos Aires: Universidad de Buenos Aires. Facultad de Filosofía y Letras. Instituto de Cultura Latino-Americana. Director: Arturo Giménez Pastor, 1941 (86 páginas).

> Es sabido que hasta el siglo pasado, cuando el estudio del folklore se constituye en disciplina independiente, la literatura es la que al azar de su inspiración recoge el cuento popular. Pocas instituciones bastarían para instalar tal relación; por una parte, la literatura grecorromana, vaciada en moldes racionalistas y aristocráticos, donde por consiguiente el elemento popular es proporcionalmente escaso, aunque fecundo; por otra, la literatura española que sobresale entre todas por estar concebida cara al pueblo; y por último, la tradición popular de nuestra América, que afirma su unidad de cultura al presentar en sus relatos más difundidos no pocos elementos y agrupaciones de elementos populares idénticos a los que ha fijado la literatura europea.

> [Temario]
> *I. El cuento popular en la literatura greco-romana.*
> *II. El cuento popular en la literatura española.*
> *III. El cuento hispanoamericano y la tradición literaria europea.*

Cómo ha pasado el cuento de las versiones literarias al pueblo. – Dentro del acervo recopilado del cuento americano – pequeña proporción si se compara con la enorme masa existente – sorprende la cantidad y frecuencia de los motivos y argumentos ya fijados en numerosas creaciones literarias europeas y heredados, como los restantes, a través del cuento popular español. Es necesario precisar aquí la relación entre cuento culto y cuento popular. Ante todo, buena parte de los cuentos que han recibido redacción artística pertenecía ya al pueblo y continuó viviendo en él independientemente de su formulación literaria: así los temas de la *Odisea*, así el Esopo encantado, que Apuleyo intercaló como episodio del *Asno de oro*. Pero hay un contacto mucho más amplio entre el cuento de formación literaria remota y el cuento popular de hoy, contacto que parece absurdo sólo cuando se lo concibe dentro de las condiciones culturales modernas. La Edad Media, época en que más activa es la penetración de los cuentos y parábolas del Asia, es también la época en que el cuento literario ha estado más cerca del pueblo por obra del espíritu de la predicación cristiana, que desde un comienzo prefiere a la reflexión abstracta los ejemplos – de ahí el nombre medieval del género – para inculcar su enseñanza moral. El principio de que los ejemplos *plus movent quam praedicatio subtilis* guía también más adelante a los dominicos y franciscanos que se proponen primariamente llegar al alma del pueblo. El predominio que dan a lo que empezó por ser un medio didáctico auxiliar mueve la indignación del intelectualismo aristocrático de Dante (*Paraíso*, XXIX): pero sólo bajo la presión de la Reforma comienza a ser mal vista esta práctica, genuinamente oriental, que entre sus adictos contó a San Gregorio Magno en los primeros tiempos de la Edad Media y a San Bernardino de Siena hacia los últimos. La prohibición definitiva no viene sino en 1624, con el concilio de Burgos, cuando la trasmisión ya estaba ampliamente cumplida.

Para satisfacer la demanda de ejemplos se habían compilado muchas colecciones destinadas a predicadores

(*Exempla, Promptuaria, Alphabeta, Summmae, Specula*): el castellano *Libro de los gatos* es traducción de una de las más célebres y antiguas, la del cisterciense Odón o Eudes de Sheriton, redactada a principios del siglo XIII; la más fecunda fue quizá la anónima *Gesta romanorum*. Es preciso agregar las compilaciones redactadas en lengua vulgar, iniciadas por los *Contes moralisés* del anglonormando Nicolás de Bozon y representadas en España por el *Libro de los exemplos* de Clemente Sánchez de Vercial, a comienzos del siglo XV. Un factor constante son las anécdotas clásicas que en todas estas colecciones se codean con las historias devotas y con los cuentos orientales; proceden de las obras latinas más leídas entonces: Valerio Máximo, que no es sino un ejemplario para uso de oradores, Séneca, Aulo Gelio, Macrobio, San Jerónimo, San Agustín, San Gregorio, Boecio, San Isidoro, Beda. Así, en el *Libro de los exemplos* procede de los *Diálogos* de San Gregorio el ejemplo 14 que había inspirado a Alfonso el Sabio la Cántiga de la *menina garrida*; el ejemplo 6 cuenta, siguiendo a Valerio Máximo, VII, 3, una ingeniosa defensa de Demóstenes, muy semejante a la solución que da el niño sabio al pleito de la vieja y los hombres que le habían dado a guardar su dinero en el oriental *Libro de los engaños*. El *Libro de los gatos*, II, incluye una versión de la fábula horaciana del ratón campesino y del ratón ciudadano, también vertida por Juan Ruiz, procedente de las innumerables colecciones de fábulas confeccionadas con material clásico.

Merece recordarse, por último, la actividad de la clase fluctuante entre eclesiásticos y legos, y por eso vehículo eficaz entre unos y otros, los goliardos o clérigos apicarados, que más de una vez ganarían una moneda componiendo o recitando relatos basados en sus lecturas de escuela. Sirva de ejemplo el *fabliau* del rústico que encomendó su caballo a la guarda de Dios y de su señor que, a la mañana siguiente, lo encontró devorado por los lobos; el villano acude al señor, que le restituye la mitad del precio del caballo, encomendando a Dios, con quien compartió la guarda, el pago del resto. El caso

es idéntico al que circulaba en Grecia acerca del poeta Simónides, que celebró cierta victoria gímnica elogiando por igual al atleta y a los Dioscuros, patronos del pugilato; llegado el momento del pago el atleta entregó sólo la tercera parte, y aconsejó al poeta que exigiera las otras dos a los dioses a quienes había cantado a la par de él; la versión antigua (Cicerón, *Tratado del orador*, II, 86; Fedro, IV, 24) y la medieval, recogida sin duda a través de alguna de estas colecciones didácticas, difieren sólo en el desenlace, que es edificante en la primera, pues los Dioscuros recompensan al poeta salvándole la vida mientras sepultan en escombros al atleta limpio, y bufonesco en la última, según la cual el villano se encuentra con un fraile que, como vasallo de Dios, se ve forzado a pagar la otra mitad del importe del caballo. Es evidente, pues, que la novelística medieval depende estrechamente de la tradición antigua, y esta relación basta para explicar la continuidad de ciertos motivos, demasiado complejos para haber nacido espontáneamente en las distintas regiones en que viven hoy. La expansión europea los trajo a América, donde arraigaron como arraigó la lengua de los conquistadores, sin recibir más modificación que el aporte de supersticiones indígenas o la sustitución de algún detalle tradicional por su equivalente local [Nota].
[Texto de la nota]
La tarea difícil de separar distintos granos que impone Venus a Psique en la novela de Apuleyo, y la madrastra a Cenicienta, es remplazada en las provincias del interior, según observa la señora Berta Elena Vidal de Battini, por la faena no menos delicada y más propia en un país ganadero, de limpiar las tripas de un corderito. Del mismo modo, varía curiosamente la lumbre de que se vale la niña para sorprender al príncipe encantado, desde el candil de aceite de Psique hasta la cerilla del cuento portorriqueño, y fósforo del argentino, y las velas de esperma de la versión chilena.

[A continuación, Lida pasa a relatar casos de "Cuentos hispanoamericanos de filiación antigua": piedad filial; el velador de la casa hechizada; el esposo encantado; los dos ladrones y el Ladrón fino; los dos amigos; partición de la cosecha].

Estas pocas muestras de temas comunes a la literatura europea de varias épocas y al folklore moderno, incluso al hispanoamericano, no se han alineado en la intención de inferir de ellas resultados científicos nuevos, sino en la de confirmar propósitos: el estudio de la narración popular que no desatienda a la actividad artística que tanto ha contribuido a su conservación e influjo, a la vez que es auxiliar valioso para la apreciación del sentido de muchas grandes creaciones literarias, aclara la filiación de innumerables motivos y cuentos, y contribuye por lo tanto a su agrupación natural.

(Obra de referencia: Ramón Menéndez Pidal. "Poesía popular y poesía tradicional en la literatura española", en su libro *Los romances de América y otros estudios*. Buenos Aires: Espasa-Calpe Argentina, 1939. Colección Austral, N° 55).

GRANDE ES TAMBIÉN EL SENTIDO

[117] Desde fines de la década de los años '30 hasta mediados de los 40s se fueron publicando y reditando numerosos ensayos enfocados a lo regional con sentido de integración nacional. Merece pasarse una somera revista de aquellos esfuerzos de investigación y difusión:

[118] Datan de 1936 las colaboraciones de los primeros tomos de la *Historia de la Nación Argentina*, publicada por la Academia Nacional de la Historia, bajo dirección de **Ricardo Levene**.

[119] También a Levene, en su carácter de Director del Archivo Histórico de la Provincia de Buenos Aires se debe la serie *Contribución a la Historia de los Pueblos de la Provincia de Buenos Aires*, que se inicia con la obra de Rómulo D. Carbia. *Los orígenes de Chascomús*, de 1930, y llega al tomo 19: Mauricio Birabent. *Chivilcoy. La región y las chacras*, de 1941.

[120] La **Academia Nacional de Bellas Artes** publicó la serie *Documentos de Arte Argentino*, cuyo primer libro, de 1939, es *La iglesia de Yavi*, con Introducción de Martín Noel, llegando en 1942 a *La iglesia de la Compañía de Córdoba*, con Introducción de Mario Buschiazzo.

[121] El historiador tucumano **Manuel Lizondo Borda** dio a la imprenta diversas investigaciones sobre el pasado provincial:
Tucumán a través de la Historia. Tucumán: Comisión Provincial del Primer Centenario de la Independencia Argentina, 1916. Dos tomos.
Descubrimiento del Tucumán. El pasaje de Almagro – La entrada de Rojas – El itinerario de Matienzo. Publicación hecha en conmemoración del Cuarto Centenario de la entrada de Rojas en Tucumán (1543-1943). Universidad Nacional de Tucumán. Instituto de Historia, Literatura y Folklore. Publicación XI, 1943.
Historia del Tucumán. Siglos XVII y XVIII. Publicación VI del Instituto, 1941. Esa obra se reformula en una nueva versión: *Historia del Tucumán. Siglo XVI. Segunda edición corregida de la Historia de la Gobernación del Tucumán. Siglo XVII*. Publicación VIII del Instituto.
Tucumán indígena. Diaguitas, lules y tonocotes. Pueblos y leyendas. (Siglo XVI). Universidad Nacional de Tucumán. Instituto de Historia, Literatura y Folklore, 1938. Incluye el texto "A manera de prólogo", por Juan B. Terán.
Afirma Lizondo Borda en ese libro:
> Se ha aplicado a un aspecto sugestivo y sutil de los orígenes de la civilización hispano-indígena: la infiltración de voces autóctonas en el lenguaje de los conquistadores, perviviente hasta hoy. [...] Es un factor que trasciende

toda la historia posterior y que está en el fondo de la personalidad inconfundible de los pueblos del norte. En el primitivismo de las razas que ocupaban el territorio hoy argentino, en el momento de la conquista eran, sin duda, quienes habían alcanzado una cultura de algún significado, por sus instituciones sociales, su agricultura, su arte.
[...]
La voz *Tucumán* deriva de la voz tonocoté *suucoomá* o *sucumá* (su fácil derivación o corrupción), que significa *de cuerpo fuerte o grande*. Justamente como eran los indios tonocotés de la provincia de *Tucuma*. Y así, en fin, podemos decir que Tucumán no fue solamente la provincia indígena de los hombres grandes, sino que *grande* es también el sentido que – con mayor probabilidad hasta ahora – debemos atribuir a ese nombre famoso con que hoy, después de cuatro siglos, se llama todavía nuestra región nativa.

[122] **Romualdo Ardissone** publicó *La instalación humana en el valle de Catamarca. Estudio antropogeográfico*. Universidad Nacional de La Plata. Facultad de Humanidades y Ciencias de la Educación. Biblioteca Humanidades XXVII. (Buenos Aires: Imprenta López, 1941). Es un voluminoso ensayo de 370 páginas, que presenta este Índice: Primera parte: Ambiente natural. – Segunda parte: Geografía humana: I. Ambiente humano del valle; II. Instalación de la ciudad de Catamarca: la posición y la situación; III. Instalación humana en la zona de riego: 1) Estudio de los factores; 2) Estudio de varias poblaciones: La Chacarita; Tres Puentes; San Isidro; Villa Dolores; San Antonio; San José de Piedra Blanca; La Tercera; La Carrera. También de Romualdo Ardissone. *Un ejemplo de instalación humana en el Valle Calchaquí: el pueblo de Cachi (Salta)*. Universidad Nacional de Tucumán. Facultad de Filosofía y Letras. Monografías del Instituto de Estudios Geográficos, N° 1. Buenos Aires: Imprenta López, 1942.

[123] **Agustín Zapata Gollán.** *Las puertas de la tierra. (Jornadas del Litoral)* (Santa Fe, diciembre de 1937), es una amena crónica histórica que parte de las fundaciones de Juan de Garay para culminar encomiando la inmigración.
> La segunda conquista de América fue la que hicieron los gringos que llegaron a Santa Fe, entre las miradas burlonas y las sonrisas cachadoras de los criollos.
> [...]
> El desierto ha quedado ahora, sepultado para siempre bajo el terremoto de los arados.
> [...]
> Por los caminos pesados y estridentes, pasan los camiones con la carga rubia de las cosechas, y a lo lejos, envejecido y jadeante, se arrastra el tren entre silbatos de angustias.
> [...]
> La partida de Europa, el viaje interminable a través del mar, la llegada a América, el desierto... Y luego el nacer de las ciudades por el esfuerzo de los inmigrantes.
> [...]
> El sueño de Garay se había cumplido. Estaban abiertas de par en par las puertas de la tierra.

[124] Otra interesante obra de Agustín Zapata Gollán es *Caminos de América*. (Santa Fe: Ministerio de Instrucción Pública y Fomento. Departamento de Estudios Etnográficos y Coloniales, 1940). Con "Referencias previas", por Juan Mantovani, titular de dicho Ministerio. *Caminos*, producto de una investigación realizada por el autor en la Biblioteca Nacional de Lima, finaliza en estos términos:
> Los caminos son tan abiertos y el país tan dilatado y anchuroso – dice un documento de la época – que de Buenos Aires a Potosí hay cuatrocientas leguas que se caminan en carreta.

[125] Otros ensayos sobre temas regionales publicados en el período:
Julio Mendióroz. *El folklore médico en el Norte Argentino.* Buenos Aires, 1933.
Carlos Reyes Gajardo. *Apuntes históricos sobre San Carlos del Valle Calchaquí de Salta.* Buenos Aires: Peuser, 1938.

Obra encargada por la Unión Salteña. Sociedad Provincial de Fomento.
Tobías Rosenberg. *Curiosos aspectos de la terapéutica calchaquí*. Buenos Aires: Compañía Impresora Argentina, 1939.
Carlos Abregú Virreira. *Idiomas aborígenes de la República Argentina*. Buenos Aires: Sumampa, 1941. Prólogo de José Gabriel. Ilustraciones de Carlos J. Abregú Mittelbach.
A. Taullard. *Platería sudamericana*. Buenos Aires: Peuser, 1941.

[126] En una verdadera reliquia bibliográfica leemos:
*Todo es gigante en la fecunda tierra
adoradora del Sol. El alta sierra
inunda sus praderas de verdura,
enviando en el caudal de cada río
la inextinguible vida de la altura,
el luminoso germen del vacío.*
Así cantó **Adán Quiroga** en el poema *Tucumán*, editado en folleto de 13 páginas, en La Plata: Imprenta La Libertad, 1898.
[127] De 1901 data la primera edición del notable ensayo de Adán Quiroga, *La cruz en América. Arqueología argentina* (Imprenta Buenos Aires), con Prólogo de Samuel A. Lafone Quevedo. Obra dedicada "Al teniente general Bartolomé Mitre", y elogiada por Rojas en su *Historia*.
Quiroga establece el valor precolombino de la cruz en las diversas formas y maneras del signo; cómo se presenta, ya en calidad de emblema de los dioses, de símbolo de su culto o de carácter hierático de un misterioso lenguaje escrito, vinculado con los fenómenos naturales relacionados con el agua. En consecuencia relativiza su valor como símbolo del cristianismo en América, y concluye: "En una palabra: *la Lluvia* es el motivo fundamental de la religión, y *la Cruz* su símbolo".
Afirma Lafone Quevedo en el "Prólogo" de 1901:
   Alrededor de la cruz en todas partes encontramos la idea de algún dios representado y si en América más bien se relaciona la cruz con el agua y con los fenómenos atmosféricos es porque en nuestro continente la falta de

agua era la que más se hacía sentir y, desde luego, era un dios de las lluvias al que había que invocar.
[...]
Digno de todo elogio es el trabajo con que el autor ha iniciado el nuevo siglo, y sépase que muchos de los objetos han sido exhumados por él en los propios yacimientos. Lo que ahora se publica no es más que un fragmento de sus investigaciones, y puedo asegurar que su colección del folklore y de los petroglifos de aquella región es tan importante como sus descubrimientos acerca de la cruz, si no los supera.

[128] *La cruz en América* fue reditada en 1942 por un sello de tendencia anarquista: Editorial Americana, con una nota preliminar de Ernesto Morales, quien sostiene:
Es el mejor libro de Adán Quiroga [...] un libro singular, producto de serios estudios, de prolijas faenas, de horas de meditaciones. [...] Flor de intuición y fruto de trabajo es este libro; arte y ciencia se aúnan en él como síntesis de una vida y de una vocación. Del minucioso rastreo, el autor de *La cruz en América* saca conclusiones de filósofo. Y este es su mérito más señalado. [...] De sus investigaciones y trabajos, saca conclusiones de filósofo. Hay en él, pues, un espíritu religioso trascendental que le viene de su alma poética. [...] Adán Quiroga escribe en español, pero es un poeta regional. No puede dejar de serlo él que tan bien conoce la entraña montañosa, por sus lecturas y por su propia vida.

[129] También de orientación anarquista es la obra de **Octavio Rivas Rooney**. *Extranjeros en su tierra. Hombres y paisajes del Norte Argentino*. Buenos Aires: Américalee, 1941. **Prólogo de J.L. (Juan Lazarte)**. Ilustraciones de Pedro Olmos.
Sostiene Lazarte:
El Norte ya no es una provincia sino dos, ni otra más; es un movimiento vivamente acelerado por una economía, una política, una cultura y un sentimiento de lucha y liberación que nadie podrá acallar ni detener, en su ritmo de avance y conquista en las tierras y procesos de su pertenencia, por desarrollo y evolución autóctona.

> El Norte ya se ha formado y supera a la muy antigua división de las intendencias, de las provincias hasta 1824 y la más reciente de la supeditación a ese ogro que se llama Buenos Aires, mezcla de capitalismo, poder, burocracia y centralismo.
> [...]
> El Norte no resiste más la minoría avasalladora y por consiguiente la tutoría a que lo someten las finanzas y política de Buenos Aires y su brillante imperialismo, con el cual obliga a sus productores y riquezas a ser desembocadas en su pésimo puerto, por medio de los ferrocarriles extraños. Ya no aguantan el enervamiento embrutecedor y estilizante a que le condena el verdadero capitalismo trasplantado de Europa a estas regiones, como regalo de una civilización de importación que nadie, salvo una minoría comprende y siente.
> [...]
> Si el capitalismo de Buenos Aires es lo principal, no menos nefasto es el local que obedece ciegamente al primero y con quien establece una tenaza de combinaciones y uniones para la explotación y sumisión de los pueblos por medio de empresas propias y extranjeras.
> [El Norte es] una sucursal financiera del capitalismo nacional y del capitalismo extranjero, [y en el orden político], un feudo que tiene su centro allá, a más de mil kilómetros en la ciudad de Buenos Aires, donde está la junta del azúcar, donde descansan los intereses petroleros, mineros, ferroviarios, tabaqueros, bancos, etc., etc.
> El Norte está esclavizado y roto por Buenos Aires, por la terrible centralización.

Bajo el título "Problemas de la Nortinidad que ha de resolver esta generación", continúa Lazarte:

> El Norte representa en el mundo actual la más estupenda posibilidad de riqueza y civilización. La amplitud de ésta abraza no sólo la región que analizamos sino más allá de las viejas provincias que formaron el antiguo virreynato del Río de la Plata.
> [...]
> [Para el Norte] la única vía clara e indiscutible [es] la libertad y la autodeterminación.

JUAN ALFONSO CARRIZO: UNA TAREA CICLÓPEA

[130] Tal vez convenga iniciar esta ficha con una obra que nos permite ubicar al autor, al tema y al promotor-prologuista: **Juan Alfonso Carrizo**. *Antiguos cantos populares argentinos. Cancionero de Catamarca*. Buenos Aires: Imprenta Silla Hnos., 1926. Prólogo de Ernesto E. Padilla, a quien el autor dedica el libro en estos términos:
   A Ernesto Padilla, quien representa en el norte del país el espíritu del tradicionalismo argentino.

[Guillermo Gasió. *El viento de las circunstancias: materiales sobre literatura y otras expresiones culturales argentinas en el Buenos Aires de 1926*. Buenos Aires: Teseo, 2011. Estudio preliminar de Gabriela García Cedro].

José Horacio Monayar ("Juan Alfonso Carrizo. Su vida y su obra", en: *Historia de las letras de Catamarca*. Publicada bajo la dirección de María Rosa Calás de Clark. Tomo II: 1920-1943. Catamarca: Universidad Nacional de Catamarca, 1993), recuerda que el *Cancionero de Catamarca*
   [...] debió encabezarse con un prólogo del doctor Ricardo Rojas, pero hechos polémicos y significativos en la vida de Carrizo, determinaron que este prefacio correspondiera al doctor Ernesto E. Padilla.

[131] Podría continuarse evocando la certera definición que trazó Bruno Jacovella sobre Carrizo:
   Bien puede decirse que Catamarca lo sembró, Tucumán lo maduró y Buenos Aires lo cosechó.

[132] A aquella obra fundante, siguieron las siguientes obras de Carrizo:
Florilegio. El cristianismo en los cantares populares. Tucumán: Imprenta Violetto, 1934.
Editadas por la Universidad Nacional de Tucumán:
Cancionero popular de Salta. Buenos Aires: Imprenta Baiocco y Compañía, 1933.
Cancionero popular de Jujuy. Tucumán: Imprenta de la Universidad. Imprenta Violetto, 1935. Dedicado a Juan B. Terán
Cancionero popular de Tucumán. Buenos Aires: Imprenta Baiocco, 1937 (dos tomos).

[133] El 15 diciembre de 1937 el rector Julio Prebisch creó, en la Universidad Nacional de Tucumán, el Departamento de Investigaciones Regionales, con seis Institutos dependientes de él, entre ellos, el de Historia, Lingüística y Folklore, a cargo de Manuel Lizondo Borda.

Los dos primeros títulos publicados por dicho Instituto fueron:
1. *Cantares tradicionales del Tucumán. (Antología). De los cancioneros de Catamarca, Salta, Jujuy, Tucumán y La Rioja. Recogidos y anotados por J.A.C.* Buenos Aires: A. Baiocco y Cía., 1939. Ilustrado con dibujos a pluma de Guillermo Buitrago. En el estudio preliminar, titulado "Educación y tradición", dice su autor, Alberto Rougés:
> Los cantares de esta antología o florilegio, que están tomados de los Cancioneros, fueron recogidos directamente de boca del pueblo, de gente nacida y criada en la campaña, a veces en las mismas sementeras donde trabaja, gente que vive al margen de la vida de la ciudad; sin la menor noticia de la literatura de los libros; gente, en fin, que en su labradío está su centro y en la ciudad es extranjera. A esos hombres así divorciados de la civilización materialista moderna, que siguen aferrados a su fe antigua, les ha tomado sus cantares, y ya habrá visto el lector de los Cancioneros cuánta sabiduría hay en sus versos y cuán hermanada está su poesía con la del Siglo de Oro de la literatura española.

(Edición original: Alberto Rougés. *Educación y tradición.* Buenos Aires: Imprenta Guadalupe, 1938; 24 páginas).
(Sobre la base de los materiales recopilados en el referido *Cantares tradicionales*, Carrizo publicó: *Cantares históricos del Norte Argentino.* Buenos Aires: Biblioteca del Suboficial, N° 94, 1939; y *Cantares tradicionales del Norte. Antología breve.* Buenos Aires: Cuadernos de la Reconquista N° 7, 1939. Prólogo del capellán Amancio González Paz).
2. Augusto Raúl Cortazar. *Bosquejo de una introducción al folklore. Conferencias pronunciadas en la Universidad Nacional de Tucumán en agosto de 1941.* 1942.

[134] En el año 35 ya se habían creado la Comisión Provincial de Bellas Artes de Tucumán, y la Junta Conservadora del Archivo Histórico (compuesta por Rougés, Carrizo, Lizondo Borda, Padilla); el ciclo se cerraría con el establecimiento del Museo Folklórico, a iniciativa de Rafael Jijena Sánchez, en 1943.

[135] Olga Fernández Latour de Botas (*Don Juan Alfonso Carrizo, el máximo estudioso de la poesía tradicional del Noroeste Argentino*. Buenos Aires: Peña del Libro "Trenti Rocamora", septiembre de 2008), señala:
> Con el apoyo de los ilustres hombres que en Tucumán constituyeron la llamada Generación del Centenario, Carrizo, que sólo contaba con su sueldo de maestro, pudo realizar una tarea ciclópea: la de recorrer palmo a palmo, pueblo a pueblo, todas las provincias del Noroeste Argentino y realizar una obra que [iniciada en Catamarca, fue] completada más tarde para Tucumán y para La Rioja por las recopilaciones musicológicas de Isabel Aretz y con aportaciones teóricas de Bruno Jacovella, no tienen parangón en el panorama cultural de Hispanoamérica.

[136] Carrizo publicó la nota "Sarmiento y el cantar a la muerte de Facundo", en el diario nacionalista *Crisol*, el 1º de febrero de 1939. Nota que reprodujo en el primer número de *Sustancia*. Al respecto, señala Olga Fernández Latour de Botas:
> *El tema del cantar a la muerte del general Juan Facundo Quiroga*, cuyo análisis pormenorizado en comparación paralela con el texto de Sarmiento en el *Facundo*, es reiterado por Carrizo casi sin cambios respecto de las páginas que le había dedicado en el tomo II del *Cancionero popular* de La Rioja. Su tesis respecto de que Sarmiento había prosificado "el cantar popular" resulta vencedora frente a la que había sostenido otro ilustre estudioso, Ismael Moya, en el sentido de que los cantores populares habían versificado el texto de Sarmiento. Pero no puede ya sostenerse que se trata de un solo cantar popular original, cuyo relato de los hechos llega hasta la ejecución de los asesinos de Quiroga. Yo misma he publicado en 1960 (*Cantares históricos de la tradición argentina*.

Introducción y notas por Olga Fernández Latour de Botas. Buenos Aires: Instituto Nacional de Investigaciones Folklóricas, 1960. Véase asimismo: Olga Fernández Latour de Botas. "Memorias de una muerte anunciada. A 160 años del crimen de Barranca Yaco", en *Investigaciones y Ensayos*. Buenos Aires: Academia Nacional de la Historia, 1996) un documento por el cual se conoce la existencia de un texto difundido por medios impresos, aunque con la indicación propia de la poesía hecha para consumo popular de que se trataba de un "Argumento..." "para cantar por cifra", que fue compuesto en el mismo año de la muerte del Tigre de los Llanos por Liberato Orqueda, probablemente hombre de color, de quien se dice que fue un "humilde hijo de la provincia de Tucumán". Esta pieza narra, naturalmente, tan sólo los sucesos de Barranca Yaco y no los posteriores, que aparecían en la pieza copiada por Carrizo en Salta, del Cuaderno de Matorras, y que habría llegado a conocimiento de Sarmiento, exiliado en Chile, antes de 1845.

[Juan Alfonso Carrizo. *Historia sinóptica de la poesía tradicional en el pueblo campesino de la República Argentina. Desde la segunda mitad del siglo XVI hasta la primera del siglo XX*. San Isidro: Academia Provincial de Ciencias y Artes de San Isidro, 2005. Prólogo y Revisión del texto, por Olga Fernández Latour de Botas].

Carrizo también publicó en *Sustancia*, Nº 7-8, la nota "Juan Domingo Díaz. Su vida, su obra", de cuya familia recibió valiosos papeles que le sirvieron en la recopilación de su *Cancionero*.

[137] Al referido *Cantares tradicionales del Tucumán* siguió, impulsado por Carrizo desde la Universidad Nacional de Tucumán:
Orestes Di Lullo. *Cancionero popular de Santiago del Estero*, 1940. Prólogo y notas de Juan Alfonso Carrizo.

[138] El 16 de diciembre de 1941 el rector Adolfo Piossek reorganizó el Instituto y puso a Carrizo a su cargo, publicándose un nuevo esfuerzo documental:

Juan Alfonso Carrizo. *Cancionero popular de La Rioja*. Buenos Aires: Universidad Nacional de Tucumán. Espasa-Calpe, 1942 (tres tomos).

[139] El sacerdote Amancio González Paz y el diario *Crisol*, son pautas de la progresiva definición política de Carrizo que desemboca en su adhesión al Gobierno de la Revolución del 4 de junio de 1943, y consecuentemente al gobierno del general Juan Perón.
Carrizo se mudó en el 44 a un barrio de las denominadas casitas baratas entre Flores y Villa del Parque; en 1945 pasó a vivir en una casa de la calle Chimborazo, en cuyo piso superior funcionó durante años el Instituto Nacional de la Tradición, creado gracias a su iniciativa y del cual fue director permanente. Dicho Instituto había sido creado el 20 diciembre de 1943, con el auspicio del ministro Gustavo Martínez Zuviría. Vicedirector fue nombrado Manuel Gómez Carrillo; y Secretario Técnico, Bruno Jacovella. Durante el gobierno del general Perón, pasó a denominarse Instituto Nacional de la Tradición y el Folklore, conservado Carrrizo su puesto de Director. Sin perjuicio de su condición de peronista, Carrizo nunca olvidó ni dejó de reconocer a sus antiguos mentores tucumanos Padilla y Rougés.

[140] Juan Alfonso Carrizo en su libro *Antecedentes hispano-medioevales de la poesía tradicional argentina* (Buenos Aires: Publicaciones de Estudios Hispánicos, 1945. Texto preliminar por José María Pemán), estampa las siguientes dedicatorias.
> A los señores Dr. León Rougés, Dr. Alberto Rougés e Ing. Marcos Rougés. En testimonio de profunda gratitud.

Dice Carrizo en las páginas iniciales del citado *Antecedentes*:
> Si desechamos por inconsistente la pretendida influencia de la cultura indo-americana en nuestro acervo poético tradicional, desde que el quichua, idioma en que están los cantares recogidos en lengua indígena del Tucumán, por ejemplo, no se habló en nuestro país antes de la venida de los españoles, tenemos necesariamente que llevar los ojos al patrimonio espiritual del pueblo español de la Conquista y la Colonización si queremos conocer el nuestro.

[...]
La Edad Media y el Renacimiento viven en el alma del pueblo de nuestras provincias, manifestándose espontáneamente en muchos actos de la vida pública y privada, en el chiste, en el cuento y en las canciones, como el perfume de nuestra civilización cristiana, que no es sino *una glosa a lo divino* de la portentosa civilización greco-latina.

[141] En una obra posterior, Juan Alfonso Carrizo. *Historia del folklore argentino* (Buenos Aires: Ministerio de Educación. Instituto Nacional de la Tradición, 1953), rubrica las ilustraciones con retratos que llevan estas notas al pie:
Ernesto E. Padilla, cuyo incansable y desinteresado empeño en favor de la investigación científica de la cultura, la historia y el medio físico del Noroeste Argentino extendiéndose fecundamente a través de casi toda la primera mitad del presente siglo.
Alberto Rougés, profesor de Filosofía y Rector de la Universidad Nacional de Tucumán, cuya concepción profunda del espíritu de la antigua cultura tradicional argentina contribuyó poderosamente a dar su verdadera orientación a la investigación de la misma.

[142] Monayar, en su ya citado trabajo sobre Carrizo, aporta lo siguiente:
Una anécdota pintoresca, revela a Carrizo como ferviente devoto de ese catolicismo que muchos calificaron de fanático y recalcitrante. Aunque su fe resultaba aparatosa, nadie negó su gran cuota de sinceridad, y así debemos interpretar esa ceremonia, que en los últimos años fue permanente entre los familiares, vecinos y criados de Carrizo: al caer la oración, y reiterando lo que acostumbraba su padre mientras vivió en Catamarca, hacía rezar el Santo Rosario, antes y después de las comidas; y de pie, con los brazos abiertos, como un profeta, rezaba con todos, el Ave María y una jaculatoria de gracias, que concluía con una fórmula imperativa-exhortativa: *Los ángeles del Cielo te alaben en mi nombre.*

Otro:
> El doctor Padilla con su habitual celo profesional no dejaba margen de libertad a Juan A. Carrizo, pese a que su influencia había casi desaparecido; sin embargo, al llamar por teléfono a Juan Alfonso, preguntaba con tonada zumbona, si hablaba con la *Jabonería de Vieytes*, como aludiendo a la decisión de su amigo de no atenderlo, y seguir en cambio haciendo *cebo* en la Metrópoli, que era lo mismo que insinuar sobre el olvido que Carrizo había echado a sus infatigables andanzas por el Norte Argentino.

[143] Juan Alfonso Carrizo dictó un ciclo de conferencias del 2 al 20 de septiembre de 1949, recopiladas en el libro *La poesía tradicional argentina. Introducción a su estudio* (La Plata: *Anales* del Ministerio de Educación de la Provincia de Buenos Aires, 1951).
Incluye el siguiente temario: 1. Cantares y temas poéticos de Oriente, Grecia, Roma y Europa medieval pasados por las puertas de España a nuestro país. - 2.Temas poéticos del Siglo de Oro español en la poesía tradicional argentina. - El tema de nombrar los pretendientes de una dama; el labrador de amor y la mala cosecha; el amor y los celos se implican recíprocamente; intranquilidad del amante ante la indiferencia de la dama en acudir a la cita; denuestos contra las malas lenguas; el agua de limón para curar males del alma; de la disyuntiva de preferir ver a la amada muerta o viva en otro poder; de la imposibilidad de disponer del alma aunque sí de la vida; del apenado que sólo descansa cuando duerme; del galán desaprensivo y la dama pedigüeña; de la enumeración de cosas con sus afines o complementos; el amor ha de ser uno; del infortunado que espera prevalecer con el tiempo. - 3. Cantares y temas poéticos de Inglaterra, Francia e Italia contemporáneas, tradicionales en nuestro país. - 4. Proceso de penetración en América de la poesía tradicional de España en los siglos XVI, XVII y XVIII. - 5. Pervivencia de cantares españoles en la tradición oral de nuestro pueblo: a) Dificultad de establecer la filiación hispánica en los cantares tradicionales de nuestro país; b) Estado de conservación de los cantares

españoles en la tradición oral. c) Datos de los cantares en la tradición oral. – 6. Los cantares tradicionales conservados actualmente en quichua y guaraní, en nuestro país, revelan en su fondo y en su forma su ascendencia hispánica.

[144] Conforme Bruno Jacovella,
> [...] toda la obra de Carrizo es como un himno a la hispanidad, y no sólo a ella, sino a la tradición antigua del Mediterráneo, del Islam y de la Europa meridional y moderna, que, a través de España y el catolicismo se vuelca en América.

Para Jacovella, son temas centrales del enfrentamiento entre tradición e ilustración en la sociedad argentina, en sintonía con Carrizo: el sarmientismo (pedagogía del conducir, cambiar, desarraigar, trasplantar); el indigenismo ("preocupación de los intelectuales ignorantes de la realidad del país o manifestación oblicua de la mentalidad ilustrada para abrir un nuevo frente de lucha contra la tradición"); el gauchismo ("construcción urbana de un personaje rural"); el romanticismo ("con el prestigio de una supuesta representatividad hegemónica velaba las demás formas y funciones de la poesía popular tradicional del mundo hispánico"); el mayismo (Argentina comienza en 1810 y los tres siglos anteriores son sólo expresión colonial, excéntrica); el diletantismo folklórico (impropio de los especialistas, aun cuando sean letrados).

> Su personalidad se proyecta hacia un futuro inescrutable y su obra ciclópea puede convertirse tanto en un sillar de la nacionalidad como en majestuoso cúmulo de ruinas.

Así concluye Jacovella su análisis de la vida y obra de Juan Alfonso Carrizo, a quien bien conoció.

[145] Olga Fernández Latour de Botas ha venido ocupándose de la publicación de obras inéditas de Carrizo sobre la base de sus investigaciones del archivo del gran estudioso en la Academia Provincial de Ciencias y Artes de San Isidro. Resulta de gran interés citar algunos de los aportes de Olga sobre la producción de Carrizo:

El método histórico-cultural y su praxis en los Cancioneros

La reconstrucción de los patrimonios desintegrados, que el método histórico-cultural, de filiación antropológica, persigue, fue la meta principal de nuestro autor quien, con cierta vocación misional de inspiración cristiana católica, orientó su tarea a *salvar* el antiguo *tesoro* de poesía popular que estaba en proceso de cambio acelerado y que, dicho con sus palabras, "se estaba perdiendo".
[...]
Le interesaba la *tradición*, no la *innovación* o la *renovación* de las culturas. Por otra parte, dio siempre prioridad a lo pragmático por sobre la teoría, por lo que su obra presenta muy poco andamiaje científico ajeno su experiencia misma. Con selectividad vocacional e implícita modestia, Juan Alfonso Carrizo soslayó la elaboración de un cuerpo conceptual que fuera más allá de su *teoría de la práctica* propia de la investigación de campo, es decir, de la búsqueda, el hallazgo y la recolección documentada de materiales sobre el terreno. Es decir que su sistema de recolección no podría ser considerado ideal, desde un enfoque *émico* de la cultura.
[Juan Alfonso Carrizo. *Historia sinóptica de la poesía tradicional en el pueblo campesino de la República Argentina. Desde la segunda mitad del siglo XVI hasta la primera del siglo XX*. San Isidro: Academia Provincial de Ciencias y Artes de San Isidro, 2005. Prólogo y Revisión del texto, por Olga Fernández Latour de Botas. (Obra en la que trabajó hasta sus últimos días, publicada póstumamente, resulta en cierta medida, obra rescatada)].

No deben buscarse en las recopilaciones de Carrizo piezas representativas de las imitaciones de lenguajes rústicos, propias de las típicas *rustiqueces pastoriles* que afloran en obras de autores cultivados, ya que, precisamente, lo que nuestro autor sostiene es que ellas son obras de poetas urbanos y que es menester diferenciarlas de las auténticamente populares tradicionales que son las que él recopila.
[Juan Alfonso Carrizo. *Rustiqueces pastoriles y matonismo en algunos poetas del Río de la Plata*. San Isidro: Academia Provincial de Ciencias y Artes de San Isidro, 2008. Prólogo, Estudio preliminar, Revisión del texto y Bibliografía, por Olga Fernández Latour de Botas].

Carrizo no fue un coleccionista de expresiones de la vulgaridad, no fue tampoco un *tradicionalista* que quisiera crear una imagen nostálgica recuperada del pasado decadente. Fue un científico auténtico, que puso en práctica la teoría de la escuela histórico-cultural para lograr la recuperación de los patrimonios vigentes y estudiarlos en el marco de la totalidad de la cultura. Investigador impregnado de experiencias surgidas de la tierra – como lo demuestran los riquísimos estudios preliminares y las notas de sus *Cancioneros* –, no enunció teorías innovadoras: utilizó los marcos teóricos más apropiados para lo que consideró su *misión* salvadora de los tesoros heredados del Siglo de Oro de España que nuestros paisanos habían optado por conservar, haciéndolos suyos colectivamente, como bienes anónimos sostenidos por la oralidad, impregnándolos de nuevas características lingüísticas, situándolos en los nuevos contextos naturales y socio-culturales de esta parte de América. De esa praxis surgió lo revolucionario de su doctrina.

Católico ferviente, veía don Juan Alfonso palabras bíblicas y reflejos del pensamiento de los padres de la Iglesia en aquellas letras vivas en labios de portadores étnicamente criollos o aborígenes, y también estudiaba los verdaderos rasgos precolombinos americanos que estos sostenían en su cancionero vigente, como muestras de una no quebrada voluntad de seguir siendo fieles a la lengua y a la cosmovisión propias de sus culturas originarias.

[Juan Alfonso Carrizo. *Villancicos de Navidad*. Buenos Aires: Academia Argentina de Letras; Gobierno de Catamarca. Secretaría de Estado de Gabinete, 2009. Prólogo y Bibliografía por Olga Latour de Botas].

Otro valioso aporte: Juan Oscar Ponferrada. *Juan Alfonso Carrizo, el peregrino del cantar*. Buenos Aires: AZ, 1986.

BRUNO JACOVELLA: LA DEFINICIÓN DEL SER NACIONAL

[146] "El ser nacional frente a la tradición y la Ilustración", se titula el notable y ya citado ensayo de **Bruno Jacovella**, estudio preliminar a su libro *Juan Alfonso Carrizo* (Ediciones Culturales Argentinas, 1963). (Premio Nacional de Ensayo, otorgado por el Gobierno Nacional en 1969). En una obra posterior, *Claves para la interpretación de la Argentina* (1980) revela que el verdadero título, "extirpado por el editor", era "Tradición, Ilustración y Romanticismo en las luchas por la definición del ser nacional".

Es un texto del cual merecen señalarse algunas pistas centrales: En el proceso de Independencia se advierte la lucha por conformar el ser nacional entre Ilustración y Tradición. En un lapso de 60 o 70 años, el país debió sobreponerse a numerosas y contradictorias opciones y componentes, cuya sola enumeración abarca la historia europea de siglos: Iglesia, Imperio, Reforma, Absolutismo, Ilustración, Revolución Francesa, Revolución Norteamericana, Bonapartismo, Parlamentarismo inglés, Santa Alianza, Legitimismo indígena, Capitalismo, República liberal, Socialismo...

Según Jacovella, los países reformados se presentan como una combinación equilibrada de tradicionalismo, nacionalismo e individualismo, mientras que los que se aferraron al ecumenismo católico o racionalista o permanecieron al margen de la historia, deben esperar al romanticismo – las naciones americanas –, al positivismo – Alemania e Italia – , al socialismo nacional – Checoslovaquia – , y aun al internacional – las nuevas naciones asiáticas y africanas – para pasar del estado de provincia imperial al de Estado nacional.

Pondera Jacovella el valor del romanticismo, puesto que:

> Las explosiones o marejadas federales son acompañadas en sus comienzos por los maestros de la exigua intelectualidad tradicional, o nacionalista, cuyos programas son rechazados por la realidad nacional, que admite frenos personales mas no intelectuales. Esos frustrados Maestros nacionalistas del Federalismo, son Echeverría

y Alberdi, para la primera Restauración. Ricardo Rojas, para la segunda; y Juan Alfonso Carrizo, para la tercera. Al respecto, señala Jacovella las influencias de Rousseau y Herder, quienes contribuyen al pasaje de la *naturaleza* y el *paisajismo* al *folklore*. Así, *La cautiva* inaugura la poesía nacional y *El matadero* inaugura la prosa nacional.

Pero Echeverría, al fin y al cabo señorito urbano, pronto se precipitó en la contradicción característica de los intelectuales de nuestro federalismo, que empiezan enalteciendo al *pueblo* a través de sus obras y terminan detestándolo en su viva presencia; aman su inacción y el fruto de ésta, la cultura; odian su acción y el fruto de ésta, la política.

Destaca Jacovella que la Tradición fue violentamente expulsada de la escuela por la Ilustración. Señala que la ley de educación laica fue impulsada por laicistas provincianos: Gallo, Civit, Oroño, Leguizamón, mientras que el catolicismo fue defendido por Estrada, Goyena, Lamarca.

La juventud es la etapa idealista de la personalidad, aquélla en que priva el cómodo *deber ser*, que sólo exige entusiasmo, sobre el difícil *ser*, que exige tiempo, método, apego ahincado y sostenido a un parco sistema de ideas y experiencias profundas que raramente y sólo por una especie de cataclismo interior, se cambian. Por eso son constantes también en la fisonomía intelectual argentina, el eticismo y la juridicidad, vale decir, el culto unilateral e intemporal de la norma abstracta.

Después de Hernández con su *Martín Fierro*, viene Ventura Lynch, que en 1883 publica la primera compilación folklórica del país; luego se precipita el alud de Gutiérrez, el circo criollo, *Mis montañas*, de Joaquín V. González, las advertencias de Groussac para que se compilara el folklore, el drama rural, los cuadros de costumbres y de la Argentina exótica de Fray Mocho y Payró, los estudios de Martiniano Leguizamón, las investigaciones de Lafone Quevedo y Ambrosetti, los cuadros de Ripamonte y Della Valle, los sainetes criollos, en fin, las formidables payadas de contrapunto en teatros porteños, que

Lehmann-Nitsche documenta extensamente en su *Santos Vega* (Buenos Aires, 1917).
> Todos nuestros creadores, o desarrollan una sola dimensión del país, una dimensión local, sin acertar nunca a captarlo como totalidad, o bien se fugan al exterior, por la vía de la imitación, de la pura imaginación o del *pasticcio* de gran estilo (*La gloria de Don Ramiro*, por ejemplo). Es el resultado de la constante incapacidad, ya señalada por Alberdi, de la fuerza y la inteligencia, la raíz cultural y el marco civilizador, para dar una síntesis. El país lucha consigo mismo, sin poder concertar sus componentes centrípetos y centrífugos ni amputar los segundos.
> [...]
> La temática rural no puede menos de tener un aspecto *periférico* en una nación cuya vida ha terminado por concentrarse en dos, tres o cuatro grandes ciudades, a menos que exprese, con el vehículo de las grandes formas y en el lenguaje general, la lucha del campo y la ciudad por la supremacía, o para la síntesis nacional.

Tras la caída del roquismo,
> [...] que oficializó el descreimiento en los baluartes de la pequeña tradición local, era inevitable la organización de un sistema tradicionalista de ideas que no fuera ni pura praxis política federal ni pura investigación folklórica. Esa tarea ciclópea la tomó sobre sí Ricardo Rojas.

Jacovella considera que Lugones bregó por la perpetuación del roquismo, mientras que Rojas fue el superador, el contestador desde el radicalismo tardío. Apunta Jacovella que Korn, en *Influencias filosóficas en la evolución nacional*, zahiere mordazmente al iluminismo rivadaviano y el positivismo utilitario de Sarmiento.
> Al promediar el primer gobierno de Yrigoyen, iba a producirse un formidable movimiento tradicionalista impulsado desde Santiago del Estero por Andrés Chazarreta y su "arte folklórico".

Apoyado en un marco político propicio, Chazarreta recibió el apoyo de Ernesto Padilla, y el espaldarazo de Lugones y Rojas, de allí su gran triunfo en Buenos Aires en 1921. Añade Jacovella

que los nombres de Lombardi y Beltrame son una clave principal del hervor tradicionalista desatado por Chazarreta. En ese ambiente se proyectan Juan Antonio Carrizo y el modelo *facúndico* de Saúl Taborda.
En tal sentido, concluye Jacovella:
> Ningún proyecto nacional que aspire a rencauzar a la Argentina en su autenticidad creativa, en su genuina ley de crecimiento, puede prosperar sin la injerencia principal y apasionada de Buenos Aires.

[Sobre Jacovella: Enrique Zuleta Álvarez (prólogo y edición). Bruno Jacovella. *Cultura y sociedad*. Buenos Aires: Catálogos, 2003; Olga Latour de Botas. "Profesor Bruno C. Jacovella, un pensador argentino (1910-1996)", en *Des-Memoria*, septiembre-noviembre de 1996].

[Martha Blache. "Folklore y nacionalismo en la Argentina: su vinculación de origen y desvinculación actual", en *Runa*. Publicación del Instituto de Antropología y Museo Etnográfico "Juan B. Ambrosetti". Universidad de Buenos Aires. Facultad de Filosofía y Letras. Volumen XX, 1991-1992].
[Anahí Ballent; Adrián Gorelik. "País urbano o país rural: La modernización territorial y su crisis", en Alejandro Cataruza (compilador). *Nueva Historia Argentina*. Buenos Aires: Sudamericana, 2000].

ORESTES DI LULLO: UN PUEBLO QUE NO HA MUERTO EN SU TRADICIÓN, PORQUE PUDIMOS LLEGAR A TIEMPO PARA RECOGERLA

[147] Fue dicho que se debe a Carrizo y a la Universidad Nacional de Tucumán la producción de otra obra notable: *Cancionero popular de Santiago del Estero*. Recogido por el doctor **Orestes Di Lullo**. Con prólogo y notas de Juan Alfonso Carrizo. Buenos Aires: Imprenta A. Baiocco y Cía., 1940. Son 3055 piezas en 500 páginas.

[148] Leemos en el Prólogo de Carrizo:
> En nuestro país son escasas las obras folklóricas, porque nuestros jóvenes prefieren hacer literatura alrededor de nuestras tradiciones y no circunscribirse a los lindes de la

ciencia pura. El Folklore es una ciencia, y como tal, tiene una metodología tan severa como las demás.
[...]
El folklorista recoge la leyenda, el cuento, el mito, la melodía o el cantar con la solicitud del enamorado, sin preocuparse de hallar lo bello; procede como el botánico con sus plantas, el cual, sin reparar en hermosuras de flores o de hojas, las lleva al herbario, como el arqueólogo, que sin escrúpulos de forma lleva al museo sus cachorros prehistóricos. Ambos guardan y cuidan las piezas sin pagarse de otra cosa que del hallazgo en sí.
Lo principal está en la diligencia puesta en rastrear, en buscar, en sondear el ambiente en procura de sus piezas.
[...]
[Di Lullo] Médico, hombre de estudio, se internó en la selva santiagueña y averiguó al paisano rústico sobre los cantares tradicionales; y el leñador, el carbonero, el melero, como el artesano, y el agricultor y el pastor como el arriero, todos atónitos, puesto que no se explicaban para qué las recogía, le dieron sus cantares, y de labios de ellos los ha pasado a la estampa con la honradez y probidad del hombre de ciencia que sabe presentar la verdad sin disfraces.
[...]
El Folklore, como lo entiende Di Lullo, difícilmente va a tener cultivadores, porque las generaciones nacidas en nuestro país desde hace 50 años a esta parte se han formado en un ambiente del más crudo materialismo, y ni siquiera conciben que un hombre renuncie a las comodidades y al bienestar para internarse en la selva y vivir ignorado y pobre en holocausto de una vocación científica.
[...]
Fiel a su concepción científica del Folklore, Di Lullo entiende que los cantares tradicionales no pueden ser considerados aisladamente de los de igual índole de la Madre Patria. [...] Llevamos cuatro siglos de influencia hispánica, y no es dable presumir que un cantar tradicional pueda estar exento de esa influencia.

[...]
[El *Cancionero* de Di Lullo] perdurará como testimonio fidedigno del alma de Santiago, en un momento de su historia.
[...]
A pesar de haber sido publicado por la Universidad Nacional de Tucumán esa obra no fue hecha dentro del plan trazado por esa Universidad en su plan de investigación, volcado en los *Cancioneros* ya publicados de Salta, Jujuy y Tucumán y los previstos de La Rioja y Catamarca. El doctor Di Lullo ha publicado lo que ha hallado, y es por eso que figuran numerosas piezas ya conocidas en los cancioneros de las otras provincias. [La serie reúne en su conjunto] ¡Más de 22.000 cantares salvados del olvido en una sola región argentina! ¡El amor a la ciencia y a la patria concibieron la obra, y el amor a la ciencia y a la patria la realizaron!

[149] Por su parte, señala Di Lullo en las Palabras preliminares: Hemos debido recorrer las viejas poblaciones ribereñas del Dulce y del Salado, los caminos polvorientos de la llanura, y penetrar en los bosques, visitar los aledaños de ciudades y de centros, viajar siempre a través de largas y desoladas rutas, sin sosiego a veces, sin amparo, para recoger tan proficua cosecha, para arrancarla de la vida misma que es el alma de los pobladores de esta extensa provincia, y fijarla definitivamente en una obra que ha de perdurar porque la dictó el amor que tenemos a este pueblo. En estas hermosas canciones – expresión bellísima en forma y contenido de las facultades artísticas de una gran provincia espiritual – queda grabada la potencialidad creadora del genio de una raza que prepara su futuro. No sabemos el término de esta evolución, pero las generaciones venideras han de saber valorar el esfuerzo que hemos realizado para crear la permanencia de un vínculo entre el pasado, el presente y el porvenir, vínculo efectivo de un pueblo que no ha muerto en su tradición, porque pudimos llegar a tiempo para recogerla.
[...]

[Agradezco] a los alientos del gobierno de la Provincia de Santiago, de la Universidad Nacional de Tucumán y de la acogedora sombra que nos prestaron el doctor Ernesto E. Padilla, bajo cuya inspiración se concibió esta obra, y la de Juan Alfonso Carrizo, que nos cobija eficazmente.
[...]
Será difícil, pues, en el futuro, fijar la fisonomía indeformable de esta colectividad y observar en el gesto de profunda emoción y belleza de su cancionero, los rasgos eternos que han hecho vivir y sobrevivir la cultura, en la cual, como en una fuente, se arrimaron y se arrimarán a beber las generaciones de su estirpe.

[150] Di Lullo elogia también a la Universidad Nacional de Cuyo por la publicación de los trabajos del "diligente investigador" Juan Draghi Lucero.

[151] Sobre los esfuerzos del investigador, vale evocar los dichos de Augusto Raúl Cortazar (*Andanzas de un folklorista. Aventuras y técnica de la investigación de campo*. Buenos Aires: Editorial Universitaria de Buenos Aires, 1964):

El folklorólogo, además de estudios concienzudos, debe ser viajero infatigable...

[152] Un trabajo posterior de Orestes Di Lullo: *El folklore en Santiago del Estero. Medicina y alimentación. - Con un Apéndice sobre El Paaj: una nueva dermatitis venata*. Santiago del Estero: Publicación oficial, 1944.

[Armando Vivante. "Medicina folklórica", en José Imbelloni (director). *Folklore Argentino*. Buenos Aires: Nova, 1959. - Néstor Homero Palma. *La medicina popular en el Noroeste Argentino*. Buenos Aires: Huemul, 1978].

JUAN DRAGHI LUCERO: ¡HA LLEGADO EL MOMENTO DEL DIÁLOGO CON LA TIERRA NATIVA!

[153] En el libro *Pedro C. Corvetto presenta Mendoza expresada por sus hijos. Integración: Motivos de historia. Figuras representativas. Nuestro folklore. Paisajes e impresiones. Poesía regional* (Mendoza: Andina, 1936), Juan Draghi Lucero incluyó la nota "Los conquistadores. El criollo. Folklore poético", en la cual se ocupaba de los cancioneros de la sierra, de los centros poblados, y de los llanos.
En ese mismo libro, Ricardo Tudela publicó el poema "La canción nativa":
Estefanía,
morena mía,
mujer cuyana, sol del terruño,
alma del pueblo de indiano cuño,
diosa del Andes leal y altiva [...]
[Asimismo: Ricardo Tudela. "Ensayo crítico sobre la literatura mendocina", en *Ideas*. San Luis, mayo de 1935].

[154] Juan Draghi Lucero. *Cancionero popular cuyano*. Mendoza: Imprenta Best, 1938. CXLVII + 6453 páginas. (Anales del Primer Congreso de Historia de Cuyo. Mendoza, tomo 7, 1938), incluye como temas iniciales: Ubicación en la tierra. Ubicación en la historia. Pasión y clima folklórico de Cuyo.

(Publicación contemporánea: Alberto Rodríguez. *Cancionero cuyano. Canciones y danzas tradicionales*. Mendoza: Numen, 1938. Estudio preliminar de Carlos Vega).

[155] Meses después, se publica su obra cumbre:
Juan Draghi Lucero. *Las mil y una noches argentinas*. Mendoza: Ediciones Oeste. Primer volumen de la "Colección Autores Cuyanos". Acabado de imprimir el 24 de diciembre de 1940. Premio Regional de la Comisión Nacional de Cultura.
En la nota prologal "Padre Ande", expresa Draghi Lucero:
Si nos allegamos con afán discriminatorio a nuestro intelectualismo, cuyo asiento es Buenos Aires, centro no ya de

directivas nacionales sino americanas, nos parece verlo [al Ande] desorientado pero listo y vigilante en atisbo de nuevos rumbos. El descalabro del ídolo francés, tan lleno de huecas brillazones, le hace sospechar de todo. Sumado a esto, su cansancio y descreimiento por el abuso del plagio, señala este momento como propicio a la prédica autóctona. Sin embargo, ¡qué peligroso es apartarse de lo extranjero cuando no se posee el conocimiento integral de lo propio! Largo es el camino a recorrer y tan escabroso que se corre el riesgo de volver, sin fruto, al punto de partida.

Retornar a la tierra es la gran voz, pero ha de ser con el total de los conocimientos históricos como carga obligatoria. Sin esta dura condición veremos nuestra geografía siempre con ojos extranjeros. Tiempo es ya de combatir de frente a la estúpida admiración de calibre turístico con que medimos llano y sierra, mediante el velocímetro yanqui... ¡Es hora de detenerse a pensar! ¡Ha llegado el momento del diálogo con la tierra nativa! Sin el menor atisbo de xenofobia, con los mayores afanes humanísticos, debe incorporarse al acervo cultural el conocimiento de las conquistas espirituales de Precolombia, pero tendiendo un puente de sabia comprensión, con miras al humano aprovechamiento.

Nada que no sea de orden dogmático se opone a este aporte a la humanística integral. Hay una realidad patente: nuestra geografía eterna.

[156] María Elena Castellino (*Juan Draghi Lucero. Vida y obra*. Mendoza: Universidad Nacional de Cuyo. Facultad de Filosofía y Letras, 2005), lo presenta como

[...] folklorólogo y recopilador del *cancionero* cuyano, empeñado en rescatar de la memoria de sus depositarios de siglos esas reliquias de la lírica popular en trance ya de desaparición; por otro, en relación con su propio atesorar vivencias de una Mendoza que iba perdiéndose, de la que fue amoroso testigo y notario.

En el capítulo "Conclusiones. Realidad, folklore y mito en la obra de Juan Draghi Lucero", afirma Castellino:

Enamorado de las cosas del terruño, enrolado desde sus primeros libros en la corriente regionalista que despunta en la literatura argentina desde los primeros años de este siglo, su evolución literaria – más que en términos de variación de intereses o modificación de modos elocutivos – debe ser considerada en relación con su profundizar en el misterio folklórico de la tierra.
[...]
La aceleración del tiempo histórico va borrando predominantemente las huellas del pasado, por eso valoramos doblemente esfuerzos como el de Draghi Lucero, tendientes a salvar del olvido costumbres y tradiciones nuestras; esfuerzos capaces también de desentrañar *el misterio de la tierra* latente en las más nimias realidades del terruño. Para ello es precisamente el folklore, que se presenta como una cantera inagotable, porque conserva lo más genuino de la tradición y permite asimismo, a través de una de sus posibilidades, el *folklore narrativo*, y dentro de él, el *relato popular maravilloso*, configurar una narrativa simbólica de raigambre mítica. Justamente a partir de esta especie narrativa, Draghi realiza un extraordinario trabajo de reelaboración artística a partir de tres procedimientos característicos: la *libre combinación* y aun *transformación de los motivos* de origen folklórico, la *adaptación regional* de éstos y la *vinculación con el mito*.

[157] "Folklore cuyano" fue el tema del discurso de recepción del académico correspondiente Juan Draghi Lucero, publicado en *Boletín de la Academia Argentina de Letras*. Tomo XLV, Nº 179-182, enero-diciembre de 1981.

[Sobre Draghi Lucero: Bruno Jacovella. Introducción a Juan Draghi Luceno. *El hachador de altos limpios*. Buenos Aires: Editorial Universitaria de Buenos Aires, 1966. – Nelly Cattarossi Arana. "Juan Draghi Lucero", en *Literatura de Mendoza. Historia documentada desde sus orígenes a la actualidad. 1820-1980*. Mendoza: Inca, 1980. – Graciela Maturo. Prólogo a Juan Draghi Lucero. *Las mil y una noches argentinas*. Buenos Aires: Corregidor, 1987. – Daniel Prieto Castillo. *La memoria y el arte. Conversaciones con Juan Draghi Lucero*. Mendoza: EDIUNC. Ediciones Culturales de Mendoza, 1994].

UNA FUERZA VIVA QUE HA DADO A CADA REGIÓN Y A CADA AGRUPACIÓN, UN SELLO PROPIO Y UNA SENSIBILIDAD CARACTERÍSTICA

[158] Dos interesantes antecedentes por **Augusto Raúl Cortazar**: (1) "El paisaje en los cancioneros bonaerense y salteño", en *GAED. Anales de la Sociedad Argentina de Estudios Geográficos*. Tomo 5. Buenos Aires, 1937. (2) La conferencia de doce páginas: *El folklore y el concepto de nacionalidad*. Buenos Aires: Ateneo Estudiantil de la Escuela Superior de Comercio "Dr. Joaquín V. González", 1939.
Ya citado: Augusto Raúl Cortazar. *Bosquejo de una introducción al folklore. Conferencias pronunciadas en la Universidad Nacional de Tucumán en agosto de 1941*.
[159] Siguiente escenario: Universidad de Buenos Aires. Ricardo Rojas, Director del Instituto de Literatura Argentina; Carlos Vega, Técnico para el estudio del folklore; Ismael Moya, Técnico para la organización de la bibliografía argentina.
Publicaciones:
Augusto Raúl Cortazar. *Valoración de la naturaleza en el habla del gaucho. (A través de* Don Segundo Sombra*)*. Buenos Aires: Universidad de Buenos Aires. Facultad de Filosofía y Letras. Instituto de Literatura Argentina, dirigido por Ricardo Rojas. Sección de crítica, Tomo II, N° 5. Buenos Aires: Imprenta de la Universidad, 1941.

> El escenario (la pampa en este caso), influye sobre el habla de sus habitantes, procurando un léxico vivo en proporción con su propia realidad, y por eso mismo ceñido y circunscripto.
> [...]
> [Amado Alonso. "Preferencias mentales en el habla del gaucho", incluido en su libro *El problema de la lengua en América* (Madrid, 1935): "tal es el origen, ya lejano, de este ensayo"].
> [...]
> Güiraldes ha sabido con mano maestra reflejar los matices más propios del habla campesina.

[A través de *Don Segundo Sombra*] trataremos de precisar el papel que la naturaleza juega en el mundo mental del gaucho, y aún en aquel denso conjunto, distinguiremos la importancia de la valoración, ya simplemente conceptual, ya emotiva o ya estética que cada uno de los principales elementos constitutivos (vegetales, ambiente, paisaje) adquiere en su lenguaje y en su alma.

Augusto Raúl Cortazar. *Guía bibliográfica del folklore argentino. Primera contribución.* Buenos Aires: Universidad de Buenos Aires. Facultad de Filosofía y Letras. Instituto de Literatura Argentina. Bibliografía. Tomo I, N° 1. Imprenta de la Universidad, 1942.

Carlos Vega ya había publicado en la Sección Folklore del Instituto. Serie "Teorías e Investigaciones", el tomo II de *La música popular argentina. Canciones y danzas – Fraseología*; y en la serie "El canto popular": La música de un códice colonial del siglo XVII.

Ismael Moya, en la serie "Estudio de los materiales de la colección de folklore" publicó *Romancero*, en dos tomos. Explicación preliminar, por Ricardo Rojas.

[160] Cabe añadir el ensayo de Augusto Raúl Cortazar. *Echeverría. Iniciador de un rumbo hacia lo nuestro.* Separata del prólogo de *La cautiva* y *El matadero*, de Esteban Echeverría. (Ediciones Peuser. Buenos Aires, 1946), en que señala como característicos: su prédica romántica en pugna con el seudoclasicismo dieciochesco y prerrevolucionario; el antiespañolismo ideológico; el paisaje nativo y el color local en la pintura de los ambientes; la vocación histórica y la fe en la fuerza monitora de lo tradicional; la simpatía hacia lo típico popular.

> Todo el ámbito del mundo gauchesco representaba el más apetecido presente que la realidad social podía ofrecer a la inspiración romántica.
>
> Se generalizó en el ambiente culto la simpatía comprensiva y la consideración respetuosa de los valores de aquel patrimonio cultural [...] y generalizada la moda, se esfumó el personaje, su personalidad, en las muchas páginas que nos presentan un gaucho de postín.

Abel Cháneton, en "Introducción a la vida contradictoria de Esteban Echeverría" [*La Nación*, 5 de mayo de 1940], asevera sobre el autor de *La cautiva* y *El matadero*:
> Es el primer argentino que sin investidura oficial y sin caudal político consigue influir decisivamente en nuestro destino histórico. Es además el argentino que ha suscitado más vocaciones para cumplir ese destino.

[161] **Carlos Vega** fue durante la década de los años 1930 colaborador en *La Prensa*. Sobre la base de esas colaboraciones publicó un libro fundante: *Danzas y canciones argentinas. Teorías e investigaciones. Con un ensayo sobre el tango.* (Buenos Aires: Ricordi Americana, 1936). Escribe Vega al comienzo de esa obra:
> La convivencia con los músicos populares me permitió grabar sus canciones, penetrar en la técnica de sus sencillos instrumentos y anotar la forma y características de sus danzas y ceremonias; la búsqueda de referencias en numerosos libros viejos me permitió entrever el escenario antiguo, y en fin, los estudios de gabinete sobre las experiencias del terreno, me llevaron pronto a la concepción de nociones en casi nada coincidentes con las que otros tratadistas han difundido con aceptación general.

Paso siguiente:
En 1944, Carlos Vega fue designado Director del Instituto de Musicología Nativa, sobre cuya base, y en homenaje a su memoria pasaría a denominarse Instituto Nacional de Musicología "Carlos Vega".
De aquel año data su obra *Panorama de la música popular argentina. Con un ensayo sobre la ciencia del folklore.* (Buenos Aires: Losada, 1944).
El autor dedica su libro:
> Al profesor Martín Doelio Jurado: Director del Museo Argentino de Ciencias Naturales y estudioso de vasta cultura general.
> Al doctor Ricardo Rojas: Maestro de maestros, director del Instituto de Literatura Argentina de la Facultad de Filosofía y Letras de la Universidad de Buenos Aires.

> Ambos auspiciaron mis viajes y apoyaron estos estudios con notable empeño.
> La Comisión Nacional de Cultura contribuyó a facilitar mi labor otorgándome una beca por un año en 1937. Me dieron *compañía y libertad*.

Dice en el Prefacio fechado en julio de 1943:

> Si se me pide una conclusión sintética, los procesos argentinos, en música y bailes, se reducen, casi por completo, a una serie de promociones europeas cultas que luchan entre sí en las ciudades, primero, y en la campaña después. España folklórica no está en América; la fisonomía peculiar de América hispánica resulta principalmente de Europa latina (hispanizada) modificada por Europa moderna (afrancesada).

Paso siguiente:

Carlos Vega. *Apuntes para la historia del movimiento tradicionalista argentino*. (Buenos Aires: Secretaría de Cultura de la Presidencia de la Nación / Instituto Nacional de Musicología "Carlos Vega", 1981. Edición al cuidado de Inés Cuello). Obra de 45 capítulos originalmente publicados, con numerosas ilustraciones, en la revista *Folklore*, de la editorial Honegger, del N° 48, de agosto de 1963, al N° 99, de julio de 1965.

Con referencia a temas reunidos en estos materiales y digresiones, merecen citarse los capítulos:

1. "La tradición. Los tradicionalistas"

49. "Consecuencias de Chazarreta"

> Chazarreta fue un artista discreto, hábil como guitarrista, cuyo éxito se debió, primero, a su tenacidad, su más grande prenda de carácter, y después, a los elementos positivos que contenían sus espectáculos, al interés de los intelectuales y artistas por el nacionalismo musical, al gusto por el costumbrismo, etc., y al gran empuje de la reacción tradicionalista. Un profundo tradicionalista fue, y un empresario de notable visión. [...] El más importante instrumento de penetración que manejó Chazarreta fue el repertorio de danzas antiguas, agradables y desconocidas, y correspondió a los danzantes barones el mérito de haberlas presentado en forma insuperable. [...] Llegó a

Buenos Aires en el momento exacto, al seno mismo de todas las circunstancias propicias.
51. "La influencia de don Manuel Gómez Carrillo"
La influencia de don Manuel Gómez Carrillo fue extraordinaria. Operó en niveles elevados y, específicamente, alentó el Nacionalismo Musical en la Argentina. Secundariamente, incitó al quehacer folklórico y exaltó la devoción de los tradicionalistas. Ya no importa seguir paso a paso sus posteriores actividades, especialmente durante la década siguiente. Sólo más adelante será obligatorio recordar su intervención en la creación del Instituto Nacional de la Tradición y en la formación de su obra maestra: el Cuarteto Gómez Carrillo, integrado por sus hijos Manuel, Julio, Alberto, Jorge y Carmen, gloria argentina de jerarquía internacional.

Sobre distintos aspectos de la música en la Argentina:
Lázaro Flury. *Historia de la música argentina*. Santa Fe: Colmegna, 1967.
Melanie Plesch; Ricardo Huseby. "La música argentina en el siglo XX", en José Emilio Burucúa (director). *Nueva historia argentina. Volumen II: Arte, sociedad y política*. Buenos Aires: Sudamericana, 1999.
Ricardo Capellano. *Música popular. Acontecimientos y confluencias*. Buenos Aires: Atuel, 2004.
Mariano Ugarte (coordinador). *Del Centenario al Bicentenario. Música. Sonidos, tensiones y genealogía de la música argentina. 1910-2010*. Buenos Aires: CCC Centro Cultural de la Cooperación Floreal Gorini; Fondo Nacional de las Artes, 2010.

[Agustín Chazarreta. *El eterno juglar*. Buenos Aires: Ricordi, 1965. – Luis Alén Lascano. *Andrés Chazarreta y el folklore*. Buenos Aires: Centro Editor de América Latina, 1972].
[Juan María Veniard. *Estudios y documentos referentes a Miguel Gómez Carrillo*. Academia de Artes y Ciencias de San Isidro, 1999].

[162] **Isabel Aretz-Thiele** publicó *Primera selección de canciones y danzas tradicionales argentinas*. Buenos Aires: Ricordi Americana, 1943; *Música tradicional argentina. – Tucumán. Historia y folklore*. Universidad Nacional de Tucumán, 1946.

[163] **Ismael Moya**, en *Didáctica del folklore. Lecciones correspondientes a los cursos libres que dictó en el Instituto de Literatura Argentina de la Facultad de Filosofía y Letras de Universidad de Buenos Aires hasta 1946.* (Primera edición de 1948; segunda, aumentada: Buenos Aires: Ciorda y Rodríguez, 1956), señala bajo el título "El pueblo del folklore":
> ¿Cuál es ese pueblo que hereda y disfruta los bienes del folklore? [...] El pueblo todo, sin determinación de esferas, porque el folklore es como una aire que, trascendido en aroma antiguo, recorre las gradaciones de la sociedad, desde aquélla donde se acogen los campesinos, y la que tiene albergue y escenario en los suburbios y en los conventillos, hasta las que integran la clase media y la encumbrada en el orden intelectual, artístico y económico. [...]
> El folklore no es privativo de un sector popular fijo, aunque la parte menos culta y científicamente experimentada sea la que cultive una extensión mayor del folklore en ciertos aspectos, no por iniciativa propia, sino espontáneamente, con la misma naturalidad e inocencia con que cantan los pájaros.

[164] **Félix Molina-Tellez**. *Tierra madura. Panorama del folklore*. Rosario: Ruiz, 1939. Prólogo de Luis Alberto Sánchez. Carátula de Ricardo Warecki.
Incluye valiosas consideraciones en el capítulo "Vida, pasión y escamoteo de las expresiones populares". Refiere que Atahualpa Yupanqui, "ese gran rapsoda de la Argentina india", le expresó "en una amable tertulia, su desencanto de Buenos Aires", en estos términos: "En Buenos Aires hay una absoluta desorientación respecto del folklore argentino, especialmente del norteño..." El autor cita obras de Bernardo Canal Feijóo y textos de Luis Gudiño Kramer.
La segunda parte del libro lleva como título "Mitos y leyendas". Sobre esos temas, Félix Molina-Tellez publicó (1) *El cielo en la mitología americana*. Buenos Aires: Emecé. Colección Buen Aire, 1944, obra en que se ocupa del cielo entre los mocovíes, los araucanos y en los calendarios mayas y aztecas, y en particular:

"La fiesta del Kamaruko en la Patagonia [Neuquén]"; (2) *El mito, la leyenda y el hombre: usos y costumbres del folklore.* Buenos Aires: Claridad, 1947.

[165] En los Cursos de Cultura Católica se creó el Instituto de Cooperación Universitaria. Departamento de Folklore, que publicó una serie de monografías breves (no más de 64 páginas):
1. Rafael Jijena Sánchez. *De nuestra poesía tradicional* (1940).
2. Alberto Franco. *La leyenda. Bosquejo de un estudio folklórico* (1940).
3. Mario A. López Osornio. *Las boleadoras* (1941).
4. Jesús María Carrizo. *Los refranes y las frases en las coplas populares* (1941).

Rafael Jijena Sánchez en *De nuestra poesía tradicional,* reafirma su credo católico poniendo el acento en la herencia cultural hispánica:
> En cuanto a la poesía popular del norte, de la que sólo me ocuparé en sus líneas generales, diremos que tuvo que emigrar de los centros poblados y buscar refugio y cobijo en los hondos valles y los altos cerros, perseguida por las mismas autoridades, debido a la expansión del comercio y su anejo materialismo, en los albores de 1890. Hasta entonces una tradición poética de la más limpia calidad se sucedió, pasando de boca en boca, de generación en generación, sin libros que la contuvieran, guardada sólo en custodia por la memoria fiel y la conciencia recta de hombres casi analfabetos, pero que conocían verdades fundamentales y eternas, así como las leyes divinas y humanas, contenidas en su código civil y su Biblia.

[166] Rafael Jijena Sánchez; Bruno Jacovella. *Las supersticiones. (Contribución a la metodología de la investigación folklórica). Con numerosas supersticiones recogidas en el Norte argentino.* Buenos Aires: Ediciones Buenos Aires, 1939. Premio de la Comisión Nacional de Cultura. Folklore, Región Norte.

Obra que en el ejemplar consultado en la Academia Argentina de Letras lleva esta dedicatoria, manuscrita por Bruno Jacovella: "Al más auténtico filósofo argentino: Dr. Alberto Rougés. Con todo afecto, Bruno Jacovella. Bs. As., 30/VI/1939". También firma Rafael Jijena Sánchez.
    Nuestro breve trabajo tiende primordialmente a crear ese instrumento de sistematización.
Tras esa declaración, los autores se ocupan de las obras de Daniel Granada, *Supersticiones del Río de la Plata*, "magnífica colección"; Juan B. Ambrosetti, *Supersticiones y leyendas*, "valioso aporte"; Adán Quiroga, *Folklore calchaquí*, "pura mitografía"; y Ricardo Rojas, *El país de la selva*.

Bruno Jacovella había hecho en 1935 – conforme revela J.A. Carrizo – la primera notación musical completa "de las melodías con que los niños de Tucumán cantan villancicos de Navidad y las rimas infantiles".

[167] También por Rafael Jijena Sánchez: (1) *Hilo de oro, hilo de plata. Selección de cantares infantiles recogidos de la tradición oral.* Buenos Aires: Ediciones Buenos Aires, 1940. (2) *La luna y el sol. Letras que dicen y cantan los niños cristianos.* Selección hecha por RJS. De poesías recogidas de la tradición popular hispanoamericana. Buenos Aires: Ediciones Buenos Aires, 1940.

En 1939 se inauguró la primera cátedra de Folklore Argentino a cargo de Jijena Sánchez y Jacovella en el Conservatorio Nacional de Música y Arte Escénico. Sobre aquella experiencia, Antonio R. Barceló promovió en 1948 la creación de la Escuela Nacional de Danzas Folklóricas Argentinas.

[168] El jujeño **Julio Aramburu** publicó *Rondas de niños. Relatos* (Buenos Aires: Compañía Argentina de Publicaciones, 1937), y *El folklore de los niños. Juegos, rondas, canciones, cuentos, leyendas* (Buenos Aires: El Ateneo, 1940).
De su producción anterior se destacan sus obras: *La tierra natal* (1923); *El solar jujeño* (1924); *Jujuy* (1925); *Buenos Aires*

(1927); y *Tucumán*. (Buenos Aires: Gleizer, 1928), que lleva esta dedicatoria: "A Don Ezequiel P. Paz. Homenaje. J.A."; y comienza diciendo:
> Tiene la ciudad de Tucumán un hondo encantamiento de poesía. Es la poesía de la belleza misma, volcada en la maravilla del paisaje y en la euritmia de las calles. La naturaleza y el urbanismo han armonizado la idealidad de su carácter. Desde la visión campestre hasta el arte ciudadano, todo encierra un sentimiento de unidad. El color local brilla como un triunfo.
> [...]
> La ciudad mediterránea – de fuertes rasgos locales – tiene el espíritu social de una gran urbe. La revelación encanta y sugestiona. Hay lo antiguo y lo moderno, lo verdadero y lo fantástico. Encierra el bullicio y el silencio, el tráfico activo y la pesadumbre ignota. No se podría definir la variedad de su semblanza. Es cosmopolita y argentina, porteña y provinciana. El milagro de la amplitud espiritual es el dinamismo de la civilización triunfante.
> Quien visita la ciudad, no siente la ausencia del hogar nativo. Allí encuentra el halago de la propia casa y el hechizo de la ajena. La sencillez cordial y la suntuosidad elegante. La evidencia del embrujo es absoluta. El progreso urbano señala la victoria de la sociedad local y la riqueza étnica. Vibra el destino de un pueblo joven y optimista. La ejecutoria de la acción marca la energía de la raza y el ideal de la cultura.
> No es necesario exaltar el origen legendario para justificar el mérito de la grandeza histórica. El hombre ha conquistado el suelo por su voluntad romántica y creadora. Las fuerzas sociales y económicas de la región propician el derecho de la conquista unánime. La prueba de los hechos es fecunda. La realidad se embellece en la quimera. Es la provincia de la oda simbólica y el canto de gesta.

[169] Toda referencia a los cancioneros populares invita a evocar los trabajos señeros de Ciro Bayo y Jaime M. Furt.

Ciro Bayo. *Romancerillo del Plata*, originalmente publicada en Madrid en 1913, fue reditada en Buenos Aires por la Institución Cultural Española, en 1943.
Se inicia abocándose a los "Romances tradicionales".
> Estos romances, lo mismo que los cantares que apunto después, los he recogido en su mayoría en ranchos y pulperías de la campaña argentina. No sé hasta qué punto pueden llamar la atención de quien los leyere; yo de mí puedo decir que más de una vez lloré de emoción al oír en tan apartado lugar estos tiernos recuerdos y reminiscencias de la madre España.
> Rama y muy frondosa del folklorismo español es la poesía popular americana, sobre la que pudieran escribirse muchas páginas, no ya atendiendo a todas las repúblicas de habla hispana, sino refiriéndose a una sola o a determinada provincia de cualquiera de aquéllas.

Jaime M. Furt. *Cancionero popular rioplatense. Lírica gauchesca. Tomo I.* (Buenos Aires: Coni, 1923).
Obra que reconoce la influencia filosófica de la *Estética* de Hegel, habiendo adoptado Furt "el credo religioso de Estado, el credo argentinista de Rojas, y el credo clásico de Oyuela, en cuanto a lo que entrañan sus teorías", y señalando a "mi maestro en la senda enmarañada al par que luminosa, del arte: Marcelino Menéndez y Pelayo".
En la Advertencia con que abre el libro "a la argentinidad", apuna a "los gauchos que ya ven profanado el inculto suelo, con el extranjero que destruye las tradiciones".
Recopila hasta 1381 piezas, de Buenos Aires, Córdoba, Santiago del Estero y Catamarca
El *Tomo II.* (Buenos Aires: Coni, 1925), abarca desde 1382 a 2359 piezas.
Entre ambos tomos, Furt produjo *Arte gauchesco. Motivos de poesía*, en 1924.
Al comienzo del Tomo II del *Cancionero*, apunta Furt que quizás
> [...] la obra no sea del todo inútil e interese, entre los que ahora comienzan a estudiar esta fuente de la literatura

argentina, a los pocos que, para dar cierto valor a sus trabajos, no necesitan callar o desdeñar la obra ajena.

Valiosos ensayos sobre estos temas:
Olga Fernández Latour de Botas. "Historicidad y vigencia del cancionero folklórico argentino", en Julio Díaz Usandivaras (editor). *Cinco siglos de literatura en la Argentina*. Buenos Aires: Corregidor, 1993.
Alfredo V.E. Rubione. "Algunas categorías usuales en discursos sobre la cultura nacional argentina: moreirismo, criollismo, nativismo, gauchesca. Aporte para su clasificación bibliográfica", en el *Boletín de la Sociedad de Estudios Bibliográficos Argentinos*, dirigido por José Luis Trenti Rocamora, Nº 3. Buenos Aires, abril de 1997.
Fernando Sánchez Zinny. "Criollismo, folklore y nativismo", en *Letras de Buenos Aires*. Segunda época, Nº 1, noviembre de 2003.
Claudia A. Forgione. *Claves de la cultura tradicional argentina. Parte general y Noroeste*. Buenos Aires. Universidad Libros, 2007.
Claudio Díaz. *Variaciones sobre el ser nacional*. Córdoba: Recovecos, 2009.

APRENDIDOS CON AMOR EN LA NIÑEZ, CREARÁN UNA CONCIENCIA NACIONAL

[170] La importancia otorgada en la época a las tradiciones regionales, al folklore y a las manifestaciones culturales de raíz popular cierra en la política definida por el Consejo Nacional de Educación, como quedó reflejado en dos publicaciones fundamentales:

Consejo Nacional de Educación. *Antología folklórica argentina: I. Para las escuelas primarias; II. Para las escuelas de adultos.* (Ambos, impresos en Buenos Aires, por Kraft, en 1940).

A esas publicaciones se refiere el folleto de 16 páginas: *Recopilación del folklore argentino*, también de 1940, que incluye la Resolución del Consejo Nacional de Educación, del 16 de junio de 1939, firmada por Próspero Alemandri y Conrado M. Etchebarne, que señala en sus fundamentos:

> La protección y la difusión del folklore es hoy, en todos los países, motivo de constante empeño para las instituciones encargadas de velar por la cultura espiritual del pueblo.
> [...]
> Nuestro país tiene motivos especiales para interesarse por este patrimonio común del arte y la experiencia populares. País de inmigración, expuesto a la influencia de razas, ideologías y culturas diferentes cuando no antagónicas, necesita neutralizar su cosmopolitismo reafirmando su personalidad en lo que viene de lo hondo de su historia y de su suelo, necesita vigorizar las instituciones y caldear el corazón con un patriotismo capaz de impedir que la diversidad de corrientes espirituales pueda llegar a desvirtuar la fisonomía de la nacionalidad argentina.
> En nuestras escuelas no se cultivan los elementos folklóricos, a pesar del enorme poder de sugestión que tiene en los niños todo lo que se refiere a la tradición nacional, y a su utilidad como disciplina eminentemente formativa. Las lecturas y las poesías que se enseñan están a menudo alejadas de los personajes y asuntos de la realidad americana y argentina. Se desestima así el rico - y aún poco explorado - material del fabulario autóctono, singularmente elocuente y eficaz para la educación de nuestros niños.
> Se ha olvidado el refranero popular de elevada filosofía, la ciencia que ha elaborado el gaucho en la llanura y en la montaña, tan útil al hombre porque es la ciencia práctica que lo ayudó en la ardua lucha con el medio físico. Se han olvidado las leyendas que dan a cada región su héroe predilecto o su numen tutelar.
> Para que la escuela primaria cumpla su finalidad nacionalista, es necesario que divulgue por la enseñanza en el aula, las manifestaciones más características de nuestra tradición.

La tradición es el vínculo más fuerte que ata a las agrupaciones humanas, es la expresión de la vida íntima de una región o sociedad y es también el culto por el pasado. Está formada por las leyendas, narraciones, mitos, refranes, creencias, fábulas, anécdotas. Constituye la vida interior de una sociedad y, como toda expresión de vida interior, está saturada de inspiración poética.
La tradición hace sentir las diferencias entre los pueblos vecinos, a pesar de la comunidad de origen y de ideales. Es también un esbozo de historia general, más susceptible de llegar al alma del niño que el frío razonamiento del historiador. Es, en sí mismo, una fuerza viva que ha dado a cada región y a cada agrupación, un sello propio y una sensibilidad característica.
Los pueblos tienen que conservar no solamente el pensamiento creador del hombre, sino que deben cultivar también las fibras más íntimas del ser, en el sentimiento de amor al suelo natal y de respeto por sus primeras manifestaciones culturales. De ahí que la escuela deba resucitar las bellas danzas, los ayes de las vidalas, las leyendas, las canciones de cuna que bañan de luz el alma ansiosa de grandes y puros afectos, para que el pueblo se temple en la fibra abnegada de su raza.
Los niños argentinos tienen que conocer el heroísmo nativo, el alma naciente de nuestro pueblo con toda su bella ingenuidad; deben saber que este país generoso y pródigo, no es un milagro de la vida, sino que es el resultado de un largo trabajo humano realizado por amor a la Patria y así, aunque la crítica y el razonamiento filosófico modifiquen o transformen los valores históricos, los sentimientos magnificados por la fantasía popular, aprendidos con amor en la niñez, crearán una conciencia nacional.
En los programas de enseñanza aprobados por el Consejo, se han incluido temas folklóricos, y para que puedan ser debidamente interpretados y cumplidos por los maestros hay que proporcionar a éstos un material apropiadamente selecto.

En los programas de historia y de moral de los diferentes grados, los episodios, anécdotas, leyendas, mitos – cuyas fuentes informativas no siempre son fáciles para el maestro – despiertan la curiosidad intelectual, hacen amena la enseñanza, absorben la atención y emocionan el espíritu, acrecientan las virtudes cívicas y afirman los sentimientos de hombría de bien y el sentido de la responsabilidad.

Cosa análoga ocurre con los programas de lenguaje, en los que deben incluirse romances, fábulas, poesías, refranes, que ejercitan la retentiva y transportan el espíritu del niño a un mundo ideal con sutiles emociones estéticas. Cada zona geográfica de nuestro país tiene su tradición, sus danzas, sus cantos, su música y sus creencias, su núcleo vital alrededor de cual ha elaborado su evolución.

El desarrollo de los programas de geografía y de naturaleza se hará mucho más ameno e interesante si a la enumeración de las condiciones físicas de una región determinada se agrega la información pertinente de la vida, costumbres, mitos, leyendas, relaciones con los habitantes indígenas, con los animales y plantas de la región.

Las danzas, rondas y cantos nacionales son elementos indispensables en la recreación y de utilidad primordial para la educación rítmica del oído infantil y para completar la educación física y estética.

Es también oportuno señalar la conveniencia de que los autores de textos de lectura, en cuyo perfeccionamiento el Consejo se halla vivamente interesado, tengan una fuente donde recurrir para elegir narraciones, cuentos, poesías, fábulas y demás material aprovechable.

Se señalan como antecedentes:
La resolución propuesta por Juan P. Ramos, en 1921, por entonces Vocal del Consejo, ordenando la recopilación de la literatura popular conteniendo elementos folklóricos. [Juan P. Ramos. "Instrucciones a los maestros para el mejor cumplimiento de la resolución adoptada por el H. Consejo sobre Folklore Argentino", en *El Monitor de la Educación Común*, Año 39, N° 580, abril de 1921].

La labor desarrollada por el Instituto de Literatura Argentina, de la Facultad de Filosofía y Letras de la Universidad de Buenos Aires, dirigido por Ricardo Rojas, quien había publicado 11 volúmenes del catálogo descriptivo de parte de su colección.

En consecuencia, el Consejo Nacional de Educación resuelve la publicación de la *Antología Folklórica Argentina,* que se ordenaría y clasificaría dentro del siguiente orden:
1º En prosa: Leyendas, cuentos y relatos imaginarios. Narraciones de sucesos reales. Fábulas y apólogos. Anécdotas. Descripción de costumbres, creencias, objetos y escenas naturales. Refranes y proverbios. Adivinanzas.
2º En verso: Agrupación en los siguientes géneros poéticos: Lírico y subjetivo. Heroico e histórico. Religioso y mitológico. Preceptivo y moral. Bucólico y descriptivo de la naturaleza. Satírico. Rimas infantiles y canciones de cuna.
3º Juegos y entretenimientos: Juegos infantiles. Juegos populares. Juegos de sociedad.
4º Música y danza: Canciones populares que se cantan con acompañamiento de música: el gato, el triunfo, la firmeza, la media caña, el huayno, el triste, el aire, las tiranas, la vidalita, el pericón, la cueca, el prado, la milonga, el caramba, el marote, la zamba, el cuándo. Etc.

La Comisión encargada de dicha tarea la integraron: Berta E. Vidal de Battini; Josefina Quiroga; Fermín Estrella Gutiérrez; Juan Alfonso Carrizo; Fermín Estrella Gutiérrez; Leopoldo Marechal; Germán Berdiales; Athos Palma; José André; Enrique Mariani; Enrique Banchs.
La Comisión ha estimado como folklore argentino producciones de notorio origen español, pero desde remoto tiempo asimiladas íntimamente por nuestro pueblo que las siente, las ama, la propaga, las tiene por suyas y, punto importante, han influido e influyen en su formación espiritual. No podía proceder con otro criterio, luego de haber comprobado el predominio abrumador del elemento español, ya conservado con identidad absoluta, ya con ligeras variantes de vocabulario, al parecer más

involuntarias que deliberadamente inventivas. Este patrimonio intelectual es, por otra parte, compartido con otros países de habla hispana, de tal manera que se sujeta aún a mayores reservas el calificativo de argentino para designar el material folklórico que, como la flora y la fauna, no reconocen fronteras políticas. Si la Comisión se hubiese atenido a aceptar sólo lo inequívocamente indígena – de difícil comprobación, por otra parte – no habría sido posible realizar la presente selección. Ha debido ser, pues, ampliamente tolerante en este respecto y admitir como originariamente nuestro todo cuanto ofrecía certidumbre de antigua naturalización en nuestro territorio.

BERNARDO CANAL FEIJÓO: TODAVÍA EL DESTINO DEL NORTE TIENE UN ASPECTO DE ENCERRONA MÁS O MENOS AMENA DEL ESPÍRITU NACIONAL

Texto de base: Octavio Corvalán. *Bernardo Canal Feijóo. O la pasión mediterránea*. Universidad Nacional de Santiago del Estero, 1988. De particular interés es el acápite "El folklore y las artes populares".

[171] A modo de antecedente, cabe citar el libro de Emile Roger Wagner; Duncan L. Wagner. *La civilización chaco-santiagueña y sus correlaciones con las del Viejo y Nuevo Mundo*. (Buenos Aires, 1934). Traducción de Bernardo Canal Feijóo y Mariano J. Paz. Según Corvalán:
> Canal Feijóo respetó y estimuló a los sabios franceses, apoyó sus investigaciones y hasta divulgó sus textos, pero no adhirió a sus conclusiones.

[172] El primer ensayo significativo sobre la región objeto de su vida es:
Bernardo Canal Feijóo. *Ensayo sobre la expresión popular artística en Santiago*. Buenos Aires: Compañía Impresora Argentina, 1937.

Nada hay gratuito ni postizo en la evolución de un pueblo, parece ser su premisa original.

Señala Corvalán.

Canal Feijóo expresa que su obra atañe a "un mapa político sobregrande" que abarca Chaco por el Norte, Córdoba por el Sur y Santa Fe, por el Este:

[...] eso que llamo fenómeno santiagueño consiste en un juego integral de paisajes, costumbres, tonada, locales.

El primer capítulo, "Pulso histórico", deplora situaciones tales como la destrucción del paisaje debido al trazado del ferrocarril, que transformó la relación del hombre con la tierra. Los capítulos segundo y tercero, ambos, están titulados "Espíritu de tradición". En el primero, afirma Canal Feijóo:

Esa casi indefinición, esa insuficiencia de perfil, o mejor, acaso, esa final indiferencia de horizonte que parece discernible en el fondo de todas las formas primarias logradas, en el esquema de una vida sin contestaciones fundamentales, preside, como lo más característico, la expresión formal nativa o criolla a lo largo de toda nuestra historia, por lo que no puede ponerse en duda que corresponde a una condición psicológica básica del criollo de estas tierras.

Consecuencia primera:

[...] la falta absoluta de resistencia con que se ha recibido siempre todo lo importado o inmigratorio.

Consecuencia segunda:

[...] el fácil snobismo que nos es peculiar y que nos muestra tan desarmados y desprevenidos frente a cualquier viarada de la novedad o de la moda.

En esencia, la clave del problema reside en

Una ausencia de estructura defensiva interna.

Afirma Canal Feijóo en el tercer capítulo:

El espíritu de tradición tiende a confundirse, para la sensibilidad moderna, con falta de cultura; y todo lo que presuntivamente responde a él, es sujeto de, en general, muy escasa estima.

[173] Bernardo Canal Feijóo. *Mitos perdidos*. (Buenos Aires: Compañía Impresora Argentina, 1938). Es un estudio etnográfico y antropológico, con aplicación del método psicoanalítico al estudio de leyendas fragmentarias que se encuentran en la provincia de Santiago del Estero, en el que no resultan ajenos al análisis los arquetipos de Karl Jung.

[174] Bernardo Canal Feijóo. *Los casos de "Juan". El ciclo popular de la picardía criolla*. Buenos Aires: Compañía Impresora Argentina, 1940.
Dedicado a Ramón Gómez Cornet.
Escribe Canal Feijóo:
> A poco que se ahonde en la hurga de esta subespecie que corresponde al más bajo nivel de cultura espiritual del hombre americano, se tiene el asombro de comprobar una final unidad temática y de estructura interna, en este orden de la expresión espontánea del pueblo. [...] El pueblo es una porción de humanidad localizada geográfica e históricamente. [Su atracción por la fábula actúa como] forma ingenua y necesaria de proyectar su pensamiento filosófico y ético.

[Diego Chein. "Los cuentos del zorro en Ricardo Rojas, Bernardo Canal Feijóo y Luis Franco: estrategias de apropiación de la oralidad por la comunidad letrada", en *Memorias de las Jornadas Andinas de Literatura Latinoamericana*. Tucumán: Universidad Nacional de Tucumán. Facultad de Filosofía y Letras. Instituto de Historia y Pensamiento Argentinos, 1997].

[175] En *El Norte*. (Buenos Aires: Emecé. Colección Buen Aire, 1942). Texto preliminar y selección de textos, por Bernardo Canal Feijóo, quien escribe:
> Todavía los oráculos nacionales siguen demostrando su afligente impotencia imaginativa cuando se trata de representarse el panorama de la realidad ultrapampeana. [...] El mal que aqueja al alma argentina es la falta de imaginación nacional.
> [...]
> Se ha tendido siempre a la representación del Norte bajo cierta forma insular. [...] Nada lo rodea completamente; todo va a terminar en él; las dos corrientes históricas de la formación argentina, la peruana y la rioplatense; el impulso político centralista; la inspiración totalizante del

pensamiento argentino. [...] Por ahora todavía el destino del Norte tiene un aspecto de encerrona más o menos amena del espíritu nacional.
Concluye:
Ninguna otra región propone como el Norte tan amplia y fecunda materia para un programa de estudios y trabajos de la voluntad de ser, y de saberse, argentina.

[176] En 1943 los profesores y estudiantes de Filosofía y Letras de la Universidad de Tucumán tuvieron el privilegio de escuchar a Canal Feijóo leyendo su nuevo ensayo sobre una celebración popular santiagueña: la fiesta de San Esteban, que se celebraba el 26 de diciembre en Sumamao, lugar cercano a la ciudad de Santiago del Estero. Anota Corvalán:
[...] era un drama primitivo cuyos elementos estructurales permanecen todavía en el misterio; era un ritual donde claramente sobreviven rasgos del pasado indígena incrustados de factores cristianos, como la mayoría de las fiestas religiosas de la región.
Se publicó en libro ese mismo año:
Bernardo Canal Feijóo. *La expresión popular dramática*. (Universidad Nacional de Tucumán. Facultad de Filosofía y Letras, 1943).
Incluye dos textos: "La fiesta sacramental americana", dedicado a Enrique Anderson Imbert; y, sobre la fiesta de San Esteban, "La leyenda maldita de la viuda", a Luis Emilio Soto. Los analiza desde perspectiva psicoanalítica, entendiendo que en ambos casos se dan los mismos elementos que el mito de Edipo: el hijo llega a ocupar el lugar del padre muerto, sólo que en este caso, no sufre castigo al develársele la realidad, sino que, en el caso santiagueño, la historia queda trunca. Anota Canal Feijóo:
Lo larval, lo mezclado, lo confuso, lo involutivo, no es lo menos abundante y típico de la expresión popular americana. El gesto resulta en ella con suma frecuencia el elemento más preciso y elocuente del lenguaje.
En *La leyenda anónima argentina*, libro de 1946, la leyenda de la viuda aparece relacionada con la leyenda del *cacuy*.

[177] Juan Carlos Ghiano en su "Discurso en el sepelio de don Bernardo Canal Feijóo" (publicado en *Boletín de la Academia Argentina de Letras*. Tomo XLVII, N° 185-186, julio-diciembre de 1982), se ocupó en destacar dos obras claves de 1944: la segunda edición de *Pasión y muerte de Silverio Leguizamón. (Mito popular heroico)*. (Buenos Aires: Elán. La primera edición: Buenos Aires: Compañía Impresora Argentina, 1937); y *Proposiciones en torno al problema de una cultura nacional argentina*. (Buenos Aires: Institución Cultural Española).

Respecto de *Proposiciones*, Gloria Videla de Rivero ("Los problemas de la cultura argentina según Bernardo Canal Feijóo", en *Revista de Literaturas Modernas*, N° 16, 1983. Mendoza: Universidad Nacional de Cuyo. Facultad de Filosofía y Letras. Instituto de Literaturas Modernas), enseña que las principales tesis formuladas aparecen relaborados en obras posteriores de Canal Feijóo: *Confines de Occidente* (1954) (Reditado por Raigal en 1981 con el título *En torno al problema de la cultura argentina*):
  Culturalmente, el americano no acaba de *ser* donde *está*. [Por lo tanto] exhorta a ser donde se está [...] en corajuda y sincera identidad total de sí mismos.

[178] Siguiente obra:
Bernardo Canal Feijóo. *Los problemas del pueblo y de la estructura en el norte argentino*. (Catamarca: Publicación N° 2 de la Comisión de Extensión Cultural del Instituto Nacional del Profesorado Secundario de Catamarca, 1945).
Conferencia pronunciada el 15 de junio de 1945, en ocasión del segundo aniversario del Instituto.
Fue presentado por Juan Carlos Ghiano
La Comisión estaba integrada por: Presidente: Renato Völker; Secretario General: Norberto Rodríguez Bustamante; Prosecretario: Emilio Carilla.
En dicha conferencia, Canal Feijóo, bajo el título de *Dramatis personae*, señala que el problema de la población del Norte "es hoy todo crisis": migraciones internas e inteprovinciales,

desventajosa situación para los trabajadores de la zafra y de los obreajes, pobreza generalizada.
Bajo el título "De una estructura regional" señala la imperiosa necesidad de una planificación regional, y evoca
> [...] aquella famosa ocurrencia de la República del Tucumán, que desazonó el espíritu preconstitucional argentino hace más de un siglo.

Concluye proponiendo
> [...] suscitar la conciencia constitucional del interior argentino.

[179] Bernardo Canal Feijóo fue tapa del semanario *Qué*, N° 4, 29 de agosto de 1946: "Planes y agua para el Noroeste Argentino", que hacía referencia a los planes y trabajos propuestos en el programa de Planificación Integral del Noroeste Argentino (PINOA).
Sobre la base de aquella concreta experiencia política, Canal Feijóo produciría otro de sus libros fundamentales.

[180] Bernardo Canal Feijóo. *De la estructura mediterránea argentina*. Buenos Aires, 1948.
> No hay en el grandioso país argentino región tan histológicamente integrada y unificada por encima o por debajo de los límites interiores formales o convencionales como ésta del Norte.

Al respecto, agrega Armando Raúl Bazán (*Historia del Norte Argentino*. Buenos Aires: Plus Ultra, 1986):
> Esa integración reposa en la disposición objetiva de las cosas de la naturaleza, en los vínculos creados por un dilatado proceso histórico que nace en el tiempo precolombino, en la estructura étnico-social y en un acervo cultural que distingue al viejo Norte del resto del país.

Canal Feijóo comienza *De la estructura mediterránea argentina* confesando:
> Me había propuesto escribir una Sociología Mediterránea Argentina. Deseaba establecer, desde un punto de vista sociológico y objetivo, qué era, cómo funcionaba realmente, esa cosa que las filosofías de la historia argentina

llaman *El Interior*, y que ellas se representan como una especie de ente global amorfo, oscuro, opuesto al otro ente claro, formal y específico – Buenos Aires –, en cierta consabida dialéctica de la existencia nacional.

Continúa:

Todas nuestras filosofías tienen de característico esto: que tratan del Interior *desde afuera*, y sólo han sido capaces de ver *desde adentro* a Buenos Aires. Por eso el enfoque recíproco no ha podido dejar de ser rigurosamente incomprensivo y excluyente. En el plano de la integración constitucional – es decir, nacional – ha faltado a la conciencia filosófico-política argentina comprender que, si bien constituir significa esencialmente exteriorizar, conferir exterioridad formal a un interior, lo que está al principio de toda constitución es ese Interior, y que no hay constitución verdadera y completa si la externación no comienza y acaba en una valoración positiva, esencial, de la interioridad nuclear, por así decir.

El libro reúne algunas notas que integraban el capítulo "de los fenómenos de crisis y desintegración de la comunidad rural", ciclo examinado desde 1938 a 1943, al cual se agregó el aporte planificador del ingeniero Jorge Kalnay quien, en palabras de Canal Feijóo:

[...] con su consejo, su dirección y su acción personal, se concibió y se llevó a cabo, en septiembre de 1946, en la ciudad de Santiago del Estero, el Primer Congreso de Planificación Integral del Noroeste Argentino (P.I.N.O.A.), con la concurrencia de numerosos teóricos y técnicos de la planificación, entre los más destacados del país, y cuyo mayor fruto – aparte de los importantes planeamientos y aclaraciones conceptuales sobre la nueva materia constitucional – fue la creación del Instituto de Planificación Integral del Noroeste Argentino (I.P.I.N.O.A.) con asiento en las ciudades de Santiago del Estero, Tucumán, Salta y la Capital Federal, para sus cuatro órganos fundamentales.

Bajo el título "De dramatis personae" expresa Canal Feijóo:

Uno de los rasgos más singulares del carácter argentino es, me parece, cierto espíritu de evasión. [...] Todavía ahora, como hace un siglo, frente a los problemas de la

población, sigue pensando más en el desierto que en el elemento humano presente. Se interesa, por ejemplo, más en la Patagonia, todo hipótesis, que en el Norte, todo crisis.
Una definición clave de Canal Feijóo en *De la estructura mediterránea*:
Ser pueblo es una forma de existencia integral, unitaria, colectiva, estabilizada histórica, social, espiritual y geográfica... hasta ahora lo que le ha faltado al país es que la cabeza sienta (o piense) un poco el dolor del cuerpo.
Diversas consideraciones formuladas en el capítulo "Constitución formal y estructura real" aparecen reformuladas en un libro posterior:
Bernardo Canal Feijóo. *Alberdi y la proyección sistemática del espíritu de Mayo* (Buenos Aires: Losada, 1961). Leemos en el capítulo "El federalismo alberdiano":
En último término, la ratio federalista quedará escamoteada bajo una forma totalizadora que, en definitiva, es más monolítica que orgánica, para emplear términos corrientes de la sociología política.
[...]
No fue federalista ni federalizante.
[...]
Para Alberdi, la federación no constituye por sí un desideratum ni puede constituir un fin; es, como lo venían enseñando algunos maestros europeos, un estado momentáneo, transicional y trasnacional, en la existencia política de las naciones, fatalmente encaminadas a un destino final unitario último.

[181] Bernardo Canal Feijóo. *Burla, credo, culpa en la creación anónima. Sociología, etnología y psicología en el folklore.* (Buenos Aires: Nova. Biblioteca Americanista, dirigida por Luis Aznar, 1951).
En *la burla* (la fábula), vuelve a los casos de Juan; en *el credo* (la fiesta), se ocupa de "la fiesta sacramental americana"; en *la culpa* (la leyenda), vuelve sobre la leyenda maldita de *la viuda*. Y concluye:

En perspectiva sistemática, los tres órdenes de la expresión popular ejemplificados en este volumen, pretenden proyectar la atención sobre un problema no siempre contemplado en los estudios que se aplican al folklore: el de la *vigencia folklórica*. ¿De qué fuerzas interiores se alimenta y subsiste? La consulta ha sido enfocada sobre tres esferas específicas de la expresión popular: la fábula, los cultos, la leyenda.

[182] Bernardo Canal Feijóo, en *Confines de Occidente. Notas para una sociología de la cultura americana* (Buenos Aires: Raigal, 1954), afirma:
En cierta última instancia, la justificación de la cultura puede requerir incluso la forma más circunscripta del regionalismo. Para una cultura que aspire definirse por descompromisos sublimes de la realidad, es claro que la idea de regionalismo debe confundirse con todo lo que hay de más arrinconado y obtuso en el humano aquerenciamiento. Y sin embargo la existencia de una verdadera cultura, donde se da, parece estar presuponiendo, en primer término, una especie de ciencia viva de la realidad, su dominio moral consciente, cierta emoción geográfica, cierto gaje de solidaridad esencial con el grupo conviviente. Es un modo de sabiduría sustancial, que en general suele ir acompañado de estilo. Para la verdadera cultura es necesario que cada regionalismo deje de ser un destierro de la cultura, o una abjuración.
Por lo demás, sólo el regionalismo permite rencontrar – si esto vale de algo – al hombre personal, íntegro, tan torpemente escamoteado por los universalismos abstractistas de toda especie.

[183] Bernardo Canal Feijóo. "El cefalópodo nacional", en *Claves de historia argentina* (Buenos Aires: Merlin, 1968), contrapone "ciudad mediterránea con ciudad litoral", y proclama:
[...] hay que volver a las raíces mediterráneas de la patria en contra de Buenos Aires, a la que apunta como factor de distorsión más que de coordinación y unidad.

Para el autor, el remedio contra la gran ciudad centrípeta y centrífuga consiste en hacer un gran país, un país a su medida.

> ¡Donde estés, cava profundamente; debajo de tus pies está la fuente!

Exclama Canal Feijóo en su nota "Cultura popular y populismo", en Varios. *El populismo en la Argentina*. (Buenos Aires: Plus Ultra, 1974). [Asimismo: *Fundación y frustración en la historia argentina*. Buenos Aires: Plus Ultra, 1978].

[184] Bernardo Canal Feijóo en *En torno al problema de la cultura argentina* (Buenos Aires: Docencia, 1981), vuelve sobre "Cultura de *élite* y cultura de pueblo":
> En la idea del sujeto *nacional* de la cultura, o sea, de un sujeto en cuyas manos – o en cuya vida – el uso de la cultura hace de ésta un objeto propio, sobreentendido, junto al preconcepto general de una cultura universal, el preconcepto menos considerado de una pluridad inevitable de sujetos. Pienso que toda la problemática posible parte de ahí.

[185] Bernardo Canal Feijóo, en "¿Qué debe entenderse por literatura nacional?" (*Boletín de la Academia Argentina de Letras*. Tomo XLVI, N° 179-182, enero-diciembre de 1981), apunta:
> ¿Cómo pulsar y distinguir la existencia de una *cultura regional* o mediterránea argentina auténtica? ¿Cómo distinguir la una de las otras: nacional, simplemente la que se produce en *la capital*; regional, la que se produce en *el interior*? Distinguir lo regional dentro de lo nacional ¿envuelve quizá una jerarquización que lo suponga a priori en la relación equivalente a la que liga a la provincia (provincia, etimológicamente *provictor*, es decir, sometida al victorioso) con la Nación?

Afirma que el estilo argentino se define
> [...] por cierto pulso levitativo característico entre un *americanismo* rechazado o reprimido o contenido, y un europeísmo imposible (imposible fuera de Europa), que hace que en el resto de América se hallen un tanto

insípidos los mejores frutos del pensamiento y el estilo argentino. [Este] parece ser el carácter y excelencia de lo argentino, su verdadera originalidad y medida cualitativa, y su principio de difícil acceso para gustos poco matizados.

[186] A modo de cierre de estas fichas sobre la obra de Canal Feijóo, cabe citar algunas consideraciones formuladas por N. M. Flawiá de Fernández, en su nota "El interior como espacio de conformación esencial en el discurso de Bernardo Canal Feijóo" (en su libro *El ensayo argentino. 1900-1950*. Tucumán: Instituto de Investigaciones Lingüísticas y Literarias Hispanoamericanas (INSIL), 1991. Prólogo de Herminia Terrón de Bellomo):

> El interior recrea una situación similar al de la colonización; el éxodo es la base común entre ambos. El hombre por razones económicas es obligado a abandonar su lugar de origen para peregrinar en la búsqueda de nuevas oportunidades. Es un fenómeno anormal cultural, sociológica y económicamente. Da origen al vacío, a lo superficial e improvisado. A la evasión como actitud ante la realidad problemática. [...] Desde Buenos Aires no se conoce el interior, se planifica el progreso en abstracto sobre el papel; el resultado es un progreso ficticio que le significa al interior el sumirse en el silencio y la fantasmagoría. [...] La historia argentina ha sido pues una suerte de improvisaciones hacia el interior mientras se trataba de reflejar modelos europeos. La consecuencia fue (y en esto coincide con Martínez Estrada) la entronización del desierto, de lo estéril, de lo yermo, es decir del vacío. El país fue poseído, aprehendido esencialmente. Es por lo tanto imagen sin contenido. [...] El discurso de Canal Feijóo intenta ser una respuesta a una problemática cultural, generar al mismo tiempo una nueva réplica por parte del destinatario, fundar el espacio del interior e insertarse no subsidiariamente en el de la Capital sino como parte esencial de ésta.

(También sobre Canal Feijóo: Leonor Arias Saravia. *Bernardo Canal Feijóo o el reverso de la antinomia sarmientina*. Tucumán: Dirección

General de Cultura, 1980. – Leonor Arias Saravia. "Algunos ejes claves en la ensayística de Bernardo Canal Feióo"; en su libro *Hombre y cultura en Hispanoamérica*. Salta: Universidad Nacional de Salta. Consejo de Investigación. Facultad de Humanidades. Instituto de Folklore y Literatura Regional, 1997).

ÁNGEL GUIDO: SE DIRÍA QUE AMÉRICA HA COMENZADO A PENSAR EN SÍ MISMA Y A TENER FE EN SU ADULTEZ RECIÉN NACIDA

[187] El rosarino **Ángel Guido** publicó en 1930, *Eurindia en el Arte Hispanoamericano*; en 1932, *Definición de la Reforma Universitaria*; en 1941, *Redescubrimiento de América en el arte* (tercera edición, en 1944); en 1942, *Catálogo de arte cristiano retrospectivo*; en 1943, *Estimativa moderna de la pintura colonial*.

[188] En *Resdescubrimiento de América en el Arte*, Guido se ocupa sucesivamente de "I. Ideología (América frente a Europa en el Arte)" [basado en texto original de 1936] y "II. Método (La filosofía de la Historia del Arte en la actualidad)", desarrollando en "III. Redescubrimiento de América en el Arte": "A. Eurindia arqueológica" y "B) Eurindia viva".
En la lujosa edición de 1943, reproduce como "Pórtico", en facsímil, fechada el 23 de enero de 1942: "Carta de Ricardo Rojas. Escrita en una estancia de la pampa y enviada al autor a raíz de la aparición de la primera edición de esta obra", en la cual le manifiesta a Guido:
> Todo en su obra me conmueve, afectivamente. [Es Ud. el] más selecto espíritu de su generación, y me siento orgulloso de contarlo entre mis amigos predilectos. Ud. suele decirse mi discípulo, con lo que me honra, pero yo lo considero gran maestro de su arte, maestro ya por lo que sabe, por lo que piensa, por lo que realiza. [*Redescubrimiento de América en el Arte*] es un libro magistral y ojalá llegue a tener en América la influencia que merece.

Sostiene Guido en el prólogo de la segunda edición:
> Tengo la certeza que en el comienzo del *post-expresionismo* – de 1930 a 1935, aproximadamente – Europa tuvo la flaca capacidad para reanudar su tradicional posición de maestra directora de las artes plásticas del mundo.

Remata:
> El Hombre y el Paisaje europeos, varios años antes de esta guerra, dejaron de ofrecer al artista nuevo, aquella indispensable dimensión de *mito*, capaz de sustentar las grandes obras densas de eternidad. Pues bien: en este grave momento crucial de la rehumanización del arte, nuestra América Redescubierta podrá ofrecer a aquel artista nuevo, el Paisaje virgen que sueña y el Hombre limpio que espera.
> Redescubrimiento no es exhumación de valores muertos. Es exaltación de valores vivos [...] siempre grávido de humus telúrico y de lo recónditamente humano de América.

"Eurindia arqueológica", en el decir de Guido,
> [...] es el arte resultante de aquel primer connubio euríndico de lo indio y lo europeo: el arte indoespañol o hispanoindigenista del siglo XVIII.

Y "Eurindia viva"
> [...] es la actualísima, la que corresponde a las presentes y futuras generaciones de artistas jóvenes de América.

Se detiene y desarrolla consideraciones sobre las obras de Diego Rivera; David Alfaro Siqueiros; José Clemente Orozco; Frank Lloyd Wright.

El cap. XXIII de *Redescubrimiento*, titulado "Reargentinización edilicia por el urbanismo", reproduce la conferencia pronunciada en el Instituto Popular de Conferencias de *La Prensa*, el 17 de septiembre de 1943, en la cual desarrolla ideas publicadas en *Sustancia*: "Estética filosófica de la espacialidad en el urbanismo":
> El urbanismo del norte argentino ha delatado, dentro de sus posibilidades, la invasión avasalladora de lo portuario. El urbanismo del Norte argentino, ha señalado y planteado las bases de una reargentinización edilicia progresiva.

Abocándose a la práctica, Guido presentaría en 1939, el Plan regulador de Salta; y en 1942, el Plan regulador de Tucumán.

Afirma Guido en la "Advertencia" con que abre la tercera edición de *Redescubrimiento*...:
> Creo firmemente que en la trastienda de aquella bien intencionada *buena vecindad*, ha cundido de Norte a Sur y de Sur a Norte una corriente de honda y auténtica fraternal simpatía, frente a la desescamoteable realidad de la guerra mundial. Se diría que América ha comenzado a pensar en sí misma y a tener fe en su adultez recién nacida. Hay, efectivamente, una intensa emoción de gran expectativa frente al presentimiento de ser señalada por el destino como monitora de la cultura universal después de la guerra. [...]
> Tengo fe que en la generosa tierra de América podrá fructificar aquel piadoso ideal de justicia social, para, después de realizado, lanzarlo por el mundo como un ejemplo de las creaciones más grandes de la humanidad.

[189] Ángel Guido. *Palabras de un Rector. Discursos y conferencias. Primer año de función rectoral. 1948 - 3 de mayo - 1949*. Santa Fe: Ministerio de Educación de la Nación. Universidad Nacional del Litoral. Imprenta de la Universidad, 1949. Dedicatoria: "A Oscar Ivanissevich. Testimonio de lealtad. A.G."
Al asumir el Rectorado de la Universidad Nacional del Litoral, tras las palabras del Ministro, dijo Guido que la Reforma Universitaria:
> [...] no fue eficaz [...] porque consciente o inconscientemente se la falseó y en ese plano inclinado del error fueron arrastrados hasta los más idealistas, los más patriotas y los más sinceros reformistas.

Afirmó que
> [...] en las alforjas del egresado [...] conjuntamente con el diploma que lo habilita para el ejercicio de las profesiones liberales, también el espaldarazo de argentinidad. [...] Es en los claustros de nuestras universidades, jerarquizadas por maestros de categoría moral y científica, donde podrá ejercerse esa dialéctica superior que cada día la sentimos

más indispensable en las comunidades modernas. Hoy más que nunca, con el advenimiento de las masas trabajadoras, es indispensable formar esas *élites* consejeras y directoras. Y ningún ambiente más propicio que las Universidades.

En el panorama de las artes plásticas argentinas de comienzos de los años 1940, relacionados con el tema de estos apuntes, cabe señalar a **Ramón Gómez Cornet, Alfredo Gramajo Gutiérrez** y **Luis Perlotti**.

[190] Julio E. Payró, en el texto incluido en la carpeta *Gómez Cornet* (Buenos Aires: Kraft. Colección de Arte Argentino, 1953) entiende que su obra va dejando

> [...] a la vez que una imagen fiel del mundo, de su mundo, de los seres y de las cosas que inconfundiblemente son de su tierra, la imagen de su propio ser interior, que se revela noble, bello, generoso. De su tierra: sin voluntad de tosca, miope inspiración regionalista. [...] Sobre todo sin la estrechez mental y los bajos e inconfesados móviles que con frecuencia oculta el nacionalismo artístico. [...] Ramón Gómez Cornet hace un arte de marcado sabor nacional.

Orestes Di Lullo; Luis G. B. Garay. *Ramón Gómez Cornet. Un gran artista santiagueño* (Santiago del Estero: Dirección General de Cultura de la Provincia, 1976), escriben que el arista santiagueño

> No podía Ramón prescindir de la tierra... [...] Durante su permanencia en Santiago, visité muchas veces su taller mientras pintaba. [...] Una vez me dijo que la *durmiente* del aduanero Rousseau era su obra maestra, pero en contacto ya con los pintores de academia decayó por haber perdido su espontaneidad.

[191] Romualdo Brughetti en *Alfredo Gramajo Gutiérrez, y el realismo ingenuo* (Buenos Aires: Ediciones Culturales Argentinas, 1978), bajo el título "Las dos corrientes de la pintura argentina: la europea y la nativa", toma la caracterización de Manuel Mujica Láinez expuesta en su texto "Pintura ingenua", en la serie *Argentina en el arte* (Buenos Aires: Viscontea, 1967), y afirma:

A esa corriente, como es obvio, pertenece la obra menos perecedera de Gramajo Gutiérrez. Este artista, como ya se ha dicho, es un realista ingenuo, un primitivo, un naïf. Pero un *realista ingenuo*, atenaceado por un mudo lamento de drama. Un primitivo, perturbado por tardías fórmulas académicas y pintoresquismos costumbristas. Un naïf, cruzado de creencias y significados folklóricos.
En la parte medular de su análisis, señala Brughetti:
A Gramajo Gutiérrez le apasionaban los temas norteños por haberlos vivido entrañablemente. Muchos pintores han trabajado en las provincias de Santiago, Catamarca, Salta, Tucumán y Jujuy; pocos lograron una identificación de tema con las exigencias del arte. En algunas de sus mejores pinturas y en sus dibujos, Ramón Gómez Cornet alcanzó esa dimensión estética. Gramajo, por un camino diferente, se ajusta a los caracteres distintivos de la gente de su tierra: en las vestimentas típicas – de colores vivos, a veces detonantes – en sus ordenados o abigarrados conjuntos con escasos vacíos.

[192] Ricardo Rojas. *Luis Perlotti. Escultor de Eurindia*. Folleto editado en Buenos Aires, en 1935. Texto para el catálogo de la muestra organizada por la Asociación Ameghino, de Luján. Escribe Rojas:
[...] una nación no está constituida solamente por sus ciudades, sino también por sus campañas; y el arte no está constituido solamente por su técnica, sino también por su registro de temas y por el acento original con que cada pueblo nos da una nueva versión de aquéllos. En las artes plásticas, los modelos nuevos pueden ofrecer por sí solos una forma nueva, sin contar con el estilo propio que ellos imponen o que les impone la sensibilidad del artista. En pintura, el paisaje local es por sí una fuente de originalidad esencial, como lo comprueban los paisajes de Fader. En escultura, los tipos étnicos y sus ornamentos, lo son también, como lo comprueban muchas figuras de Perlotti: precisamente las que dan a la obra de este escultor su carácter *eurindiano*, proveniente de esa adopción de

la técnica europea, que no es sino un lenguaje, cuando expresa temas o sentimientos americanos.
[...]
Dos peligros de esterilidad se ofrecen a los artistas argentinos: el remedo del arte europeo, que se aprende en nuestras academias, y el remedo del arte indígena que se aprende en nuestros museos. Por uno y otro camino se va a la muerte y a la pérdida de la personalidad. Ambos son mimetismos igualmente fatales, el primero por exótico, el segundo por anacrónico.

ALBERTO HIDALGO: SÓLO QUEDARÁ ERGUIDO EL ESPÍRITU PROVINCIANO, HECHO DE ALTURA Y PROFUNDIDAD

[193] El poeta vanguardista Alberto Hidalgo, publicó durante el período que nos ocupa, en verso: *Dimensión del hombre*, en 1938; *Edad del corazón*, 1940; *El ahogado en el tiempo*, 1941.

[194] Alberto Hidalgo. *Diario de mi sentimiento (1922-1936)*. (Buenos Aires: Edición privada, 1937). En la carátula: Retrato del autor. Oleo de Emilio Pettoruti. Libro de 371 páginas. Sostiene en tono desafiante Hidalgo, en el punto 33:
Ciertas cosas que escribo son especiales para provincianos. Tienen un sabor peculiar, una cosa sui generis, capaz de confundir a las personas, acostumbradas a leerme en otros climas.
[...]
Nací en Arequipa, una ciudad menor, a la cual en uno de mis poemas he llamado, como podría llamarse a las demás, "capital con educación de chacra", y me mantengo como nací.
[...]
¡Unámonos compañeros! Formemos una logia o, más bien, una maffia contra los organismos macrocefálicos. La tarea no es ni siquiera difícil. Un día cualquiera, o mejor, una noche, les prenderemos fuego. Como pertenecen a la geometría elemental, como sus partes se asientan todas

en un mismo plano, su destrucción será cosa de instantes. Nuestra indignación pasará sobre ellas como una goma sobre las letras de una cuartilla, borrándolas para siempre. Y entonces, frente a sus ruinas, sólo quedará erguido el espíritu provinciano, hecho de altura y profundidad.
[...]
Rosario, Córdoba, Tucumán, Arequipa, Cuzco, Trujillo, Valparaíso, Concepción, Temuco, vosotras sois aldeas mayores de edad, y eso es lo que os salva. Representáis la civilización, y Buenos Aires y Lima y Santiago solamente el progreso. Sois el volumen frente a la superficie. Para vosotras yo escribo más a gusto, mientras las capitales, como lo he dicho de París, son los lugares del mundo donde hago mis necesidades corporales con más encono.

[195] En el *Diario* de Hidalgo se incluye una carta que vale reproducir:

26 de julio de 1927.
Querido Hidalgo:
Se han encogido las aceptables comodidades de que disfrutaba en esta casa: vienen a trabajar en ella diversas personas y tengo que interrumpir mis escrituras a menudo. Creo que pronto desaparecerá esta novedad. Sino, le hubiera escrito antes.
Su *adopción* de la ciudad de Buenos Aires, que no es en usted cálculo sino un derecho impulso de su fino discernimiento, de la permanencia que en usted tiene la actitud artística sobre la actitud humana, es, a mi ver, el acto de arte más genuino de su libro *Los sapos y otras personas*; y al interpretarlo así estoy consciente de que la fuerza de la doctrina de arte que a usted lo posee y que me ha sugerido usted conversando (me refiero a la estética esencial, no a la Preceptiva), ha facilitado el progreso en mí de una concepción estética más amplia, que es precisamente lo que me sostiene en este momento para estimar como operación de arte su *adopción* de Buenos Aires. Ningún escritor extranjero se ha definido así en Buenos Aires, con la efectividad sentimental e intelectual

que yo sé que hay en su actitud. Es porque en usted es poderosa, exclusivamente artista. No siempre lo ha sido, ni lo es en la absoluta perfección en su libro; su alusión al escritor amigo, que no hay por qué nombrar, es una flaqueza, la última flaqueza de su subconsciencia, que ha podido entrarse a su libro. De hoy en adelante, usted domina por una doctrina de arte literario que es la más exquisita que he visto poseída, esencial no verbalmente poseída, y que abraza otras bellas artes y la Conducta.

La gracia de su *adpoción* ha sido tan generosa y fácil, que todos los renglones en que usted la proclama muestran una manera y una frescura psicológica nacida de la gracia del impulso a ella.

Para escrutinizar sus cuentos conversaremos, pues ahora no poseo el libro momentáneamente. Pero son muchas las páginas felicísimas. Y el máximo mérito está en su doctrina del *cuento* ejecutada en aquéllos.

Lo buscaré. Saludos a la señora Elvira. Suyo.

(Firmado) Macedonio Fernández.

Por aquellos años, Macedonio publicó: *No toda es vigilia la de los ojos abiertos* (1928), *Una novela que comienza* (1941), *Muerte es beldad* (1942) y en 1944 una nueva edición de *Papeles de Reciénvenido* a los que se añadía *Continuación de la nada*.

[196] Alberto Hidalgo, en *Tratado de poética* (Buenos Aires: Feria, 1944), escribe:

El menor mérito de obras como la presente es que incitan a la discusión, aun en forma indirecta, abren nuevos caminos a la crítica y despiertan las ganas de teorizar, incluso en quienes nunca sintieron inclinación por las disciplinas filosóficas. Todo eso sirve al esclarecimiento de nuestro misterio. Ciertas proposiciones mías, en oportunidades ofrecidas por mis conferencias en universidades y teatros, han merecido réplicas y comentarios, algunas veces agudísimos, entre los cuales puedo citar los del crítico peruano Luis Alberto Sánchez y el muy alerta filósofo argentino Alfredo Coviello. Recientemente, en *El Mundo* de Buenos Aires, enderezándose contra uno de mis artículos sobre estos tópicos, un conocido poeta salió a defender lo que él y sus consocios de la estética tradicional llaman *claridad poética* y que yo estimo sólo como *ingenuidad poética*. Pero el ejemplo más vivo de suscitación de inquietudes es el siguiente. En el Teatro del Pueblo, de Buenos Aires, dirigido por el grande y nunca bastante ponderado Leónidas Barletta, di en 1939 ocho conferencias sobre estas materias. Poco tiempo después, un escritor hispano-argentino empezó a publicar en *La Nación* unos artículos visiblemente inspirados en mi curso. Tales trabajos han sido reunidos después en un librito titulado *Variaciones sobre la Poesía*, el cual continúa dando la impresión de que su autor lo compuso teniendo frente a él el programa de esas mis disertaciones, quizá sólo como tutela espiritual y para preservarme de los malos pensamientos y peores acciones, según hacen quienes colocan en la cabecera de la cama la imagen de la virgen o del santo de su devoción. Los lectores pueden, por lo demás, comprobar sin esfuerzo ni tardanza la exactitud de esta frase, contenida en su breve prólogo y que habla muy alto en favor de la honorabilidad de su autor: "No pretendo reclamar la paternidad de una sola de las ideas expuestas en este libro".

[José Muñoz Cota. *Construcción de Alberto Hidalgo*. Asunción: Firmamento, 1947. (Impreso en Buenos Aires, en el establecimiento gráfico Mayo): "Escribiendo estas notas trato de recordar nuestras conversaciones...").

[Antonio Pagés Larraya. "Macedonio Fernández, un payador", en *Buenos Aires Literaria*, N° 9, junio de 1953. Dedicado a Macedonio Fernández.
– Ana Belén Martín Sevillano. "El ser de la nada, el proyecto literario de Macedonio Fernández", en *Anales de Literatura Hispanoamericana. Prosa de vanguardia y otros estudios*, N° 26 II: *Homenaje a Jesús Benítez*. Madrid: Universidad Complutense. Facultad de Filología. Seminario de Literatura Hispanoamericana, 1997].

[197] Gloria Varela de Rivero ("La dirección criollista de la vanguardia", en Carlos García; Dieter Reichardt (editores).

Las vanguardias literarias en Argentina, Uruguay y Paraguay. Bibliografía y antología crítica. Frankfurt: Vervuert; Madrid: Iberoamericana, 2004), afirma:

> Macedonio nunca deseó la módica fama de escritor; el tratamiento subjetivo que sometía a toda la realidad vista desde sus lados humorísticos y patéticos, lo alejaba de una concepción de lo literario más ruidosa que la legítima. Veía muy bien que su originalidad de pensamiento debía fincar también en una originalidad en los métodos expositivos. Sus procedimientos de investigación fueron los de un filósofo y los de un místico, y por eso semejantes a los del payador.
>
> [...]
>
> Disfrutó Macedonio de uno de los goces más hondos de esta fugaz vida: la amistad segura, selecta, tibia. Si no al arrimo del fogón, en atmósferas más urbanas pero llenas de lo mejor de lo criollo, que es el destello del espíritu y no escenografía rural. Su presencia en las peñas del veintitantos está ya revestida de leyenda. Algo había de magistral sin *magister* en su acercamiento a los nuevos para otorgarles su propio don, su implícita capacidad de calar con un método nuevo en las superficies oscuras entre las que nos movemos sin problematizarlas.
>
> Poseyó la bondad, la reserva, la pericia morosa del verbo, el arte de quebrar todo hieratismo, de poner auténtica humildad en los más evidentes aciertos. Debió gozar sin duda de la felicidad y de la responsabilidad de ser escuchado con amor criollo a contrapelo de una república feliz, pensó, ironizó, poetizó, en refugios amables, sin estrépito. Pero todo lo hizo de veras. Por eso, como los payadores de ley y según la poética y melancólica metafísica suya, debió morir con la dulce y absoluta convicción de que la muerte no existe.

[198] De la dispersa y atractiva obra de **Luis Emilio Soto** – cuyo archivo pasó al fondo de la Biblioteca Nacional – vale evocar, con referencia a estas digresiones, la nota "Panorama", incluida en su libro ***Crítica y estimación*** (Buenos Aires: Sur, 1938):

Algún día se escribirá la crónica de nuestro movimiento intelectual y literario de 1920 en adelante. Entre otros fenómenos que ahora no percibimos bien, se verá entonces cómo el escritor argentino descubre las virtudes del aprendizaje, cómo funda la nobleza de su oficio a fuerza de imponerse obligaciones, cómo adquiere una nueva conciencia de su función social a medida que canjea el sentido internacionalista por el universalista. Se hace menos concesiones, a fin de ser más fiel a sí mismo. Deja de ensimismarse por egotismo, pues aspira a que la comunidad se ensimisme a través de él.
[...]
Los mensajes de Eduardo Mallea, Bernardo Canal Feijóo y Ezequiel Martínez Estrada, modalidades y técnicas aparte, son tres visiones enderezadas a un solo objeto: tanteo y expresión del espíritu nacional. [...] *Historia de una pasión argentina*, *Pasión y muerte de Silverio Leguizamón* y *Radiografía de la pampa* son testimonios de nuestra generación que ya tienen el desplazamiento espiritual de pilares. Por fortuna, constituyen el carácter señero y no exclusivo de las voces lanzadas. Entre ellas, merece ser recordada en primera andada la de Raúl Scalabrini Ortiz. Carlos Mastronardi, en el comentario bibliográfico a dicha obra concluye que: "Tanto por la coherencia y la buena ensambladura de sus observaciones como por el espíritu de equidad que preside sus páginas puede afirmarse que este libro de Soto inaugura una nueva modalidad crítica en nuestro país". (*Sur*, N° 58, julio de 1939).
"Al releer *Crítica y estimación* o *Región y querencia en la poesía argentina* [...] se siente cómo hubiera debido Soto consagrar un libro al menos a los análisis literarios de la realidad nacional o hispanoamericana, él, a quien tanto desveló el ser, no ser y deber ser argentino", señala Adolfo de Obieta en una nota de despedida a su amigo Luis Emilio Soto. (*Sur*, N° 324, mayo-junio de 1970.)

[199] **Eduardo Mallea**, en "Nota conjunta sobre los tres mayores novelistas en lo que va del siglo" (*Boletín de la Academia*

Argentina de Letras. Tomo IX, N° 34, abril-junio de 1941), entiende que:

> Quizá sería posible aislar, individualizar en tres grandes creadores de nuestro tiempo los tres ciclos alternados que lleva recorridos el espíritu de nuestra edad. Esos tres grandes creadores son Proust, Joyce, Kafka. Cada uno de ellos representa un panorama espiritual, mental, moral, sentimental diferente; los tres representan la curva interior del primer tramo del siglo.
> [...] la metafísica de Proust es una física de lo sensorial;
> [...] la metafísica de Joyce es una metafísica del subconsciente;
> [...] la metafísica de Kafka es una metafísica verdadera, una metafísica de lo natural, una ciencia de la implicación sobrenatural oculta en las cosas naturales.
> [...]
> Proust se establece al nivel de la tierra; Joyce, debajo de la tierra; Kafka, levantándolo todo desde la tierra en su necesidad y concatenación fatales. Los dos primeros son la medida del paraíso y el infierno terrestres; el tercero trae, por fin, un sentido de salvación. [...] Los tres son noches, pero la noche de Kafka progresa, es una oscuridad en marcha; y lleva el día en el vientre.

ALFREDO COVIELLO
ILUSTRACIONES DE SU ARCHIVO.

El niño Alfredo Coviello, en el segundo grado del Colegio Dulce Nombre de Jesús, en Buenos Aires.

Aula del Colegio Nacional Bartolomé Mitre, en 1921. A la derecha, sentada: Elvira Martínez Castro; a la izquierda, detrás de Luisa Moisset de Espinés, Alfredo Coviello. A la izquierda de Elvira, Ernesto Gonella.

Alfredo Coviello y su hijo Alfredo.

Alfredo Coviello en la década de los años 30.

Le mando estas direcciones, aunque creo que muchas las tiene xxxx usted ya. Por la calidad de las personas me parecen sumamente interesantes para su fichero. Acaso importe que, en lo posible, les mande su libro.

Germán Arciniegas /Apartado 491, Bogotá, Colombia
Revista Atenea/ Universidad de Concepción, casilla 20 C., Concepción, Chile
Juan José Arévalo/ Fac. Humanidades, La Plata
Antonio Aita/ Rivadavia 4060, Bs Aires
Roberto Agramonte/ Depto. de Información e Intercambio cultural, Universidad de La Habana, Cuba
Alejandro C. Arias/ Brasil 1004, Salto, Uruguay
Ateneo de Montevideo
Carlos Benvenuto/ Pilcomayo 4827, Malvín, Montevideo
Dr L.L. Bernard, prof. of Sociology, Washington University, ST. LOUIS, Missouri, U.S.A.
Antonio S. Bustamante Montoro/ apartado 134, La Habana, Cuba
R. Brenes Mesén/ P.O.Box 88, Evanston, Illinois, U.S.A.
Enrique Barboza/Avda Bolivia 266, Lima, Perú
Américo Castro/ 330 Carrol Street, Madisson, Wisconsin, U.S.A.
H. Campos Cervera/ Fac. de ciencias físicas, Caballero 315, Asunción, Parag
J. Ma. Chacón y Calvo/ Secretaría de Educación, La Habana, Cuba
Antonio Caso/ Pedro Moreno 136, México
Honorio Delgado/ casilla 1589, Lima, Perú
Armando Donoso/ casilla 3518, Santiago de Chile
H. Díaz Casanueva/ Progreso 1750, Santiago de Chile
Carlos Vaz Ferreira/ Universidad, Montevideo
Viriato A. Fiallo/Ciudad Trujillo, Rep. Dominicana
Guillermo Francovich/ Senador Vergueiro 266, Río de Janeiro, Brasil
J. García Monje/ Correos letra X, San José, Costa Rica
Manuel Pedro González/ University of California, Los Angeles, U.S.A.

Carta de Armando Romero del 12 julio 1938

```
Ibero Amerikanisches Institut/ Hamburgo
Mariano Iberico/ Colón 183, Lima, Perú
Ibero Americanisches Institut (Dr. Fiebrig)/ Breite Str. 37, Berlín C. 2. Alem.
Felix Lizaso/ apartado 2328, La Habana, Cuba
Juan Llambías de Azevedo/ Piedad 1360, Montevideo
V. Lombardo Toledano/ Quinta Rosa María, San Angel D.F., México
Colegio de Artes y Ciencias, Universidad de Pto. Rico, Río Piedras, Puerto Rico
Armando D. Pereyra/ Juan José Arteaga 1490 Atahualpa, Montevideo
A. Pereira Alves/ Cumanayagua, Santa Clara, Cuba
Juan Vicente Ramírez/ casilla 636, Asunción, Paraguay
Repertorio de Honduras/ Tegucigalpa, Honduras
Revista Puerto Rico/ P.O.Box 135, San Juan, Puerto Rico
Pedro Troncoso Sánchez/ Ciudad Trujillo, Rep. Dominicana


Me permito sugerirle envíe (si tiene bastantes ejs.) los que le parezca a
Dpto. de Información e Intercambio cultural, Universidad de Cuba, donde se
preocupan mucho de hacer los repartos a conciencia.
```

Anexo a una carta de Francisco Romero a Alfredo Coviello, del 12 de julio de 1938.

El presidente Agustín P. Justo en Tucumán, julio de 1938, conversa con Alfredo Coviello. Detrás del Presidente, el ministro Miguel Frías: y a la izquierda, el vocal de la Corte, Rafael García Zavalía.

Justo con Coviello en el vagón del ferrocarril que trasladaría al Presidente de regreso a Buenos Aires.

Alfredo Coviello y Enrique García Hamilton en *La Gaceta*.

Demostración en el Savoy Hotel al cumplirse el 1er. aniversario de las facultades de Derecho y Bioquímica de la Universidad Nacional de Tucumán. 1939.

De izquierda a derecha: Arturo Álvarez, Presidente del Senado de la Provincia de Tucumán; gobernador Miguel Critto; Alfredo Coviello; ex gobernador Miguel Campero.

AÑO I   1939   VOL. I

SUSTANCIA
REVISTA DE CULTURA SUPERIOR

Director
Alfredo Coviello

Redactores:
Ricardo Chirre Danós - Serafín I. Pazzi

Ornamentadores:
Ricardo Saravia - Ceferino Sirgo

Consejo de Colaboración:

Gino Arias - Juan Alfonso Carrizo - Juan Carlos Dávalos
Marcos A. Morínigo - José Lozano Muñoz - Juan F.
Moreno Rojas - Pablo Rojas Paz - Eugenio Pucciarelli
Alberto Rougès - Aníbal Sánchez Reulet
Renato Treves

DIRECCION Y ADMINISTRACION
Congreso 65
T U C U M A N
(República Argentina)

Portada interior del primer número de *Sustancia*.

De izquierda a derecha: Horacio Rava, Bernardo Canal Feijóo, Roger Caillois, Victoria Ocampo, Mariano Paz, y Alfredo Coviello. Savoy Hotel, Tucumán, octubre de 1940.

SUR DIRIGIDA POR VICTORIA OCAMPO
REVISTA MENSUAL, CALLE VIAMONTE N.o 548, BUENOS AIRES
DIRECCIÓN CABLEGRÁFICA: VICVIC - BAIRES
U. T. 31-3220

Buenos Aires, 1' Juillet de 1941.

Estimado amigo,

Amiga sabe usted que voy a tentar de publicar una revista en Francés con los mejores escritores de Francia, que ya me prometieron su collaboración. Me gustaría mucho que usted fuese mi representante; en efecto usted tiene a la vez prestigio y actividad, lo que es muy escaso. Le mando algunos bolletines de inscripción: seguramente usted sabrá reunir algunas buenas voluntades, sobretodo si usted hace hablar de la revista en su diario.

El primer número contiene también un capítulo maravilloso de André Malraux. Este, hecho prisionero y herido, se escapó y escribe ahora una novela sobre los acontecimientos trágicos de Europa.

Mando también a usted algunos

datos sobre mi y mis libros para que sus lectores, si la *gazetta* hablés de la Revista, sepan quien la dirige.

Se habrá dicho, cuando fuí a Tucumán, que yo podía volver a Tucumán a dar conferencias y llegar hasta Salta y Jujuy. Me gustaría muchísimo. El Norte fué una revelación para mi y tengo muchas ganas de verlo mejor. Puede arreglarse algo?

No he visto más numero de *Sustancia*? Ha aparecido alguno desde la visita mía a ustedes? Sería una lástima que no. Dígame usted lo que pasa.

Le ruego que me disculpe por mi castellano: es la primera carta que escribo en esta lengua!

muy cordialmente suyo esperando con impaciencia su contestación

R. Caillois.

N.B. Yo remito también a Bernardo Canal Feijoo.

Roger Caillois
Tucumán 677
B.A.

Carta de Roger Caillois a Alfredo Coviello.

Visita del escritor Ricardo Rojas con motivo del homenaje que le rindiera la Universidad Nacional de Tucumán, con Ernesto Padilla y Gregorio Aráoz Alfaro.
Sentados, de derecha a izquierda: Alfredo Coviello, Román Shreier, Oscar Gómez López, Miguel Angel Penna, Teresa Ramos Carrión, Ricardo Rojas (en el centro), Amalia Prebisch de Piossek, Alejandro Canz, Guillermo Orce Remis, Héctor López Herrera.
De pie: Eduardo Joubin Colombres, Manuel Luis Graña, Guillermo C. Graña, Enrique Kreibohm, Alberto Trejo, Juan D. Marengo, Serafín Pazzi.

Ricardo Rojas, en las oficinas de *La Gaceta*, oyendo una transmisión de *larga distancia*, hecha por United Press desde su edificio de Sarmiento y San Martín, en Buenos Aires.

En Raco, 22 de febrero de 1941. De derecha a izquierda: Alfredo Coviello, Amalia Piossek, Haurigot Posse, Ricardo Rojas, Amalia Prebisch de Piossek, Julieta Quinteros de Rojas, Lucía Piossek y el arquitecto José Graña.

Alfredo Coviello con Benito Quinquela Martín, en la redacción de *La Gaceta*.

ALFREDO COVIELLO: ILUSTRACIONES DE SU ARCHIVO

Despedida del ingeniero Daniel Dessein. Se encuentran presentes: Enrique García Hamilton, Manuel López Pondal, José Ignacio Aráoz y Alfredo Coviello.

Alfredo Coviello con Alfredo Ossorio Gallardo, en las oficinas de *La Gaceta*, en 1941.

El historiador Ricardo Levene conversa con Alfredo Coviello. En el centro, Elvira Martínez Castro de Coviello.

AÑO III   OCTUBRE DE 1942   Nos. 11-12

SUSTANCIA
Tribuna Continental de la Cultura Provinciana

Director

ALFREDO COVIELLO

Redactores

RICARDO CHIRRE DANÓS - OSCAR GÓMEZ LÓPEZ

Comité Federativo

ALCIDES GRECA, ANGEL GUIDO *(Santa Fe)*; **SAÚL TABORDA, EMILE GOUIRAN** *(Córdoba)*; **RICARDO TUDELA, FAUSTO BURGOS, ALFREDO R. BUFANO, JUAN DRAGHI LUCERO** *(Mendoza)*; **JUAN ALFONSO CARRIZO** *(Catamarca)*; **ORESTES DI LULLO, HORACIO G. RAVA** *(Santiago del Estero)*; **HORACIO CARRILLO, DANIEL OVEJERO** *(Jujuy)*; **ANTONIO DE LA TORRE** *(San Juan)*; **ELIAS OCAMPO** *(La Rioja)*; **ATALIVA HERRERA, JUAN MANTOVANI, ALBERTO CÓRDOBA** *(Buenos Aires)*; **ALBERTO ROUGÉS** *(Tucumán)*.

A partir del presente número SUSTANCIA se convierte en el órgano continental de la cultura provinciana. Hasta ahora, ha sido la voz propia de la región norteña. Ha dado prevalencia al folklore y las expresiones literarias del medio, considerándose a la vez instrumento formativo de los jóvenes con vocación humanística sin ninguna otra distinción que la aptitud probada. Ha mantenido la preponderancia de la filosofía y de la poesía y poética en cuanto concierne a su eco continental. A través de sus

Portada interior del número 11-12 de *Sustancia*.

> ACTA Nº 1.-
>
> En la ciudad de Tucumán a los veinticinco días del mes de junio de mil novecientos cuarenta y uno, reunidos en el Salón menor de actos de la Sociedad Sarmiento los señores Alfredo Coviello, María Teresa Ramos Carrión y Juan D. Marengo declaran:
>
> Que conforme a la comunicación enviada por el señor Presidente de la Sociedad Argentina de Escritores (Buenos Aires) don Eduardo Mallea, según la cual los suscriptos han resultado electos por unanimidad como autoridades provisorias, la
>
> *Se constituyen las autoridades provisorias conforme al mandato de la S.A.D.E. (Buenos Aires).-*
>
> COMISION DIRECTIVA PROVISORIA queda constituída así:
>
> Presidente - Alfredo Coviello
> Secretario - María Teresa Ramos Carrión
> Tesorero - Juan D. Marengo.-
>
> En el mismo acto se resolvió convocar a asamblea general de socios para el sábado próximo veintiocho de junio corriente, en el Salón menor de actos de la Sociedad Sarmiento, con el objeto de disponer cuanto concierna a la constitución de las autoridades definitivas.-
>
> Con lo que terminó el acto suscribiéndose la presente para constancia, en Tucumán a veinticinco días del mes de junio de mil novecientos cuarenta y uno.-
>
> Presidente
> Secretario

Acta Nº 1: "Se constituyen las autoridades provisorias conforme al mandato de la S.A.D.E. (Buenos Aires)", suscripta por Alfredo Coviello, en Tucumán, el 25 de junio de 1941.

Emblema realizado con motivo del Congreso celebrado en Tucumán.

En el Congreso Argentino de Escritores. Tucumán, julio de 1941.

Programa Oficial del III Congreso Argentino de Escritores

Sábado 26. — *Llegada de las delegaciones. Mañana:* a las 11 y 30, homenaje a los próceres en la Casa Histórica. 12: Visita al gobernador de la Provincia. 12 y 30: Almuerzo. *Tarde:* a las 15, paseo al Aconquija. Concentración en la plaza Independencia. 17 y 30: Sesión preparatoria. 18: Sesión inaugural del Congreso. Discurso del presidente de la Sociedad Argentina de Escritores, don Eduardo Mallea. Discurso del ministro de Gobierno, doctor Manuel Andreozzi. *Noche:* a las 22: Evocación de recuerdos infantiles, en la Sociedad Sarmiento. Tomarán parte Enrique Amorín, Roger Callois, Bernardo Canal Feijóo, Baldomero Fernández Moreno, Alberto Gerchunoff, Norah Lange, Conrado Nalé Roxlo y Pablo Rojas Paz. Prólogo a cargo de Alfredo Coviello.

Domingo 27. — *Mañana:* a las 10: Reunión de comisiones. 11: Paseo al ingenio Bella Vista. *Tarde:* a las 17: Homenaje a Juan B. Terán en la Universidad. Conferencia de Sigfrido Radaelli. *Noche:* a las 22: Reunión del Congreso en la Biblioteca Alberdi. Debate sobre el folklore.

Lunes 28. — *Mañana, tarde y noche:* Sesión plenaria. A las 11: Vermut ofrecido por la Municipalidad de Tucumán en el local de la Asistencia Pública. A las 17: Paseo por la ciudad y parque 9 de Julio y té en el ingenio Concepción ofrecido a las delegaciones por el ingeniero José María Paz.

Martes 29. — *Mañana, tarde y noche:* Sesión plenaria. Sesión de clausura.

Editorial LA RAZA - Tucumán

Esquela impresa en Tucumán.

Agasajo a Alberto Gerchunoff, Vicepresidente de la Sociedad Argentina de Escritores (S.A.D.E.). A su derecha: Alfredo Coviello, Enrique Kreibohm, y el pintor Edmundo González del Real. A su izquierda: Josefina S. de Bazzini Barros y Eduardo Alonso Crespo. Reunión del Grupo Septentrión, en la Biblioteca Sarmiento. Tucumán, julio de 1941.

Con Ezequiel Martínez Estrada en oportunidad del Congreso Argentino de Escritores realizado en Tucumán, julio de 1941.

> 1946, CALLE LAS HERAS, 5º A.
>
> PERSONAL
>
> Buenos Aires,
> 10 de mayo, 1941.
> Señor Alfredo Coviello,
> TUCUMAN.
>
> Mi estimado señor y distinguido consocio:
>
> Alberto Gerchunoff me ha contado cuán gentil y útil ha sido la ayuda prestada por usted a la gestión que le encomendamos para que obtuviera del gobierno de Tucumán el auspicio moral requerido y la asistencia material necesaria para reunir en esa capital el próximo congreso de escritores.
>
> En mi calidad de presidente de la Sociedad Argentina de Escritores le doy las gracias por tan eficaz ayuda, y personalmente le encarezco la continuación de ese apoyo, con el cual, no lo dudo, habrá usted prestado a nuestra entidad un verdadero servicio.
>
> Justo es que le signifique por añadidura lo grato que estamos a la generosa acogida dispensada a nuestro requerimiento por las autoridades de su provincia.
>
> Reciba usted un amistoso saludo de
>
> Eduardo Mallea.

Nota de Eduardo Mallea, presidente de la SADE, a Alfredo Coviello.

SOCIEDAD ARGENTINA DE ESCRITORES

PROGRAMA DE ACTOS
DEL
III CONGRESO GREMIAL

TUCUMÁN
JULIO DE 1941

Programa de actos del III Congreso Gremial de la Sociedad Argentina de Escritores (SADE). Tucumán, julio de 1941 (12 páginas).

COMISION DIRECTIVA
1940-42

PRESIDENTE
EDUARDO MALLEA

VICEPRESIDENTE
ALBERTO GERCHUNOFF

TESORERO
CARLOS ALBERTO ERRO

SECRETARIOS
ENRIQUE ANDERSON IMBERT
ROMAN GOMEZ MASIA

VOCALES
SAMUEL EICHELBAUM
FERMIN ESTRELLA GUTIERREZ
EDUARDO GONZALEZ LANUZA
CONRADO NALE ROXLO
HECTOR OLIVERA LAVIE
SIGFRIDO A. RADAELLI
PABLO ROJAS PAZ
LUIS EMILIO SOTO

SUPLENTES
JULIO ARAMBURU
HERMINIA BRUMANA
ARMANDO CASCELLA
HECTOR I. EANDI

ASESORÍA LETRADA
MARIO BRAVO
CARLOS MOUCHET
DIEGO ORTIZ GROGNET

PROGRAMA DE ACTOS

SABADO 26, a las 11,30:
Colocación de la Placa recordatoria en la Casa Histórica.
Discurso del Presidente de la SADE don Eduardo Mallea.

SABADO 26, a las 18
Sesión inaugural del III Congreso.
Sesión preparatoria.

SABADO 26, a las 22:
BIBLIOTECA SARMIENTO: Exposición sobre *Recuerdos de infancia*.

    ROGER CAILLOIS.
    BERNARDO CANAL FEIJOO.
    FERNANDEZ MORENO.
    ALBERTO GERCHUNOFF.
    NORAH LANGE.
    CONRADO NALE ROXLO.
    PABLO ROJAS PAZ.

DOMINGO 27, a las 10:
Reunión de Comisiones.

DOMINGO 27, a las 18:
   Homenaje a Juan B. Terán.
   Conferencia a cargo de *don Sigfrido A. Radaelli.*

DOMINGO 27, a las 22:
   BIBLIOTECA ALBERDI: Debate sobre *Literatura Regional.*

LUNES 28, a las 10:
   Sesión Plenaria del Congreso (Mañana, tarde y noche).

MARTES 29, a las 10:
   Sesión Plenaria (mañana y tarde).

MARTES, 29, a las 22:
   Sesión de clausura.

*

4

BASES DEL III CONGRESO

Artículo 1º — La *Sociedad Argentina de Escritores* convoca a los escritores del país al III Congreso Gremial, que se celebrará en la ciudad de Tucumán en la segunda quincena de julio.

Art. 2º — Serán delegados oficiales al Congreso:
a) Los miembros titulares de la C. D. de la SADE;
b) Los congresales delegados por la C. Federal, Provincias y Territorios.

Art. 3º — Serán delegados invitados:
a) Todos los socios de la SADE que no fueran electos como miembros titulares;
b) Los escritores extranjeros residentes en el país, que resolviera invitar la C. D. de la SADE o las autoridades del Congreso.

Art. 4º — Los delegados serán elegidos en la siguiente proporción:
a) Tres miembros titulares por la C. Federal y hasta igual número por cada Provincia o Territorio que cuente con escritores agremiados;
b) Una vez establecido definitivamente el número de asistentes, conforme al apartado anterior, se completará el de miembros delegados, eligiendo uno por cada veinte socios en la C. Federal, y uno por cada diez socios en cada provincia o territorio.

Art. 5º — En las Provincias o Territorios en que se haya constituido una Filial de la SADE, esta entidad tendrá a su cargo la elección de los miembros titulares que le hubieran correspondido en el prorrateo, y establecerá el procedimiento eleccionario.

Art. 6º — En la C. Federal y en las Provincias o Territorios en que no hubiera Filiales organizadas, la elección se efectuará mediante el voto directo de todos los socios inscriptos en la circunscripción. A tal fin la Secretaría de la SADE remitirá con tiempo oportuno las circulares del caso, con transcripción de las presentes bases y de la lista de socios elegibles, fijando al mismo tiempo el plazo para la recepción de votos. Se votarán por el número de cargos a llenar más la mitad en calidad de suplentes, a fin de reemplazar a quienes no pudieran trasladarse a la sede del Congreso.

5

Art. 8º — Las deliberaciones del Congreso se ajustarán al reglamento que rigió en el Congreso de Córdoba, elevándose a cuatro el número de secretarios, uno de los cuales se ocupará exclusivamente de la tarea de información y prensa.

Art. 9º — La sesión preparatoria, cuya fecha fijará la C. D. de la SADE, será presidida por el Presidente de la entidad, actuando los secretarios de la misma. En dicha sesión se elegirá la mesa directiva del Congreso.

Art. 10º — Solamente los delegados oficiales tendrán voz y voto en las deliberaciones; la SADE costeará sus gastos de traslado y estada. Serán provistos de una credencial cuya presentación será obligatoria en cualquier momento.

TEMARIO

a) *RELACIONES INTERNACIONALES:*
   1) Necesidad de establecer inmediatas relaciones con los organismos similares a la SADE en el continente.
   2) Organización del Primer Congreso Americano de Escritores.
   3) Bases para una Federación Americana de Escritores.

b) *CUESTIONES SOCIETARIAS:*
   1) Proyecto para la creación de la Casa del Escritor.
   2) Organización de las Ferias del Libro.
   3) Organización de un servicio permanente de librería a cargo de la SADE, para sus asociados.
   4) Posibilidad de organizar un ciclo de conferencias por el interior mediante pequeñas contribuciones de los gobiernos locales.
   5) Creación de una Oficina de Informaciones y Divulgación radiotelefónicas.

c) *DERECHOS Y DEBERES DEL ESCRITOR FRENTE AL MOMENTO ACTUAL:*
   1) Acción intelectual y política del escritor. ¿Existen medios específicos para la acción social del escritor?
   2) La libertad de expresión como condición indispensable para la obra artística y deberes que aquélla crea.
   3) Defensa inmediata de la libertad de expresión.
   4) Límites prácticos de la libertad de expresión.
   5) Declaración frente a los regímenes de fuerza.
   6) Métodos de lucha contra la censura previa ilegal en sus formas francas y encubiertas.

d) *ASUNTOS VARIOS.*

REGLAMENTO DE LAS
DELIBERACIONES DEL III CONGRESO

Artículo 1º — El Congreso se constituirá en la sesión siguiente de la inaugural, designando a pluralidad de votos un presidente, dos vicepresidentes y cuatro secretarios. El presidente constituirá cuatro comisiones destinadas a estudiar los diferentes proyectos, tres conforme a los tres temas generales proyectados por la subcomisión organizadora y una de asuntos varios.

Art. 2º — Cada Comisión estará integrada por cinco congresales, uno de los cuales será miembro de la C. D. de la SADE.

Art. 3º — Ninguna proposición será tratada por el Congreso sin antes haber sido sometida a la comisión respectiva y siempre que ésta la apruebe por no menos de tres votos. Las proposiciones ajenas a los cuatro temas del Congreso serán leídas por secretaría y se pondrán a votación en carácter de sugestiones a la C. D., debiendo decidirse su aprobación o rechazo sin fundarlas ni discutirlas.

Art. 4º — Las proposiciones presentadas en el curso de una sesión a la mesa directiva serán sometidas a la comisión respectiva inmediatamente y ésta deberá expedirse en la sesión siguiente, salvo el caso en que el Congreso resuelva tratarla sobre tablas por dos tercios de votos.

Art. 5º — La palabra será concedida a los congresales en el orden siguiente:
 a) Al relator de la Comisión que haya dictaminado sobre el asunto en discusión.
 b) Al relator de la minoría de la Comisión, si ésta se encontrare dividida.
 c) Al autor del proyecto en discusión.
 d) A los demás congresales en el orden en que la pidieron por un término no mayor de diez minutos.

Art. 6º — Cada congresal sólo podrá hablar una vez en la misma cuestión, a menos que se declare libre el debate. El miembro informante de la Comisión tendrá el derecho de hacer uso de la palabra para replicar a discursos u observaciones que aún no hubiesen sido contestadas por él. No gozará de este derecho el miembro informante de la minoría.

Art. 7º — Durante la discusión en general de un proyecto, pueden presentarse otros sobre la misma materia en substitución de aquél.

Art. 8º — Si el proyecto de la Comisión o el de la minoría, en su caso, fuese rechazado o retirado, el Congreso decidirá respecto de cada uno de los nuevos proyectos, si han de entrar inmediatamente en discusión.

8

Art. 9º — Si el Congreso resolviese considerar los nuevos proyectos, esto se hará en el orden en que hubiesen sido presentados, no pudiendo tomarse en consideración ninguno de ellos, sino después de rechazarlo o retirado el anterior.

Art. 10. — Cada proyecto, aunque conste de un solo artículo, se votará en general y particular.

Art. 11. — En la discusión en particular no podrá ningún congresal hacer uso de la palabra por un término mayor de cinco minutos.

Art. 12. — Durante la discusión en particular podrán proponerse otros textos que modifiquen o substituyan los propuestos por la Comisión. A menos que ésta no los haga suyos, tales substituciones o modificaciones se votarán por su orden.

Art. 13. — Las mociones de orden, incidentales y de sobre tablas serán presentadas verbalmente.

Art. 14. — Es moción de orden toda proposición que tenga alguno de los siguientes objetos:
a) Que se levante la sesión.
b) Que se pase a cuarto intermedio.
c) Que se declare libre el debate.
d) Que se cierre el debate.
e) Que se pase a la orden del día.
f) Que el asunto se envíe o vuelva a Comisión.

Art. 15. — Las mociones de orden serán previas a todo otro asunto, aun cuando éste esté en debate, y se tomarán en consideración en el orden de preferencia establecido en el artículo anterior.

Art. 16. — Las comprendidas en los cinco primeros incisos serán puestas a votación sin discusión; la última podrá discutirse brevemente, no pudiendo cada congresal hablar sobre ella dos veces.

Art. 17. — Las mociones de orden para ser aprobadas necesitarán el voto de la mayoría absoluta de los votos emitidos, pero podrán repetirse en la misma sesión sin que ello importe reconsideración.

Art. 18. — La moción previa de clausura del debate, cierra definitivamente toda cuestión, debiendo pasarse al voto, aunque haya pedidos anteriores de palabra.

Art. 19. — Son cuestiones incidentales la petición de que se lean documentos, el retiro de una moción, etc.

Art. 20. — El presidente podrá llamar a la cuestión en debate al orador cuando se aparte de ella. Este llamamiento a la cuestión podrá ser formulado ante la mesa, asimismo por los señores congresales. En el caso de requerirse un pronunciamiento al respecto, éste será por mayoría absoluta de los votos emitidos.

Art. 21. — Las mociones de reconsideración exigirán dos terceras partes de los votos emitidos.

DELEGADOS QUE CORRESPONDEN A CADA DISTRITO

DISTRITO	S cios Inscriptos	Cuota Fija	Cuota Proporcional	Total
Capital Federal	405	3	20	23
Buenos Aires	56	3	6	9
Tucumán	36	3	4	7
Santa Fe	26	3	3	6
Córdoba	19	3	2	5
Mendoza	15	3	1	4
Chaco	4	3	—	3
Entre Ríos	5	3	—	3
La Pampa	3	3	—	3
La Rioja	3	3	—	3
Santiago del Estero ..	3	3	—	3
San Juan	2	2	—	2
Catamarca	2	2	—	2
Chubut	1	1	—	1
Salta	1	1	—	1

10

DELEGADOS AL III CONGRESO

CAPITAL FEDERAL

Norah Lange
Baldomero Fernández Moreno
Luis Cané
Leonidas Barletta
Amado Villar
Roberto Ledesma
Sergio Bagú
Max Dickmann
González Carbalho
José Gabriel
Julio Aramburu
Héctor I. Eandi
Francisco Luis Bernárdez
Alfredo de la Guardia
Guillermo Guerrero Estrella
Nicolás Olivari
Leopoldo Marechal
C. Córdoba Iturburu
Carlos Mastronardi
Silvia Guerrico
Julio Prilutzky Farny
Elías Carpena
José Luis Lanuza

PROVINCIA DE BUENOS AIRES

Fernán Félix de Amador
Arturo Cambours Ocampo
María de Villarino
María Raquel Adler
Mariano G. Bosch
Bartolomé Ronco
Félix Cichero
José D. Forgione
H. Lartigau Lespada

PROVINCIA DE TUCUMÁN

Francisco E. Padilla
Manuel Lizondo Borda
J. Domingo Almirón
Julio S. Storni
Juan D. Marengo
Teresa Ramos Carrión
Alfredo Coviello

PROVINCIA DE SANTA FE

Hernán Gómez
Fausto Hernández
Juan Lazarte
Félix Molina Tellez
Alcides Greca
R. E. Montes y Bradley

PROVINCIA DE CÓRDOBA

Arturo Loruso
Nicolás Lobos Porto
Sara de la Maza
Juan Filloy
Miguel Alfredo Rizzuto

PROVINCIA DE MENDOZA

Reinaldo Bianchini
Rafael Mauleón Castillo
Ricardo Tudela
A. F. Rivas Greenwood

PROVINCIA DE SANTIAGO DEL ESTERO

Bernardo Canal Feijóo
Orestes Di Lullio
Horacio G. Rava

11

PROVINCIA DE ENTRE RÍOS

Carlos Capitaine Funes
Juan L. Ortiz

TERRITORIO DEL CHACO

Juan R. Lestani
Juan de Dios Mena

PROVINCIA DE SAN JUAN

Antonio de la Torre

PROVINCIA DE CATAMARCA

Alfonso M. de la Vega

PROVINCIA DE LA RIOJA

Severo Villanueva

TERRITORIO DE LA PAMPA

Enrique Stieben

TERRITORIO DEL CHUBUT

Raúl Daniel Padilla

National Press Club
Washington

28 de diciembre de 1942

Sr. Alfredo Coviello
Tucumán
Argentina

Muy señor mío:

El Club Nacional de la Prensa invita cordialmente a usted para que visite los Estados Unidos y haga en este país un viaje de inspección que le permita darse cuenta del funcionamiento de algunas industrias bélicas y centros militares. Deseamos al mismo tiempo, que este viaje le proporcione a usted la oportunidad de entrevistarse con los principales editores y escritores norteamericanos y verificar personalmente el esfuerzo bélico de los Estados Unidos.

La Oficina del Coordinador de Asuntos Interamericanos, dirigida por el señor Nelson A. Rockefeller, esta colaborando con nosotros en todo aquello que se refiere al itinerario y ha apoyado con entusiasmo la iniciativa del Club Nacional de la Prensa, con la esperanza de que no habrá dificultades que le impidan a usted aceptar la invitación. El Club Nacional de la Prensa es una asociación nacional de los periodistas de los Estados Unidos.

En líneas generales, el itinerario incluirá un viaje en ferrocarril a través de los Estados Unidso, entrevistas con altos funcionarios del gobierno en Washington y visitas a agencias periodísticas, establecimientos bélicos y centros militares de diversas regiones del país. El viaje por los Estados Unidos durará alrededor de cuatro semanas; pero, si usted lo desea, se le ofrece la oportunidad de prolongar algo mas su permanencia en Washington o en Nueva York despues de terminar la jira.

Debido a las dificultades que existen para viajar en los actuales momentos, lamentamos no poder extender a los miembros de su familia la presente invitación.

Le agradeceríamos mucho que tuviera a bien comunicar a la Embajada de los Estados Unidos si usted puede aceptar esta invitación. Tan pronto como tengamos conocimiento de su aceptación, la Embajada le proporcionará informes mas detallados respecto a fechas y al itinerario del viaje.

Sería motivo de especial placer para nosotros el poder saber que usted nos proporcionaria el gusto de recibirle en nuestro país.

De usted atto. y s. s.

Clifford Prevost, Presidente del
Club Nacional de la Prensa

P.D.- El viaje completo tomara como seis semanas; el viaje por los Estados Unidos durara como cuatro semanas, y dos semanas entre Washington y Nueva York.

Nota de Clifford Prevost, Presidente del Club Nacional de Prensa, de Estados Unidos, a Alfredo Coviello, del 28 de diciembre de 1942.

Partida de la delegación de periodistas argentinos a los Estados Unidos.

Fotografía tomada durante el almuerzo ofrecido a los periodistas argentinos por la Morgenthaler Linotype Company, en el Hotel Roosevelt, el 9 de abril de 1943. De izquierda a derecha: Juan S. Valmaggia, de *La Nación*, Buenos Aires; Fabián Calles, de *Los Andes*, Mendoza; Harry W. Frantz, de la Oficina del Coordinador de Asuntos Latinoamericanos, Francisco Mateos Vidal, de *Los Principios*, Córdoba; E.B. Mirovitch, vicepresidente de la compañía Morgenthaler; R. Dobranich; José W. Agusti, de *Noticias Gráficas*, Buenos Aires. Sentados, de izquierda a derecha: Alfredo Coviello, de *La Gaceta*, de Tucumán; Marion Inclan, popular cantante cubana; Robert Ripley, creador de *Créase o no*; Marisa Regules, famosa pianista argentina; Néstor Joaquín Lagos, de *La Capital*, de Rosario.

Visita a los Astilleros Mr. Kagen, en San Francisco.

ALFREDO COVIELLO: ILUSTRACIONES DE SU ARCHIVO

Visita a la fábrica de aviones de Willow Run, en Detroit.

Visita a Randolph Field.

------ MIAMI 5 - MEDIODIA LLEGARON AVION PERIODISTAS ARGENTINOS ------

Sin  ENTRADA PROHIBIDA

LAS puertas prohibidas de las fábricas, de los arsenales y del comentario confidencial se abrieron a los periodistas en gesto de confianza y de amistad hacia argentinos como sólo se han abierto a muy pocas personas. Los oídos agudizados por el oficio captaron el rumor de colmena pacífica agitada a la acción y los ojos expertos hicieron la radiografía del pueblo en marcha y en lucha hacia un mundo mejor para todos los hombres. Pero nobleza obliga, y un sentido de lealtad dirá a los visitantes qué no han de revelar de lo visto y oído. Las cifras y los detalles técnicos no tienen valor para el lector puro, pero sí lo tiene el sentido esencial de las cosas que los periodistas siempre han podido grabar. Uno de ellos habla así del espíritu con que fueron recibidos:

"Se nos ha ofrecido la ocasión de visitar, sin la mínima restricción, cuarteles y campos de adiestramiento considerados como los más importantes de los Estados Unidos, escuelas de pilotos aéreos y de oficiales del ejército y los grandes centros de fabricación de unidades para la guerra marítima. Casi todos los ciudadanos americanos con quienes trabamos relación nos observan, con razón, que nosotros, ciudadanos de otro país, vamos teniendo ocasión de ver lo que ellos, hijos de esta nación, no han visto y seguramente no podrán ver. Hemos entrado, pues, como si fuéramos miembros del ejército y la armada de Estados Unidos a sitios que, lógicamente, están dentro del necesario secreto militar de un país en guerra.

Dejar constancia de esa máxima prueba de confianza y cordialidad interamericana, creemos que debe ser lo primero que hagamos al escribir una breve síntesis de nuestras observaciones."

LOS DESPACHOS TEXTUALES DE LOS PERIODISTAS SIGUEN EN ESTAS PAGINAS

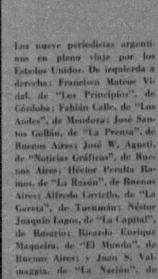

Los nueve periodistas argentinos en pleno viaje por los Estados Unidos. De izquierda a derecha: Francisco Mateos Vidal, de "Los Principios", de Córdoba; Fabián Calle, de "Los Andes", de Mendoza; José Santos Gollán, de "La Prensa", de Buenos Aires; José W. Agosti, de "Noticias Gráficas", de Buenos Aires; Héctor Peralta Ramos, de "La Razón", de Buenos Aires; Alfredo Coviello, de "La Gaceta", de Tucumán; Néstor Joaquín Lagos, de "La Capital", de Rosario; Ricardo Enrique Maqueira, de "El Mundo", de Buenos Aires, y Juan S. Valmaggia, de "La Nación", de Buenos Aires.

`- - - - - - - - - - - - - NORTEAMERICANOS ESTAN TAN FAMILIARIZADOS CON TIP(`

Primeras Impresiones

El grupo acaba de llegar a Miami en avión por la ruta del Atlántico. Quienes llevan la profesión en la sangre no dejan, ni siquiera en un viaje de placer, el hábito de informar sobre lo que los rodea. No les preocupan las crónicas de viaje, donde poco nuevo se puede agregar, sino la pulsación del ambiente en que entran, como lo demuestra este despacho de uno de ellos.

Fabián Calle, José Santos Gollán y Francisco Mateos Vidal conversan con un paracaidista en el interior de un avión transporte, en la base de Randolph Field.

ESTADOS UNIDOS FORJA UNA ERA DE LA AVIACION PARA TODA LA HUMANIDAD

La familiaridad del pueblo con la aeronavegación es algo que nos causó sorpresa desde nuestro primera escala en Miami, apenas nos asomamos al territorio de la Unión. Miami es un nudo de los caminos del aire, pero no es, ni con mucho, el principal de tales nudos. Al mismo, sin embargo, nos hallamos con que el hombre común, las mujeres y hasta las criaturas saben decir, no ya a la simple vista sino hasta por el ruido de los motores, a qué marca y a cuál modelo pertenece un avión que zumba en la lejanía del cielo en las costas de Florida. Estados Unidos está preparándose magníficamente para su futuro papel de gran proveedor de naves aéreas de transporte. Este pueblo siente el amor de esa futura gran industria nacional y comprende que su sello tendrá una influencia preponderante en la obra de abolir las distancias y crear el mundo de la cooperación en que soñamos todos.

Aquí cualquiera sabe decir, a la vista de un multimotor, si se trata de un Douglas, de un Lockheed o de un Consolidated. Así como nosotros, de chicos, allá en Buenos Aires, nos vanagloriábamos de conocer a distancia todas las marcas de los automóviles, asimismo conoce aquí la gente a los aeroplanos. Y hay mayor número de marcas y modelos de aviones que los que había de coches antes de la guerra. Muchísimos más.

Algunas personas creemos tener un presentimiento muy avanzado cuando pensamos y decimos que una de las mayores revoluciones engendradas por la guerra será la que afecte a las industrias de transporte. Aquí, en Estados Unidos, es donde se percibe el progreso alcanzado por la aeronáutica y todo lo que de ella puede esperar el mundo para cuando la paz haya renacido. No creo que las descripciones basten, por buenas que ellas sean, para llevar al ánimo una noción cabal de lo que serán los medios de transporte cuando las fábricas que hoy están trabajando para las necesidades bélicas de las naciones unidas se pongan a producir aviones para las pacíficas necesidades comerciales de la humanidad. Esto hay que verlo, para poder captar dos realidades correlativas: la perfección y la diversidad de los modelos que están siendo construidos en gran serie, y la familiaridad de la mente popular norteamericana con todo lo que se refiere a la aviación. Aquí sería absurdo planear propagandas para que la gente no le tema a las apreciones y asignarnos un leve tinte de proeza al hecho de trasladarnos por la vía del aire de Buenos Aires a Mendoza. Entre nosotros se habla aun del "bautismo del aire", para prenderle así en la solapa, a algún viajero importante, una virtual condecoración que tiene algo de admirativa.

El adiestramiento de pilotos para aviones es, sin duda, la preparación militar a que da más incertidumbre y que necesita más cuidado y tiempo. Sin embargo, en una sola de las regiones de adiestramiento aéreo en que está dividido el país, se preparan simultáneamente más

Dos jóvenes becados argentinos, Federico Martínez Guerrero y Guillermo Buttler, aparecen aquí listos para la tarea del vuelo en un bimotor de escuela en la base de Kelly Field. Junto con muchos otros compatriotas comprendidos en un vasto programa de becas de aviación para latinoamericanos, los dos jóvenes se graduaron de instructores de vuelo.

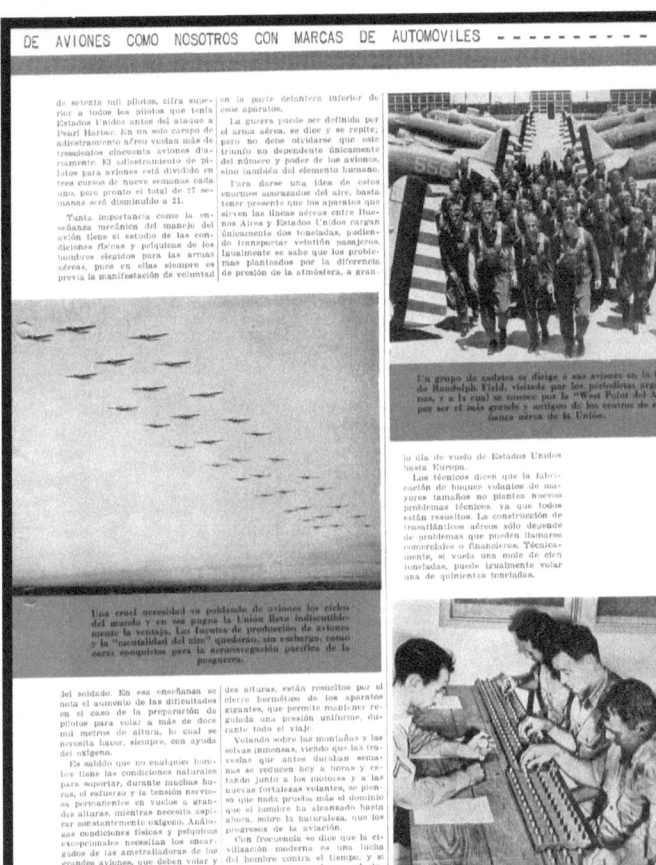

Algunas páginas del folleto *Sin entrada prohibida*, editado por la Asociación de Difusión Interamericana. (Avenida Roque Sáenz Peña 567, Buenos Aires), con motivo de la gira realizada por los Estados Unidos y Canadá, por nueve periodistas argentinos, invitados por el Club Nacional de Prensa de los Estados Unidos.

ALFREDO COVIELLO: ILUSTRACIONES DE SU ARCHIVO 233

Visita a las oficinas de Nelson Rockefeller, Washington DC. Coviello es el primero a la izquierda de la foto.

Nelson J. Lagos y Alfredo Coviello con el Decano de la Universidad de Harvard, George Chase.

En la azotea del edificio RCA, en el centro de Manhattan. Se encuentran en el piso 70° a nivel de la calle desde donde observan la ciudad más grande de América en aquellos años.

Con Walt Disney, en sus estudios de Los Angeles.

Ripley conversa con Coviello.

Dedicatoria de Ripley a Coviello: *Créase o no*. N.Y April 13.

Alfredo Coviello a su regreso de los Estados Unidos.

> Nelson A. Rockefeller
>
> November 5, 1945
>
> Dear Mrs. Coviello:
>
> I am deeply touched by your thoughtfulness in sending me an inscribed copy of the book "Lo Que Vi en Estados Unidos y en Canada" written by your distinguished husband shortly before his death. It is very fortunate that his observations were in a form suitable for publication.
>
> Dr. Coviello made a profound effort to serve the cause of democracy in the interest of his country and he will be long remembered by his friends in the Americas.
>
> With kindest personal regards and best wishes,
>
> Sincerely,
>
> Nelson A. Rockefeller
>
> Mrs. Alfredo Coviello
> Buenos Aires,
> Argentina

Nota de condolencias enviada por Nelson Rockefeller a Elvira Martínez Castro de Coviello.

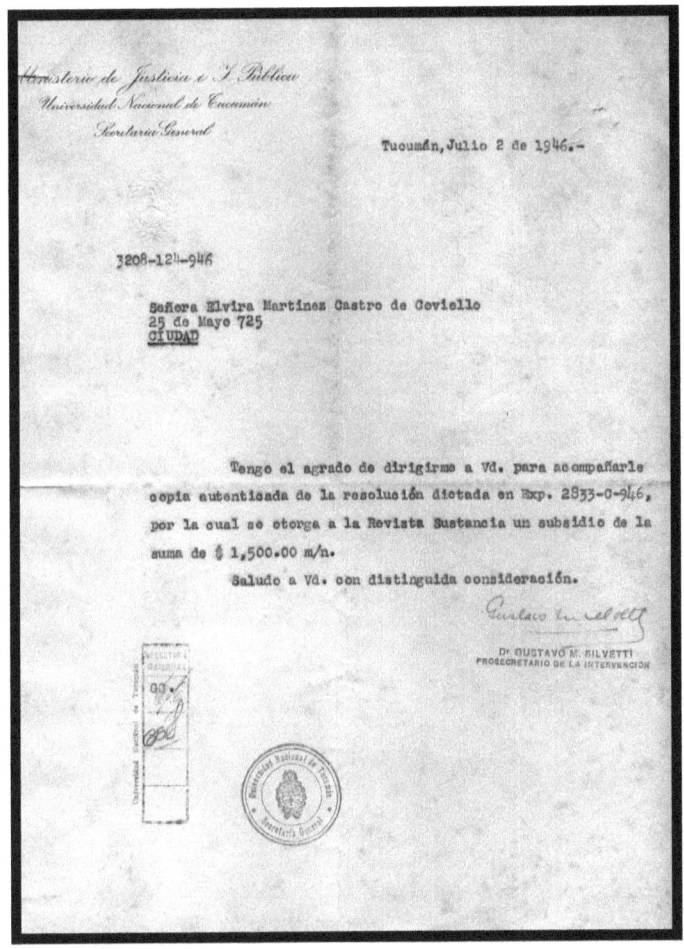

Subsidio que hizo posible el número final de *Sustancia*.

Carlos Páez de la Torre (h) inaugurando la Biblioteca Alfredo Coviello en el local de la Dirección General de Cultura. Tucumán, 9 de abril de 1980.

3.
ALFREDO COVIELLO
TEXTOS. FUENTES. ENSAYOS.
MATERIALES SOBRE SU VIDA Y OBRA

HACIA TUCUMÁN, EN TUCUMÁN. 1898-1929

[200] **Archivo de Alfredo Coviello:**
Carpetas: Nº 1. Datos biográficos. - Nº 2. Secretario de la Municipalidad de Tucumán. - Nº 3. Sociedad Sarmiento. - Nº 4. La Sociedad Argentina de Escritores (S.A.D.E.). - Nº 5. Datos culturales. - Nº 6. Temas varios. - Nº 7. Universidad Nacional de Tucumán (junio de 1929 - 1938). - Nº 7 bis. Universidad Nacional de Tucumán (julio de 1938 - 1939). - Nº 8. Universidad Nacional de Tucumán (1940 - 1943). - Nº 9. *La Gaceta* (1929 - 1936). - Nº 10. *La Gaceta* (1937 - 1940). - Nº 11. *La Gaceta* (1941 - 1943). - Nº 12. *Sustancia* (1930 - 1939). - Nº 12 bis. *Sustancia* (1940). - Nº 13. *Sustancia* (1941). - Nº 14. *Sustancia* (1942). - Nº 14. *Sustancia* (1943 - 1944). - Nº 15. *Sustancia* Nº 18. - Nº 16. Escritor. Ensayista. (1936 - 1939). - Nº 16 bis. Escritor. Ensayista. (Abril de 1940 - 1942). - Nº 17. Escritor. Ensayista. (Hasta octubre de 1942). - Nº 18. Escritor. Ensayista. (Noviembre de 1942 - 1944). - Nº 19. Viaje a los Estados Unidos y Canadá. (6 de mayo de 1942 al 31 de marzo de 1943). - Nº 20. Viaje a los Estados Unidos y Canadá. (Abril a noviembre de 1943). - Nº 21. *Lo que vi en Estados Unidos y Canadá*. Obra póstuma. - Nº 22. Su fallecimiento. - Nº 22 bis. Homenajes póstumos. Donaciones y premios otorgados en su nombre. - Nº 23. Actas del Consejo de la Universidad Nacional de Tucumán (1937 - 1939). - **Álbumes de fotos**: A. Varias. - B. Vinculadas a *La Gaceta*. - C. Relacionadas con su viaje a los Estados Unidos y Canadá. - **Sobres**: A. Fotos varias. - B. Diplomas.

[201] Alfredo Coviello, el penúltimo de siete hermanos (tres varones y cuatro mujeres), nació en Buenos Aires el 25 de abril de 1898, en la calle Bartolomé Mitre número 1607. Sus padres, Vicente Coviello – sastre de oficio – y Águeda Rendina, habían venido de Nápoles – donde se habían casado y donde también nació el mayor de sus hijos, después de perder dos bebés en momentos de una epidemia de peste –, como inmigrantes en un buque de carga, instalándose en lo que es hoy el barrio porteño de Congreso. Vicente, uno de los varones, murió ahogado, desgracia que lo llevaría a Alfredo a ocuparse personalmente de que todos sus hijos aprendiesen a nadar desde niños.

La precaria situación económica de la familia, drásticamente agravada por la muerte de su padre, en 1912, obligó a Coviello a abandonar la escuela primaria para emplearse como aprendiz en una cartonería a los diez años; como ayudante talabartero, a los once; y como cadete de escritorio a los trece.

Texto de base: Javier Petit de Meurville. *Vida, pasión y muerte de Alfredo Coviello*. Prólogo de Nicandro Pereyra. (Inédito). (Hacia 1987).
[Alba Omil. *Italianos en Tucumán. Historias de vida*. Tucumán: Lucio Piérola Ediciones, 2007].
[Asimismo: Soledad Martínez Zuccardi. "Una figura intelectual en el Tucumán de las décadas de 1930 y 1940. Alfredo Coviello y la tradición cultural del Centenario", en *VIII Jornadas "La generación del Centenario y su proyección en el Noroeste Argentino*. Tucumán: Centro Cultural Alberto Rougés. Fundación Miguel Lillo, 21 al 23 de octubre e 2009].

[202] Años más tarde, una fortuita coyuntura familiar le permitió a Alfredo Coviello mudarse a Tucumán acompañando a dos de sus hermanas, casadas respectivamente con los hermanos Francisco y Bernardo Ponce, oriundos de esa provincia.

En Tucumán, Coviello pudo finalmente terminar la escuela primaria en el Colegio Salesiano General Belgrano, cuando ya tenía 19 años, para comenzar el bachillerato. Paralelamente, trabajó primero en el estudio jurídico del doctor Felipe S. Pérez y luego, a partir de 1919, como escribiente en el Juzgado de Campaña de Tafí Viejo, del que era juez su cuñado Bernardo.

[203] En el Colegio Nacional Bartolomé Mitre, donde egresó como bachiller en 1921, Coviello tuvo como profesores, entre otros, al poeta y escritor boliviano Ricardo Jaimes Freyre, precursor del modernismo, y al padre Jean Soubies, quien años más tarde le presentaría a Alberto García Hamilton, fundador y propietario del periódico *La Gaceta*. Entre sus compañeros de estudios estaban el abogado y poeta parnasiano Serafín Pazzi, e Isaías Nougués, hermano de Juan Luis. En el quinto y último año del secundario, Coviello fue compañero de división de Elvira Martínez Castro, su futura esposa.

[204] Tras recibirse de bachiller, Coviello trabajó en la legislatura provincial, contratado por el cura diputado Felín Linares Alurralde. Posteriormente, alcanzó la categoría de auxiliar de primera como empleado en la Secretaría del Senado provincial. Ese puesto le permitió concretar su deseo de regresar a Buenos Aires para estudiar abogacía (en ese entonces, sólo había Facultad de Derecho en las ciudades de Buenos Aires y Córdoba).
Es posible que Coviello ayudara a Linares Alurralde a compilar los tomos 27 a 32 de la *Compilación Ordenada (1852-1913)*, cuyos 33 tomos fueron publicados entre 1915 y 1933.

[205] En calidad de estudiante universitario, ya reinstalado en la Capital Federal, aprovechó Coviello su capacidad y su experiencia en trabajos de ordenamiento para publicar una guía donde sintetizaba la extensa bibliografía que debían consultar los aspirantes a la carrera:

Apuntes de Filosofía.
Para el Ingreso a la Facultad de Derecho y Ciencias Sociales.
Preparados sobre la base de notas tomadas en clase por Alfredo Coviello.
Buenos Aires, [Reimpresión] 1929.

[Temas] Contenido de la filosofía. El problema del conocimiento. Orientaciones filosóficas. Escuelas contemporáneas. Ética. Moral y Religión. Moral y Derecho. Sistemas de Moral. Ciencia y Metafísica.

Al lector, por A.C.

> La publicación de estos apuntes tiene sólo una justificación: satisfacer el insistente pedido de un núcleo de compañeros deseosos de tener un resumen que facilite el repaso de esos complejos y variados temas contenidos en la última parte del programa.
> Están redactados sobre la base de anotaciones tomadas en clase, es decir, inspirados en las sabias disertaciones del profesor titular, seguidas especialmente en ciertos tópicos; pero para el desarrollo general me he valido también de estudios afines hechos particularmente y de un plan de exposición que juzgué el más adecuado. Cabe declarar que el profesor de la materia es ajeno a la elaboración de este resumen. Considerándolos únicamente como un verdadero esfuerzo de estudiante, espero sean acogidos benévolamente.

Vale la pena destacar de los *Apuntes*, el "Capítulo III – Escuelas contemporáneas: 1. Síntesis de estos movimientos filosóficos. – 2. El pragmatismo. – 3. El intuicionismo. – 4. El contingentismo. – 5. El movimiento epistemológico. – 6. La filosofía de Einstein. – 7. La filosofía de los valores. – 8. El idealismo absoluto. – 9. El neo-tomismo o neo-escolásticos. – 10. El neo-realismo o filosofía del sentido común. El humanismo".
Del "Capítulo V. Moral y Derecho: 3. La justicia social".
Y del "Capítulo VI – Los sistemas de moral: 7. [Jean Marie] Guyau y la Moral sin sanción ni obligación".

[206] Por entonces, se manifestaron los primeros síntomas de la enfermedad que, con el correr de los años, lo llevaría a la muerte. En un principio, la enfermedad fue erróneamente diagnosticada como una dolencia estomacal, y el tratamiento prescripto no surtió efecto. Así, en mayo de 1925 fue declarado cesante de su puesto en la Secretaría del Senado de Tucumán, "por razones de reorganización de personal".

[207] En 1926, a instancias de su amigo Celedonio Guzmán Gutiérrez, intendente municipal en ese momento, Coviello volvió a la ciudad de Tucumán, interrumpiendo su carrera universitaria. En Tucumán, su salud mostró una sensible mejoría.

[208] Por resolución del Consejo Deliberante, en diciembre de 1926 le fue encomendada a Coviello la codificación de ordenanzas municipales, en un *corpus*. El trabajo fue editado por el municipio en mayo de 1927, ya bajo la gestión del nuevo intendente, Juan Luis Nougués.

Digesto Municipal de la Ciudad de Tucumán.
Contiene todas las disposiciones vigentes de carácter general y permanente, sancionadas hasta el 21 de marzo de 1927. Seleccionadas, coordinadas y publicadas por Alfredo Coviello.
(Ordenanza de marzo 21 de 1927).
Tucumán: Edición oficial, 1927.

> *Preliminar*, por A.C.
>
> Esta obra condensa en 1093 artículos todas las disposiciones de carácter general y permanente vigentes en la actualidad y que se hallaban dispersas en 12 gruesos volúmenes que por su extensión y falta de sistematización pronunciada puede decirse constituían una publicación sembrada de dificultades aún para los familiarizados con la misma por la consulta diaria, como se ha tenido oportunidad de comprobar.
> [...]
> Toda nueva Ordenanza sancionada terminaba ritualmente con el precepto: "deróganse las disposiciones que se opongan a la presente", sin indicar, expresamente, cuáles eran. La confusión que a ello inducía era muy natural y lógica si se tiene en cuenta que, en ordenanzas de la misma especie que se sucedían con intermitencias de algunos años, la última dejaba sin efecto la anterior en casi

la totalidad de su contenido, pero no íntegramente. Con esta publicación sistemática, realizada la correspondiente selección y coordinación y en virtud de la Ordenanza aprobatoria, queda así depurada la legislación producida por la Municipalidad desde su erección.
[...]
Así depurada la legislación municipal será fácil percibir, por simple comprobación, las deficiencias de fondo que la misma presenta y sobre la cual no se dio autorización para proyectar por la índole de la obra y por la imposibilidad de improvisar una labor que debe ser fruto de las deliberaciones del H. Concejo, con la colaboración del D.E. [Departamento Ejecutivo], a través del tiempo y sugerida por las necesidades que implican los intereses morales y materiales de carácter local. Ello explica que en algunos casos, estando constituida la legislación de fondo por Decretos del D.E., éstos hayan sido incluidos en el cuerpo principal, aunque no hayan sido numerados dentro del articulado general.

[209] Juan Luis Nougués lideró una escisión del Partido Liberal (expresión histórica del conservadorismo en la provincia): el nuevo partido se denominaría Defensa Comunal Bandera Blanca, que sumó diversos apoyos sobre todo de profesionales, comerciantes, industriales, logrando el triunfo en las elecciones municipales de la capital provincial en 1927. Nougués y sus seguidores, los *blancos*, llevaron adelante una política social reformista, concretada en obras públicas en materia de asistencia social y edificación urbana, predominantemente en el área de salud.

[María Graciana Parra; Marcela Vignoli. "El reformismo social conservador: el gobierno municipal de Juan Luis Nougés y Bandera Blanca". (Tucumán, 1927-1930)". – Agustín María Wilde. "El gobierno de Juan Luis Nougués (1932-1934): una oportunidad frustrada", en *La Generación del Centenario y su proyección en el Noroeste Argentino (1900-1950)*. Actas de las VI Jornadas realizadas en San Miguel de Tucumán del 18 al 21 de octubre de 2005. Tucumán: Centro Cultural Alberto Rougés, 2006].

[210] La eficiencia de Coviello como compilador del *Digesto* probablemente le valió ser nombrado Secretario del Departamento Ejecutivo en la nueva administración, para pasar a desempeñarse, poco después, como Secretario de Hacienda y Obras Públicas de la Municipalidad de Tucumán (1927 a 1929), cargo donde centró su labor en el ordenamiento y el manejo criterioso del escaso presupuesto disponible. De esa época data la amistad que mantuvo con el Dr. Julio Prebisch, por entonces concejal.

Carlos Páez de la Torre (h). "Juan Luis Nougués. La Bandera Blanca", en *Todo es Historia*, N° 93, febrero de 1975.
[El intendente Nougués] tenía un importante colaborador: el joven Alfredo Coviello, nombrado Secretario de Hacienda, una verdadera *rara avis* de criterio y ejecutividad. Sin rebajar los sueldos pudo practicar economías importantes en el presupuesto que recibía y pagar los haberes con puntualidad, del 1 al 5 de cada mes. Hacía muchos años que eso no pasaba.

[211] No obstante el prestigio de su actuación, el diario *El Norte Argentino* le imputó en un artículo usar el cargo para obstruir la tarea y los intereses del periódico. Considerándose agraviado, y dueño de un carácter frontal, Coviello renunció a su puesto para exigir al director del diario una retractación o la reparación por las armas de la ofensa inferida. El periódico se apoyó en un argumento técnico y rechazó los términos del planteo. Estancada la discusión, las partes acordaron someterse al arbitraje del Dr. Juan Heller. Tras el fallo del jurista, favorable a la postura de Coviello, *El Norte Argentino* se retractó de lo publicado y declaró la honestidad del entonces reincorporado funcionario.

[212] El 1° de junio de 1929, Nougués asume su segundo período como Intendente y en el semestre siguiente sufriría dos bajas importantes, la de Julio Prebisch, Presidente del Consejo Deliberante, que renunció en una resonante carta abierta donde planteaba su desinteligencia con el intendente y asumió

el rectorado de la Universidad Nacional de Tucumán (UNT). El talentoso médico homeópata sucedería allí, como primer rector *reformista*, al no menos brillante fundador dimitente, Juan B. Terán. La segunda baja fue Alfredo Coviello, su eficacísimo secretario de Hacienda: "discrepo en forma decisiva con V.S. en cuestiones fundamentales para la orientación y buena marcha de la Municipalidad", dijo al renunciar". [*La Gaceta*, 3 de diciembre de 1929].

[213] El diario *Tucumán*, en su editorial "Moral administrativa", del 10 de octubre de 1929, dijo:
> Venimos combatiendo en bien del vecindario las graves incorrecciones que diariamente ocurren en las esferas municipales. [...] El funcionario que lucha denodadamente por la corrección y el cumplimiento del deber es el Secretario de Hacienda, señor Coviello [...] que se ha formado dentro del radicalismo está probando en los hechos que las nuevas generaciones de una sana e ilustrada democracia, tendrán que imponerse en el futuro y que no las halagan los cargos bien rentados si hay que renunciar a la corrección y delicadeza, porque si saben estar arriba también saben volver al llano, porque están acostumbrados a la honrada pobreza.

En sintonía con su colega, el periódico *La Gaceta* lamentó la dimisión de Coviello, sosteniendo que, con su retiro, la Comuna perdía "un excelente colaborador".

[214] Julio Prebisch, electo Rector de la Universidad Nacional de Tucumán el 23 de octubre de 1929 (cargo que desempeñó por cuatro años), consiguió de inmediato que el Consejo Superior lo designara Secretario de la Universidad, pero Coviello resignó su puesto a menos de un mes de haberlo asumido.

LA GACETA, 1929-1937

[215] Su amigo y antiguo profesor de francés en el Colegio Nacional, el padre Soubies, intercedió entonces por Alfredo Coviello ante Alberto García Hamilton, fundador y propietario de *La Gaceta,* matutino cuyo primer número data del 4 de agosto de 1912.
Según otra versión, su amigo Francisco Padilla, que colaboraba en *La Gaceta,* quien dejaría su posición en el diario para ocuparse de su escribanía, lo propuso a don Alberto García Hamilton, para reemplazarlo en sus tareas periodísticas.

[216] Coviello fue Administrador del diario, del 28 de noviembre de 1929 al 30 de junio de 1930:
> Es otro elemento valioso que se incorpora a nuestra empresa. Sus aptitudes son notorias y su concurso ha de ser también eficaz para la mejor organización y el mayor impulso de *La Gaceta* y sus talleres

dijo el matutino tucumano, del cual Coviello pasó a ser Subdirector, del 1º de julio de 1930 al 31 de diciembre de 1932, y posteriormente, codirector con Enrique García Hamilton, hijo de don Alberto. A esa función agregó la de Apoderado General, del 1º de enero de 1933 al 30 de junio de 1939.

Jorge B. Rivera [*El escritor y la industria cultural.* Buenos Aires: Atuel, 1998] apunta al desarrollo del periodismo provincial durante las primeras décadas del siglo XX, destacándose: *La Voz del Interior,* en Córdoba; *El Argentino,* en La Plata; *El Litoral,* en Santa Fe.

[217] A fines de diciembre de 1929, *La Gaceta* recibe a Abraham de la Vega, dirigente del Partido Liberal: "Ha llegado para nuestro país la hora de liquidar los viciosos procedimientos con que el oficialismo depuesto desviaba la conciencia nacional", tronó el político contra el gobierno de Yrigoyen.

[218] En marzo de 1930, el gobernador radical yrigoyenista José Sortheix, intervino la Municipalidad. A modo de réplica, el conjunto de partidos opositores al radicalismo organizaron

una gran manifestación en la Plaza Independencia, de la cual participaron Pinedo, De Tomaso, Cantoni.

[219] Tras el golpe del 6 de septiembre de 1930, ante la salida electoral de 1931, pasó por Tucumán el general Agustín Pedro Justo, candidato presidencial: "Saludo a este pueblo que me despierta la evocación de las fechas gloriosas". [*La Gaceta*, 2 de octubre de 1931].

[220] Coviello aparece fotografiado junto al candidato a gobernador de la Concordancia, Adolfo Piossek; también, con presos políticos del radicalismo, entre ellos, Alberto Aybar Augier; con Juan Antonio Solari, redactor de *La Vanguardia*; y dos directores de *El Mundo*, Henry Thompson, y W.E.O. Haxell; José Augusti, director del diario *Noticias Gráficas*. En los comicios nacionales de aquel año 31, Nougés logra la Gobernación de Tucumán como candidato de Bandera Blanca. Coviello desde las páginas de *La Gaceta* participaría de la gran campaña orquestada de 1932-34 en contra del gobernador.

[221] Alfredo Coviello se casó el 11 de septiembre de 1930 con Elvira Martínez Castro, hermana de Baldomero Martínez Castro, de cuya unión con Lilia Muiño, nacería el escritor Tomás Eloy Martínez, en 1934, quien en sus mocedades firmaba Martínez Castro.
[Notas en *La Gaceta*, 11 de septiembre de 1930; *El Hogar*, 24 de octubre de 1930 "Los enlaces en Tucumán"]. [Carlos Páez de la Torre. "Los Martínez Castro", en *Revista Mensual de la Compañía de Circuitos Cerrados*, N° 256, agosto de 2008].

Alfredo y Elvira tuvieron siete hijos: María Elvira (radicada en Jujuy); Alfredo Coviello (médico; investigador del CONICET); Gladys Agueda (radicada en Hurlingham, provincia de Buenos Aires) (Autora de un libro de anécdotas familiares: *Veinticinco al 715*. Buenos Aires: Ediciones Crisol, 1975); Eugenia Josefina; Elena Emilia; María Eleonor Alicia Beatriz *Maru* (artista plástica); María Victoria (pedagoga).

[222] Un episodio de la rivalidad entre los principales diarios de Tucumán, dio cuenta el duelo a sable, de filo, contrafilo y punta, entre Coviello y Julio Rosenvald, director de *El Orden*. El hombre de *La Gaceta* sufrió "en el primer asalto una herida cortante en el rostro, a la altura de la frente", por lo cual, "inmediatamente diose por terminado el duelo". [Notas de los corresponsales de *La Razón*, 19 de diciembre de 1932, y *La Prensa*, 20 y 21 de diciembre de 1932].

[223] Coviello, en abril de 1935, condenó sin ambages desde *La Gaceta* a la Legión Cívica Argentina, y en particular, la presencia del coronel Emilio Kinkelín, activo miembro de la Liga, en la capital de la provincia, con el motivo formal de promover la venta de un Álbum del Congreso Eucarístico. Coviello lo descalificó en el editorial "Dios, la Patria y el Hogar", como "un coronel del ejército",
> [...] con un sueldo pagado por el Gobierno Federal, levantándose en una abierta prédica contra el Presidente de la República, contra la misma Constitución del país, contra la orientación política y legal del Superior Gobierno, contra el orden pacíficamente constituido [...]

Kinkelin entabló de inmediato una demanda por calumnias e injurias contra los directores del diario o el periodista responsable del artículo. Coviello asumió la responsabilidad. En junio de 1936, el juez Román Schreier lo absolvió finalmente de las imputaciones, cargando las costas al demandante.
> [...] resulta una paradoja, un absurdo, una verdadera situación insólita – expresa Coviello en su alegato – imaginarse que la ley, la justicia o el magistrado ha de imponer sanciones penales o correctivas a quien [...] llena el rol de vigilar permanentemente por la estabilidad y armonía de nuestras instituciones, señalando a la opinión pública las aberraciones o peligros que la acechan [...]

[*La Gaceta*, 9 de junio de 1936; *Crítica*, en Buenos Aires, el mismo día; *La Gaceta*, 16 de junio de 1936; *La Vanguardia*, 12 de junio de 1936: "Final de la aventura de un coronel vendedor de álbumes"].

[224] El domingo 20 de septiembre de 1936 aparece en *La Gaceta* una pequeña sección de crítica titulada "El libro de la semana",

la cual se extiende a página entera el domingo 31 de octubre de 1936, pasando a denominarse "Bibliografía, Literatura, Arte y Filosofía"; a partir de la siguiente entrega, comienza a publicarse los sábados, posiblemente para competir con la página similar publicada en *El Orden*. Al año siguiente, pasa a publicarse los jueves. Su publicación abarca aproximadamente siete años, bajo la dirección del mismo Coviello, quien firmó numerosas colaboraciones con el seudónimo de Pluma Áspera.

En la edición de *La Gaceta* del jueves 19 de mayo de 1938, Coviello publicó en la mencionada página "Bibliografía...", un extenso comentario sobre el libro de Thomas Mann, *Advertencia a Europa*, con prólogo de André Gide, editado por Sur en Buenos Aires.

> [...] la pasión, esa pasión creadora que debe impulsar al intelectual – señala Coviello en la parte final de su nota – a tomar partido según lo quiere Mann, es la misma fuerza que impulsa a él a expresar su opinión y analizar el mundo social-político que tenemos por delante, mucho con algo de libertad, de esa libertad vilipendiada por la masas y el materialismo abrumador de estos días, de esa libertad de la cual el escritor alemán no duda, y mucho con algo del determinismo naturalista que nos circunscribe a través de cada acto y de cada pensamiento cuando pretendemos discernir un mundo tan lleno de aspectos sombríos como el que actualmente nos envuelve.

[225] Ana María Risco. "Pioneros del periodismo cultural del NOA. La página literaria de *La Gaceta* y la importancia de ser los primeros", en: Fabiola Orquera (Edición y coordinación). *Ese ardiente jardín de la República – Formación y desarticulación de un "campo" cultural: Tucumán, 1880-1975*. Córdoba: Alción Editora, 2010.

> La crítica se presenta en la página de Coviello de acuerdo con los parámetros de la época, centrada principalmente en el enjuiciamiento intuitivo de la calidad y valoraciones según una escala de gustos personales, aunque al mismo tiempo compartida por una élite intelectual que asume la misión de *formar* el gusto al *pueblo*.

[226] A la Página Bibliográfica de *La Gaceta* se refiere Coviello en el prólogo a su libro **Crítica bibliográfica y análisis cultural**. Tucumán, 1938. [Imprenta López, Buenos Aires], 432 páginas:

[Nota introductoria]
Apetencia de lo espiritual, por A. C.
 Entiendo que, por primera vez en el interior de nuestro país, he conseguido establecer y organizar en forma digna la crítica sistemática y permanente de nuestra producción bibliográfica. En el norte de la República, sirviendo a una vasta zona que comprende varias provincias y gobernaciones, con la cooperación inteligente y voluntariamente disciplinada de un limitado número de amigos y camaradas – como yo, entusiastas obreros intelectuales – contando con una acreditada tribuna cuyo nivel de prestigio hemos tratado de levantar cada vez más, venimos realizando desde hace ya un bienio una labor amplia de estímulo a la buena obra escrita, que abarca el pensamiento universal y confronta con preferencia la idea y la palabra de nuestras primeras firmas. Y por primeras conviene captar simultáneamente su doble acepción: las mejores como las más nuevas.
 Nuestra labor se ha extendido más allá de la simple información de contralor o del maduro análisis dedicado a la solución editorial. Hemos intentado excitar – en un medio todavía no lo bastante propicio – el amor hacia el buen libro que es también como empinar el anhelo por la inquietud puramente intelectual; por eso, la muerte de un filósofo, la rememoración de un acontecimiento histórico, la fundación de un nuevo ciclo de enseñanzas, la veneración universal de un genio de la humanidad, el afán mismo de superación en las artes gráficas, como la degeneración libresca – lo grande y lo magnífico, lo simplemente bueno y a veces lo malo – merecieron la atención expectante de nuestro ojo avizor y obtuvieron a través de nosotros un eco, grávido de sonoridades, de aquellas resonantes tonalidades que para cada caso juzgamos más adecuadas.

¿No es acaso educar al pueblo empeñarse en la tarea de afinarle el gusto y templarle la apetencia por lo espiritual? Correlativamente, hemos tratado de despertar la facultad de ejecución intelectual en muchas mentalidades preparadas para ello por estar dotadas de singulares aptitudes mantenidas sin embargo en estado latente, en esa semi-actitud que es lo pasivo subviviente en que la iniciativa propia se encuentra como en puerta, esperando sólo una sacudida, un empujón inicial para encontrar después de perturbante conmoción el equilibrio de su centro natural en el terreno de la laboración fecunda.

Tan serio esfuerzo había sido realizado hasta ahora en forma orgánica y durable solamente en la gran metrópoli, en esa gran cabeza geográfica de la cual siempre esperan las provincias excelentes enseñanzas y mejores frutos, pero que nadie la ansía hipertrofiada en pulposo y absorbente cerebro de un desproporcionado y anémico organismo. Sólo quienes conocen la topografía espiritual y las dificultades de técnica con que se tropieza a más de un millar de kilómetros de la Avenida de Mayo – de una técnica que implica la supeditación de múltiples factores materiales y humanos – no han de adjudicar hipérbole alguna a la apreciación que dejamos expuesta. Nos place, pues, declarar que no nos faltó la palabra alentadora, cordial y generosa, de autorizadas figuras que honran a las letras y al periodismo nacional.

Una parte de dicha labor, como es lógico, fue ejecutada y le incumbe ordinariamente al autor de estas líneas. Sustancia de lo que hasta ahora ha realizado en el cometido de esa iniciativa, son las subsiguientes páginas que, nucleadas en una cierta especialización, forman el presente volumen. En él ha de notarse a veces el indudable sabor o la preponderancia de lo característico-regional, por la circunstancia elocuente de la no indiferencia al medio ambiente.

Por qué el análisis del acontecimiento, la crítica bibliográfica, el tema de extensión, se aglutinan aquí en consorcio puramente cultural, es lo que, igualmente, con estas líneas preliminares, hemos tratado de explicar.

[En la portada figura este Índice General del libro] Temas críticos y bibliográficos de la Filosofía. Un paralelo sociológico. - Temas críticos y bibliográficos de la historia. - Cultura y medio ambiente. - Buenas y malas ediciones. - Teorías. Elogio de una vida. - El intelectual y su carácter. - La economía dirigida y otros temas.

En "Temas críticos y bibliográficos de la Filosofía" se incluyen notas sobre: Alejandro Korn (*"La libertad creadora.* Influencias filosóficas en la Evolución Nacional"); Renatus Cartesius ("El fundador de una nueva área filosófica"); Hegel, "el inteligible"; Bergson.
Añade "un paralelo sociológico" entre Alexis Carrel y Georg Friedrich Nicolai.
En la sección "Elogio de una vida" figuran las notas "[José] Ingenieros, artífice del pensamiento" y "Vida ejemplar".
Bajo el título "El intelectual y su carácter" se ocupa de "El pensamiento de Gide y la confrontación material [a propósito de su libro *Regreso a la U.R.S.S.*]", y de "Alfredo Palacios y las instituciones".
En la parte final del libro, se dedican 15 páginas a la "Guía alfabética de conceptos, obras, autores e instituciones culturales, comentados, analizados o aludidos en este volumen".

[227] De la sección "Cultura y medio ambiente", vale destacar una importante crítica bibliográfica:

Alfredo Coviello. *Ensayo sobre la expresión popular artística en Santiago,* **de Bernardo Canal Feijóo.**
Si de algo se caracteriza la época actual, es por el predominio monopolizante del *espíritu moderno*. No ocurrió siempre así y tiene en esto mucha parte el florecimiento de la técnica. Imaginemos por un momento lo que era aquella Edad Media o esa Época Antigua y se nos aparecen como visiones estáticas en oposición a la nerviosa renovación de nuestros días. Las costumbres, los usos, los gustos, los mismos pueblos y zonas de dominio, del

dominio pedestre y del sideral, los recursos científicos y los de orden geográfico, la proliferación de los procedimientos y modos de hacer las cosas, el concepto de la economía y las limitaciones o amplitud del comercio, los instrumentos e intermediarios del mundo mercantil, los medios de transmitir el pensamiento, divulgar la idea escrita u oral, los eslabones de la cultura, todo, en una palabra, cuanto constituye el conocimiento, la ciencia y la técnica del hombre se encuentra distribuido en forma tan desproporcionada entre una época y otra que nos explica claramente cómo el progreso avasalla sin contemplaciones lo que encuentra a su paso. No es que lo destruya, simplemente, va dejándolo atrás, en la penumbra, como si lo envolviera en una turbia atmósfera que lo hiciera cada vez más difícil de percibir.

Si debiéramos definirnos en cualquier instante podríamos decir que el nuestro es la resultante del espíritu de tradición condicionado por el espíritu moderno. De la combinación de estas dos expresiones sintéticas, resultará una mayor o menor armonía cultural. ¿Con referencia a qué?... Con referencia, naturalmente, al valor en sí que estos tramos del progreso humano puedan significar a través del contenido histórico.

Pero nosotros comenzamos diciendo que la época actual se caracteriza, en relación a otros largos períodos de la humanidad, por la preponderancia del *espíritu moderno*. Es un predominio nervioso, neurálgico, que nos mantiene en forzada expectativa, sin concedernos tregua, en una tensión permanente, porque no acaban nuestros usos, costumbres o adecuaciones materiales o intelectuales de acomodarse a la novedad técnica, cuando un nuevo procedimiento, una otra variación, un distinto sistema conmueve en lo más íntimo las fibras de nuestra sensibilidad llevándonos como de la mano, a veces forzosamente, en una marcha de renovación desconocida para los medioevales o para los antiguos. Y la acentuación de este ritmo, tan distinta ahora a lo que fue antes, es lo que señala la absorción del pasado por el presente en aras del porvenir. Porque es como si dilapidáramos nuestro patrimonio para sólo preocuparnos de una fugaz felicidad que el futuro ha de resolver en definitiva. De allí un sentimiento de indiferencia para todo lo que *ya no es*, un concepto despectivo para lo antiguo, lo arcaico, para el *espíritu de tradición* que no siempre significa rémora ni atraso.

El espíritu de tradición puede sintetizar el aporte más valioso, la esencia indesvalorizable de cuanto hemos heredado de nuestro medio natural y de nuestros antepasados, para cubrir un otro tramo más hacia adelante en la senda de civilización que los pueblos deben por ley recorrer.

Y este espíritu de tradición es el que constituye el objeto principal de la investigación científica y de la reflexión filosófica de Bernardo Canal Feijóo. *Ensayo sobre la expresión popular artística en Santiago* es una incursión en el folklore mitológico, legendario y religioso de la vecina provincia realizado con un éxito digno del talento auténtico y de los nobilísimos afanes que constituyen la ya importante literatura con que el autor ha contribuido a llamar la atención metropolitana hacia el escritor de nuestras lejanas provincias.

Esta expresión artística del medio santiagueño, que se revela en la literatura, en la música y en la plástica, encuéntrase más hondamente arraigada, más celosamente favorecida en la masa popular, según el autor. De manera que aquí surge una afirmación de incitante tono polémico, porque frecuentemente se suele expresar que son las *clases selectas* aquellas que con más fervor y respondiendo a un imperativo natural conservan las tradiciones históricas, culturales y sociales. Pero como decimos, el autor estudia con criterio analítico la expresión artística y popular por medio de la prosa y del verso, y escarba el sentido histórico que pulula en ella por la actuación del indio y del blanco, como por la aparición del mestizo. La supervivencia del quichua que en la provincia santiagueña ocupa una posición no menos digna que el castellano, las variaciones en el lenguaje, las interpolaciones de versos quichuas y castellanos, el simbolismo indígena, la fuerza plástica del colorido y otros motivos de espontánea sensibilidad exteriorizados en diversos sectores de ese medioambiente, la perturbación de costumbres, usos y ritos, el examen de la forma y del fondo literario, la relación esquemática de la geografía santiagueña y la falta real e íntima de contacto entre el espíritu de sus habitantes y el de las regiones circundantes a excepción de la zona tucumana, le permiten estudiar y definir, con pensamiento hondo y agudo criterio filosófico lo que da en llamar el *fenómeno santiagueño*.

Se nota en los últimos tiempos una tendencia del intelectual de nuestras zonas hacia lo autóctono, a dedicar su atención hacia lo inmediato, a escoger como motivo de sus preferencias lo que tenemos debajo de nuestros ojos. El sentido regional torna la labor doblemente fructífera. Sin perjuicio de que en el arte y en la literatura los puntos de vista universales constituyan la llama inspiradora del artista y del literato, el intelectual, como el filósofo aplicando los principios fundamentales que se adquieren plenamente con la madurez del pensamiento, no debe desdeñar de su medio, ni juzgar por la microscopía del ambiente indigno a éste de sus afanes como decíamos que por ligereza suele apreciarse con frecuencia en esa contraposición del pasado y el presente. Aquí, con el *Ensayo sobre la expresión popular en Santiago* tenemos un ejemplo elocuente de lo fructífero que resulta la labor inteligentemente llevada a cabo y cuyos beneficios han de apreciar con mayor eficacia el historiador, el etnólogo, el investigador, el técnico consciente, todos cuantos quieran imbuirse sinceramente de aquello que a nuestra cultura atañe.

[228] En la edición de *La Gaceta*, del 30 de marzo de 1939, en la sección "Bibliografía, Literatura, Arte y Filosofía", Coviello, bajo las iniciales E.A.C. se ocupa de cinco obras publicadas en la Biblioteca Contemporánea, de Editorial Losada: tres de Pérez Galdós (*Gerona, El amigo manso, Trafalgar*) y dos de Azorín (*Castilla, Clásicos y Modernos*).

[229] En *La Gaceta* del 16 de abril, Coviello comenta la obra de un amigo, a la sazón rector del Colegio Nacional de Tucumán: Francisco E. Padilla. *Totalitarismo y democracia*. Edición a cargo de la revista *Ideas*. Tucumán, 1939.
[...] libro escrito con criterio docente, contiene muchas enseñanzas, sabias y provechosas, por la forma en que se abordan los temas tratados y por la erudición del autor. Es, al propio tiempo, un libro de sano nacionalismo argentino, que fomenta la tradición nacional, ampara nuestras más caras instituciones y señala errores y desviaciones en que han caído, bregando para que éstos se corrijan, para que aquéllas se perfeccionen.
[...] entraña, desde otro punto de vista, a la par que un preciado exponente de la cultura local, una revelación alentadora del progreso que la industria del libro realiza entre nosotros.

[230] Cabe agregar que desde la página literaria de *La Gaceta*, Coviello respaldó a varios colaboradores locales, entre los que se destacaron: Lozano Muñoz, Roberto Murga, Juan Terán (hijo), Juan Francisco Moreno Rojas. "He formado una decena de comentaristas que colaboran allí permanentemente", escribió Coviello en un curriculum vitae.

[231] *La Gaceta Literaria* comenzaría a publicarse con la edición del 28 de agosto de 1949, bajo la dirección de Daniel Alberto Dessein, quien fue el animador de ese suplemento dominical durante largos años.
[Daniel Alberto Dessein; H. de Iliria. "Sobre esta página", en *La Gaceta*, 14 de enero de 1968; Alberto Dessein. "Hoy cumplimos 45 años", en *La Gaceta*, 28 de agosto de 1994; "Cumplimos medio siglo, ¿qué decir?", en *La Gaceta*, del 29 de agosto de 1999].

[232] El editorial "Año Nuevo" de *La Gaceta*, viernes 1º de enero de 1937, probablemente debido a la pluma de Coviello, señalaba:
Acaba de entrar la humanidad en un nuevo año: 1937, de la era cristiana. [...] Para la humanidad, vida nueva puede depararle el año 1937. Vida nueva en el Lejano

Oriente, a raíz del conflicto chino-japonés; vida nueva en la convulsionada Europa, con motivo de la devastadora guerra hispana y el convenio de no intervención de las grandes potencias; vida nueva en la tranquila y confiada América, con las resoluciones que han tomado recientemente los representantes de sus países en la Conferencia de Consolidación de la Paz en América, celebrada en Buenos Aires. Los densos nubarrones que se cernían sobre el futuro han comenzado a disiparse, empieza a clarear y se mira al mañana con mayor confianza que la humanidad tenía en sí misma al pasar de 1935 a 1936.
Pero si tantas y tan variadas perspectivas son las que presenta para el mundo el año nuevo, no son menores, relativamente, por supuesto, las que se ofrecen particularmente a la República Argentina. Dentro de pocos meses, en pleno 1937, se realizarán elecciones para renovar el Poder Ejecutivo de la Nación. Fundamental para el porvenir del país puede ser el cambio de presidente de la República con las atribuciones constitucionales que él tiene y, sobre todo, con la influencia que puede ejercer en la marcha general del país, no sólo por esas atribuciones sino también por la elasticidad que ellas admiten en nuestras prácticas políticas y administrativas. De ahí la extraordinaria trascendencia que se asigna a los próximos comicios. En realidad, es extraordinaria. Hace muchos años que no se celebran otros semejantes. Bien es cierto que todo depende de las circunstancias. No atravesó otra situación parecida a la actual la República Argentina, por los sucesos políticos que se han venido desarrollando desde 1930 y por la repercusión que los acontecimientos e inquietudes de afuera alcanzan en nuestro ambiente. El año nuevo bien puede comportar para el país el punto de partida de una vida nueva, con sus elecciones presidenciales.
Y estrechando más el comentario, circunscribiéndolo a nuestro medio, motivo de vida nueva para Tucumán ha de resultar cuanto se haga en 1937, ya preparado en el año que termina. Si como parte integrante de la República es susceptible de sufrir las variaciones de la elección

presidencial, como provincia autónoma, con sus derechos y sus deberes, se prepara para una gran transformación, que ha de producirse en ella con la ejecución de las obras públicas en proyecto. Transformación formidable, económica y social, será la que ha de operarse en gran parte del territorio tucumano con la construcción de los diques de Escaba y El Cadillal, a punto de comenzar. La adquisición del Ferrocarril Central de Córdoba por la empresa ferroviaria del Estado y la reorganización de los servicios ferrocarrileros en la región norteña, que ha de seguirla, tendrá en esta provincia efectos económico-sociales que podrán parangonarse con los de la construcción de los diques. No son menos alentadoras las perspectivas urbanas en esta ciudad capital con la ejecución de los canales de desagüe y con el levantamiento de grandes edificios públicos que esperan solamente la terminación de los últimos trámites para el comienzo de las obras.
En el año nuevo, también Tucumán halla la visión de una vida nueva, alentada por lo que en ella se hará, resolviendo muchos de sus problemas de solución impostergable.
[...]
Si 1937 fuera el año del entendimiento recíproco y la ayuda mutua, la humanidad podría comenzar a satisfacer ampliamente sus aspiraciones, entrando en una vida nueva y más tranquila que la del pasado.

[233] También en *La Gaceta* del 1º de enero de 1937, se publica en la 2ª sección, una página titulada "Recordando a Alejandro Korn", que incluye: "Alejandro Korn en Tucumán", por José Lozano Muñoz; "Un testamento filosófico: *Los Apuntes de Filosofía*", por Francisco Romero, y:

Una página de historia en la naciente filosofía argentina, por Alfredo Coviello.
En la historia del pensamiento argentino, y dando al término su inequívoca acepción, José Ingenieros y Alejandro Korn – que acaba de desaparecer – son dos mentalidades que merecen la más alta valoración como filósofos.
[...]

Korn representa en la Argentina, ante todo, el espíritu del filósofo en sí. Él mismo era la filosofía viviente.
[...]
Korn ha luchado por reivindicar el verdadero valor de la personalidad humana dentro de la concepción filosófica, cuidándose de invadir campos trillados y por ende estériles en las actuales circunstancias. Esto en cuanto al Hombre. Y en cuanto a la Filosofía, por encima de todas las peripecias de lucha y del triunfo o derrota pasajera la concibió, difundió y consolidó legalizando su existencia con bases propias, con una actitud mental autónoma, que no se somete humillada a otras ramas del saber, ni debe excederse insistiendo en querer conocer el algo imposible que no haya sido dado en nuestra propia conciencia. En Alejandro Korn – ni infrafilosofía, ni suprafilosofía, diríamos – la actividad filosófica se manifiesta como *la filosofía en sí* que intuye al espíritu la limitación de la esfera presentida.
[...]
Sus méritos relativos son tan importantes como poderosa era la corriente adversa que le tocó enfrentar. Su valoración objetiva emerge – más que de la obra material concretada en libros y escritos – de las rutas abiertas a las nuevas generaciones que parecían inexistentes cuando la formidable ofensiva positivista se enorgulleció del triunfo decisivo como de haber impuesto la unilateralidad en el campo intelectual argentino. Y esto ya es mucho, porque nos reproduce a su propio espíritu conviviendo con el futuro.
[Reproducido en el *Boletín del Instituto de Filosofía de la Universidad de Córdoba*, N° 2, de febrero de 1937].

[234] Por aquellos meses de fines del 36 a mediados del 38, Alfredo Coviello desde Tucumán mantiene una activa correspondencia con el filósofo Francisco Romero, domiciliado en Martínez, provincia de Buenos Aires.

De Coviello a Romero, con fecha 8 de diciembre de 1936:
> Le refiero que a tres columnas hace dos o tres meses inserté una noticia bibliográfica del homenaje a Bergson, dedicándome preferentemente a Korn en esas circunstancias. Que después del *Libro de la semana*, se amplió la sección hasta constituir una página de los sábados. [...] En el último año me preocupé de la jerarquía intelectual de *La Gaceta*, y actualmente colaboran grandes firmas internacionales como Lloyd George, Herrit, Trotski, literatos, hombres de ciencia, etcétera; algunas firmas nacionales. Que en las últimas semanas es la producción local la que he tratado estimular.
>
> Que con este poderoso parlante podemos realizar una gran obra, puesto que coinciden sus fines con los que me llevaron a crear la página, esto es despertar la inquietud en un medio propicio que desconoce estas actividades.

De Romero a Coviello merecen citarse las cartas remitidas con fechas:

11 de diciembre de 1936:
> En la hoja de *La Gaceta* que me adjunta me sorprende la variedad del tono en las tres notas, y, más allá del acento tan diversa, la seguridad con que se mueve entre temas tan distintos. Algunos de ellos (el libro de Carou, que conozco), presentaba dificultades para el bibliógrafo, que usted ha superado muy bien. Sin lisonjas permítame decirle que con cosas así vamos hacia un tipo de periodismo que anuncia tiempos mejores. Bien se ve que bajo la tarea diaria, con sus prisas y sus afanes, hay en el autor de las notas una vocación de estudioso, larga y sin prisa. [...] Lo que me dice de la importancia y significación de *La Gaceta* me complace mucho, en función de la obra que puede hacer, y que está haciendo con ella un hombre bien intencionado y dinámico como usted. [...] Como usted ve, hay tentativas y realizaciones muy interesantes, pero sobre todo lo que falta a nuestra vida intelectual o espiritual es la conexión y el eco. Y la prensa puede ir creando esa resonancia, caldo de cultivo para otras cosas.

22 de diciembre de 1936:
>Lo más admirable (pensaba poner estimable, pero no basta) es cómo concilia *La Gaceta* la vivacidad con la seriedad. Es un diario movido y respetable, que se hace leer, y merece ser leído. A un periodista de su categoría no hay que decirle esto con más detalles. Le deseo que no desmaye y que haga escuela. De todo corazón.

10 de enero de 1937:
>Distinguido amigo:
>Quiero hablarle algo más de su número del 1°. Me ha parecido un notable logro periodístico, variado, movido, interesantísimo. Se ve que todo está manejado con inteligencia y energía; la inteligencia no es cosa rara entre nosotros, pero sí la energía y la tenacidad al servicio de la inteligencia. Un gran número, amigo Coviello.
>No debo ocultarle, sin embargo, algo muy personal y que acaso le parezca indiscreción que se lo exprese, en atención al poco tiempo que nos conocemos. Y es que me parece que usted se prodiga demasiado, que se está sometiendo a una labor demasiado intensa. Si usted me permite un consejo amistoso – y no soy de los que prodigan consejos – adminístrese un poco más en beneficio de la continuidad del esfuerzo. No se agote prematuramente, exprimiendo los jugos del cerebro. Me da la impresión de un gran entusiasmo al servicio de un propósito bien definido; pero nuestras fuerzas nos engañan, y a veces estamos hipotecando el porvenir sin sospecharlo.
>[...]
>Empiezan a llegarme impresiones sobre su hoja sobre Korn, todas ellas elogiosas en grado sumo: tanto para el propósito como para la realización. Ayer mismo me la estuvo ponderando Roberto F. Giusti, director de *Nosotros*, grande y viejo amigo, y mi vecino aquí en Martínez. Días atrás estuvo aquí Emilio Gouirán, joven e ilustrado profesor francés contratado por la Universidad de Córdoba, fundador y director del Instituto de Filosofía de aquella Universidad, a quien le di un par de números,

con la consecuencia inmediata de que resolviera dedicar también unas páginas de recuerdo a Korn en su *Boletín*. Espero que su página siga ejerciendo este influjo, y suscite otras imitaciones.

19 de agosto de 1938:
Mi querido amigo:
Recibí el folleto de sus lecciones; veo por él las muchas cosas que trata de introducir en la enseñanza y el criterio seguro. Estoy seguro de que su magisterio, su capacidad animadora y tantas otras cosas que no he de reiterarle una vez más, harán mucho bien.
La idea de recoger en folleto la materia expuesta me hace pensar que acaso podría usted desprender de su enseñanza notas informativas para *La Gaceta*; cada día tengo más interesantes testimonios del interés que todo esto despierta donde uno menos podría esperarlo. Y ello se podría ligar con cierto propósito mío: suscitar un interés en el país hacia los problemas de la filosofía de la cultura y fomentarlo con noticias o artículos orientadores, informativos, por un lado, y por el otro, con la traducción de libros fundamentales sobre el tema, tan ligado, como usted sabe, a la filosofía jurídica. Mediante un plan de acción bien pensado, procuraríamos nada menos que esto (guárdeme el secreto): ir hacia una escuela argentina de filosofía de la cultura, en cuanto grupo conexo de indagaciones y trabajos. Este tema sólo se había visto bien en Alemania, y sólo en la última época, y como allá no sigue, tenderíamos a arraigar aquí esa línea tan sugestiva de problemas. Ahora estoy ocupadísimo y no puedo desarrollarle mi idea. Otro día será, por escrito, o mejor, si usted viene, de viva voz. *La Gaceta* serviría en parte de vehículo.

12 de julio de 1938:
Querido amigo:
Recibí anteayer su volumen de *Crítica bibliográfica y análisis cultural*, recopilación de una labor tan inteligente como útil. Apenas si tengo que repetirle lo que varias veces

le he expresado, porque conocía ya casi sin excepción estas páginas suyas. Sin perder de vista el fin primordial, ha sabido usted conciliar los muy distintos criterios que debían informar su labor para que el objeto se lograra cumplidamente: punto difícil, porque tales criterios eran a menudo encontrados. La amenidad periodística, que reclama el lector de una hora diaria, no debía disminuir la seriedad, la responsabilidad. La exigencia de palpitante actualidad debía ser vigilada para que los intereses permanentes no se echaran en el olvido. La multiforme diversidad de lo que llega en copioso aluvión a la mesa de redacción tenía que organizarse en vista del orden consustancial de toda eficaz tarea de cultura. La severidad crítica había de atemperarse sin desmedro de la justicia esencial, para crear el clima de acogimiento sin el cual las vocaciones en marcha se desaniman y las nacientes acaso se retraen y apagan. Sin indebidas transigencias, sin extremosidades críticas pero también sin omitir a su tiempo la censura necesaria, día tras día la obra se ha ido cumpliendo sin otra pasión que la de los intereses superiores del espíritu y de la cultura nacional, con un tesón y una continuidad ejemplares. Cansados estamos de escuchar las lamentaciones, voces de fracaso, de quienes para afrontar la obligación reclaman una oportunidad que anhelan recortada a la medida exacta de su capricho. Usted ha comprendido que el *en todas partes* y el *siempre* hay que realizarlos en el *aquí* y en el *ahora*, en el lugar de fila que nos asigna la vida; y que lo que realicemos dependerá en su parte principal del ánimo con que lo emprendamos y la energía con que lo impulsemos. Y así ha transformado usted la hoja periodística, en cuanto eco de vida intelectual, de aquello que por desgracia suele ser: vulgaridad, ignorancia, compadrazgo, fomento de la vanidad, rebusca de la actualidad más pasajera, en órgano de información, de orientación jerárquica, de cordialísima incitación. Y me consta personalmente que no se ha contentado usted con realizar estas funciones de suyo trabajosas, ásperas y difíciles, manejando el material que buenamente se ponía a su alcance, sino que ha salido

valerosamente en busca de aquello que espontáneamente no le llegaba, en un afán de que no faltara en su periódico ningún eco importante de la vida espiritual del país.
Estoy seguro de que los resultados serán dignos del empeño. Las magníficas posibilidades de la cultura argentina necesitan esfuerzos como el suyo, que fomenten el clima propicio para las futuras cosechas.
Al mandarle mis felicitaciones, le estrecho afectuosamente la mano y le reitero mi más alta estimación y amistad.

[235] Coviello se ocupó además de exhibir su buena relación con los más importantes políticos de la época.
A paso por Tucumán, el general Agustín P. Justo, fue agasajado por el gobernador Miguel Campero con una comida servida en el Salón Blanco de la Casa de Gobierno, en cuya oportunidad "testimonió al Presidente de la Nación la gratitud de Tucumán por su obra benefactora". Coviello tuvo un lugar en la mesa principal del banquete. [*La Gaceta*, 17 de abril de 1937].
Dos días después, se publica en *La Gaceta* una foto en la cual Justo aparece "departiendo con nuestro Subdirector", y en el epígrafe se lee que el Presidente

> [...] tuvo palabras gentiles por la alta colaboración que desde estas columnas tuvo en todo momento su labor constructiva.

Con respecto al líder del radicalismo, Marcelo T. Alvear, a la sazón candidato a un nuevo período presidencial, quedó registro de su paso por la provincia en una bella foto de portada de la revista local *Atalaya* Nº 73, del 3 de julio de 1937. Por su parte, *La Gaceta*, con fecha 6 de septiembre de 1938, consigna que Alvear visitó la redacción del diario con Cantilo, Mosca y Lozano Muñoz. Dice el epígrafe de la foto que ilustra la nota:

> El ex Presidente sabe conciliar la bondad con la energía que fácilmente se traducen en su persona. Con sencillez y evidente afectuosidad, ha querido, en compañía de sus prestigiosos amigos, rendir un verdadero homenaje a nuestra modesta labor de periodistas.

[236] *La Gaceta* publicó el miércoles 4 de agosto de 1937, con motivo de sus Bodas de Plata, una edición extraordinaria de 70 páginas.

En el cuerpo principal, el diario dio cuenta de los temas del momento:
Proclamación de fórmulas presidenciales: ayer, en San Juan, la fórmula de la Concordancia: Ortiz-Castillo; mañana en Buenos Aires, la fórmula de la Unión Cívica Radical: Alvear-Mosca (p. 2).
"No es una corriente sino una avalancha la que sigue a Ortiz – En la República entera no hay duda de su éxito – El ingeniero Simón Padrós hace un llamado a la opinión a favor de la fórmula Ortiz-Castillo" (p. 11).
En Buenos Aires, el gobernador Campero recibe una "visita de cortesía" del candidato radical Marcelo de Alvear, en su alojamiento del City Hotel (p. 1).
"Sobre *La intuición como método de la Filosofía* habló doctor García Morente", tercera conferencia del ciclo, al asumir la cátedra de Filosofía en la Universidad (p. 9).
"El Vaticano reconoció al Gobierno [Nacional] de Franco [con sede en Burgos]"; "Bombardearon con gran intensidad a Algeciras aviones republicanos" (p. 5).
"El mundo arde en fuego bélico" (contratapa).

En la 2ª sección, va un significativo comentario editorial, posiblemente debido a la pluma de los subdirectores-administradores Alfredo Coviello y Enrique García Hamilton:

"Las bodas de plata nos sorprenden a la vanguardia del periodismo provinciano"

Cumple hoy *La Gaceta* sus bodas de plata. [...] Modesta fue su primera aparición. Las circunstancias lo imponían. Pero se amoldó desde aquella hora a las exigencias del ambiente, se compenetró de ellas, se esforzó por llenarlas y cada etapa del progreso norteño marcó una época en su evolución y adelanto. Este y aquel corrieron paralelos,

se estimularon recíprocamente y se complementaron también. Si con cada paso arriba que daba el Norte se dilataba el radio de acción de *La Gaceta*, ésta a su vez impulsaba a la zona en su continua progresión. Tan estrechamente se vincularon de ese modo la región y su periódico característico, que hoy no se concibe al uno sin la otra.
[...]
Historiar la actuación de *La Gaceta* en el cuarto de siglo de su existencia, sería tarea pesada. Resultaría, además, inoficiosa. Vive en la imaginación de todas las gentes norteñas. En su inmensa mayoría la vieron nacer y la han seguido en su crecimiento y desarrollo. La rapidez de sus progresos ha causado sorpresa en Tucumán, Salta y Jujuy, como en Catamarca y Santiago del Estero, como en los territorios del Chaco, Los Andes y Formosa. Sale de Tucumán y entra en esas otras provincias y gobernaciones como en casa propia. Se la espera diariamente con avidez. Todas sus jurisdicciones forman la zona de influencia de este diario.
[...]
Como páginas volantes de la historia, los diarios de hoy merecerán mañana de los investigadores serenos y desapasionados la misma fe que tiene en ellos el lector del presente. *La Gaceta* es la historia del último cuarto de siglo del Norte argentino en sus aspectos social, político, cultural y económico, aprobada por la opinión pública de la región sin distinción de credos ideológicos ni de clases sociales. Es máxima su aceptación y máximamente se confía en sus columnas, lo mismo cuando van surtidas con materiales propios de comentarios y noticias, que cuando se las solicita para debatir asuntos de interés público, cualquiera que sea su índole.
Llegar a esta posición y presentar talleres e instalaciones tan evolucionados como los que *La Gaceta* posee, comportan los testimonios más elocuentes de lo que un diario ha hecho en veinticinco años de vida y de su contribución al progreso del medio en que circula.

Llega *La Gaceta* a las bodas de plata de su fundación en la plenitud de su lozanía. Ni le abruma el peso de sus triunfos, ni le acobarda lo que queda por hacer, por mucha que sea la tarea. La propia experiencia es el mejor acicate para el trabajo de mañana. Y él ha de inspirarse en las orientaciones de hoy, que son las mismas de ayer – los de servir con igual tesón, lealtad y rapidez los intereses regionales – sin las que *La Gaceta* no habría conquistado el puesto que ocupa no ya solamente en el periodismo regional sino también en el de todo el país, ni su actuación hubiera logrado la eficacia que en forma unánime se le reconoce.

La 3ª sección, presenta una página titulada "Bibliografía, Literatura, Arte, Filosofía", cuyos comentarios centrales son: "La palabra honrada del intelectual que no quiso traicionarse a sí mismo" sobre el libro de André Gide, *Retoques a mi Regreso de la U.R.S.S. (Primera edición)*, publicado por Sur; también por Sur: Louis-Ferdinand Céline. *Mea culpa / Seguido de la vida y la obra de Semmelweis*. También de Gide: *Defensa de la cultura / Seguida de un comentario y dos cartas tituladas "Hablar en cristiano" y "El clavo ardiendo"*, publicadas por Molina, en Buenos Aires. Otras publicaciones comentadas son: el primer tomo de *Asambleas Constituyentes Argentinas*, de Emilio Ravignani, publicado por el Instituto de Investigaciones Históricas de la Facultad de Filosofía y Letras de la Universidad de Buenos Aires; *El concepto social de la historia*, por Narciso P. Márquez. Prólogo de Enrique de Gandía. (Librería del Colegio); José Gabriel, *España en la cruz*; la autobiografía de Jesualdo (Sosa), *Vida de un maestro* (Claridad).

A continuación, va "Una página literaria de colaboradores locales": de Reynerio Moreno Campos, "Amor quebradeño. (Cuento colla)"; y de José Palermo Riviello, "Cafayate veraniego".

Sigue con "Una página de colaboraciones literarias": por Fernando Baldini, "El sabio Guillermo Marconi fue un autodidacta"

Continúa con dos páginas sobre "Los grandes intérpretes de la música que nos visitaron", destacando que en junio de 1916, visitó la provincia Camilo Saint-Saes: "El acontecimiento musical más notable en Tucumán, de los últimos cinco lustros"
También se incluyen reseñas sobre teatro, ópera, comedia y revista; deportes y policiales.

La 4ª sección, titulada "Tucumán. Ayer / Hoy", destaca la importancia de la industria azucarera, y presenta diversas notas por reparticiones y departamentos de la provincia.

Al día siguiente, 5 de agosto, en página 4, figura una comunicación de Alberto García Hamilton, director-propietario de *La Gaceta*, a los subdirectores-administradores, Alfredo Coviello y Enrique García Hamilton:
A los continuadores de la obra modestamente iniciada por mí hace 25 años, mis más cordiales parabienes en la hora triunfal a que hoy arriban mediante su inteligencia, su entusiasmo y su constancia aplicados con noble empeño al progreso del periodismo en el Norte de la República. A cuantos ahí luchan por el engrandecimiento continuo de *La Gaceta*, mis cariñosos abrazos, lamentando no poder acompañarles personalmente en sus jubilosas expansiones de las bodas de plata de nuestro diario y rindiendo el tributo de mis recuerdos a los que cayeron en la jornada, a través del camino recorrido.

En agosto de 1938, *La Gaceta* se incorporó a la red internacional de cables de United Press.

UNIVERSIDAD NACIONAL DE TUCUMÁN. 1937-1939

[237] El 23 de octubre de 1937, Julio Prebisch inició su segundo período como rector de la Universidad Nacional de Tucumán. [Miguel Isas. "Julio Prebisch. De adalid de la Reforma Universitaria a médico homeópata", en Florencio Gilberto Aceñalaza (director); María

Celia Bravo (coordinadora). *Actas del Primer Congreso sobre Historia de la Universidad Nacional de Tucumán*. Universidad Nacional de Tucumán, 2006].
[María Celia Bravo; Daniel Campi. "Juan B. Terán, Julio Prebisch y los primeros 25 años de la UNT", en Daniel Campi (compilador). *50 años de la Facultad de Ciencias Económicas, 1947-1997*. Universidad Nacional de Tucumán. Facultad de Ciencias Económicas, 1997].

[238] Cabe recordar que Juan B. Terán al fundamentar el proyecto de creación de dicha Universidad, en 1907, sancionado en 1912, y puesto en acción por Ernesto E. Padilla, quien en la ceremonia de inauguración, el 25 de mayo de 1914 – bajo el lema *Pedes in terra ad sidera visus* (Los pies en la tierra y la mirada en el cielo) –, expresaba que
> [...] la nueva Universidad del Norte difiere del cuadro tradicional de la latina, es flexible y práctica y orientada a resolver los problemas del medio para acrecentar el desarrollo y la riqueza del Norte.

[Juan B. Terán. "Origen de una nueva universidad". Exposición de motivos a la Legislatura. Incluido en *La universidad y la vida*, de 1921, y en *Una nueva universidad*, de 1928, y reproducido en el tomo V de las *Obras completas*, publicado por la Universidad Nacional de Tucumán en 1980].
[Analía J. Defant de Bravo, y Alicia M. Orce de Llobeta. "Relectura y reflexiones sobre el pensamiento educativo de Juan B. Terán y nuestra identidad universitaria", en *La Generación del Centenario y su proyección en el Noroeste Argentino (1900-1950)*. Actas de las IV Jornadas realizadas en San Miguel de Tucumán del 3 al 5 de octubre de 2001. Tucumán: Fundación Miguel Lillo. Centro Cultural Alberto Rougés, 2002].

[239] Cinco meses después de inaugurada la Universidad de Tucumán (entonces provincial) Ricardo Rojas fue a Tucumán para referirse a la nueva institución, conforme fue dicho anteriormente.

[240] **Elena Perilli de Colombres Garmendia. "Lo regional, instrumento de equilibrio de la nación"**, en *La Generación del Centenario y su proyección en el Noroeste Argentino (1900-1950)*. Actas de las III Jornadas. Tomo I. Tucumán: Fundación Miguel Lillo. Centro Cultural Alberto Rougés, 2000.

Pasados más de veinte años desde su fundación, la Universidad necesitaba adaptarse a su propio crecimiento y al desarrollo de la provincia que lideraba en aquel momento el noroeste del país.
Por entonces, en Tucumán el planteo regional había madurado, en virtud de la prédica y la acción en particular de Juan B. Terán, Ernesto E. Padilla, Alberto Rougés.
Ellos pensaron un país estructurado territorialmente por regiones. [...] Despertaron la *conciencia regional*, poniendo en práctica un plan coherente y el estímulo espiritual necesario para desarrollarlo.
Hacia 1937 hubo un replanteo de la problemática regional, de parte de Alfredo Coviello, quien sostuvo que la región tenía un alma, una conciencia plena o parcialmente desarrollada y que la comunidad de intereses acrecentaba esa conciencia. Las regiones respondían a formaciones naturales que impulsaban el destino de una zona y estimulaban las ideas de superación. Cada región era responsable de su propio desarrollo y de lograr la interregionalidad.

[241] Entre los intelectuales amigos de Coviello que hicieron posible la fundación y expansión de la Universidad de Tucumán, y otras manifestaciones culturales en la provincia, se destacaron: Juan Heller, José Ignacio Aráoz, Miguel Lillo, Ricardo Jaimes Freyre, Iván R. Fontana, Manuel Lizondo Borda, José Lucas Penna, Francisco E. Padilla, Rodolfo Schreiter, Prudencio Santillán, Horacio Descole, Alfredo Coviello, Amalia Prebisch de Piossek.
[Carlos Páez de la Torre (h). "Abogados en Tucumán. Apoyo para crear la Facultad de Derecho, en 1938", en *La Gaceta*. "Apenas ayer", 16 de octubre de 2004].
[Liliana Vanella. "Locales y foráneos: alianzas y tensiones en las redes y grupos de la Universidad de Tucumán en los años 1930 y 1940", en Florencio Gilberto Aceñalaza (director); María Celia Bravo (coordinadora). *Actas del Primer Congreso sobre Historia de la Universidad Nacional de Tucumán*. Universidad Nacional de Tucumán, 2006. - Liliana Vanella. "Los años '30 en la Universidad de Tucumán. Apogeo de los reformistas y su polémica con la oligarquía liberal", en: Fabiola Orquera (Edición y coordinación). *Ese ardiente jardín de la República - Formación y*

desarticulación de un "campo" cultural: Tucumán, 1880-1975. Córdoba: Alción Editora, 2010].
[María Florencia Aráoz de Isas. *José Ignacio Aráoz. Una vida tucumana. (1875-1941).* Tucumán: Centro Cultural Alberto Rougés. Fundación Miguel Lillo, 2001].

[242] Haciendo uso del Estatuto Universitario, el rector Prebisch convocó nuevamente a Alfredo Coviello, ofreciéndole el cargo de Consejero Adscripto. Fue designado en la sesión especial del Consejo Superior de la Universidad, junto con el doctor Eduardo Sabaté, en la sesión del 17 de noviembre de 1937.
El mismo día de su designación, Coviello presentó un proyecto para la construcción de un nuevo edificio universitario, acogido favorablemente tanto por la opinión general como por el gobernador Miguel Campero.
El 15 de diciembre de 1937, Coviello propuso la creación de una Central Bibliográfica en la Universidad.
Poco después, Coviello promovería el proyecto de ordenanza creando el Departamento de Investigaciones Regionales (con seis institutos anexos), que contó con el apoyo del rector Prebisch; Manuel García Morente, Director del Departamento de Filosofía y Letras; Eduardo Guzmán, Decano de la Facultad de Ingeniería; y el consejero Eduardo L. Sabaté.

[243] En abril de 1938, Ernesto Padilla, que en su época de gobernador había inaugurado la Universidad, le escribe a Coviello, quien le había consultado sobre la iniciativa de crear una Facultad de Derecho:
Si la Universidad ha arraigado, no debe quedar ajena a las necesidades que se señalan en el desarrollo de la cultura en la región en que está erigida. Es notorio que una parte del elemento juvenil propende y se orienta hacia las disciplinas de las ciencias jurídicas y políticas. [...] La Universidad de Tucumán no debe negar al joven que quiera estudiar Derecho lo que acuerda a los que quieren seguir otras carreras. [...] No habrá multiplicación de profesionales, se buscará solamente encauzar las mismas vocaciones que hoy se suscitan y estudian

lejos. [...] La Facultad no debe ser semillero de prácticos destinados a defender pleitos. El programa debe tender a una amplia cultura en las disciplinas jurídicas y sociales; y al estudiarlas, se encontrarán problemas que atañen a las peculiaridades de nuestro medio social.

[244] Por entonces, pasó a evocarse que Arsenio Granillo, en 1872, en los cursos de la Facultad de Jurisprudencia, había dicho a los jóvenes que la ciencia del derecho es la más importante para el desarrollo y prosperidad del pueblo:
Sin su conocimiento perfecto no puede haber justicia también perfecta y la justicia es el pan de los pueblos, el fundamento de toda sociedad bien organizada, sobre la cual descansan el orden, la paz y la armonía de los ciudadanos, que a su vez son la condición del progreso y ventura de las naciones.
[Carlos Páez de la Torre (h). "La Facultad de Derecho. Ernesto Padilla se definió a favor de su creación, en 1938". Sección "Apenas ayer", en *La Gaceta*, 13 de diciembre de 2005].

[245] En marzo de 1938, el proyecto de Coviello sobre la creación de las facultades de Farmacia y Bioquímica, y de Derecho y Ciencias Sociales dio lugar a un animado debate en el ámbito cultural de Tucumán.
Académicos, profesionales, personalidades, políticos y estudiantes se pronunciaron al respecto. La principal resistencia giraba en torno a la creación de la Facultad de Derecho, proyecto que algunos – entre ellos el propio rector Prebisch – juzgaban inoportuno. No obstante, el Consejo Superior aprobó en principio ambos proyectos, nombrando comisiones para estudiar la factibilidad de los mismos.

[246] El rector Prebisch dejó constancia que no aprobaba la iniciativa:
[...] por parecerme que la universidad tenía perspectivas más brillantes, más útiles y más oportunas que a mi juicio elevaría el nivel intelectual y de prestigio, en grado mucho mayor que la Facultad de Derecho. Así lo expuse en una carta que dirigí al Dr. Ernesto Padilla, contestando a la

que publicó en el diario *La Gaceta*. Me parece un tanto sorprendente la proximidad del proyecto de la Facultad de Derecho con la de Bioquímica, que se aviene a mi juicio más con la formación del Instituto de Medicina Regional, que es un pendiente y viejo anhelo mío. [...] Antes que la Facultad de Derecho debieran fundarse otras, como la Facultad de Arquitectura, o Ciencias Económicas, que en el norte del país carece de diplomados mientras que abundan los abogados.

[247] En la sesión especial del Consejo, del 21 de mayo de 1938, se aprueba con modificaciones el proyecto del consejero Coviello sobre creación de la Facultad de Farmacia y Bioquímica; y en la del 26 de mayo, se da entrada al proyecto de creación de la Facultades de Derecho y Ciencias Sociales.

[248] Coviello se tituló *izquierdista* en la referida sesión del 21 de mayo de 1938:

[...] yo deseo ante todo hacer una distinción entre el carácter pragmático que se da a la cultura y el carácter que debe tener la cultura en sí. El hecho consumado a que se ha referido el doctor García Morente, es un hecho ciertamente valioso para la Provincia de Tucumán. Y esa ha sido la base de la creación de muchos Institutos y de muchas Facultades en la Capital Federal y en el Norte de la República. Nosotros, desde hace veinte años, en Tucumán, no sabíamos lo que era un movimiento intelectual como en aquel tiempo en que venían a esta casa a discutir Alberto Rougés, José Padilla o José Lucas Penna. Y lo digo yo, que no soy un hombre conservador y sí un hombre de izquierda. Por eso es que me felicito de que un hecho consumado haya hecho que en la Universidad de Tucumán, veinte años después, pudiera venir un renacimiento intelectual y pudiéramos tener aquí a un Manuel García Morente, que es, como digo, el resultado de un hecho consumado. Un hecho consumado fue la creación del Departamento de Filosofía, porque jamás en Buenos Aires se hubiera comprendido este anhelo de cultura. Por eso quiero hacer notar lo siguiente:

no soy un lírico cuando se trata de la cultura; me gustan a mí también aquellas disciplinas que no tienen un fin pragmático. Cuando yo proyecté esta ordenanza que está a consideración del H. Consejo, había incluido también la fundación de la Facultad de Ciencias Económicas, pero un estudio detenido del asunto, como lo he expresado en varias oportunidades, me demostró que era inoportuna la creación de esa Facultad, puesto que debido a un cambio en el plan de estudios de la Escuela de Comercio, dentro de dos años, habrían las equivalencias correspondientes a las de la Facultad de Ciencias Económicas de Buenos Aires.

[249] Si bien no estaba superada del todo la antinomia entre el concepto regional y el integral de una Universidad, el camino quedó expedito cuando el gobernador de la Provincia de Tucumán, Miguel M. Campero, le dio un decisivo apoyo moral y financiero (de $ 100.000) en 1938. Campero, que había ejercido la presidencia de la Corte de Justicia, y fue uno de los gobernantes más destacados, sostuvo que la Facultad de Derecho "habría de elevar más el nivel de la Universidad, poniéndola en el camino definitivo de conquistar su jerarquía sin desmerecimiento de las otras entidades del país".
[Daniel Álvarez. *Historia de la Facultad de Derecho y Ciencias Sociales de la Universidad Nacional de Tucumán en sus 50 años: 1938-1988.* Tucumán: Imprenta de la Universidad, 1988].

[250] El filósofo García Morente presidió "la Comisión pro Facultad de Derecho". Según sus palabras:
[...] una proposición, en la que se pide a la Universidad la creación de un instituto de enseñanza superior no puede ser rechazado porque la Universidad tiene como fines esenciales por lo menos estos dos: los de procurar la investigación científica, y la de procurar una enseñanza superior a los jóvenes del distrito universitario. Por consiguiente, toda proposición tendiente a aumentar y fomentar cualquiera de estos dos fines no podrá menos que ser recibida con aplauso y entusiasmo.

[251] Sobre el apoyo de Ernesto Padilla y Alberto Rougés a la creación de la Facultad de Derecho y Ciencias Sociales abundan las fuentes documentales.

Alberto Rougés. Correspondencia (1905-1945). Asesora de la colección "Alberto Rougés": María Eugenia Valentié. Compiladoras: Cecilia Aiziczon de Franco, Estela Romoro de Espinosa, Elena Perilli de Colombres Garmendia. Tucumán: Fundación Miguel Lillo. Centro Cultural Alberto Rougés, 1999.

Padilla le escribe a Rougés:
[...] la encuentro lógica [a la propuesta de Coviello], porque mantiene el criterio con que se miró la Universidad cuando prestigiamos su fundación, en que teníamos que luchar con la prevención de muchos círculos y sin contar con la probabilidad de asignación para sostenerla. Pero, él mismo debe notar que, después, se ha creado y habilitado fastuosamente la Universidad del Litoral, así como la Facultad de Medicina de La Plata, a 60 kilómetros de la de Buenos Aires. ¿Sería lógico seguir raciocinando en un campo puramente teórico?
[...] me parece injusto decir que la nueva Facultad va a multiplicar a los abogados, porque éstos se multiplican y seguirán multiplicándose sin la Universidad de Tucumán y aun contra la Universidad de Tucumán. Sería ingenuo que privásemos a ésta de aulas para recibir a los que, de otro modo, irían a Santa Fe, a Córdoba, o a La Plata.

Me favorece que ustedes consideren de algún valor mi opinión. El doctor Alberto Rougés me escribió sobre el proyecto del señor Coviello y, tanto a él como a éste, he escrito diciéndoles las razones que me convencen de su adopción.

Escribe Padilla a Alfredo Turbay y S. Álvarez de Toledo, secretarios del Centro de Estudiantes de Ingeniería, quienes en respuesta a una nota solicitándole su parecer.
[...] Me parece que no se pide algo que no esté dentro de la posibilidad de lo que es la universidad del Norte. [...] Es entendido que mi adhesión a la Escuela de Derecho,

dentro de la Universidad, responde al concepto de que se implante la enseñanza de alta cultura en ciencias jurídicas y sociales, y no se busque solamente habilitar aptos para pleitos; seguramente en el plan que se formule se habrá de tener presente esa finalidad primordial.

Rougés, desde Tucumán, escribe a Padilla, en Buenos Aires, con fecha 15 de febrero de 1938:
> [...] ayer me ha visto [Alfredo] Coviello pidiéndome que te escribiera para obtener tu apoyo para la expansión de la Universidad hacia la universalidad. Le he prometido escribirte al respecto. Mi opinión es la que le he expuesto a [Julio] Prebisch. Creo que nuestra Universidad debe crear las prestigiosas carreras que faltan. Es probable que Coviello vaya por esa. Desea visitarte, pues te considera una columna de nuestra Universidad.

Dos días después, Padilla le responde a Rougés:
> Nuevas entrevistas con [Juan Simón] Padrós y con [Alfredo] Coviello me han llevado a la conclusión de que éste es el verdadero autor de las dificultades suscitadas en la gestión de fondos para el Instituto y que los diputados radicales de ésta han tenido la debilidad de prestarse a sus manejos, de los cuales no ha estado interiorizado [Julio] Prebisch. A Coviello debe atribuirse el que los recursos que hemos obtenido figuren en el presupuesto de la Universidad, que no haya sido posible obtener el cambio de los 12.000 de subsidio para el mantenimiento del Instituto por los 20.000 para laboratorios y los demás obstáculos que (=hemos=) encontrado. Felizmente la intervención de Padrós ha evitado que los recursos se diluyan entre los universitarios. [...] A pesar de la gran ayuda prestada por Padrós a la Universidad, Coviello ha quedado descontento con él porque ha hecho fracasar sus manejos. Con mucha insistencia y en dos oportunidades me ha dicho que en su gestión no ha encontrado otra falta de colaboración que la de Padrós, que, en cambio, los diputados socialistas, radicales y de otras filiaciones se han mostrado muy deferentes. Por supuesto que Padrós

se ha indignado cuando le he hecho conocer todo esto, y que ha sido él el único que ha hablado a favor de la Universidad en la Comisión. Por otra parte, *La Gaceta*, a pedido de Coviello, le debe servicios no pequeños. En cuanto a Prebisch, cuando me repitió lo de los cien mil pesos de Coviello, yo le hice ver que nuestra gestión era anterior a su rectorado y que había sido mala táctica de algunos colegas de Padrós de hacer que los subsidios para nosotros figuraran en el presupuesto de la Universidad a la inversa de lo ocurrido hasta ahora. También había sido un error no seguir el consejo de Padrós para obtener por medio indirecto los cien mil pesos. Él, entonces, echó la culpa de lo ocurrido a [Fernando] Prat Gay y a [Miguel] Critto. Probablemente repitió la misma cosa a Coviello a juzgar por lo que conversó luego conmigo.

En vista de todo esto he llegado a la siguiente conclusión que me apresuro a transmitirte: No se debe contribuir en forma alguna a acrecentar la influencia de Coviello en la Universidad, pues ella no sería bien empleada. Cuando él pida algo para la Universidad habría que manifestarle el deseo de hablar con Prebisch al respecto y hacer lo que se haga con conocimiento de éste. Coviello no podrá así presentarse a la Universidad como un hombre necesario. Comienzo a creer ahora que los seis o siete ataques de *La Gaceta*, en diversas épocas a los albaceas de Lillo y a la dirección del Instituto, son obra suya. Es necesario que la Universidad sepa que lo que se hace por ella no se hace por consideración a Coviello.

El 7 de marzo, Rougés comunica a Coviello:

Después de la conversación que, sobre la conveniencia de crear nuevas facultades en la Universidad, tuve con Ud. a mediados del mes próximo pasado, le escribí al Dr. Ernesto E. Padilla sobre el particular. En una carta de éste, fechada el 2 del corriente, que he encontrado ayer, de regreso del campo, el Dr. Padilla manifiesta su opinión favorable a la creación.

Padilla, desde Buenos Aires, le escribe a Rougés, el 5 de abril de 1938:
> Sobre la Facultad de Derecho, contesté a Coviello repitiendo lo que te dije. Me encuentro cada vez más convencido con las razones de carácter práctico aducidas, tanto en lo que toca a la enseñanza como al prestigio de la Universidad, la que va a ganar con la ampliación de su Cuerpo Directivo, que forzosamente ganará también en tono y prestigio.
> He contestado la consulta que formularon los estudiantes de Ingeniería, que me expusieron divergencias con la nueva Facultad. No he querido prescindir de repetirles mis razones.
> En cuanto a la opinión del Rector, la encuentro lógica, porque mantiene el criterio con que se miró la Universidad, cuando prestigiamos su fundación, en que teníamos que luchar contra la prevención de muchos círculos y sin contar con la probabilidad de asignación para sostenerla. Pero, él mismo debe notar que, después, se ha creado y habilitado fastuosamente a la Universidad del Litoral, así como la Facultad de Medicina de La Plata, a sesenta kilómetros de la de Buenos Aires. ¿Sería lógico seguir raciocinando en un campo puramente teórico?
> Además, me parece injusto decir que la nueva Facultad va a multiplicar a los abogados, porque éstos se multiplican y seguirán multiplicándose sin la Universidad de Tucumán y aún contra la Universidad de Tucumán. Sería ingenuo que priváramos a ésta de abrir aulas para recibir a los que, de otro modo, irían a Santa Fe, a Córdoba o a La Plata.
> Envié a Coviello copia del discurso del Dr. Granillo a los estudiantes de Derecho de 1872 en que habla de la futura Universidad del Norte. Sobre esta Facultad de Derecho, sería interesante averiguar dónde está su archivo. Es seguro que el certificado de sus estudios sirvió a los que pasaron a la Universidad de Buenos Aires.
> Tengo el vago recuerdo, muy de niño, probablemente en 1878 o 1879, de haber visto reunido al Doctor Ángel Gordillo y otros frente al Colegio Nacional, tomando

examen a algunos, entre los cuales me parece que estuvo [Francisco] Marina Alfaro.
Alguna tristeza me causa comprobar que en Tucumán haya desaparecido esta Escuela, cuando años más tarde, ya estudiante de Derecho, vi en Santa Fe una Facultad provincial, franciscana por la escasez de alumnos y en el aspecto con que se hacía la enseñanza.

Al día siguiente, Rougés le envía a Coviello un telegrama donde le dice:
> En este momento acaba de terminar la sesión del Consejo Superior de la Universidad dando por definitivamente creada la Facultad de Derecho y Ciencias Sociales. Los cursos comenzarán en la segunda quincena del corriente mes e igualmente se inaugurará en dicha fecha la Facultad de Farmacia y Bioquímica. Creo que el Consejo ha honrado a la cultura tucumana por el imparcial criterio con que acaba de designar el cuerpo de profesores para el primer curso. A Ud., como gran animador, la primera noticia en ésa y el hondo afecto de quienes luchamos con ardiente fe por la Universidad que tan dignamente Ud. prohijó.

La segunda comunicación de Rougés a Coviello de junio del 38, es una carta fechada el día 30, en la Estancia León Rougés:
> Su visión comprensiva de las necesidades primordiales de nuestra Universidad y su tenacidad ejemplar han sido decisivas en la creación de las facultades de Derecho y de Bioquímica que hoy se realiza. La escasa proporción de estudios de categoría netamente universitaria viciaba gravemente la estructura de nuestra universidad. En adelante los estudios superiores han cobrado la importancia que deben tener ya que esta (=creación=) abrirá el camino a otros, como ser la de una facultad de humanidades. El día de hoy sería, pues, una fecha memorable en los anales de nuestra universidad y por consiguiente en las de la cultura del Norte argentino, a los que queda honrosamente vinculado el nombre de Vs.

[252] La creación de las nuevas facultades suponía un fuerte desbalance para el presupuesto universitario. Coviello fue enviado a Buenos Aires, donde, en representación del diputado Fernando de Prat Gay, realizó una serie de gestiones ante el gobierno nacional a fin de comprometer el aporte de subsidios que compensaran la deficiencia.
En la sesión del Consejo Superior del 4 de junio de 1938, presidida por el rector Prebisch, a las 22.35 horas, se aprueban los Estatutos Organizativos de la Facultad de Derecho y Ciencias Sociales, documento presentado por el consejero Coviello.
El 1° de julio, con un acto formal, se iniciaron las clases en ambas Facultades. [Nota gráfica en *La Gaceta*, de ese día].

[253] La ceremonia de inauguración de la Facultad de Derecho y Ciencias Sociales de la Universidad Nacional de Tucumán contó "con una concurrencia que desbordaba los pasillos", conforme la crónica de *La Gaceta*. Se inició con el Himno Nacional, continuando con el discurso del rector Prebisch quien señaló al consejero Coviello, "a cuya decisión y entusiasmo se debe en gran parte el éxito de estas nuevas creaciones". A continuación hablaron el ministro Miguel Frías, en representación del Poder Ejecutivo de la Provincia; Horacio Descole, por la Facultad de Bioquímica; y Miguel P. Díaz, presidente de la Comisión Provincial que dirigía la Facultad de Derecho.

[254] Finalmente, habló Coviello:
Henos aquí, unidos en pro de un mismo afán, empeñados en una vasta labor, moviéndonos a un ritmo idéntico, para ascender cada vez un paso más, para dejar al cabo de cada jornada un otro peldaño atrás, para avanzar siempre sin tregua ni descanso, por ese camino que la perfección espiritual pone al hombre a sus pies.
El hombre, como la sociedad, es lo que él mismo, lo que ella auténticamente quiere ser. Y nosotros, a pesar de las leyes físicas y biológicas de la inercia, de la rutina y del menor esfuerzo, a pesar de la reacción intuitiva frecuentemente ciega que en los demás provocamos cuando ponemos el acento personal en algo, poseemos

también la verdad de sobre superarnos y de acercar cada vez más nuestros ojos y nuestras manos hacia las estrellas aún cuando nuestros pies posen sobre la modesta corteza terrestre como lo pregona el lema del frontispicio.
[...]
La historia de los pueblos en el alto sentido de humanidad y de cultura, podría relatarse con la síntesis biográfica de los hijos predilectos de la Universidad: Juan B. Terán, Alberto Rougés, Ernesto Padilla.

Coviello concluyó su discurso en estos términos:
El debate público que la iniciativa promovió ha sometido a las más exigentes pruebas la bondad del pensamiento que está en la faz inicial de la realización. Madurará a través del tiempo y conforme a la calidad de nuestros aportes. Esperemos que ella siempre sea digna y sin diferenciación de categorías o tendencias, como debe ser la Universidad: una traducción fiel del complejo medio social que sirve, un reflejo trasparente de sus honestas aspiraciones.
Para su mejor éxito debemos estar precavidos contra las adversidades posibles. Hay todavía por delante un camino sembrado de dificultades. Para vencerlas será necesario aplicar nuestras ricas energías vitales. Para algo se nos ha dotado de ellas. Y debemos aprovecharlas eficientemente, casi diría, con avaricia, en lugar de mantenerlas como algo neutro o negativo; los jóvenes en base a nuestro optimismo y con una pujanza invencibles; los hombres maduros con el apoyo de la experiencia, la contribución seria del paso cauteloso, pero decidido, siempre empinando la mirada hacia el Norte y sólo volviéndola hacia atrás para apreciar la distancia recorrida. Y si al finalizar una otra laboriosa jornada en marcha a la tierra de promisión hacia el norte único, de las grandes aspiraciones de la humanidad, desde lejos divisamos una otra cima por escalar, un nuevo tramo áspero por recorrer, que podamos decir con certera convicción y profundo aliento: será nuestra próxima faena... nuestra labor del mañana.

[255] A la vuelta de los años, diría Coviello:
Fundé la Facultad de Derecho [de Tucumán] para que a ningún tucumano le ocurra lo que a mí, que tuve que dejar los estudios por falta de medios económicos. Además, la Facultad de Derecho formará a los hombres que la provincia necesita para la defensa de sus grandes y permanentes intereses. [Citado en *La Gaceta*, 7 de febrero de 2006].

[256] **Liliana Vanella. "Los años '30 en la Universidad de Tucumán. Apogeo de los reformistas y su polémica con la oligarquía liberal"**, en: Fabiola Orquera (Edición y coordinación). *Ese ardiente jardín de la República – Formación y desarticulación de un "campo" cultural: Tucumán, 1880-1975.* (Córdoba: Alción Editora, 2010).
Coviello ocupaba un lugar de privilegio, tanto para acceder a información de primera mano, como también para ejercer influencia – a través de su posibilidad para seleccionar esa misma información y difundirla desde las páginas de *La Gaceta* – sobre los poderes públicos y en el medio local.
Otros influyentes promotores de la creación de la Facultad de Derecho eran abogados, notarios y escribanos, la mayoría con cargos en el gobierno nacional y provincial: Alberto Rougés, Ernesto Padilla, los diputados nacionales Fernando de Prat Gay y el ingeniero Juan Simón Padrós, Miguel Frías, Ministro de Hacienda; el erudito publicista Francisco Padilla; el juez federal Benjamín Cossio; el prestigioso jurista local Sisto Terán.

[257] En la *Memoria correspondiente al año 1938* constan las autoridades de la Universidad Nacional de Tucumán al cierre de aquel memorable 38:
Rector: Dr. Julio Prebisch.
Entre los Consejeros: Alfredo Coviello; Eugenio Pucciarelli; Eduardo L. Sabaté.
Secretario general: Eduardo García Aráoz.

Facultad de Derecho y Ciencias Sociales. (Rivadavia 21). Comisión Provisional, presidida por Roberto M. Berho. Vocales: Román Schreier, José I. Aráoz.
Facultad de Farmacia y Bioquímica. (Ayacucho 482). Delegado del Consejo Superior: Dr. Rodolfo Pepe. Consejo Consultivo para el período 1937-1939. Decano: Profesor Ramón Juárez.
Departamentos de Investigaciones Regionales, a cargo de los siguientes Directores: de Medicina Regional: Dr. Eduardo L. Sabaté; de Historia, Lingüística y Folklore: Dr. Manuel Lizondo Borda; de Investigaciones Técnico-Industriales: Ing. Arturo M. Guzmán; de Investigaciones Económicas y Sociológicas: Dr. Gino Arias; de Fotografía y Dibujo: Sr. Héctor Peirano.
Instituto Técnico y Cursos para Obreros. (General Paz y Jujuy), a cargo del Ing. Ernesto Prebisch
Departamento de Filosofía y Letras. (Muñecas 850). Director: Dr. Risieri Frondizi.
Escuela Vocacional Sarmiento (Rivadavia 21).
[Universidad de Tucumán. Publicación N° 254. *Memoria correspondiente al año 1938*. Buenos Aires: Talleres Gráficos de E.L. Frigerio e hijo, 1939].

[258] Escribe Rougés a Padilla, el 7 de marzo de 1939:
Me dice [Alfredo] Coviello que [Julio] Prebisch se ha ido a ésa [Buenos Aires] a gestionar el asunto fondos para la Universidad, sin decirle nada, contrariamente a lo que ha ocurrido hasta ahora, ya que siempre lo ha acompañado a él en este género de gestiones. Alguno de los Prebisch ha dicho por ahí que las víctimas de las reducciones van a ser las nuevas facultades. Teme Coviello que Prebisch haga de éstas víctimas exclusivas de las economías y malogre la obra de transformación de nuestra Universidad que se viene realizando. Desea que vos como José [Padilla] contrarresten tal gestión, si es que ella existe efectivamente. Convendría vigilarlas. Me agregó Coviello que le ha escrito dos cartas a José, sobre algún otro asunto y que todavía no ha tenido contestación. Se está por lanzar su candidatura para la Presidencia de la [Sociedad] Sarmiento. Me ha consultado sobre su aceptación. Me parece que es hombre capaz de sacar

a la Institución de su postración actual y de darle su antiguo prestigio. Desea tener el apoyo de nosotros. Se lo he prometido.

En una nueva carta, fechada en Tucumán, el 5 de abril de 1939, Rougés refiere a Padilla:
Veremos qué hace [Julio] Prebisch a su regreso con los pedidos de las facultades de Bioquímica y de Derecho. Sé que le has escrito a [Alfredo] Coviello sobre el asunto, manifestando tu disconformidad, pero bajo la base de que continúe Prebisch. Probablemente has de querer evitar que el conflicto se subalternice. Desde luego, él ha tenido la virtud de hacerlo dar a éste un paso atrás. Sé que le has escrito al Dr. [Eduardo] Sabaté diciéndole que quiere lo informe detalladamente sobre su actuación en la comisión organizadora de Bioquímica para defenderlo en el Consejo. Supongo que sabrás que Prebisch ha citado dos veces al Consejo para considerar la expulsión del consejero Sabaté, que pedían los estudiantes. Sabaté ha tenido una digna actuación en la Universidad. Ha tenido a menudo que oponerse a la demagogia estudiantil, y esa es la causa de que haya caído en desgracia de los estudiantes, y también de Prebisch. Ahora éste le tiende la mano urgido por las circunstancias. Me dice Descole que Coviello está desalentado por el apoyo a Prebisch del ingeniero [Juan Simón] Padrós, quien lo ha presentado al Presidente de la República. En la primera oportunidad que se me presente le diré que Padrós no puede negarse a apoyar un pedido para la Universidad y que ello no significa apoyar al Rector.

[259] Coviello fue designado docente libre en el Curso de Introducción a la Filosofía, en la Facultad de Derecho y Ciencias Sociales de la UNT, en el curso de 1938:
Consejero Coviello. – Cuando se me designó docente libre en la Facultad de Derecho para la cátedra de Introducción a la Filosofía – expresa Coviello en la sesión del Consejo Superior del 4 de mayo de 1939 –, no tuve más que un propósito de colaboración y el deseo de contribuir,

como siempre lo he hecho, con mi esfuerzo intelectual al desenvolvimiento y engrandecimiento de la Facultad. Entendí que los docentes no serían remunerados; pero como luego el H. Consejo dispuso una remuneración, yo no podía devolver el importe de la misma porque era incitar a los demás a que hicieran lo mismo y no tuve más remedio que aceptar el dinero, fijar los recibos y dejar esa suma para la biblioteca de la Facultad.
Rector Prebisch. – Se toma nota y se agradece al Señor Consejero.

[260] Desde aquella cátedra, Coviello pronunció una serie de conferencias, que reunió en un libro.

El problema del conocimiento.
Tucumán: Revista *Ideas*, 1938. 202 páginas

Dedicado "A la memoria de Pascual Guaglianone".

El ciclo concluye con el tema: "La filosofía en la Argentina"
En Sud América el positivismo se desarrolló fundamentalmente en el Brasil y también en la Argentina hacia fines del siglo pasado y en las dos o tres primeras décadas del actual: el principal difundidor fue *José Ingenieros*, autor de numerosos tratados entre científicos y de extensión. Es seguramente el *sistemático* de más renombre que hubo entre nosotros, constituyendo el aspecto crítico y vulnerable de su producción el límite mismo en que se propone traspasar la posición agnóstica. Las más importantes consecuencias de este movimiento fueron: en primer término una gran difusión de los principios científicos y de la literatura de extensión, prevalencia del materialismo y una innegable preponderancia del criterio positivo en los diversos aspectos de la actividad humana; en segundo lugar, un grave daño para el desarrollo de las humanidades, cuya enseñanza era juzgada despectivamente. Este aspecto crítico ha sido sobrepasado en la actualidad, habiendo sido un eficaz representante de

las tendencias opuestas *Alejandro Korn*, fallecido hace algo más de un bienio.

La tendencia filosófica más prestigiada en la actualidad argentina, es la emanada de la cátedra de Friburgo: la filosofía de la existencia cuyo principal propulsor es *Martín Heidegger* y la de su maestro y antecesor en la enseñanza de dicha Universidad, *Edmundo Husserl*, cuya fenomenología, como queda dicho, es ante todo un *método* aplicable al problema del conocimiento que permite así conciliar la elaboración propia de distintos filósofos. Ellos formulan una crítica de la palabra *positivo*, esto es, no aceptando la exclusividad para tal o cual escuela, pues reclaman que si ser positivista es *describir los hechos* en cuanto a la posición preliminar e ineludible que el problema del conocimiento requiere, ellos también son positivistas como resultaría serlo todo aquel que acepte el *método fenomenológico* que conduce al campo fructífero de la elaboración en el problema del conocimiento.

En la "Bibliografía principal" figuran obras de:
Además de Ingenieros y Korn: Francisco Romero, Eugenio Pucciarelli, Risieri Frondizi, Carlos Alberto Erro, Carlos Astrada, Miguel A. Virasoro.

[261] Al respecto, le escribe Alberto Rougés a Coviello, el 18 de agosto de 1938:
Mi estimado amigo:
He leído con mucho interés sus conferencias dadas en la Facultad de Derecho sobre el problema del conocimiento. Es singularmente grato para mí ver que este Instituto Universitario que hace pocos meses era solamente un sueño para muchos temerarios es hoy una realidad viviente y promisoria gracias a la tenacidad del esfuerzo de Ud. Agradeciéndole el ejemplar de *Problemas del conocimiento*, lo saluda con todo aprecio, Alberto Rougés.

Reitera Rougés a Coviello, en carta fechada el 6 de noviembre de 1938:

> Mi estimado amigo:
> Mil gracias por el ejemplar de su libro *El problema del conocimiento*, en el que Ud. ha reunido sus conferencias en nuestra Facultad de Derecho, que Ud. tuvo la gentileza de hacerme conocer y acerca de las cuales le escribí oportunamente. Muy grato es para mí ve que nuestra Facultad, de cuya difícil gestación fui testigo, llega con felicidad al fin del curso de primer año y a su primer libro. Ojalá sirva éste de estímulo para el profesorado, y podamos contar pronto con autorizados tratadistas de derecho. Se habrá formado así la cultura jurídica que soñáramos en la hora de gestación de nuestra Facultad.
> Me es grato saludarlo con alta estimación.

[262] Para prestigiar esa nueva Facultad de Derecho, establecida para consolidar la juventud provinciana del Norte, al calor de la Universidad Nacional de Tucumán, y evitar su dispersión hacia las otras del Sur, Ernesto Padilla sugirió a Coviello la conveniencia de recibir la visita de acreditados profesores de Derecho, y así se lo requirió al prestigioso profesor de Buenos Aires, doctor Jesús H. Paz, también unido en fraternal amistad con el doctor Padilla, para que fuera a dar una conferencia sobre *Teoría y práctica del Derecho*.

El doctor Paz viajaba en esos días de Córdoba a Buenos Aires, y de allí a Bahía Blanca por asuntos profesionales, por eso tuvo el doctor Padilla que escribirle el 9 de agosto de 1939, y la contestación no demoró diciéndole:

> Si eres mi general y yo soy tu soldado fiel, bien disciplinado, ¿cómo pues no he de pedirte órdenes? Elige el tema.

En 1938 se creó el Instituto de Filosofía Jurídica, dirigido por Carlos Cossio.

[263] A fines de 1936 había comenzado a funcionar el Departamento de Filosofía, Historia, Pedagogía, Letras e Idiomas que, tres años después, se convertirá en Facultad de Filosofía y Letras, un hecho que adquiere las características de

una verdadera renovación de la vida intelectual: fue la tercera Facultad de ese tipo en el país, tras Buenos Aires y La Plata. Llegan a Tucumán figuras nacionales como Enrique Anderson Imbert, Eugenio Pucciarelli, Silvio y Risieri Frondizi, Aníbal Sánchez Reulet, Alfredo Roggiano, entre otros
También son contratados por la Universidad maestros de trascendencia internacional, como Marcos Moríñigo, Manuel García Morente (quien se incorporó en 1937), Clemente Balmori, Lorenzo Luzuriaga, Rodolfo Mondolfo y Roger Labrousse.
[Guillermina Garmenda de Camusso. "Rodolfo Mondolfo: un filósofo entre dos mundos", en *Humanitas*. Revista de la Universidad de Filosofía y Letras de la Universidad Nacional de Tucumán, Año XXII, Nº 29, 1999].
Casi todos ellos mantienen vínculos con los representantes de la Generación del Centenario, en especial con Alberto Rougés. En mayo de 1939 estaban incorporados al cuerpo de profesores de la UNT:
Lorenzo Luzuriaga, pedagogo, que durante la Guerra Civil Española emigró a Glasgow, en cuya universidad enseñó.
Renato Treves, profesor de filosofía del derecho en la Universidad de Urbino; se exilió de Italia como consecuencia de las leyes raciales, dada su condición de judío.
Gino Arias, economista, ex fascista, emigrado de Italia por igual motivo.

Libro de base: María Adela Suayter Monetti. *Los estudios humanísticos en la Universidad Nacional de Tucumán. 1914-1945*. Universidad Nacional de Tucumán. Facultad de Filosofía y Letras, 2004.

[264] Manuel García Morente tiene a su cargo un ciclo de conferencias a las que denomina *Lecciones preliminares de la filosofía*, en la Universidad Nacional de Tucumán.
Aprovecha el tiempo para visitar Tafí del Valle y, a su regreso, escribe una carta a Coviello, publicada en *La Gaceta* el 7 de marzo de 1938:
> A dos mil metros de altura, un valle tan espacioso, tan dulce, tan romántico, con los inmensos sauces que inclinan al suelo su cabellera resignada. [...] He pasado allí días de auténtica felicidad.

Le reclama una carretera, agua caliente y luz eléctrica, para concluir apelando a la influencia del diario:
> Querido amigo, ¿no podría usted, desde *La Gaceta*, hacer algo para tornar menos inaccesible esta Arcadia tucumana?

Con motivo de su regreso a España, *La Gaceta* despidió a García Morente con un banquete, a fines de abril de aquel año.

[265] Rodolfo Mondolfo, otro prestigioso intelectual, en carta a Alberto Rougés, escrita en Buenos Aires el 25 de septiembre de 1939, se refiere al apoyo brindado por Coviello para su incorporación a la Universidad Nacional de Tucumán y para la publicación con el sello editorial de la UNT de sus obras *Problemas del pensamiento antiguo* y *El infinito en el pensamiento de los griegos*.

Cinco días después, Rougés le responde:
> He hallado la mejor acogida en Coviello, quien está dispuesto a hacer todo lo que está de su parte, aprovechando la presencia en ésta del Dr. Ernesto Padilla...

El 10 de octubre, Rougés escribe a Padilla:
> El asunto ha sido trabajado por [Alfredo] Coviello, pero nada se hará sin una intervención de esa. En fin, sabes vos los resortes que hay que tocar.

Finalmente, ante el avance del proyecto de edición de sus obras, Rodolfo Mondolfo escribe a Alberto Rougés. Buenos Aires, con fecha 11 de noviembre:
> A Lei e al Dr. Coviello, che tanto vivamente si adopesano per conseguire il fine, io son dunque assai grato.

[266] En *Ideas. Revista quincenal de educación*, dirigida por Francisco E. Padilla, colabora Coviello con una serie de notas (Nº 11, febrero de 1937; Nº 15, 15 de febrero de 1938; Nº 16, 28 de febrero de 1938; Nº 23, 31 de julio de 1938) que reuniría en libro.

Los trece temas de la democracia. (Teoría y realidad social). Tucumán, 1938. 278 páginas.

[Temas] Pro y contra de la democracia. Realidad y ficción democrática. Decadencia de la democracia. Solución biológica de una crisis política. Los extremismos contemporáneos. Crisis actual del derecho. Comunismo y democracia. El comunismo y los hombres de letras. Democracia y demagogia. Democracia y dictadura. Democracia y paz; extremismo y guerra. Democracia y dignidad humana.

Incluye "Un proceso contra la libertad de opinión", donde reproduce documentos, testimonios y el fallo del 9 de abril de 1935 s/calumnias e injurias contra *La Gaceta* "promovido por un militar retirado que había actuado en la provincia como activista de una liga nacionalista".

Decadencia de la democracia

Un paralelo: democracia-incapacidad administrativa. Otro: democracia-desorden financiero. Otro más: democracia-anarquía moral. ¿Por qué ha de trasuntarse la Democracia en tan frecuentes e inadmisibles términos?... Como norma vulgar, gobiernos democráticos han incurrido en elementales objeciones en cuanto a suficiencia para administrar la cosa pública. Por eso es oportuno discernir y ante todo debe tenerse presente que hay para la democracia enemigos por dentro y enemigos de afuera. Estos últimos, observados con calma espiritual, prestan verdaderos favores a la democracia, porque atendiendo a sus objeciones, tamizando lo serio de las críticas y el por ciento de verdad que sus ataques contienen, es posible extraer útiles enseñanzas. En cambio, los primeros, que conviven a título de *amigos*, *sustentadores* o *defensores* del pueblo – de este pueblo que es el *demos* de donde viene la *democracia* – son sus adversarios más peligrosos porque elaboran su decadencia. Esto es, realizan la obra de corrosión interna que poco a poco va a destruir el andamiaje total: corroen sus bases y llevan adelante una labor disolvente que con frecuencia pasa inadvertida, como el enjambre de hormigas puede socavar los más sólidos cimientos de una hermosa construcción.

De los enemigos por dentro – supuestos apóstoles del Demos – debe temerse tanto como del enemigo encubierto que se introduce conforme una táctica, acorazándose dentro del magnífico concepto de *libertad*, de *derechos y garantías del ciudadano* como un nuevo caballo troyano y que muchos, ingenuamente, no alcanzan a advertir.

Esta táctica del enemigo que une su clamor calculado al sincero clamor democrático, mientras esconde la daga en la manga ancha de los movimientos populares para asestar el golpe en el momento decisivo, hace que la Democracia deba contabilizar sus adversarios por partida doble: ese tipo visible, de fuera, más violento quizá, pero más franco y de una valentía más humana; y el interno, de actitudes solapadas tan capaz de imponer la brutal animalidad en el instante decisivo como de simular con paciencia y aguante eslavo sus reales propósitos.

De esta manera, el régimen se desenvuelve situado entre los dos fuegos que origina la táctica de sus adversarios. Mientras el uno se tiene fe en corroerla por dentro, el otro la ametralla por fuera, y guay si no alcanzáramos a advertir la presencia del primero – que con tan equívoco espejismo se ha conceptuado una especie de aliado de la democracia – porque evidentemente entonces, unido el poder destructivo de estas dos fuerzas, el triunfo fatalmente debe corresponderle a alguna de ellas.

Por esto debemos volver siempre a las objeciones apuntadas contra el régimen democrático. Porque estamos hablando de táctica y de lucha, concepto que no es posible eliminar de la realidad biológico-social en que las ideologías se debaten por imponerse.

[...]

No puede concebirse al pueblo gobernado por nadie – no gobernado – porque donde todos mandan, ciertamente, y nadie obedece, nada positivo puede edificarse. ¿Qué ventajas puede adquirir o poseer un pueblo sobre otro pueblo sino la que surge de los hechos mismos, cuando se supera como horda y como clan? ... Por simple relatividad de convivencia sería sumirse en la inferioridad y convertirse en dominado, en presa asimilable.

Mas la democracia no implica eso necesariamente, porque el número o la cantidad, prevalece y debe prevalecer en ella con ciertas limitaciones. Los más capaces, los mejores, pequeños en cantidad, poderosos en cualidad, pueden originar y fomentar fuerzas sociales capaces de imprimir un rumbo, de rubricar una nacionalidad, de modular el alma de un pueblo. Precisamente, de ellos recibe el signo directriz el esquema de la civilización: sabios, artistas, inventores y grandes espíritus, que siendo siempre los menos, dan a cada pueblo un nivel determinado en el concierto de las edades.

Cuando no acontezca asi, podría afirmarse que hondas desviaciones enfermizas están minando el organismo no ya de la democracia, sino de la humanidad misma.

Hemos dicho que en los regímenes democráticos más comúnmente se ponen de relieve los errores de sus gobiernos. Ello se debe a la gran publicidad que sus actos tienen y se originan en gran parte por obra y gracia de los parlamentos o representaciones populares.

[...]

En el panorama general de nuestro país, el espíritu democrático disciplinado, consciente y responsable, bien equipado en el orden intelectual, ha permitido, en virtud de lo que podríamos denominar esa mejor preparación, que se destacaran justicieramente y con encomiable frecuencia, grupos dignos de encabezar la lucha de vanguardia. En favor de ellos no puede olvidarse que sus hombres están sujetos, como otros tantos casos vistos a través de los años, a la inquietante pregunta: ¿demostrarían como administradores la suficiencia exhibida en esa elástica y libérrima función de legislar? No hay derecho a mantenerse en el plano de las disquisiciones puramente teóricas en esta índole de asuntos, cuando a diario estamos contemplando la función de gobernar como un problema trágico de inquietante solución. ¿Quién no ha comprobado el proceso de un partido enorme disgregándose no bien acababa de encaramarse en el poder, por la fulminante inconciliación de legisladores y gobernantes? Si este fenómeno ha adquirido características de un proceso y de repetición: ¿cómo no hemos de abstraernos de las personas y denominaciones colectivas para depurarlo en sus causas circunstanciales y permanentes?... ¿O es acaso imposible obtener soluciones que permitan arribar a un perfeccionamiento relativo y adecuado?...

En las entrañas mismas de su principio vital, la democracia encierra indudablemente el secreto inicial de sus propios males, pero mientras el hombre y la humanidad estén dotados de discernimiento y una fuerza de decisión voluntariosa capaz de sobreponerse a los falsos destinos que engañosamente, y en períodos intermitentes, confunden nuestra auténtica visión de la finalidad consciente, será posible no intimidarse con el interrogante y cubrir con pasos enérgicos la senda del progreso que, como decíamos, en estos aspectos, a veces parece perderse en toda su magnífica perspectiva, liquidando, anulando totalmente nuestra soberbia de seres inteligentes y envanecidos de nuestro fabuloso poder mental.

Con tal criterio, con ser la democracia atemporal, no parece muy lógico el juicio de si hemos ido o no a parar, a la vuelta de los siglos, a la decadencia de la democracia; porque en el organismo, la enfermedad o estado psicológico debe conceptuarse como lo transitorio o lo anormal, sin que sea posible equivocarlo con él mismo. La decadencia supuesta de la democracia es lo que ya los griegos habían catalogado claramente con la denominación de *demagogia*. Pero la Democracia – como lo repetimos ex profeso – es atemporal: no ha recorrido una parábola, de cuyo trayecto le toque ahora la curva descendentes, porque hace mil años este supuesto descenso gráfico también podría simbolizar estados de ánimo político y sin embargo muchas centurias después se "descubrieron" los derechos del hombre y el "origen contractual" de la sociedad humana, independientemente de cuya validez o valoración científica debemos reconocer que produjeron hondas huellas en el desarrollo de la civilización occidental.

[267] Desde las páginas de *La Gaceta* fue promovido aquel libro de Coviello.
En la edición del 16 de septiembre de 1930, se publicó una nota bibliográfica firmada por Alfredo L. Palacios, quien señalaba en la parte final:
> En su fina labor de construcción, me es grato reconocer las cualidades de un técnico de nuestra cultura, de cuya solidez de juicio y laboriosa tenacidad hay derecho a esperar una cosecha proficua que nutra los corazones e ilumine el espíritu de las nacientes generaciones argentinas.

Juan Oscar Ponferrada, en "La cultura provinciana y la cultura porteña. La hegemonía de tierra adentro" [*La Gaceta*, 29 de noviembre de 1938] afirmaba:
> Parece ser destino espiritual de las provincias defender al país de todas las debilidades y de todos los vicios generados por la metrópoli. La historia nos revela que si hay cultura argentina de la cual podamos estar orgullosos, ella ha sido elaborada casi exclusivamente por mentalidades de origen provinciano. Buenos Aires no fue otra cosa que su receptáculo, su punto de concentración y reflexión. [...] En materia política únicamente puede preciarse Buenos Aires de ser la cabeza del país. Pero ya sabemos lo que la cultura nacional debe a la política. No es entonces una prerrogativa envidiable de la metrópoli. [...] Resulta sintomática la aparición en Tucumán de un libro titulado *Los trece temas de la democracia*. Su autor, Alfredo Coviello, viene a asumir cierta implícita representación del medio, y su voz anticipa una reacción genérica de lo nacional (lo provinciano) contra lo metropolitano. [...] Sin participar del optimismo con que Alfredo Coviello considera realizable ese ideal democrático en nuestro país, consideramos que su libro aporta una serie de sugestiones elevadas y atinadas que significan una saludable reacción contra el desquicio actual de las democracias, particularmente de la nuestra, y asume la fuerza de una reconvención condenatoria hacia el sensualismo de los políticos profesionales.

[268] En carta manuscrita, fechada el 16 de septiembre, Manuel Lizondo Borda le escribe a Coviello sobre *Crítica bibliográfica y análisis cultural* y *Los trece temas de la democracia*:
> No he terminado de dedicar a estos libros toda la reflexión que desearía; pero no quiero demorar esta carta de mi felicitación más sincera a su autor por tan inusitado como noble esfuerzo. Porque no quiero incurrir, por desidia, en algo que – por causas más graves – es común en las gentes de nuestra provincia: me refiero al silencio, premeditado y sostenido, que suelen guardar por el escritor del terruño cuando produce algo que no es común y acostumbrado. Paul Groussac ya anotó este defecto de los tucumanos en 1874...

[269] Con el apoyo moral de Ernesto Padilla y con el sello editorial de la UNT, publicó Alfredo Coviello dos volúmenes de valiosos documentos históricos.

Ernesto Padilla, después de recordarle cómo los originales andaban tirados en un corredor del viejo Cabildo, salvándolos de las ruinas don Benjamín Aráoz, le escribe a Coviello:
> La publicación de estas actas en la oportunidad de haberse abierto la Facultad, dan material interesante a los profesores y estudiantes de rastrear antecedentes de las instituciones provinciales. [...] ¡Siento un alivio al ver publicados esos papeles, tan importantes de nuestra historia política!

Actas de la Sala de Representantes de Tucumán. Volumen I: 1823-1835. Un volumen documental de XXI + 666 páginas, con prólogo y anotaciones de Alfredo Coviello.
Editado por la Universidad Nacional de Tucumán.
Imprenta López, Buenos Aires, 1938.

Volumen II: 1836-1852. Ídem, 1939. XXIII + 488 páginas.

[270] Coviello también colaboró en una revista, fundada y dirigida en Tucumán por Gino Arias, ex decano de la Facultad de Derecho y Ciencias Sociales de Florencia, Italia; antiguo catedrático en Roma; director de una publicación similar en Italia, hasta su expatriación.

"El problema azucarero. 1ª parte", en *Revista de Economía y Política*. Publicada por el Instituto de Investigaciones Económicas, Sociales y Financieras de la Universidad Nacional de Tucumán. Director: Gino Arias. Volumen I, N° 1, septiembre de 1939. Prólogo del doctor Julio Prebisch.

"El problema azucarero. 2ª parte", en *Revista de Economía y Política*. Volumen I, N° 2, noviembre de 1939.
Es un absurdo pensar que los soldados de un regimiento deseen la derrota de su ejército. Al contrario, luchan para triunfar y no verse avasallados por el enemigo. Tan absurdo es imaginar lo opuesto, que la idea resulta inmoral en sí. No tendríamos necesidad de inquirir de qué ejército se trata ni a qué nación pertenece el mismo. Una norma universal nos resuelve tan sencillo problema. Y algo análogo podríamos decir respecto a la cuestión azucarera. Es inconciliable con la lógica no ser *proteccionista* en Tucumán. Sería algo así como incurrir en un delito de lesa traición a los intereses del medio en que vivimos. De manera que cuando mi distinguido y talentoso amigo, el senador doctor Alfredo L. Palacios, me inquirió, en su encuesta preliminar al gran debate del Parlamento, informaciones sobre el problema industrial, me inicié diciéndole: Debo advertirle, en primer lugar, que después de una larga maduración de ideas, he depurado mi pensamiento con serenidad, esto es, con aquel máximun posible de equidad, de imparcialidad. Y soy, por lo tanto, *proteccionista* decidido.
El gran líder socialista no se hizo esperar y dijo por aquel entonces: Nadie, en Tucumán, podría dejar de serlo. Y añadió, más adelante, una posición y convicción similar. Así, pues, del examen de este problema se desprenden diversas conclusiones vinculadas a un estado de evolución actual. Y estas pueden obtenerse sin atemorizarse de manera alguna por el *determinismo industrial* que según

algunas personas constituye la pesadilla de nuestro ambiente. Nosotros somos proteccionistas porque residimos y vivimos, con el instinto y conciencia plena, la zona donde más sensiblemente pueden sentirse las transformaciones, perturbaciones y progresos de la industria del azúcar.
Es por motivos recíprocamente opuestos que en Buenos Aires y en otras partes del país, se sostiene a este respecto las bondades del libre cambio. La metrópoli vive ajena a los dolores, miserias y sacrificios del resto del país y sólo se preocupa esporádicamente de todo esto. Allí, donde existe un puerto fabuloso, que tamiza la riqueza de los diez millones de habitantes que gimen en las provincias y territorios federales, no puede tenderse a criticar los problemas sino con el criterio de lo que se dejó por tamizar. Les es muy difícil a sus habitantes y estadistas percibir que ésa sea precisamente la base del desproporcionado crecimiento. El hombre metropolitano contempla con orgullo la hipertrofia de la Capital y de su Universidad y de sus edificios y de sus avenidas y mira por encima del hombro, como en un plano de inferioridad, a los *provincianos* – palabra ésta que tiene allí un cierto sentido despectivo – y a sus problemas.

[271] En el transcurso del intercambio epistolar entre Ernesto Padilla, desde Buenos Aires, y Alberto Rougés, en Tucumán, se van develando diversos aspectos de la política interna de la Universidad Nacional del Litoral.

Comenta Padilla a Rougés, el 13 de abril de 1939:
Aquí seguiremos la bandera de cultura que levanta [Alfredo] Coviello, para secundar los objetivos que persigue, aunque forzosamente tenemos que cuidar algunos pasos. Pero, ya sabes que Universidad digna, procedimientos claros, profesorado capaz y de altura moral, Instituto Lillo, con espacio libre para maniobrar, son para mí eslabones de una cadena con la que me siento atado.

Informa Rougés a Padilla, dos días después:
Prebisch está ahora empeñado en atraérselo al Dr. [Eduardo] Sabaté, para neutralizar su voto en el Consejo. Éste ha redactado su defensa para leerla en la próxima sesión, en la que seguramente se ha de tratar el pedido de expulsión del Consejo hecho por los estudiantes, para cuya consideración Prebisch citó dos veces al Consejo días pasados. La defensa canta verdades acerca de la actuación estudiantil. El vicerrector, [Juan B.] Tinivella, lo ha visto para que deje de lado el asunto, para que no lea su defensa. Sin embargo, el hombre está firme. Se le ha hecho llegar que los estudiantes han olvidado ya su resentimiento con él, que hoy el verdadero objetivo de ellos es la eliminación de [Alfredo] Coviello. Mientras tanto, el Consejo no se reúne porque no es citado y no se designan los profesores de segundo año de Derecho y de Bioquímica, a pesar de que ya funcionan las clases universitarias. Es verdad que las cátedras de segundo año de Derecho han sido ofrecidas por el Rector, pero el Consejo no ha hecho el nombramiento. Las de segundo año de Bioquímica ni siquiera han sido ofrecidas. Considero conveniente que sigas de cerca este asunto, dada la intervención decisiva que has tenido en la creación de las nuevas facultades, y te tendré informado de las incidencias que ocurran.

Dice Rougés a Padilla, el 24 de abril:
Acabo de conocer tu carta a [Alfredo] Coviello sobre el subsidio para las facultades de Derecho y Bioquímica. Creo que su supresión no importa la de todo recurso para éstas, puesto que la Universidad recibe una suma global que debe distribuir entre todas sus dependencias. Pero me temo que ésta encuentre en aquella supresión un pretexto para decir que no hay recursos para ambas facultades, que están fuera de presupuesto. [...] Contrasta la actitud de Prebisch con las nuevas facultades con su manejo dispendioso en otros asuntos. Hará poco ha [creado], sin resolución del Consejo, una oficina de publicidad, con un empleado de $ 300. Probablemente, el único objetivo es colocar un hombre de izquierda. A los estudiantes universitarios influyentes los atrae con prebendas análogas.

De Rougés a Padilla, 2 de mayo:
> Las cosas universitarias no van muy bien. [...] [Julio Prebisch] ha convencido a los dirigentes de la Universidad de que ni el Presidente de la República ni el Ministro de Instrucción Pública la van con las nuevas facultades. [...] Llama también la atención que haya pedido el reconocimiento de dichas facultades y no del departamento de investigaciones regionales que él creara, con un vasto programa de acción. [...] Es muy probable que este pedido, que no fue conocido por los consejeros de la Universidad, del que [Alfredo] Coviello no ha tenido noticias hasta ahora, sea un engaño, destinado a impedir que las facultades nuevas participen en el gobierno universitario. Es probable que en el Ministerio de Instrucción Pública no se haya recibido tal pedido.

[272] Aquellas piezas de correspondencia entre dos notables protagonistas de la política educativa y cultural, dan la pauta de que el proceso de la Universidad Nacional de Tucumán en este período estuvo fuertemente marcado por intereses políticos, rivalidades e intrigas de diversa índole – reflejados o aún alimentados desde la prensa – que llevarían finalmente a la intervención de la UNT.

[273] La crisis se agudizó hacia fines de noviembre de 1939.

Le escribe Padilla a Rougés, el día 23:
> En cuanto al asunto universitario estuve varias veces con [Horacio] Descole y conozco la última conversación con el Presidente que resulta muy promisoria. Indudablemente hay un gran trecho de camino que recorrer, pero el hecho principal es que ya hay base firme en que asentar la Institución, porque ya se cuenta con Consejo Superior bien elegido y en condiciones de planear el procedimiento que lleva a dar un fundamento sólido a la Universidad. Yo le dije a Descole que hay que seguir la obra que realiza [Alfredo] Coviello a fin de que resulte logrado el buen propósito con que la inició y la persigue.

Responde Rougés a Padilla, el 28:
> Muy acertado tu consejo a [Horacio] Descole de no separarse de [Alfredo] Coviello. Allí se había formado un núcleo de Santillán-Guzmán, que se proponía excluir a Coviello, hacer a un lado a [Julio] Prebisch y reemplazarlo con Santillán. El asunto institucional de la Universidad se convertiría así en un pequeño complot personalista, que se aprovecharía de toda la obra que ha venido realizándose, en la que ellos no han tenido sino un papel subalterno. A decir verdad Guzmán, buen decano de Ingeniería no se daba cuenta de lo que se hacía, sino a medias. Probablemente la trama es obra, como lo cree Coviello, de [Fernando] Prat Gay. Cuando Coviello ha sabido lo del rectorado de Santillán se ha levantado como leche hervida, y ha protestado por la trama a cuyo servicio estaba sin darse cuenta...

Le informa Padilla a Rougés, el 2 de diciembre:
> Estoy en contacto con [Alfredo] Coviello y [Horacio] Descole. Creo que hay buen ambiente y se espera buena solución.

Agrega Padilla a Rougés el 6:
> Recibí las amables visitas de [Alfredo] Coviello, [Horacio] Descole y tus acompañantes. Cuando me hablaron me pareció que habían salvado los inconvenientes que habían brotado y que la rápida intervención de Coviello ha conjurado. Por lo que he notado, me parece que hay una opinión hecha de que hay que acompañar a Coviello en su campaña y prescindir de cuanto implique, no digo disentimiento, pero aún siquiera frialdad...
> [...]
> Con gran placer me he adherido a la demostración de Coviello. Veo que vos lo has hecho. Comparto el reconocimiento que todos los tucumanos debemos a su buena obra que en realidad, resulta un iniciador y, a la vez, realizador en la obra de nuestra alta cultura, que es una sorpresa para los que en Tucumán lamentábamos el quietismo en que vivíamos.

[274] Posiblemente por iniciativa de Coviello, el apoderado general de *La Gaceta*, Enrique García Hamilton, envía un telegrama al presidente Ortiz, en nombre del diario, "órgano que interpreta la opinión y vela por los intereses de esta provincia":

> Solicitándole hoy interceda en favor de la Universidad Nacional de Tucumán cuyo desenvolvimiento integral constituye una vieja y ardiente aspiración de los hogares tucumanos y de nuestra juventud estudiosa.
> Y que con su clara visión gubernativa y su intensa dedicación a los problemas educacionales contribuya al acceder a estas justas aspiraciones a descentralizar la cultura argentina armónicamente estimulando y vigorizando el desenvolvimiento intelectual regional en su más amplia acepción, tendencia ésta que reputamos conveniente y oportuna para la salud del país.
> [*La Gaceta*, 20 de noviembre de 1939].

También el gobernador Critto se dirigió por vía cablegráfica al presidente Ortiz, interesado en apoyar las gestiones de la UNT. A tal fin, viajaron a Buenos Aires: Prudencio Santillán, vicerrector de la UNT, con los profesores Arturo Guzmán, y Horacio Descole, y el diputado Prat Gay, quienes se entrevistaron con el Presidente Ortiz, para plantearle necesidad de dejar sin efecto quita del subsidio de $ 200.000 a favor de la UNT. [*La Gaceta*, 22 y 23 de noviembre de 1939].

A la semana siguiente, partieron hacia Buenos Aires tres delegados de la Universidad: Alfredo Coviello, Eugenio Pucciarelli y Román Schreier, quienes "llevaron la misión de ampliar los informes y documentación relativa a las nuevas facultades creadas". [*La Gaceta*, 30 de noviembre de 1939].

[275] Con motivo de la terminación de su mandato como Consejero de la Universidad Nacional de Tucumán, se organizó, seguramente promovido por él mismo, una gran demostración hacia Alfredo Coviello, con proyecciones mucho más vastas que las del ambiente universitario.

En la edición de *La Gaceta* del 30 de noviembre de 1939 se publicó: "Caracterizadas figuras del ambiente se adhirieren al homenaje a Alfredo Coviello", entre ellas, el gobernador Miguel Critto, el empresario Alfredo Guzmán, Enrique García Hamilton, Francisco Padilla.

[276] El *homenaje* largamente promovido desde las páginas de *La Gaceta*, se realizó el miércoles 13 de diciembre de 1939 en el Savoy Hotel.

"La demostración de esta noche: su significado", por Oscar Gómez López. [*La Gaceta*, 13 de diciembre de 1939].
Otra acción, no por anónima menos trascendental, es la que ha cumplido Alfredo Coviello en *La Gaceta*, el hogar querido y común donde estamos permanentemente alertas para servir los destinos de Tucumán, y donde el agasajado de esta noche tiene funciones esenciales de timonel que son bien conocidas.
[...]
Extraordinarios son, en verdad, el esfuerzo y la obra de este hombre de excepción en nuestro medio. Obra que acaso esconde su más grande virtud en lo que vale como ejemplo y en lo que sugerirá a la juventud, que en su propio mérito intrínseco.
[...]
No es tan sólo Tucumán el que se favorece con la obra de Coviello. Todo el Norte recibe directa o indirectamente el beneficio de su acción. Y más adelante necesitará cada vez más de su dinamismo y de su perseverancia.
El litoral y ese gran monstruo que es Buenos Aires, nos hostilizan y nos niegan demasiado, en forma agraviante a veces, como para que no vayamos pensando en la conveniencia de constituir una legión regional de hombres fuertes capaces de defendernos. Defensa que no se podrá organizar nunca si no se cuenta con factores operantes como es el que en realidad traduce la personalidad múltiple de Alfredo Coviello. Enderezado a tan elevada finalidad está el homenaje de esta noche en el Savoy Hotel.

[277] "Una fiesta de la Universidad y de la Cultura Pública fue el homenaje tributado anoche al ex Consejero Don Alfredo Coviello – Todo Tucumán representativo estuvo presente en el acto – El espectáculo que ofreció la sala mayor del Savoy Hotel era imponente", tal el gran titular de *La Gaceta*, del 14 de diciembre de 1939, en página 7 a pleno, continuando en la 14. Con Coviello en el centro de la mesa central, se ubicaron a la derecha, el gobernador Miguel Critto, y el vice Arturo R. Álvarez; a la izquierda, Miguel Campero.

El Ministro de Gobierno de la provincia, Manuel Andreozzi, dijo en la parte final de su discurso:
> Más que un aplauso por su actuación en este medio donde están nuestros afectos y donde la consideración y estima están a vuestra vera para daros aliento y estímulo, es la confidencia de que pensamos en la misma forma y que tenemos la misma idea central de la vida que nos impele diariamente: viviendo como si debiéramos morir mañana, pero trabajando como si no debiéramos morir jamás.

Del discurso de Segundo Mena Aybar, en nombre del Centro de Estudiantes de la Facultad de Derecho y Ciencias Sociales y de la Comisión Directiva del Colegio de Contadores Públicos de Tucumán:
> Porque es usted un combatiente en este medio donde nadie combate como no sea para llegar a rico o a diputado. [...] Porque en el breve núcleo de los cultores del espíritu es usted el destacado, no sólo por los prestigios del diario que dirige, sino también por la gravitación inequívoca de la propia personalidad.

Dijo Alfredo Coviello:
> ¿Qué es lo que más conviene a nuestra Universidad entre sus diversos requerimientos vitales?
> Una vinculación íntima con el pueblo, cada vez más acentuada. El medio en que convive es el llamado a sostenerla y propulsarla. Durante muchos años nuestra primera casa de estudios vivió poco menos que desentendida

de nuestra sociedad mientras las fuerzas sociales de este ambiente permanecían casi indiferentes a su destino. La Universidad anhela servir a la sociedad. La sociedad aspira a servirse amplia y cabalmente de la Universidad. Acción de reciprocidad, mutua comprensión, inquietudes concomitantes, harán y forjarán mucho del destino de una y otra. Por eso me complace profundamente esta fiesta de confraternidad cultural, que es fiesta del pueblo y de la Universidad.
[...]
Apenas hace dos o tres años, comprendí, cual si fuera una revelación, que el secreto fundamental de nuestra cultura reside en este pensamiento: *la Universidad y su medio*. Era necesario llegar a la compenetración total y absoluta de la una con el otro, de éste con aquélla, para que nosotros obtuviéramos la visión plena de nuestros destinos, para que conquistáramos nuestra propia alma, el alma de nuestra región. Y así emprendimos una afanosa tarea y comenzamos a realizar una ruda labor. Y así nos sorprende este instante en los primeros pasos de una etapa decisiva, que está convulsionando la estructura de la Universidad y revulsionando el medio que antes era un tranquilo mar de indiferencia.
[...]
Muchos argentinos eminentes estudiaron y vivieron preocupados por la absorción económica y material de Buenos Aires. Pero, como decíamos recientemente durante nuestro último viaje a la metrópoli, la descentralización de la cultura será una importantísima contribución en toda tentativa de resolver armónicamente tan serio problema.
Hay un principio fundamental de carácter democrático que alienta esa grande aspiración, entre otros factores concurrentes. La autonomía de la zona, reclamada como por el alma de la región, nos incita a dotar a nuestra primera casa de estudios, de todas las puertas y abrirlas de par en par como para que en ella tengan cabida todas las variaciones, todas las aspiraciones no desviadas de nuestra juventud.

El principio de poner la universidad al alcance de nuestros jóvenes, sin barreras económicas ni impedimentos geográficos, es el principio fundamentalmente democrático que impulsa el poder permanentemente renovado de sus creaciones. La Universidad auténticamente democrática es la que nace del pueblo, vive con el calor del pueblo y hacia el pueblo retorna devolviéndole sus mejores frutos. Hay un principio fundamental de carácter democrático que alienta esa grande aspiración [la descentralización de la cultura], entre muchos otros factores concurrentes. La autonomía de la zona, reclamada como el alma de la región, nos incita a dotar a nuestra primera casa de estudios, de todas las puertas y abrirlas de par en par, como para que en ella tengan cabida todas las vocaciones, todas las aspiraciones no desviadas de nuestra sociedad. Este principio de poner la Universidad al alcance de nuestros jóvenes, sin barreras económicas ni impedimentos geográficos, es el principio fundamentalmente democrático que impulsa el poder permanentemente renovado de sus creaciones.

De lo que últimamente ha acontecido en la vida de relación de Universidad, sin duda, lo más notable es esa acentuación llamativa del interés colectivo por su favorable desenvolvimiento. Para ello fue necesario desplegar una acción enérgica y tenaz, pero se requería muy particularmente el auspicio, la opinión y el apoyo material y moral del hombre gobernante y del hombre de letras. Y cuando a mí me tocó ir en pos de estos requerimientos, encontré en el primer mandatario la acogida y el estímulo suficiente como para llevar adelante el proyecto de edificio centralizador y el de creación de las nuevas Facultades, que implicaban, además de dinero, el valioso respaldo de su autoridad de gobernante probo. Y verifiqué en los ilustres benefactores de la cultura tucumana – recogidos en nuestro ambiente o alejados sólo materialmente de él – una generosidad de espíritu y una propuesta de colaboración tan hidalga para estas ideas – adecuando símbolo y materialización de sus mismas ideas – que por mi parte ya no dudé jamás del

éxito final. Y lo mismo he visto en la persistente, a veces anónima y oscura, pero siempre eficaz gestión de los representantes de nuestra provincia ante el Congreso que desde tiempo atrás siempre han defendido con admirable tesón las partidas y los recursos nuevos que conseguirían arrimar para nuestra primera casa de estudios. Nuestra Legislatura ha armonizado con este cuadro general y en forma unánime ha robustecido, con la autoridad de sus sanciones, tan claros propósitos de bien público.
[...]
Es claro que tuve que poner al servicio de esa faena el máximo de mis energías, y recabar el apoyo constante de amigos y desconocidos en pro del engrandecimiento de la fundación universitaria; y sufrir amarguras y aparentes decepciones, por la reacción que suscitaba en unos y en otros al forzar la marcha y exigir en los demás – a modo de contribución – el sacrificio que requiere el bien común. Pero de todo ello hemos salido victoriosos, alentados por la fortaleza de espíritu del gobernante amigo sometido a más difíciles peripecias o de los grandes espíritus tucumanos que desde algún retiro silencioso están permanentemente alertas para elaborar su grandeza. Y todo ello es poco, bien microscópico por cierto, frente a esta fiesta de la Universidad, donde festejamos nuestra mutua comprensión en un momento determinado, en que, sin consultar la hora y los minutos, nos sabemos en el primer tramo, pero avanzando con precisión, cubriendo con firmeza esta etapa decisiva de la Universidad integral, que es complemento científico y universal de su primitivo núcleo vital y del pensamiento primero que precedió e impuso su progresiva materialización.

[Notas sobre ese banquete: *La Gaceta*, 14 de diciembre de 1939; *La Reforma*, 16 de diciembre de 1939].

[278] Tras los incidentes del 14 y 15 de diciembre de 1939, las autoridades de la UNT fueron objeto de críticas e imputaciones cruzadas. Alfredo Coviello no quedó al margen. Su actuación fue seriamente cuestionada desde algunos sectores, como la

Federación de Estudiantes Universitarios. En contraposición, recibió diversos mensajes de solidaridad, destacándose los enviados por los políticos socialistas Alfredo Palacios y Américo Ghioldi, quien le expresara en una carta:
> [...] Conserve Ud. las ideas democráticas y antifascistas que expuso con decisión frente a Kinkelin y tendrá la satisfacción de ver que las imputaciones malevolentes no harán mella.

[Marta Barbieri de Guardia. "Reforma y representaciones colectivas: sus proyecciones en el movimiento estudiantil tucumano a comienzos de la década de 1940", en Luis María Bonano (coordinador). *Estudios de historia social de Tucumán. Educación y política en los siglos XIX y XX*. Universidad Nacional de Tucumán. Facultad de Filosofía y Letras, 1999].

[279] Carta de Alberto Rougés a Ernesto Padilla. Tucumán, 23 de diciembre de 1939:
> La Universidad se encamina a una intervención. Se designaron los consejeros adscriptos convenidos; pero como no aceptara [Eduardo] Sabaté, por iniciativa de Santillán, se nombró a León [Rougés] en su reemplazo. Se produjeron tres reuniones del Consejo, con barra estudiantil ruidosa, especialmente contra [Alfredo] Coviello, a quien no perdonan [Julio] Prebisch y los suyos la creación de las dos facultades. Como existe la costumbre de permitir a los alumnos rodear la mesa en torno de la que se sientan los consejeros, las reuniones del Consejo carecen de las garantías necesarias. El resultado ha sido la renuncia de Guzmán, pues los profesores de Ingeniería se pusieron de parte de los alumnos. Luego renunció Coviello. Los demás consejeros están resueltos a llevar el asunto al Ministro. Es indudable que se corre algún riesgo, pero también los es que algún día se debe poner fin a una demagogia que deshonra a nuestra Universidad.

[280] El 9 de febrero de 1940, se firma el decreto de intervención a la Universidad Nacional de Tucumán, originado por el Ministro de Justicia, Culto e Instrucción Pública de la Nación, Jorge E. Coll.

Finaliza así, en forma trunca, el mandato de Julio Prebisch. Ismael Casaux asume en esa fecha como interventor, hasta el 31 de marzo de 1940; Adolfo Piossek asume como Rector de la UNT el 1° de abril de 1940, pero no concluye el mandato: Dr. José Ignacio Aráoz, Vicerrector queda a cargo del Rectorado desde el 1 de agosto al 14 de noviembre de 1942, fecha en que es electo Rector el ingeniero José Sortheix, pero la UNT es nuevamente intervenida el 30 de octubre de 1943, desempeñándose sucesivamente como interventores: Santiago de Estrada, hasta el 28 de enero de 1944; Nicolás Di Lella (h), Secretario General a cargo del Rectorado hasta el 12 de marzo; David Lascano, Interventor, del 13 de marzo al 18 de abril de 1944.

[281] Carta de Ernesto Padilla a Alberto Rougés. Buenos Aires, 9 de febrero de 1940:
Está ya intervenida la Universidad. Van a hacer seis años que comenzó a acentuarse esta medida como indispensable y salvadora. [...] Ante la violencia y la audacia, airada actitud de grupos inferiores, sufre el peso de la acción del Gobierno Nacional que se encuentra con algo positivo que guardar, que cuidar, que prestigiar y engrandecer.
Yo no conocía al Dr. Cassaux Alsina. Pero, no fue inconveniente para ir a saludarlo, procurando el contacto a fin de darle mi impresión sincera. Por supuesto que le puse por delante el Instituto Lillo, con una esplendorosa vida científica, lo que se está haciendo en el de Etnología, con las publicaciones en prensa que llenan un programa, el movimiento despertado por la iniciativa de los estudios filosóficos en la Facultad de Derecho, la meritoria acción desenvuelta por [Alfredo] Coviello, de quien me manifesté admirador, puntualizando el beneficio que le debemos con la iniciativa propuesta y su orientación bien inspiradas así como su infatigable actividad. [...] Se mostró de acuerdo con mis impresiones sobre Coviello. En suma, me pareció que él comprende bien su misión y que puede esperarse que ha de tratar de lograrla con medidas definitivas.

Carta de Ernesto Padilla a Alberto Rougés. Buenos Aires, 6 de abril de 1940:
> ¡Lo que hemos andado! Acabo de recordárselo a [Alfredo] Coviello, haciéndole justicia como merece. No hace dos años que hablamos por primera vez con él, [Manuel] García Morente y vos. La Universidad tenía forma de una pirámide invertida: era un artificio, que parecía imposible quedara sin derrumbarse. ¡Ahora tenemos cimientos, muros y hasta bóveda!

[282] El primer Consejo Directivo de la Facultad de Derecho y Ciencias Sociales se eligió el 31 de marzo de 1940, quedando integrado por los doctores Juan F. Moreno Rojas, Rafael García Zavalía, Carlos M. Santillán, José Ignacio Aráoz, Benjamín Aybar, Román Area, Gino Arias y Miguel Ángel González, por los profesores, y Carlos D. Sanjuán y Hugo Darío Maciel por los estudiantes. Este cuerpo eligió al primer decano: José Ignacio Aráoz.

[283] La primera camada de egresados de la Facultad fue de la carrera de Procuración, en 1939, recibiendo su diploma: Alejandro M. Moris, Andrés Mateo Paz y Romualdo Ruiz. Los primeros escribanos egresaron en 1940: Elida Julia González y Evaristo Mata. Y los primeros abogados, recién en 1943; fueron ellos: Roberto Amín Farías, Hugo Darío Maciel, Jesús María Martínez, Carín Nassif, Fernando Piragine Niveyro, Carlos D. Sanjuán y Marcelino J. Suñén.

[284] Coviello recopiló en un nuevo libro, sus ideas y experiencias universitarias:

El sentido integral de las universidades regionales.
Tucumán, 1941. 256 páginas

> Este libro no es un producto intelectualista. Más bien podría tildarse de simple crónica viviente en el problema de la Universidad argentina.

a) Esclarecimiento y reivindicación:
- Análisis y síntesis de nuestras universidades.
Entre los subtemas: Las Universidades nacen provinciales y se hacen nacionales. La superproducción profesional y las universidades de provincias. El desequilibrio cultural del país encarado desde el punto de vista de la enseñanza y de la investigación universitaria. La ciencia aplicada y la misión regional de las universidades.
- La Universidad Regional: el Departamento de Investigaciones Regionales. Creación de las Facultades de Derecho y de Bioquímica en Tucumán. La Universidad y la Interconexión Bibliotecaria.

b) Crítica y conciliación:
- Crítica de la Universidad argentina.
- Autonomía y autodeterminación de la Universidad.
- Esquema estructural de la Universidad propia.

No se trata aquí de miopía provinciana, ni de falta de patriotismo. Ni de localismos ridículos, ni de pretensiones desproporcionadas.
Por el contrario: hay que aceptar el criterio distributivo de la justicia. Que nosotros, los argentinos, hagamos nuestra historia; que seamos nosotros los que estudiemos y enaltezcamos a nuestros antepasados. Y similarmente: que las instituciones provincianas sean las que a su cargo tengan las investigaciones, estudios y producciones concernientes a sus respectivas zonas, vinculadas entre sí por ese concepto de inter-regionalidad, que no significa sino el más profundo, congruente y sincero sentimiento de la argentinidad.
Más concretamente podremos exponer este concepto de la ciencia aplicada y la misión regional de las universidades al tratar [...] el Departamento de Investigaciones Regionales, existente en la Universidad Nacional de Tucumán, desde hace pocos años.
Este Departamento de Investigaciones Regionales es una concepción localista tan universalista que debería existir en todas la universidades argentinas, regionales o no. Su fundamentación orgánica permite hacer una afirmación de esta índole sin exageración alguna.

La concepción común es que una universidad regional no puede ser integral. Se cree, con excesiva frecuencia, que si una universidad es integral – si ha sido universalizada en la estructuración de sus carreras – se convierte en una casa de estudios superiores *igual a las demás*. Por ser igual, no podría justificar su nacimiento y tampoco su subsistencia en caso de haberse erigido. Existen otras ya en el país, que pueden suplantarla, sin necesidad de provocar los inconvenientes que implica su fundación.
No se trata solamente de personas desconocedoras del problema universitario. Hay quienes desde hace años están en el asunto y no han alcanzado, sin embargo, a percibir que las universidades argentinas, como las personas, pueden ser iguales entre sí y sin embargo diferenciarse *naturalmente* de las demás.
Esta identidad la otorga *la universalización de sus fines*. Aquella diferenciación proviene de su *misión regional*.
Ya podemos comenzar a discernir dos misiones paralelas que no se repelen: la ciencia general, por un lado, la ciencia aplicada a lo local, por el otro.
Razonando con esta imparcialidad, no fácil de obtener en quienes mantienen preconceptos al encarar la dilucidación del problema, llegaremos a precisar *el sentido integral de las universidades regionales*.
El error consiste, como decimos, en considerar inconciliable lo regional con lo universal, atribuyendo lo primero a miopía del ambiente, lo segundo, a rutina educacional. El aspecto regional es la ciencia en su función práctica. Es la aplicación científica a lo local. Es la investigación de carácter inmediato. La producción universitaria de tipo cultural, en su sentido más auténtico, en esta que está dirigida al estudio de los fenómenos, de los problemas, de las cuestiones que se le presentan en forma inmediata. La exploración de sus montañas, si las hay en la zona, como acontece en el norte; las indagaciones arqueológicas, la mineralogía, el estudio de su fauna y de su flora; el análisis de los materiales destinados a la industria local; el planteamiento y esclarecimiento estadístico y científico de cuanto concierne a lo económico y lo social; la lengua

aborigen, la difusión de los documentos históricos inéditos, y cuantas otras son atingentes a la región, constituyen el material de estudio y experimentación primordial. De esta labor se desprenderán frutos originales porque tales trabajos implicarán un aporte efectivo, el verdadero aporte científico para el progreso del saber, para el saber general que debe coordinarse con los resultados de las otras universidades regionales y nacionales simultáneamente. Esta misión primordial, es una función típica que debe desarrollar ampliamente toda universidad. En el caso de las universidades regionales, más propiamente regionales porque su radio de acción abarca varias provincias, es lo que contribuye a darles *personalidad*. La misión científica de orden regional le otorga auténtica jerarquía en el concierto formado para el progreso del saber. Mucho más autoridad se desprende para ella, sin duda, que desde el punto de vista de su enseñanza abstracta o científico-experimental.

En efecto: también incumbe a la universidad ese desenvolvimiento universal del saber que corresponde a la enseñanza abstracta o aún a la experiencia de las disciplinas tradicionales. En estas experimentaciones puede llegar a lograrse éxitos de repercusión para el avance de la ciencia. Sin embargo, volviendo a la realidad social y universitaria de nuestro medio, y atento a las complejas condiciones técnicas y materiales que exige el estado de los conocimientos humanos para poder introducir innovaciones o competir con los magníficos laboratorios existentes en los institutos especializados de otras partes del mundo, es evidente que el campo fructífero de investigación y de realización científica es el otro. No el universal, sino el regional.

Por eso, inspirándonos en el lema del frontispicio, podría decirse: con las manos en lo nuestro, con la mirada en la universal.

Así se armoniza el criterio pragmatista con el desinterés universal de la cultura. Así se concilia el sentido regional con el concepto integral de las universidades.

La investigación científica, orientada hacia los problemas regionales, se dirige de esta manera a satisfacer las necesidades inmediatas del medio en que la Universidad actúa. La Universidad se vincula estrechamente con el círculo social dentro del cual se halla comprendido. Se arraiga más profundamente al ambiente. Vive sus problemas. Dedica preferente atención a urgencias vitales de las cuales no puede desentenderse.

Una Universidad que fuera meramente universal, sí, podría actuar con indiferencia ante el medio social y físico que constituye su asiento. Y en este caso, a pesar de su contenido universal, no sería *integral*: un Colegio Nacional, por ejemplo, se concretaría a *suministrar* saber a la masa estudiantil: *no a crear saber*.

Pero la misión de las universidades modernas está completamente definida en esa conjugación de lo universal-regional, que aplica la investigación científica de manera inmediata al ambiente en que actúa, y mantiene al día las adquisiciones del saber por medio del desarrollo de ese otro primer aspecto que es la universalización de sus fines. Así, la Universidad no es sólo una formación histórica. Se la puede definir también, muy certeramente, como una formación *natural*, un producto cultural del medio. De idéntica manera que la flora tiene millares de ejemplares representativos de las variedades universales en cualquier región de la Argentina y además, ciertos ejemplares típicos de la zona, así es también de *semejante* y de *desemejante* una universidad regional con otra cualquiera del país, del continente, del universo.

Nuestra definición, pues, de la universidad integral no es miopía provinciana. El sentido integral de las universidades regionales proviene, quizá sin proponérnoslo, de un análisis filosófico que permite la generalización de estos principios. Los caracteres constitutivos de la universidad regional con un desarrollo integral, corresponden a toda universidad racionalmente planteada en cualquier zona de la República, en cualquier país del continente, de cualquier continente civilizado.

Quitarle, amputarle, disminuirle esto o aquello, es sencillamente afectar la esencia de la Universidad, desvirtuar su desarrollo espontáneo, natural, histórico.

[285] Siendo consejero adscripto de la Universidad Nacional de Tucumán, Coviello presentó el 3 de marzo de 1938 un mensaje concebido en los siguientes términos [Reproducido en *El sentido integral...*]:
Honorable Consejo:
Traduciendo el anhelo que flota en nuestro ambiente cultural desde hace tiempo, someto a la ilustrada consideración de los señores Consejeros un proyecto tendiente a ampliar los horizontes de nuestra Universidad.
Por medio de él se crea la Facultad de Derecho y Ciencias Sociales y se transforma la actual de Farmacia e Higiene en Facultad de Farmacia y Bio-Química. La primera contribuirá prácticamente a formar profesionales suficientemente aptos para el desempeño digno de sus profesiones como es el caso de los Escribanos Públicos y Procuradores Judiciales, que frecuentemente han sido improvisados por medio de exámenes circunstanciales, preparados esporádicamente y que jamás pueden formar una conciencia jurídica madura ni una ética profesional técnicamente consciente; abrirá también sus aulas para la formación de Abogados y Doctores en Jurisprudencia que constituye una de las pléyades más brillantes de los egresados en toda Universidad y que, entendidos y profanos, estudiantes y jefes de hogares desean ver implantada en nuestra primera casa de estudios ardientemente.
La transformación de la Facultad de Farmacia, creando el Doctorado en Bío-Química, con un solo ciclo cultural, responde a la más moderna de las exigencias, pues bien es sabido que en esa especialidad, profesionales, egresados y especialistas, desean llegar a la uniformidad de los planes de estudios; la actual Facultad con su conversión de plan en cuatro años para los farmacéuticos, en cambio del de tres que hasta ahora había imperado, apuntaba su orientación en ese sentido y el Doctorado en Bio-Química, según lo especifica el proyecto de ordenanza

que tengo el honor de someter a estudio y deliberación del H. Consejo, marcaría la conquista definitiva de justas y nobles aspiraciones gremiales entre las cuales deberá contarse en primer término la dignificación profesional. Su esquema, por otra parte, contempla la posibilidad de acentuar el carácter regional de sus investigaciones. Los planes correspondientes a ambas Facultades, cuya fundamentación en detalle tendré satisfacción de formular en su oportunidad, responden a un criterio de elevación cultural, de exigencias de esfuerzos, pues de ninguna manera pueden competir como significado de menor esfuerzo con las escuelas similares existentes en otras regiones del país. Con este sentido de igualar desde los primeros momentos, el nivel cultural de los medios más progresados, las carreras se desarrollan ampliamente, asegurando así una eficiencia en sus egresados que no podría ser nunca citada con desmedro en la Nación.

La ventaja sí, efectiva, que para nuestra región implican estas creaciones, la representa la comodidad de ofrecer en nuestro medio cultural el tercer ciclo de la educación con perspectivas más grandes que las hasta ahora existentes en nuestra Universidad.

He recogido tantas opiniones favorables y estoy tan convencido que estas iniciativas han de satisfacer aspiraciones por demás justificadas, que solicito de V.H. una preferente atención, dada la época propicia del año, y una votación favorable del asunto para que la marcha progresista de esta noble casa sea siempre efectiva y responda a las esperanzas de los que la fundaron y guiaron sus primeros pasos inciertos hasta las de aquellos que desde afuera contribuyen anónima o públicamente a su engrandecimiento.

El Exmo. Gobierno de la Provincia ha acogido favorablemente el proyecto y deseoso de ratificar su conocida opinión en cuanto a la cultura e instituciones de enseñanza concierne ha ofrecido un amplio apoyo moral y un decidido apoyo material, traducido en la promesa de entregar un subsidio hasta la suma de cien mil pesos moneda nacional que otorgaría, del millón doscientos mil pesos que debe reembolsar este año del Gobierno Nacional, después de sancionado el plan y petitorio correspondientes por el H. Consejo.

[286] Al cabo de citar en forma completa el precitado mensaje, Coviello comenta en *El sentido integral...*:
 Este no era un proyecto personal del autor, desentendido de los precursores, es decir, de quienes fundaron la Universidad Nacional de Tucumán.
 Con harta frecuencia – y con deficiente conocimiento – se afirma que los fundadores de la Universidad han pensado de otra manera.
 Es inexacta tal información. Conviene reiterarlo, porque todavía hoy – estando en prensa este libro – se invoca la opinión del Dr. Juan B. Terán como contraria a este desenvolvimiento integral de la Universidad.
 Todos los que merecen el título de precursores o fundadores de la Universidad de Tucumán, fueron consultados personalmente por el autor y emitieron una categórica opinión a favor de las nuevas creaciones.
 Cuando la discusión sobre el proyecto anteriormente enunciado arreciaba, el autor recibió una nutrida cantidad de cartas de fuera de la provincia y aún de la zona, de las cuales entresacamos algunas.
 El doctor Alberto Rougés, que en el primer momento alentó la iniciativa y mantuvo una fe inquebrantable en los destinos de la Universidad desde aquellos remotos días en que tocóle actuar como fundador, se expresa así:
 "Después de la conversación que, sobre la conveniencia de crear nuevas facultades en la Universidad, tuve con Ud. a mediados de febrero próximo pasado, escribí al doctor Ernesto E. Padilla sobre el particular. En una carta de éste, fechada el 2 del corriente, que he encontrado aquí ayer de regreso del campo, el Dr. Padilla manifiesta su opinión favorable a la creación".

La creación de las dos nuevas Facultades en nuestra Universidad, y sobre todo la de Derecho y Ciencias Sociales, puso de actualidad el problema del profesionalismo.

Íntimamente unido a él se halla el tema de la cultura dado el rol asignado en esta zona a nuestra primera casa de estudios.
[...]
La Facultad de Derecho que nuestra Universidad ha creado está inspirada en cánones diametralmente opuestos a los que impelieron a Joaquín V. González a establecer la de La Plata. En primer lugar, sirve a una *región* bien delimitada geográficamente, económicamente y hasta políticamente nos atreveríamos a decir: con peculiaridades inconfundibles de clima, de antecedentes históricos, con un medio presionado por una actividad industrial y hasta una patología bien distinta a las del resto del país. Aquella otra sólo se concibe, desde el punto de vista regional, en una ciudad como Bahía Blanca, por ejemplo. La Facultad bonaerense fue cimentada sobre un plan de estudios esquemático, apropiado para formar *prácticos* del derecho, donde el estudio de los códigos y de las leyes, de los principios y doctrinas jurídicas se había condensado al mínimun como mínimo era el plazo de cuatro años para egresar de ella con el título profesional. Sin duda, el organismo modesto, incipiente, débil que esa Universidad constituía entonces, necesitaba un auxilio artificial, y ese oxígeno que había de alentarla en sus primeros pasos, lo constituían las características de una carrera que en el país los estudiantes calificaban de *fácil*. Bien: no es *fácil* la carrera implementada entre nosotros, porque aspira a elevar el rango de esta Universidad que debió en sus primeros años buena parte de su muy contingente vitalidad a una secundaria carrera de farmacia, justificable en su hora y en un medio social de apremios distintos al actual quizá.
[...]
Cuando se contempla con tanto desprecio todo aquello que no expresa un fin pragmático, cuando en las aulas de la universidad el estudio se ha conformado con la investigación y la reflexión de carácter netamente utilitario, se comprende, entonces, cuan peligroso puede resultar para el medio social un egresado de esta naturaleza. Porque,

como decía Scheler ante el dramático espectáculo que el mundo y la cultura de nuestros días ofrece, el hombre, como ser espiritual, podría permanecer absolutamente vacío y aún podría retroceder hasta un estado de barbarie, a pesar de que las ciencias positivas llegasen a la perfección de su proceso. Un egresado inculto tiene abundantes probabilidades de ser un mal profesional. Si el saber práctico ha de servir al saber culto, al florecimiento de su persona, en lugar de pretender someterla, sojuzgarla, de esclavizarla, como bien claramente se ha visto en este primer tercio de siglo, entonces, sí, no habremos de temer con el filósofo "la más espantosa de todas las barbaries, la barbarie científica y sistemáticamente fundada".
[...]
Estamos lejos aún del peligro profesional desde el punto de vista cuantitativo. [...] [En lo que] a la cantidad se refiere, algún día, remoto o próximo, reclamará la intervención del Estado. Nadie puede afirmar en qué sentido se orientará la solución, pero, si ha de venir una *regulación* en este tipo de superproducciones, como lo ha acontecido en otras esferas de la actividad, si ello, por ejemplo, resultara de la limitación de ingreso a las Facultades, aplicando una prorrata a razón de un tanto por mil sobre la población regional para cada Universidad, bregaremos porque la del Norte no aparezca con todas sus escuelas de formación o funcionamiento y no renunciando a dictados tan vitales a favor del monopolio metropolitano o de otras regiones del país que por sí propias y con alto sentido de sustancia integral, resuelven también sus propios problemas.
Así concebidas las profesiones universitarias, no es posible poner en tela de juicio el saldo favorable que para la cultura puede implicar la creación de nuevas carreras en nuestro medio, aún cuando no sea posible confundir *profesión* y *cultura*. Porque en ellas, no hay una constricción a modestas disquisiciones de leguleyo, que es el mal del derecho, ni a una simple asimilación de textos sumarios, como no es posible dominar la farmacopea y la bioquímica. Hay un margen de amplio vuelo donde se concilian el espíritu del seminario del Instituto que lleva

al desarrollo personal de las primeras indagaciones, de los primeros balbuceos en materia de producción, con esta conciencia general de la cultura fluyente de materias y disciplinas que no arrojan directamente ninguna consecuencia práctica en el sentido utilitario, pero que entrañan graves consecuencias para la formación amplia de la personalidad en su más noble acepción. Es esta última la armonía que necesariamente se reclama en el profesional, para evitar que un orgullo vacuo de su saber empírico lo convierta en un elemento dañoso, y a su escuela en una fábrica lamentable – porque no es posible olvidar que de las mejores escuelas como de las más dignas universidades, pueden salir pésimos profesionales – y para dotarlo en cambio de la modestia y vigor interno de conciencia, soportes legítimos, en el universitario completo de la verdadera cultura.

[287] En el Apéndice de *El sentido integral...*, se incluyen los siguientes discursos de Coviello:
"La Universidad tiene por delante un camino sembrado de dificultades". En la inauguración de dos nuevas Facultades en Tucumán.
"La bioquímica y el derecho: dos centinelas permanentemente alertas a los costados de la civilización". Al cumplirse el primer aniversario de las nuevas creaciones.
"La Universidad anhela servir a la sociedad. La sociedad aspira a servirse amplia y cabalmente de la Universidad". Al terminar el período como Consejero adscripto de la Universidad.
"Regresó a nuestro hogar por el camino de las estrellas". En el sepelio de los restos del fundador de la Universidad de Tucumán.
"En la muerte de José Ignacio Aráoz, ex Vicerrector y miembro fundador de la Universidad de Tucumán".

[288] *Sentido integral...* recibió de la Comisión Nacional de Cultura el Primer Premio a la Producción Científica y Literaria Regional – Región Norte y Andina, correspondiente al año 1941.

Carlos Ibarguren era el Presidente de la Comisión; Homero Guglielmini, su Secretario.
La distinción, que incluía la publicación de la obra, fue entregada en ceremonia pública realizada en el Teatro Nacional Cervantes, el 5 de octubre de 1942.
En el rubro Folklore y Literatura, el primer premio correspondió a *El suspiro*, por Fausto Burgos; en Temas científicos, *Experiencias de infección del murciélago*, por Cecilio Romaña y Julián Acosta.

[289] Entre las cartas de felicitación recibidas por Coviello a propósito de su libro *Sentido integral...*, vale destacar las de:

Ricardo Rojas, desde Buenos Aires, el 23 de enero de 1942:
> Lo he leído con detención, como correspondía a la importancia de la obra; y con múltiple simpatía, por tratarse de Ud., de Tucumán, de su Universidad, de problemas tan capitales de nuestra cultura. Hay en su obra amplitud de pensamiento, variedad de información, claridad de plan, elegancia de estilo, y sentido político. Por lo que años atrás tengo escrito en *La Restauración Nacionalista*, en *Documentos del decanato*, en *Memoria del Rector*, y en diversos opúsculos hasta llegar al discurso que el año pasado pronuncié en la Universidad de Tucumán, las dos conferencias que allí mismo dí en 1914, Ud. verá cuántas son las coincidencias de sus puntos de vista con los míos, con lo que se hace más cordial mi aplauso.

Saúl Taborda, desde Unquillo, el 25 de enero de 1942:
> Usted conoce mi posición en este respecto. Coincido con sus conclusiones y reconozco que la táctica que usted propone es la que concierne a los intereses locales porque tiende con inteligencia y sagacidad a una integración que, como lo observa con todo acierto, sólo puede lograrse mediante una relevación de las condiciones espirituales de las diferentes regiones del país porque esa relevación es la condición misma de la cultura argentina.

Juan P. Ramos, desde Miramar, el 8 de marzo de 1942:
> Lo difícil será conseguir que una universidad nacional no sea sino profesional, como la de Buenos Aires, que es el gran defecto, hasta hoy, de la educación superior argentina.
> Lo felicito por su libro, bien pensado y enérgico. Siga trabajando para que Tucumán no sea sólo una provincia rica. El mundo necesita hoy algo más importante que riqueza y bienestar.

Alcides Greca se ocupó de *El sentido integral...*, en *Universidad*, Volumen 11:
> La caravana está, pues, en marcha. Y el destino será nuestro si mantenemos clara la visión, fuerte la voluntad, fecundo el espíritu de creación. Por eso saludamos alborozados esta contribución a la filosofía de la estética americana y a la propia expresión del pensamiento argentino.

Valentín de Pedro, desde las páginas de *Nosotros* (2ª época, Nº 71, febrero de 1942), comentó una conferencia de Coviello sobre el tema.

El *Boletín del Colegio de Abogados de Tucumán* (junio de 1942), incluye la nota "La plétora de profesionales y la limitación universitaria", en la cual se debaten ciertas ideas formuladas por Coviello en *El sentido integral...*

[Importante nota: María Celia Bravo; Yolanda Vaca. "Reforma, región y el concepto de universidad integral durante los rectorados de Julio Prebisch", en *Actas del Primer Congreso sobre la Historia de la Universidad Nacional de Tucumán*. Universidad Nacional de Tucumán, 2006].

[290] La actividad universitaria de Coviello engarza con sus actividades en la Sociedad Sarmiento y como consecuencia, en el lanzamiento de su revista *Sustancia*. Para un adecuado análisis, vale relacionar las actividades de Coviello en la trayectoria sostenida por los prominentes Juan B. Terán, y Ricardo Rojas.

[291] **Soledad Martínez Zuccardi. "El Norte y la Nación en Juan B. Terán, Ricardo Rojas y Alfredo Coviello"**, en *Telar*, Año IV, N° 5. Universidad Nacional de Tucumán. Facultad de Filosofía y Letras. Instituto Interdisciplinario de Estudios Latinoamericanos, 2007.

Aunque su acción universitaria se despliega hacia fines de la década del treinta, cuando Terán ya estaba ausente, Coviello se postula como una suerte de continuador de la obra del fundador y como un hombre también preocupado por conjugar los proyectos universitarios y regionales con las necesidades del país. Los problemas nacionales que inquietan a Coviello parecen ser los mismos que preocupaban a Terán y a Rojas, a pesar de los años transcurridos entre la articulación de las propuestas de cada uno de ellos. En efecto, la preocupación por la disolución nacional y por el avance de la crisis moral seguía a la orden del día, aunque cobraba nuevos matices en el contexto inaugurado por la crisis económica, política e institucional de 1929-1930.
[...]
Las universidades regionales son representadas como el principal instrumento del anhelo de regionalidad que Coviello visualiza como "auténticamente argentino e indesvirtuablemente patriótico". Para él, al igual que para Terán y para Rojas en el caso de la Universidad de Tucumán, las universidades regionales constituyen órganos de equilibrio nacional.
[...]
En los escritos de Coviello, y también en los de Terán y en los de Rojas, la educación, la cultura y la labor intelectual son representadas, al igual que el Norte y las regiones, como espacios de esperanza a los que aferrarse en un mundo y un país cuyo derrumbe confían evitar.

SOCIEDAD SARMIENTO, 1939-1941

[292] Siendo codirector del diario *La Gaceta* y miembro del Consejo Superior de la UNT, Alfredo Coviello fue elegido presidente de la Sociedad Sarmiento, cargo que asumió el 15 de abril de 1939.

[293] Coviello proclamó
[...] la responsabilidad que implica regir los destinos de la que siempre fuera la primera entidad cultural de Tucumán, firmemente persuadidos de que ha de brillar como una estrella de gran magnitud en el concierto de la intelectualidad argentina. [*La Gaceta*, 16 de abril de 1939].

[294] La Sociedad Sarmiento es una institución civil creada en 1882 cuya finalidad esencial es servir de ámbito de promoción literaria y cultural; albergó, a partir de 1906, una importante biblioteca.

Tucumán, entre otros hermosos calificativos, ha recibido el de la *tierra del talento*, y en verdad que parece merecerlo, si se ha de atender a la actuación de sus hijos en las aulas universitarias.
[Nota del Editor de: *Tucumán intelectual. Producciones de los miembros de la Sociedad Sarmiento*. Coleccionadas y editadas por Manuel Pérez. Tucumán: Imprenta La Argentina, 1904].

[295] Sirve además como antecedente, el embate que había recibido meses atrás la Sociedad Sarmiento desde la Revista *Tucumán*.

[296] **Ramón A. Leoni Pinto. "Peronismo y antiperonismo en Tucumán (1948 - 1955 -1976). La Sociedad Sarmiento. Historia, Sociedad e Ideología"**, en *Revista de la Junta de Estudios Históricos de Tucumán* N° 7, diciembre de 1995.
Hacia 1936 la acción de la Sociedad Sarmiento despertó la crítica de sectores tradicionales y el de los grupos católicos ortodoxos. La Revista *Tucumán*, en la que colaboraron importantes pensadores católicos, nacionalistas y representantes del tradicionalismo argentino y tucumano (como Alberto Rougés, Juan B. Terán, Bruno Jacovella, Juan Alfonso Carrizo, Sixto Terán, G. Papini, J. Sepich, Hugo Wast, etc.), acusó en distintos números, a su Comisión Directiva. Denunciaban que, con sus ideas y con los actos que auspiciaban, cumplían una obra disolvente de lo heredado. La raíz de la acusación se

descubre determinando los fundamentos ideológicos de los críticos: éstos fueron más importantes que el valor, o el sentido, de lo denunciado. La Revista *Tucumán*, definió su director, "sólo tiene ideas políticas y sociales que sean compatibles con la tradición católica y española de nuestra patria". Señaló que, por el contrario, "y negando estos principios, la Sociedad Sarmiento tiene preferencia por todo lo que sea disolución sistemática". "Está gobernada por una Comisión Directiva incapaz y defendida por órganos izquierdistas". Fundada en estas razones se la acusó de actitud anti-patriótica. Paralelamente se denunciaba la vinculación ideológica, y una acción operativa común, de los radicales con los comunistas.

[Nota de Leoni Pinto: "Sobre la *Revista Tucumán*, recuerdo que fue dirigida por Carlos Márquez Valladares. El N° 1 salió en febrero de 1936. La acusación contra los directivos de la Sociedad Sarmiento se publicó en los números 1° y 4°. La nómina de los colaboradores que cito publicaron artículos en los números 2°, 3°, 4° y 6°"]. [Nota necrológica de Márquez Valladares, en *La Gaceta* del 7 de mayo de 1972].

[297] La Sociedad Sarmiento atravesaba por entonces una situación complicada tanto en términos financieros como de organización e infraestructura. La nueva Comisión Directiva se propuso recuperar el prestigio tradicional de la institución.

[298] Guillermo Furlong, S.J. *Ernesto E. Padilla - Su vida. Su obra*. Prólogo de Gustavo Martínez Zuviría. Epílogo de Manuel Lizondo Borda. (Universidad Nacional de Tucumán. Facultad de Filosofía y Letras. Tomo I°, 1959. Tomo II°, 1959. Tomo III°, 1960).

Una vez más, Coviello contó con el apoyo de Ernesto E. Padilla, quien, al ver que la Sarmiento cobraba nueva vida gracias a Alfredo Coviello, decidió reingresar a la misma.

Así se lo escribía a Alberto Rougés el 2 de septiembre de ese año:

> Con lo que hace ahora Coviello, levantando de golpe su nivel [el de la Sociedad Sarmiento] y mostrándola en un campo abierto y fecundo – dando a Tucumán la realidad de una fuente de cultura que ya sentíamos traducirse en prestigios de nombradía, me siento obligado a borrar mis reparos y a presentarme a pedir que se me considere en la situación de socio que, si no recuerdo mal, comenzó cuando yo era estudiante de tercer año del Colegio Nacional. Te pido que, con mi plena autorización, procedas a regularizar ésta mi situación, o mejor dicho, mi cuenta en caso de que esté pendiente, avisándome lo que debo pagar.

Anota Furlong acerca de Padilla:

> Como no se ama lo que no se conoce, fue su afán constante e irresistible hacer que los tucumanos, primero, y los argentinos todos en segundo término, conocieran a Tucumán. Aún más: hoy se puede y se debe decir del doctor Padilla lo que él dijo de Coviello, en 1942: *Está empeñado en hacer de Tucumán un centro de cultura.* [...] Padilla lamentaba la incomprensión de los porteños respecto a las provincias norteñas, y por eso se alarmaba cada vez más ante la absorción de la autonomía de las mismas por parte del gobierno nacional.

Carta de Alberto Rougés a Alfredo Coviello. Tucumán, 17 de marzo de 1939:

> Mi estimado amigo:
> En materia de cultura, la mies es mucha pero los trabajadores pocos, como en el Evangelio. Por eso es grande mi satisfacción para la promoción de Ud. a la Presidencia de la Sociedad Sarmiento. Estoy seguro que Ud. dará allí a la cultura, el puesto que le corresponde, que ella será un fin y no un instrumento de fines extraños a ella y de inferior jerarquía. Florecerá una vez más el viejo árbol, cuyas raíces vienen de la entraña de nuestro pueblo.
> Lo saluda con alto aprecio, Alberto Rougés.

Carta de Alberto Rougés a Ernesto Padilla. Tucumán, 18 de marzo de 1939:
> Lo tenemos ya a [Alfredo] Coviello de Presidente de la [Sociedad] Sarmiento. Aunque la Comisión Directiva es izquierdista, en contraste con la Consultiva que es de la derecha, creo que es probable que Coviello realice obra buena. Le he hablado de una especie de entendimiento de bibliotecas para orientar las adquisiciones de obras, tendiendo cada una de ellas a una especialidad diferente, y de un fichero central en la Sarmiento, que indique todo el tesoro bibliográfico disponible. Le he hablado también de cursos para bibliotecarios, que en la Est. Experimental aprenderían a manejar la catalogación decimal, de modo de uniformar la catalogación de todas las bibliotecas.

[299] A fines de mayo de 1939, entre otras medidas anunciadas a los socios mediante una circular, la Comisión resolvía
> Promover la aparición de una *Revista de Cultura Superior* denominada *Sustancia*, que sea capaz de reflejar las aspiraciones culturales de nuestro medio y el movimiento intelectual de la zona norte del país, preferentemente orientada hacia el arte, la literatura y la filosofía.

El primer número de *Sustancia* apareció en junio de ese mismo año.
Sustancia fue órgano oficial de la Sociedad Sarmiento mientras Coviello ejerció la Presidencia, continuando luego como publicación del Grupo Septentrión, que también editó algunas obras. Todo el riquísimo canje que obtuvo con la revista fue entregado a la Sarmiento.

[300] La Sociedad Sarmiento organizó a partir del jueves 6 de julio de 1939, la Semana de la Cultura, en el Salón de Actos ubicado en la sede de la institución.

[301] La Semana comenzó con grandes actos de homenaje a la memoria del ex-director de biblioteca de la Sarmiento, profesor y consejero de la Universidad y maestro de la juventud,

Ricardo Jaimes Freyre, que contó con la adhesión de autoridades políticas, universitarias, y de otras instituciones locales, colocando una placa al frente de la casa en que vivió el poeta y un retrato en la sala de la biblioteca.

Participaron de los homenajes, además de Coviello: José Lozano Muñoz, Manuel Andreozzi, Julio Prebisch, Francisco E. Padilla, Julio del Forno, Max Márquez Alurralde.

Dijo *La Gaceta* el 7 de julio de 1939:
> Prestigiada por eminentes representantes de todas las ramas del saber humano, la tribuna de la institución ha sido en nuestro ambiente un faro luminoso que proyectó ampliamente el fruto de múltiples inquietudes, avivando así nobles preocupaciones del espíritu. La jornada que se inició será una afirmación elocuente por encima de cualquier otra preocupación: la Sociedad [Sarmiento] ha orientado su acción social hacia el engrandecimiento de nuestra cultura.

Con los discursos pronunciados en el citado homenaje a Jaimes Freyre y las conferencias dictadas en la tribuna de la institución se inició la publicación de los *Anales de la Sociedad Sarmiento de Tucumán*, que no llegó a editar más que el volumen I en tres entregas.

Del discurso de Coviello: *"El viandante y el foráneo que a estas tierras arribe, sepan..."*
> Ricardo Jaimes Freyre fue un maestro en la plena acepción del vocablo, porque enseñó a pensar y a escribir a no pocas mentalidades de sucesivas generaciones que entretejieron con él la vida amable y gratamente añorada de los claustros docentes. Para enseñar a meditar y cargar el pensamiento por la vertiente de las ideas y el numen de la afectividad, era necesario, ante todo, el alma de artista y de filósofo que había en él. Y esa alma de esteta, y esa inclinación natural de pensador, que daba forma singular a su trato y peculiar silueta a su persona, fueron vehículo presto para volcarse íntegro en las almas jóvenes que

ejercitaban con él la dialéctica en la clase, la discusión en el pasillo, el diálogo en la calle, la conversación en el hogar.
[...]
Con él, imprevistamente, se derrumbaban prejuicios y cánones. Y, sin embargo, era él quien tomaba de las manos a los jóvenes azorados para conducirlos desde el reino del versolibrismo – con el cual América había conquistado el cetro de la poesía hispánica – al ámbito clasicista de las formas y de las bellezas literarias más exigentemente conformadas.

Jaimes Freyre ha sido, desde el punto de vista de la preceptiva literaria y del alumbramiento poético, el más notable creador de contradicciones. Nadie como él tuvo la virtud de exponer con mayor claridad y sencillez las reglas y leyes que rigen la armonía del verso. Hubiera sido empeño vano pretender competirle en su labor de formaciones críticas. Con él se alcanzaba lo insondable del estro poético y se aprendía a medir la belleza inmaterial del silabeo rítmico. Y sin embargo, la pujanza de su personalidad literaria residía precisamente en el espíritu de rebelión que retornando a España, descubrió a América Latina y reconquistó la moderna Iberia.

Nadie como él, más sencillo en el verso ni verso más complicado que el de Jaimes Freyre, por el contenido indescifrable de sus imágenes. Pocos, como el maestro con quien nos hermanamos en este homenaje, para transmitirnos – ¡a fines del siglo pasado!... – la frescura de una nueva forma y en cuyas creaciones se advierte sin embargo, simultáneamente, la esencia de la tradición helénica, la presencia del cantor griego o del bardo medieval.

Así, su tarea de formación resultó fácil y fecunda. Porque como gran creador de contradicciones en la preceptiva literaria y en la producción lírica, era el más auténtico forjador de belleza. Pues la belleza no es sino fecunda y apasionada oposición entre lo que recibimos y aquello a lo cual aspiramos, especie de resultado crítico, producto del *no se qué* de inconciliable que la mente humana elabora. Así está estableciéndose y rehaciéndose la arquitectura del mundo en sus más complicadas manifestaciones de lo material y de lo puramente espiritual. Y esta técnica del hacer y del rehacer en su más impalpable expresión es, a mi juicio, lo que sintetiza la obra escrita, la producción hablada y el paso y enseñoramiento de Jaimes Freyre en el mundo de las letras de la hispanidad.

Por eso despertó en muchos jóvenes el sentido del expositor, la inquietud poética, el afán ardiente de burilar el verso. Por eso se le oía en sus clases con religiosa devoción y su voz se expandía en medio de una sublime quietud. Y era extraordinariamente respetado en tan circundante algarabía estudiantil, porque su figura de gentilhombre de las letras le imponía con la naturalidad de quien detentaba entre nosotros la primacía de la intelectualidad que surgía en nuestro pequeño ámbito provinciano y se extendió triunfalmente en la América y el occidente latino. *¡Recordad* – solía decir intercalando alguna breve interrupción en sus exposiciones – *que no siempre me tendréis a mi!*... Y esta frase de sencillo convencimiento y de afectuoso reproche, llegaba a lo más recóndito del auditorio, tal era la persuasión firme de que estábamos, con él, frente a una obra de la naturaleza que no suele repetirse con la frecuencia de lo común.

Era un hombre excepcional. Un espíritu al cual los griegos hubieran ofrendado una corona de laurel y cuyo advenimiento los antiguos hubieran señalado en algún día fasto. La Sociedad Sarmiento que me honro en presidir tuvo sus orígenes en la Escuela Normal y fue en sus primeros tiempos una asociación puramente literaria. Está bien, pues, que por virtud de esa comunidad de orígenes y en representación de estas dos instituciones tan hondamente arraigadas a nuestra sociedad os dirija estas palabras rememorando al gran literato y cultor que dirigió nuestra Biblioteca y convivió en las aulas de la Normal con tantas generaciones a las que prodigó lo mejor de su espíritu.

[302] La Semana continuó con las siguientes conferencias:
Juan F. de Lázaro: "Visión de Tucumán en sus primeros años, a través del Cabildo";

Aníbal Sánchez Reulet: "La obra y la personalidad de Ortega y Gasset";
Juan Oscar Ponferrada: "Lo que yo sé de Doña Poesía";
Emilio Ravignani: "La estructuración de la unidad nacional en los pactos interprovinciales (1823-1852)";
Juan Francisco Moreno Rojas: "Farsa de la realidad y realidad de la farsa";
Francisco E. Padilla: "Un aspecto social del 9 de Julio";
Gino Arias: "El problema de la natalidad. Aspecto mundial. Su importancia en la Argentina";
Serafín Pazzi. "La poesía de vanguardia";
Humberto A. Mandelli: "Las instrucciones de los diputados tucumanos al Congreso de 1816";
Américo Ghioldi: "Sentido social de la evolución educacional";
Alfredo Coviello: "Una entidad de cultura" [sobre la Sociedad Sarmiento].

A la conferencia Ravignani, influyente diputado nacional del radicalismo porteño asistieron: el gobernador Critto, el Ministro de Gobierno, Manuel Andreozzi, el intendente municipal José Lozano Muñoz, los diputados Fernando de Prat Gay, Solano Peña, y Ramón D. Paz Posse, y el senador provincial Manuel Cossio.

[303] En la página de los editoriales, en recuadro, *La Gaceta*, del 29 de noviembre de 1939, publicó esta noticia:

"Constituyóse el grupo intelectual *Septentrión*"
[En el salón menor de actos de la Sociedad Sarmiento]
Tiene como finalidades fundamentales fomentar el acercamiento y contacto con los intelectuales, dejar constituido un lugar permanente de reunión que pueda ser la sede de un ateneo. Vincular a los escritores e intelectuales de fuera de nuestra provincia con el ambiente. Estimular las letras, la filosofía y las artes más allá de determinadas tendencias políticas e ideológicas. Auspiciar y respaldar la revista *Sustancia* que constituirá la materialización de estos anhelos.

[304] Al día siguiente, *La Gaceta* (30 de noviembre de 1939) anunció que la Sociedad Sarmiento había incorporado 254 socios; que se había lanzado la campaña por 20.000 volúmenes, debido a la cual, en los primeros meses, aumentó su caudal bibliográfico con 7.918 libros entre donaciones y adquisiciones.

[305] Enrique Kreibohm. *Un siglo de cultura provinciana. Aportaciones históricas alrededor de la vida de una institución tucumana.* Universidad Nacional de Tucumán, 1960.

Los *jueves* de la Sarmiento

La tertulia de los jueves en la Sociedad Sarmiento fue alrededor del los años 30 el ámbito de los mejores debates intelectuales: allí se leía poesía, narraciones, ensayos; se analiza y discute la obra de algunos exponentes de la cultura universal como Bergson, por ejemplo. [...] El Premio Nobel dado a Bergson el 28 atrajo la atención del mundo sobre su obra, y fue Rougés, el animador y figura central de los *jueves* de aquellos años, quien presentara al filósofo a las jóvenes e inquietas mentalidades de la nueva generación. Allí Rougés se afirmaba en su pensamiento filosófico, hablando ya de su problema: el ser y la eternidad. [...] Entre las caras de aquellos *habitués*, se ven las de jóvenes de las nuevas generaciones a quienes inquieta ya la filosofía. [...]

[La tercera época fue la del 39 al 40]

La Universidad concentra figuras destacadas en las actividades intelectuales. A ellos les toca pues revivir esa tradicional costumbre, por sugerencia del suscrito, en la que son figuras principales Marcos A. Morínigo, Enrique Anderson Imbert, Aníbal Sánchez Reulet, Risieri Frondizi, etc.
El número no era mayor que otras veces y, como siempre, notábamos caras nuevas, de jóvenes la mayoría, atraídos sin duda por la prestigiosa figura de aquellos también jóvenes maestros.

Asistía Coviello a la par de otros miembros de la Sarmiento, los doctores Miguel Figueroa Román, Miguel Herrera Figueroa, Rafael Sorol, etc., además de alumnos de Letras de la Universidad, y algunos miembros, no citando otros nombres por no incurrir en el grave delito de una *traición de la memoria*.
La sala fue remozada por Coviello, que llevó allí una mesa directorio y sillones para las reuniones de la Comisión Directiva y colocado sillas a ambos extremos para la concurrencia, cuando se efectuaban charlas o reuniones de homenaje a personalidades artísticas, literarias, etc., que nos visitaran, entre las que están frescas las efectuadas en honor de Ricardo Rojas – al ser designado *miembro honorario* – a Saúl Taborda, Quinquela Martín, Alejandro Sirio, Armando Discépolo, etc.
Fue allí también donde dictó su cursillo de Filosofía, el año 29, el doctor Alejandro Korn.

Sustancia y su director

Por su efectividad en los resultados, Coviello fue uno de los grandes presidentes de la Sarmiento. Gestionó fondos, hizo una intensa y proficua campaña para aumentar el número de socios, promovió donaciones para una campaña que se denominó de *los 20.000 volúmenes* e hizo terminar la estantería alta que prácticamente llenó de libros con el producto obtenido, modificó el salón de actos cambiando y aumentando el número de butacas, modernizó el mobiliario de la institución, y cumplió un programa de actos públicos de gran amplitud con personalidades científicas, literarias y artísticas del país, sin descuidar el elemento local.

[306] Al concluir la gestión de Coviello al frente de la Sociedad Sarmiento, en abril de 1941, la institución había pasado de 400 a 1000 socios, aproximadamente, incrementando de 41.000 a 47.000, aproximadamente, los volúmenes de la biblioteca.

[307] Coviello modificó los estatutos de la Sociedad Sarmiento estableciéndose un período de cuatro años para los miembros de la Comisión Directiva, que debían renovarse por mitades. Fue reemplazado en la Presidencia de la Sarmiento por Manuel Andreozzi (1941-43), cuyo período completó Enrique García Hamilton (1943-45).
[*La Sociedad Sarmiento en su cincuentenario: 1882-1932*. Edición de la Comisión Directiva de la Sociedad (Presidida por Manuel Lizondo Borda). Tucumán: Miguel Violetto & Cía Impresores, 1932].

[308] En el Archivo de Alfredo Coviello se conservan notas que se relacionan con sus actividades en la Sociedad Sarmiento, recibidas de: María Raquel Adler, Antonio Aíta, Enrique Anderson Imbert, Gregorio Aráoz Alfaro, Leónidas Barletta, Felipe Barreda Laos, Manuel Blasco Garzón, Alfredo Bufano, Guido Buffo, Fausto Burgos, Roger Caillois, Juan Alfonso Carrizo, Bernardo Canal Feijóo, Arturo Capdevila, Cayetano Córdova Iturburu, Miguel Critto, Abel Cháneton, Salvador Dana Montaño, Juan Draghi Lucero, Juan Pablo Echagüe ("El amor en la vida y en la literatura de grandes escritores"), José Gabriel, Vicente Gallo, Enrique de Gandía, Atilio García Mellid ("Itinerario de América"), Alberto Gerchunoff, Américo Ghioldi, Ramón Gómez Cornet, Emile Gouirán, Alcides Greca, Ángel Guido, Lewis Hanke, Luis Jiménez de Asúa, Manuel Lizondo Borda, Gonzalo Losada, Lorenzo Luzuriaga, Humberto Mandelli, Juan Mantovani, Eugen Millington Drake ("Sobre más joyas de la poesía inglesa"), Francisco Miró Quesada, Rodolfo Mondolfo ("Revolucionarismo e historicismo"), Nicolás Olivari, Ángel Ossorio, Ernesto Padilla, Simón Padrós, Alfredo L. Palacios, Valentín de Pedro, Adolfo Piossek, Oscar Ponferrada, Eugenio Pucciarelli, Julia Priluzky Farni, Juan P. Ramos, Horacio Rava, Luis Recaséns Siches, Nerio Rojas, Ricardo Rojas, Francisco Romero ("Filosofía de la persona"), Enrique Rothe, Alberto Rougés, Manuel Sánchez Sarto, Giselle Shaw, Luis Emilio Soto, Saúl Taborda, Juan B. Terán, Miguel Ángel Virasoro.

[309] Además de la Sociedad Sarmiento, Coviello fue miembro de importantes instituciones de Tucumán: Jockey Club, Biblioteca Alberdi, Club de Natación y Gimnasia, Sociedad de Escritores de Tucumán, Sociedad Argentina de Escritores, Grupo Septentrión (fundador), Círculo de la Prensa, socio honorario de la Asociación Bioquímica Argentina.
Además, según consta en uno de los curriculums vitae que redactó, fue Miembro de la Comisión de Moralidad del Municipio de Tucumán, en el período 1937-1940.

[310] **Nicandro Pereyra. "Así lo recuerdo..."**, en *La Gaceta*, 12 de octubre de 1981.

Los fervores juveniles siempre parecen precisar, para canalizarse, para sentirse interpretados, de figuras que se inclinen por uno de los platillos de la balanza ideológica. Y que también tengan ese misterioso magnetismo personal y, por qué no, una cierta calidad de actor. Claro, entonces Coviello, un pensador de centro, un hombre práctico, mal podía despertar adhesiones frenéticas en aquella generación nueva del '30 y el '40. En realidad, fue un luchador, uno de esos constructores que jamás dan un paso atrás, que nunca abandonan.
Yo lo conocí en *La Gaceta*. Había llegado desde San Juan, con una recomendación de un poeta, Antonio de la Torre, para que me absorbiera en la redacción. Cuando estuve frente a él me impresionó; en quince minutos lo vi dar órdenes, hacer observaciones, corregir cosas, sugerir otras. Era el hombre que concentraba autoridad y la ejercía con una precisión apabullante. Pensé – me acuerdo – que era ese tipo de personas que dejan su sello para siempre en lo que hacen, que tienen una presencia con estela. Al poco tiempo lo comprobé con total claridad. Coviello estaba de viaje. En la Sociedad Sarmiento don Enrique Kreibohm, un hombre apacible, paciente, a quien yo siempre visitaba, se transformó de pronto. Era puro nervio, un vértigo. Me resultó tan extraño verlo fuera de su ritmo, que le pregunté qué pasaba. "Cállese, amigo, dentro de tres días cerramos el número de *Sustancia* y no puede atrasarse ni una hora. No está Coviello, pero lo

siento aquí, detrás de mío, controlando todo. No está... pero está".

Eso, en el fondo, era lo que definía a don Alfredo: su arrolladora capacidad de trabajo y de influencia. Eso, también, le sirvió para que muchos lo calificaran de ambicioso. Yo estimo que era ambicioso, en verdad, pero no el sentido pedestre de quien busca posiciones, ventajas económicas. Su ambición era realizar mil proyectos, y apenas terminados empezar otros. Tal vez le haya faltado, ahora que lo pienso, un poco de oratoria brillante y un poco de ánimo demagógico, para alcanzar una popularidad plena. Pero sus méritos – esos que quedan, que se reflejan a largo plazo, que son auténticos – están por encima de esas condiciones de orden político, digamos. El fue un hombre ejemplar en la acción. De su personalidad sólo me queda una zona enigmática. Recuerdo su cuerpo lleno, su cabeza plantada en un cuello fuerte, su lindo perfil, su ajustada palabra... pero siempre esa imagen termina por concentrarse en su mirada, que era extrañamente triste y melancólica. Ese es el interrogante.

SUSTANCIA, 1939-1943/46 (NOS. 1 A 3. AÑO 1939)

[311] *Sustancia* se publicó desde 1939 hasta 1946. La colección completa comprende 18 números, de aparición trimestral. Desde la Sociedad Sarmiento, Coviello impulsó la formación del llamado *Grupo Septentrión*, movimiento de intelectuales que auspició la revista y le permitió más tarde independizarse de la institución que le había dado origen.

Con una inteligente política de suscripciones y publicidad, apoyada en el renombre de los colaboradores y la variedad temática de sus artículos y ensayos, *Sustancia* estableció una importante red de contactos con bibliotecas e instituciones de la Argentina y del exterior, sobre todo de América Latina, alcanzando en la época una interesante repercusión.

[312] Fundamentales para la consulta de *Sustancia*:
Soledad Martínez Zuccardi. *En busca de un campo cultural propio: literatura, vida intelectual y revistas culturales en Tucumán: 1909-1944*. Buenos Aires: Corregidor, 2012.
Nélida Salvador. *Bibliografía de artes y letras*, N° 9. Buenos Aires: Fondo Nacional de las Artes, enero-marzo de 1961.
David Lagmanovich. "Revistas tucumanas de cultura", en *Revista de Educación*. La Plata, mayo de 1958. Tomo III. N° 5.
David Lagmanovich. "La revista *Sustancia*, de Tucumán. 1939-1946", en *Humanitas*. Revista de la Facultad de Filosofía y Letras, Año XIII, N° 19. Universidad Nacional de Tucumán, 1966.
David Lagmanovich. "La revista *Sustancia*, de Tucumán. 1939-1946 (II)", en *Humanitas*. Revista de la Facultad de Filosofía y Letras, Año XIV, N° 20. Universidad Nacional de Tucumán, 1967.
Ambas notas, en Separatas, serie B: Letras.

[313] *Sustancia*. Número 1, junio de 1939

Sustancia. Revista de cultura superior

Esta Revista está dedicada primordialmente a fomentar el arte, la literatura y la filosofía.
Circula en toda América Latina y mantiene canje con los principales órganos de cultura y universidades del mundo.

Publicación trimestral "que carece de fines lucrativos".

Editada por la Sociedad Sarmiento.

Dirección y Administración: Congreso 65. Tucumán.

Director: Alfredo Coviello.

Redactores: Ricardo Chirre Danós; Serafín I. Pazzi.
Ornamentadores: Ricardo Saravia; Ceferino Sirgo.

Consejo de Colaboración: Gino Arias; Juan Alfonso Carrizo; Juan Carlos Dávalos; Marcos A. Morínigo; José Lozano Muñoz; Juan F. Moreno Rojas; Pablo Rojas Paz; Eugenio Pucciarelli; Alberto Rougés; Aníbal Sánchez Reulet; Renato Treves.
Administrador general: Juan Eduardo Piatelli, Tesorero de la Sociedad Sarmiento.
Secretario: Enrique Kreibohm, Bibliotecario de la Sociedad Sarmiento.

Impresa en Talleres La Raza. Las Heras 832. Tucumán.

[314] "La primera palabra" (Sin firma)

Esta Revista puede definirse por las finalidades que se ha propuesto lograr y los problemas o cuestiones ante los cuales permanecerá ajena. Aunque pueda parecer que por nuestro tema y posición carecemos de sentido definitorio, lo cierto es que intentamos definirnos. Mas la tarea es ardua en cuanto la definición implica exclusivismos y aquí surge la dificultad de un pensamiento que anhela no ser excluyente recurriendo al procedimiento directo de la exclusión. Así como en películas sin revelar y los sendos positivos fotográficos que de ellas derivan es contrastablemente apreciable la línea por el fondo y el fondo por la línea, de análoga manera puede desentrañarse aquello que se denuncia por mera dilucidación de lo que se mantiene oculto. Por eso nos parece tan lleno de significación el pensamiento del filósofo cuando afirma que la nada es contrariamente al sentido erróneo de la vulgaridad que le atribuye sentido meramente negativo. En verdad, la línea nos sume en un misterio estético que convierte en indescifrable a su forma y crea al mismo tiempo la incógnita no menos inalcanzable de ese fondo difuso de la cual emerge.

El ambiente intelectual de Tucumán se ha enriquecido con precipitación durante los últimos años. Hay ya entre nosotros revistas de fama mundial que antes nos fueron desconocidas. Y aquello que, a nuestro juicio falta, como órgano de cultura general, justifica la aparición de *Sustancia*.

Estas páginas pretenden ser una tribuna de cultura superior, alejadas de la especialización científica y de una orientación determinada en materia ideológica, social o política. No es esa la misión que le está reservada. Aspiramos a universalizar el concepto de nuestra cultura en muy diversos aspectos. Nos incumbe el problema de la unidad conciliando en el campo intelectual las expresiones más finas de esa eterna inquietud que mueve a los hombres a alzar la vista hacia las estrellas o a encerrarse en la meditación de los grandes ideales que alentaron a la humanidad en todos los tiempos.

Tiene nuestra idea su hogar íntimo allí donde se resguarda la más preciosa herencia que la tradición de nuestros antepasados nos ha legado. Y es el numen de esa valiosa institución la que inspira estos propósitos. Más allá de las peripecias del tiempo y del lugar que limitaron la vida de quienes lucharon por llevarnos un poco más arriba en materia de civilización, ellos viven en nosotros sin distinciones de carácter político, religioso, o social. Nos interesa valorar en qué grado sacrificaron su bienestar y en qué medida ofrendaron sus energías para acrecer el acervo común.

En realidad, en definitiva, esa es la contribución de quienes no permanecen indiferentes ante el progreso social. El tiempo despoja de particularidades a nuestros actos y aquello que magníficamente hoy por falta de perspectiva, el mañana simplifica, resume o conserva sólo en su contenido esencial. En el artista nos interesa la creación plástica, en el poeta el grito de su sentimiento o su alumbramiento imaginativo, en el filósofo la sustancia del pensar. Y cuanto le caracterizó en su tendencia personal o en una orientación de grupo pasa a un plano secundario para estas apreciaciones de estricta objetividad.

Hay un cierto nivel en la estimación de los valores de la humanidad en que las escuelas y programas de combate, los orígenes geográficos o políticos, las razas o el color de la piel, son como una envoltura que cubre un presente o la cáscara que encierra un fruto: sólo poseen significado accesorio, validez circunstancial. Pues es lo otro, lo que hay por dentro lo que nos interesa... aquello que es necesario advertir entre verso y verso para verificar que hay allí efectivamente poesía; en una palabra, la pepita de oro como entraña del terrón.

Usa una materia corpórea el pintor. Y, además de corpórea, esencial. Y la traslada de la paleta a la tela. Sin embargo, no es ella sino otra la *sustancia* de su obra artística. Cubierta y contenido, forma y fondo que son y revisten las cosas del espíritu, nos llevan sin equívocos al propósito primero y último que acicatea nuestra aparición. Y es eso lo que el signo de esta publicación periódica no podría revelar con más propiedad: SUSTANCIA, en cuanto posición u orientación, en cuanto delimitación de su campo, por cierto amplísimo. Expresión de las inquietudes intelectuales de nuestro medio, reflejo en tanto sea posible de la cultura en la zona septentrional de la Argentina, SUSTANCIA tratará preferentemente los temas relativos a la literatura, el arte y la filosofía, y por su información y comentarios, por sus críticas y notas de la vida intelectual, será vena en la cual circulen ideas ardientemente debatidas en nuestro medio.
Queremos contribuir con nuestra voz al movimiento cultural argentino llamando la atención sobre la rica tradición provinciana, que tan escasamente es percibida en nuestros días.
Y al lado de nuestro acento regional, el ritmo de las inquietudes externas. El país y el más allá de las fronteras – este gran fragmento tripartito que es el continente americano, o el rumoreo de allende el océano – tendrán sensible repercusión en *SUSTANCIA*. Nuestra revista entra en su segunda fase. Intenta desde hoy concitar lectores, después de haber rubricado inequívocamente cada una de sus páginas.

[315] Ricardo Rojas colaboró en el primer número de *Sustancia*. Respecto de su nota "La nueva independencia. Mensaje a la juventud", le escribe a Coviello con fecha 12 de junio de 1939:
La he pensado como encabezamiento del primer número y como mensaje a la juventud de Tucumán.

Ricardo Rojas. "La nueva independencia. Mensaje a la juventud"

Insertamos a continuación las páginas expresamente escritas para Sustancia *por el ilustre tucumano, príncipe de las letras argentinas. Implican estas meditaciones un mensaje inequívoco, dirigido a nuestra juventud provinciana, que el autor nos hace llegar cordialmente. Compartimos con amplitud los conceptos aquí expuestos, por los cuales hemos bregado con no poca insistencia. – La Dirección.*

Durante casi un siglo se ha estado enseñando a los argentinos, como supremo ideal de civilización, que Buenos Aires debía necesariamente recibir de Europa todos los implementos de su vivir, y que las provincias debían recibirlos a su vez de ese único puerto, convertido en metrópoli de una nueva civilización, materialista e internacional.

Así estuvimos transplantando gentes que venían de aldeas y se quedan en la Capital, deslumbradas; y trasplantando máquinas, doctrinas, artes, que el criollo adoptaba o repetía miméticamente, convencido de que con tan sencillos procedimientos mecánicos creábamos una civilización y alcanzábamos puesto digno entre las naciones. No se comprendió a tiempo que una civilización no se trasplanta, aunque es posible llevar a pueblos colonizados los utensilios y costumbres de naciones más capaces. La civilización emana orgánicamente de la cultura, y ésta es una creación espiritual, en individuos y razas.

Hace treinta años vengo predicando esta verdad necesaria en nuestro país, sin cansarme de repetirla, aunque mi éxito ha sido escaso. Esta doctrina rectifica la de nuestros gloriosos maestros del siglo pasado y contraría intereses o rutinas consolidadas a su sombra. Por eso comprendo que no será fácil lograr mayores resultados si no damos resonancia social a un sentido de la vida que permita a nuestra patria realizarse plenamente como nación.

La reacción será lenta en Buenos Aires, porque ella disfruta de las comodidades y abundancias de aquel sistema. Enorgullecida hoy de su grandeza numérica, aturdida en su tráfago comercial, frivolizada en el sensualismo del cine o del automóvil, no advierte que ha perdido su cohesión moral y su conciencia histórica. La mente argentina, también colonizada por las escuelas, los teatros, los periódicos, los libros, yace como enajenada, y le parece que esa realidad circundante es lo mejor que podríamos apetecer.

Cuando un argentino va al cine o compra un automóvil, jamás se le ocurre pensar que esas máquinas no han sido inventadas ni fabricadas aquí. Los pueblos que nos las envían pueden llamarse civilizados, porque poseen ciencia o ingenio creador para inventarlas, técnica y organización fabril para producirlas. Nosotros simplemente las compramos, o como el hombre ingenuo del África, las permutamos por productos naturales. La falta de verdadera cultura nos empobrece, además, porque el dinero se va fuera del país. Nuestro estado social es tan primitivo que nos regocijamos de ello en nuestra inconsciencia.

Lo más triste de ese estado social, que no es de civilización sino de barbarie confortable, consiste en que él ha formado en el alma de las provincias un complejo de inferioridad. El hombre criollo, que es un valor biológico y moral por su espíritu y una larga radicación en su suelo, está pereciendo en la miseria, el vicio y la mortalidad infantil, mirado como indeseable residuo de una raza caduca. Las ciudades del interior van perdiendo su carácter. La federación no existe, sino par la ficción institucional; pero ésta ha sido sometida a leyes sancionadas últimamente, perfeccionando así el sistema de subordinación y anulamiento.

Para dar un nuevo sentido a la vida nacional, y a Buenos Aires mismo, es urgente restaurar la conciencia americana de las provincias, su confianza en sí, su anhelo de creación regional, como cuando el Norte y Cuyo forjaban la epopeya. No postulo – claro está – un retorno al federalismo de antaño, y mucho menos una vuelta a lo indígena. Digo tan solo que para superar el materialismo cosmopolita y frívolo de nuestro tiempo, los pueblos del interior deben empezar por constituirse en centros de autonomía cultural.

Una Nación plena ha menester de una cultura propia, y si aquella es federal por su variedad geográfica y su formación histórica, lo regional pondrá timbres distintos en el concierto, como los instrumentos de una orquesta, voz diferente en la unidad de la sinfonía. En el caso de nuestra Nación, por determinismo telúrico, la sinfonía de la argentinidad tiene que ser americana. Si no lo fuera, careceremos de personalidad colectiva, aunque prosperemos como factoría. Los símbolos nacionales – Bandera, Himno, Escudo – representan esencias espirituales de esa personalidad colectiva, una en el espacio y una en el tiempo. Una en el espacio que quiere decir federación activa de las provincias; y una en el tiempo quiere decir un ideal de todas como programa para el futuro.

Ese programa consiste en la creación de una cultura argentina, lo cual significa una filosofía, una ciencia, un arte. La filosofía ha de darnos conciencia histórica de nuestro ser y normas para nuestro vivir. La ciencia ha de darnos invención y conocimiento para fecundar esta tierra que habitamos. Alma y cuerpo así definidos, conducirán la personalidad argentina a su propia expresión, y esto es ya misterio del arte.

Para esa empresa, que es de emancipación, Tucumán ostenta el signo de una ciudad predestinada, puesto que en ella se proclamó ante el mundo, como voluntad de todos los pueblos argentinos, nuestra emancipación de "los reyes de España y de toda otra dominación extranjera". Raíz americana de la patria, que se hunde en tierra andina y se corona con nombre incaico, esa planta fue regada con sangre heroica para que diese, en la paz, frutos de buena cosecha. Pueblo inteligente y activo en su paisaje fértil y hermoso, no puede desoír al destino sin deslumbrar sus blasones. Sea esta Revista el clarín de la jornada, y sea la Universidad de Tucumán, con su juventud estudiosa, un taller de la nueva emancipación.

[316] Otras notas del primer número de *Sustancia*:
Juan Alfonso Carrizo. "Sarmiento y el cantar tradicional a la muerte del general Juan Facundo Quiroga".
Bruno Jacovella, y Rafael Jijena Sánchez. "Las supersticiones".

[317] Carta de Bruno Jacovella a Alberto Rougés. Temperley, 13 de julio de 1939:
> Recibí *Sustancia*. Está bastante bien aunque el material es de segunda mano, lo mismo que muchos de sus colaboradores y críticos permanentes. Veo la maldita propensión de siempre que es desvivirse por una formulación nueva de un pensamiento viejo. En *Crisol* publiqué una nota autobiográfica poniendo en su punto eso de la cultura. [Alfredo] Coviello cree que cultura es tolerancia de ideas, mescolanza de las más opuestas maneras de pensar. Al contrario, cultura es unidad, pues surge del espíritu y la vitalidad de una época, y éstos son realidades unitarias. En las épocas de auténtica cultura, cuando hay direcciones espirituales opuestas, una debe desaparecer o bien conciliarse en una síntesis superior con la otra. Estos principios, más o menos, desarrollé en esa nota. Espero que le habrá sentado mal a Coviello. No tenía intención de fastidiarlo, pero tampoco podía dejar de decir lo que pensaba. Deseo ahora saber ahora qué piensa él de eso y si me atribuye a mí su paternidad. Lo digo porque quedé en remitirle la publicación de un capítulo de *Elementos de folklore*. Si sabe que soy yo el autor y está enojado, no puedo exponerme a mandarle el permiso para publicar una cosa que puede desechar.

[318] Otras notas del primer número de *Sustancia*:
Serafín Pazzi. "Ricardo Jaimes Freyre".

Alberto Rougés, Presidente del Instituto Lillio. "La vida espiritual y la vida de la Filosofía. Totalidades sucesivas".
"Poemas de Ricardo Chirre Danós". - Nacido en Lima, cónsul de su país de 1949 a 1969. Literato, poeta, hombre de prensa, incansable promotor de actividades culturales, su presencia en *La Gaceta* llenó muchos días. Publicó *Rotación de los años - Poesías*. Tucumán: Imprenta Bujía & Marini Hnos., 1941.

[319] "El poeta de Tucumán". Presentación de Alfredo Coviello al libro de Ricardo Chirre Danós, *Rotación de los años*.
He aquí un autor *inédito*. Pero las poesías que forman este volumen no son los primeros balbuceos de un aficionado a la rima. Si Ricardo Chirre Danós hubiese querido obtener el título de escritor a costa de algún libro suyo, haría ya varios lustros que las prensas lo imprimieran. Quiso decir, que a pesar de ser ésta su primera selección de trabajos entregados a una editorial, el autor era desde mucho antes un poeta maduro. Un poeta en la plenitud de su estro. Por ello, es acertado el título: *Rotación de los años*.
Después de Ricardo Jaimes Freyre, Chirre Danós es el primer poeta de gran autoridad que recoge el cetro lírico que detentara aquel gran maestro en nuestras letras. Podemos decir de él, justicieramente, que es por antonomasia, el *poeta de Tucumán*. Y dicho sea ello sin desmedro para muchos otros de auténtica vena.
[...]
Analizando gran parte de cuanto ha podido producir, como por feliz coincidencia me ha cabido en suerte, si correspondiérame resumir con un juicio elemental las virtudes de su pluma, habría de hacerlo diciendo: éste es un poeta que nació ignorando el ripio... Y no me refiero a la vida pública del intelectual, sino a la existencia privada de la poesía, de esta poesía que hoy por primera vez viste ropa de calle...
[...]

El autor que entrega a la crítica este su primer libro, ya en esa época de la vida que es el recodo de las primeras canas, ha conquistado la mayor autoridad como primer crítico de poesía en el norte de la Argentina.
[...]
Ricardo Chirre Danós no es un poeta, sino uno de esos grandes poetas que cada tantos lustros fecunda la naturaleza de Tucumán. Un gran poeta por lo que ahora comienza a entregar al libro y un gran poeta también por la enorme labor dispersa que él mismo ha desechado como escoria multiforme abandonada quizá por
la angustia de una esclavitud

[Vicente Atilio Billone; Héctor Ivo Marrochi. *La actividad poética en Tucumán (1880-1970). Esquema y muestrario.* Tucumán: Grupo Literario "Imagen"; Grupo Editor "Voces", 1985].

[320] C. [Alfredo Coviello]. "Panorama bibliográfico argentino",

La Argentina está de parabienes: Buenos Aires se ha convertido en la capital de la intelectualidad hispanoamericana. La guerra civil y las persecuciones raciales han influido decididamente en ello. Pero todo ha sido posible, además, por otras razones. Debemos mencionar en primer término el amplio espíritu humanitario que implica nuestra posición democrática. Un profundo sentido de solidaridad intelectual se ha puesto de manifiesto por encima de las cuestiones ideológicas.
Como consecuencia de ello no sólo han afluido a nuestras tierras hombres de ciencia, filósofos y literatos, sino que simultáneamente se nos ha trasladado una buena parte de la actividad editorial mientras la organización ya existente ha cobrado en muchos casos nuevos impulsos.
Entre las grandes firmas editoriales debe contarse ante todo el advenimiento de Espasa-Calpe que fijó su sede en Buenos Aires. Su obra ha sido intensa y proficua. Muchas veces, simples ediciones de acreditados libros, como los agotados de la Biblioteca de Occidente, fueron absorbidos rápidamente por el mercado argentino y latino

americano. En otro aspecto, la edición de textos nuevos alcanzó cantidades no conocidas en la metrópoli y en cuanto a los tratados de enseñanza subieron a un nivel insospechado entre nosotros.

La gran *sensación* entre las nuevas editoriales estuvo representada por la firma Losada S.A. Con un gran dominio de la técnica libresca esta empresa argentina ha dado muestras reiteradas de buen gusto en la estructura de sus volúmenes y de acertada selección en las obras. Es evidente que una larga experiencia adquirida en los negocios del libro, le ha permitido dirigirse certeramente al público con una admirable organización, al punto que desde el primer instante ha lanzado sus ediciones en series bien coordinadas.
Sus asesores literarios, además de comprensión y acertado tino gozan en muchos casos de envidiable reputación intelectual. Artistas y técnicos se han dado la mano con intelectuales y un empresario como Gonzalo Losada, el alma de la editorial, logrando de tal manera el perseguido ideal de poner al alcance de la gran masa de lectores hispano-americanos, a precios muy reducidos, delicados ejemplares de obras escogidas.
Así merece citarse la serie titulada *La pajarita de papel*, dirigida por Guillermo de Torre, que ha lanzado, artísticamente ornamentados, volúmenes de más de dos centenares de páginas. Algunos de estos libros constituyen realmente primicias como *La metamorfosis* por Franz Kafka, prologada por Jorge Luis Borges; *En la bahía*, de Katherine Mansfield, con prólogo de Guillermo de Torre; *La muerte del pequeño burgués*, por Franz Werfel; *Gas, Un día de octubre. De la mañana a la medianoche*, por Georg Kaiser; *La mujer que se fue a caballo*, por H. Laurence. En la misma serie aparecerán libros de Santayana, Aldous Huxley, Thomas Mann, Paul Claudel, Paul Valéry, Jules Supervielle, cuya simple enumeración insinúa ya el valor de esta publicación inédita hasta ahora en castellano.
La *Biblioteca Filosófica*, bajo la responsabilidad de Francisco Romero, se ha propuesto hacer circular

traducciones nobles de las más valiosas obras del pensamiento filosófico actual y contemporáneo. En este sentido, el filósofo argentino propenderá a favorecer el libro americano y nacional, como lo demuestra *La ontología fundamental de Heidegger – su motivo y significación –* que es la tesis del profesor en la Universidad Católica del Perú, Alberto Wagner de Reyna, últimamente aparecido. A ella pertenece la edición de *Nuevos prolegómenos a la metafísica,* por Ángel Vasallo, la reedición de *El puesto del hombre en el cosmos,* por el gran Max Scheller, y la no menos buscada, *Crítica de la razón pura* de Kant, traducida por José del Perojo, prologada por Romero y con el ensayo de Kuno Fischer sobre el criticismo y su fundador. Allí aparecerá el *Estudio sobre el entendimiento humano* por David Hume, *Estudios sobre Sócrates y Platón* por Víctor Brochard, *Escritos breves* de Leibnitz, *Obras* de Carlos Vaz Ferreyra, la serie de estudios y documentos sobre la filosofía en América que se iniciará con *Alejandro Korn* a cargo de Francisco Romero y Ángel Vasallo, y otras versiones, directamente realizadas en nuestro país, de importantes obras que no existen actualmente en nuestra lengua.

Los temas de gran actualidad, sobre todo social y política, han merecido una serie de títulos sugestivos: *Cristal del tiempo* se inició con *Cartas a una señora sobre temas de derecho político* por el ex-embajador de la República Española en la Argentina, don Ángel Ossorio y Gallardo. Le siguió *El triunfo final de la democracia* de Thomas Mann. Y circulará también *La paz y los dictadores* de Norman Ángel, *Realidad del alma* por C.G. Jung.

Con una magnífica presentación fue publicando esta editorial en forma sucesiva las obras de Federico García Lorca, completando en media docena de hermosos volúmenes la producción del poeta español. Anuncia igualmente otros libros o antologías líricas españolas y americanas.

En su serie *Panoramas* se enumeran: *Retablo español,* por Ricardo Rojas, las historias de la *Literatura francesa* por Alberto Thibaudet, *Comparada de los pueblos de Europa*

por Seignobos, *de las Revoluciones* por un conjunto de notables escritores contemporáneos, y otras más, fundamentadas en el afán de ofrecer compendios que no por ser tales dejan de tener su valor documental atento a las firmas que los respaldan. Al mismo tiempo que son guías de información tienen siempre presente el espíritu crítico que corresponde a producciones de este nivel.
Bajo la denominación de *Biblioteca del pensamiento vivo* aparecerá una serie de obras biográficas de los grandes pensadores de la humanidad a través de la pluma de Romain Rolland, de Thomas Mann, André Malraux, Gide y otros escritores de prestigio análogo. La difusión en masa y a bajos precios de libros consagrados o de reciente aparición, tampoco ha dejado de merecer la atención por medio de la *Biblioteca contemporánea* que en su cincuentena de volúmenes ha circulado novelas y ensayos, cuestiones científicas y cuentos, humorismos y viajes, desde Unamuno a Tagore, de Wilde a D'Annunzio, de Jung a Kipling, de Chesterton a Bertrand Russell, de Gide a del Valle Inclán, de los Álvarez Quintero a Wells, de Frobenius a Hessen, no dejando de añadir firmas nuestras como Payró y Gerchunoff. Y todo ello en impecable texto y cuidadosa realización.
Dentro de esta tendencia editorial es digna de mención la serie titulada *Las cien obras maestras de la literatura y el pensamiento universal*, dirigida por Pedro Henríquez Ureña. La forma en que los libros son presentados constituye una creación simpática por la que el público ha demostrado de inmediato preferencia. Son volúmenes de trescientas páginas cuyos textos fueron sometidos a prolija revisión cuando se trataba de originales en nuestro idioma, y, en el caso de versiones, la traducción ha sido muy cuidada. Se inició con *Poema del Cid*, conforme al texto de Menéndez Pidal, le siguió el *Facundo* de Sarmiento y luego vinieron *La Eneida* de Virgilio, *La Celestina* de Fernando de Rojas, *La Odisea* de Homero, obras de Lope de Vega, Cervantes, Calderón, Góngora y tantas otras que harán de la serie, por su selección crítica y la erudición de los especialistas puestos al servicio

de ella, un conjunto de apreciable valor para cualquier biblioteca pública o privada.

Los *Textos literarios de lectura*, promisoriamente iniciados bajo la dirección de Amado Alonso, constituyen un verdadero hallazgo en materia de enseñanza preceptiva. La introducción erudita y amplia sobre el autor y la obra, como es posible apreciar en *La verdad sospechosa* por Ruiz de Alarcón o en el *Martín Fierro* anotado por Eleuterio Tiscornia, las múltiples y prolijísimas observaciones al pie de la mayoría de las páginas, el índice de notas y los folios reservados para apuntes, denotan la maestría con que se ha planeado hasta los más mínimos detalles.

Una biblioteca cultural de la juventud titulada *Enseñar deleitando* se ha iniciado con *Platero y yo* del gran poeta español Juan Ramón Jiménez, cuyas ilustraciones en color tienen fuerza de sencillez y belleza suficiente como para atraer a lectores de toda edad. Esta feliz iniciación augura éxitos indudables en el futuro de la sección.

La *Gramática Castellana* por Amado Alonso y Pedro Henríquez Ureña, en dos volúmenes, e igualmente la *Psicología* de Luis Juan Guerrero, implican el comienzo de un movimiento renovador de grandes alcances en cuanto a manuales de enseñanza secundaria se refiere. Nuevas series anuncia en preparación esta misma editorial, de tal manera que la biografía como la historia, la novela como la ciencia, los tratados como las monografías, tendrán allí una realización atrayente y constituirán otras tantas fuentes de suficiente autoridad como para que el lector y el crítico encuentren en estos libros el instrumento apropiado con que la cultura debe nutrirse en primer término.

Muchas otras editoriales realizan una meritoria labor en Buenos Aires aunque en escala más reducida. Sería imposible referirse a ellas en detalle como lo hemos hecho precedentemente con Losada a modo de ejemplo. Pero la enumeración de las actividades de ésta como el juicio en cuanto a la calidad de sus trabajos concierne, permite formarse una idea de la extraordinaria laboriosidad con que se está alimentando desde Buenos Aires el mercado literario, filosófico y científico de la América Latina.

Al pretender bosquejar, y bien someramente, por cierto, el panorama bibliográfico argentino, hemos de mencionar a *Sur* que ha persistido en su labor selecta de publicaciones vinculadas a la actualidad argentina y extranjera. La tribuna de izquierda está fundadamente representada por la *Editorial Claridad* que ha aumentado el número de sus producciones y mejorado el material de presentación, caracterizándose sobre todo por la amplia difusión que han alcanzado sus últimas obras, particularmente las relacionadas con el estado actual de la ideología europea. La *Editorial Estrada* inició su colección de autores argentinos con Sarmiento. Las librerías *Anaconda* han tenido por principal preocupación vender en masa, a bajos precios, obras de autores argentinos y extranjeros, clásicos y contemporáneos. La *Editorial Tor* imprime un libro día por medio, caracterizándose por la cantidad. También no pocas editoriales chilenas, como *Zig-Zag*, *Ercilla* y otras, demuestran la obsesión de inundar el mercado con libros de confección barata.

Las otras editoriales ya existentes en Buenos Aires, de distinto nivel por su diverso tipo de producción, no han variado el ritmo que mantenían anteriormente. Conocíamos excelentes realizaciones de *Viau y Zona*, de *El Ateneo*, *La Facultad*, pero todas ellas, como *Lajouane* y otras de igual o inferior significación, son ajenas a este recrudecimiento editorial que se ha puesto de manifiesto en la metrópoli.

Como una novedad, vinculada a estas actividades, apareció el *Club del Libro A.L.A.*, inspirado en organizaciones similares del exterior. El lema *Amigos del Libro Americano* denota ya hacia dónde van dirigidos sus pasos. Es esta una producción también cerrada en cuanto a la venta pues está destinada exclusivamente a sus socios. Implica una ventaja editorial, porque permite, en caso de éxito, una segura y rápida colocación. Adolece el inconveniente de que es necesario someterse a la recepción de todas las obras, de tal manera que se pierde la individualidad en escoger el material de lectura. Se inició esta editorial argentina con *La mariposa quemada* de Mateo Booz y circuló luego *La mujer de Lot* por Arturo Cancela, *Hombres en soledad* de Manuel Gálvez y *Fiesta en noviembre* de Eduardo Mallea, que consolidaron la calidad de las obras de autores argentinos. Nos hizo conocer igualmente *El paralelo 42* de John Dos Passos (norteamericano), *El viaje maravilloso* de Graça Aranha (brasileño), *El gran infortunado* de Telmo Manacorda (uruguayo) y en su lista figuran autores de otros países sudamericanos con obras en prensa. La presentación de estas obras obedece a un diseño especial y su técnica tipográfica es una innovación sobre el común de las obras. Es, pues, editorialmente hablando, una conquista también de calidad.

Buenos Aires, por su potencialidad económica y su fabuloso crecimiento resultó ser naturalmente el centro geográfico en donde podía resolverse el conflicto que la perturbación del mundo europeo introdujo en el orbe intelectual. De modo febril ha respondido en cantidad y calidad, a veces sólo en cantidad y otras sólo en calidad, al apremio suscitado por el adormecimiento de las grandes editoriales de allende el océano.

Por ello, puesto que el libro es la primera herramienta, y por la acogida cordial a tantos intelectuales, vive la Argentina, en la hora presente, una especie de florecimiento intelectual ya que impropio sería decir de renacimiento pues jamás, en los tiempos pasados, se alcanzó, ni remotamente, este grado de progreso en las artes gráficas del libro.

La producción bibliográfica argentina ha comenzado así a enriquecerse fulminante y fabulosamente y los beneficios que de allí se derivan para nuestra cultura es de esperar que, aunque sólo fuere en parte, han de perdurar para los tiempos venideros. Este enriquecimiento no sólo se demuestra por la aparición de nuevas organizaciones – como la librería *Hachette* de París que también está editando ya en Buenos Aires obras de buen sello – sino por la influencia natural que sobre el medio actuante ejerce y las enseñanzas que deja en cuanto a mejoramientos técnicos y la organización intelectual que estas empresas requieren accesoria o quizá principalmente.

[321] C. [Alfredo Coviello]. "Ambiente cultural y universitario de Tucumán".
Ha sido la Universidad el factor que más ha influido en el último bieño [sic] en el fomento de la cultura de la región.

Destaca sucesivamente: la creación del Departamento de Filosofía y Letras, planeado por el maestro Pascual Guaglianone; la creación del Departamento de Investigaciones Regionales; el auspicio a la publicación del *Cancionero Popular de Tucumán*, recogido, estudiado y elaborado por Juan Alfonso Carrizo; los Institutos de Investigaciones Técnico-Industriales, Etnológicas, Botánicas; la creación de las facultades de Derecho y Bioquímica; el Departamento de Filosofía y Letras, donde se incorporó el pedagogo Lorenzo Luzuriaga, quien reanudaría la publicación de la *Revista de Pedagogía*, que durante quince años consecutivos apareció en Madrid; la *Revista de Etnología*, dirigida por Alfredo Métraux, y los *Cuadernos de Mineralogía*, bajo la dirección de Abel Peirano.

[322] Otras notas del número inaugural de *Sustancia*:
Alfredo Coviello. "Afirmación y negación de la personalidad".
Horacio R. Descole, Director de la Revista de Botánica *Lilloa*.
"El Instituto Miguel Lillo".
Eduardo L. Sabaté, Director del Hospital de Aislamiento. "La ciencia de las hormonas".

Secciones: Comentarios bibliográficos. - Libros recibidos. - Itinerario de revistas. - Guía de la cultura.

Entre los libros comentados se cuentan:
Vida de Hipólito Yrigoyen, de Manuel Gálvez, por José Lozano Muñoz, Intendente Municipal de Tucumán, profesor en la Facultad de Derecho.
Seis figuras del Plata, de Juan Pablo Echagüe, por Oscar Gómez López.

[323] Por cierto que el primer número de *Sustancia* fue saludado desde las páginas de *La Gaceta*, que en su edición del 29 de julio de 1939, tituló: *"Sustancia. Revista de cultura superior. Impresionó muy favorablemente"*
La nueva revista mereció comentarios elogiosos de las prestigiosas revistas *Nosotros* y *Claridad*, y por el grupo Gente de Prensa.

"Tucumán, centro de cultura superior". *Nosotros* **(Segunda época).** Año IV, Tomo X, N° 38-39. Buenos Aires, mayo-junio de 1939.

Nunca se vio en el interior de la República más robusto movimiento intelectual como el que hoy ofrecen las capitales y otras ciudades de provincia.
Brillante es el aporte de Tucumán a este movimiento promisorio. En torno de su Universidad renovada, del Instituto Miguel Lillo, de la tradicional Sociedad Sarmiento y de otros centros de cultura, se advierte un fermento de inquietudes espirituales y se manifiesta una labor de investigación y crítica, vinculados ambos al desenvolvimiento general del pensamiento argentino, que dan a la culta ciudad un tono de capital irradiadora. Dos revistas, aparecidas ambas en el mes de junio, hacen patente este juicio. Una es *Sustancia*, que ha fundado y dirige el prestigioso escritor Alfredo Coviello, presidente de la Sociedad Sarmiento. La otra, la *Revista de Pedagogía*, que ha empezado a publicarse en su segunda época, después de su desaparición en Madrid hace tres años, bajo la dirección del reputado pedagogo español Lorenzo Luzuriaga, hoy incorporado a aquella Universidad argentina.
El primer número de *Sustancia* anuncia una revista de cultura superior calificada. Será la publicación trimestral de la Sociedad Sarmiento. "*Sustancia* – dicen las palabras liminares – tratará preferentemente los temas relativos a la literatura, el arte y la filosofía, y por su información y comentarios, por sus críticas y notas de la vida intelectual, será vena en la cual circulen ideas ardientemente debatidas en nuestro medio". Y agrega: "Queremos contribuir con nuestra voz al movimiento

cultural argentino llamando la atención sobre la más rica tradición provinciana que tan escasamente es percibida en nuestros días". Para concluir: "Y al lado de nuestro acento regional, el ritmo de las inquietudes externas".
Todo esto cumple *Sustancia* en sus 144 páginas, ricas de información y sugestiones. Las abre un "mensaje a la juventud" de Ricardo Rojas, propugnador constante de "La Nueva Independencia", como se titula este breve ensayo, es decir, de la creación de una cultura argentina propia; anhelo que compartimos con el querido maestro, aunque no suscribiríamos todas las premisas en que lo funda. No menos interesantes son los demás artículos, firmados por Juan Alfonso Carrizo, Juan Francisco Moreno Rojas, Bruno Jacovella, Rafael Jijena Sánchez, Serafín Pazzi, Alberto Rougés y Alfredo Coviello, todos atinentes al programa de la revista, entre los cuales destacamos uno sobremanera importante, el de Carrizo, quien demuestra cómo la descripción de la muerte de Quiroga en el *Facundo* sigue literalmente los pasos de un cantar tradicional.
Se recomienda especialmente este número de *Sustancia* por la abundancia de notas y comentarios sobre temas bibliográficos y figuras del momento, y análisis de libros y noticias de todo orden relativas al movimiento cultural argentino y extranjero.
La *Revista de Pedagogía* "viene sólo a buscar a los viejos amigos y a hacer otros nuevos. Viene a colaborar, en la medida de sus fuerzas – declara – en la gran empresa de la educación en las repúblicas hispanoamericanas, recogiendo observaciones, acumulando experiencias y expresando las ideas que juzga más acertadas en el vasto campo de aquélla". Este primer fascículo, presentado en forma sobria y elegante, reúne en sus 64 páginas las firmas de María Montessori, Juan Mantovani, Lorenzo Luzuriaga, Concepción de Prat Gay y Lourenço Filho, además de precisas informaciones sobre la educación pública, los programas de estudio, la vida escolar y las recientes reformas en la enseñanza, en la Argentina y en el extranjero.

[324] A la vez, se ha conservado numerosa correspondencia ponderando la nueva revista.

Carta de Ernesto Padilla a Alberto Rougés. Buenos Aires, 15 de julio de 1939:
>Me ha dado gran contento esta revista. Es honor para Tucumán contar con ella. Me parece que es digna *ut portet nomen meum coram gentes*. A donde vaya llevará bien el nombre de Tucumán.

Correspondencia dirigida a Alfredo Coviello:

De Bernardo Canal Feijóo, desde Santiago del Estero, 13 de agosto de 1939:
>Su revista *Sustancia* es magnífica. Los ensayos de usted y de Rougés son sin duda lo mejor y le dan altísima calidad. Lo felicito y hago votos por el éxito y perduración de la empresa.

Juan Alfonso Carrizo, desde Chilecito, 10 de junio de 1939:
>Querido amigo: lo felicito de corazón por su preciosa Revista; ha resultado admirablemente realizada tanto por su contenido como por su presentación. Todo elogio sobra, es preciosa.

Atilio García Mellid, director de *Itinerario de América*, 7 de agosto de 1939:
>He leído complacido los juicios elogiosos con que ha sido acogida *Sustancia*. No podía ser de otra manera, sin duda, pues se trata de una labor de verdadera significación, que pone de manifiesto sus altas calidades directivas.

Juan Oscar Ponferrada, 4 de noviembre de 1939:
>*Sustancia* representa la síntesis más elocuente de un fuerte movimiento de cultura renaciente en el norte del país.

[325] Consta el sostenido apoyo de Padilla a Coviello en bien de su revista *Sustancia*. Sus relaciones políticas y sociales, el

hecho de residir gran parte el año en Buenos Aires, fueron de gran importancia a la hora de conseguir ensayos, avisos, apoyos.

Furlong, *Ernesto E. Padilla...*
Por su vocación literaria y filosófica, y por su íntima amistad con el doctor Padilla, fue Coviello un eficaz propulsor de todo lo que significaba cultura. [...] En 1939 tuvo la idea de publicar en Tucumán una revista de grande envergadura y de significado americano. Hoy, desde Buenos Aires, se nos antoja megalómana y excéntrica una tal aspiración, pero en el Tucumán de 1939, caldeada e iluminada por el fervor cultural del doctor Alberto Rougés, en Tucumán mismo, y por el doctor Padilla, desde Buenos Aires, la empresa no parecía exagerada. [...] Como tantas otras revistas, nació como fruto del entusiasmo de un grupo de jóvenes, quienes, como suele suceder, la consideraban la más importante revista de Hispanoamérica. El entusiasmo crecía con el aumento de los suscriptores, 250, 300, 400; pero, con el correr de los meses, no se autofinanciaba y los avisos eran pocos y poco seguros.
Así las cosas, el doctor Alfredo Coviello acudió al doctor Padilla:
"Así haré aquí [en Tucumán] con algunas entidades que puedan proporcionar alguna publicidad de favor. ¿Cree Ud. que podrá ayudarnos algo en esto? Sólo me animo a plantearle la pregunta, persuadido de que un órgano como *Sustancia* es un medio muy eficaz para el desenvolvimiento de la cultura en nuestra zona y un instrumento de propaganda inclusive para la intelectualidad del país en el extranjero".
No hay para qué decir que el doctor Padilla tomó la financiación de la nueva revista, como si ésta fuera obra plenamente suya. Bien se ve por la carta que en 18 de julio de 1939 escribió a Coviello:
"Un algo de vergüenza me domina al tener que decirle que hoy he fracasado en mi gestión ante el señor Quiroga, director de administración del Ministerio de Relaciones

Exteriores y Culto. Me había prometido buscar y creía imposible que no encontrara en algún hueco los $ 400 que tan poco significaban materialmente, para subvenir al propósito de difusión cultural, de lo que yo había creído convencerlo con relación a *Sustancia*".

Refiere pormenores de aquella entrevista, lamenta comprobar "que mi influencia tiene el alcance de un riflecito de salón"; comenta que con el subsecretario Gache "queda abierta la buena posibilidad de seguir con la gestión".

Al publicarse el segundo número, ya lanzaba *Sustancia* el angustiado S.O.S. y, en 27 de octubre de 1939, no tenía el doctor Padilla palabras con qué elogiar la publicación, como la elogiaban y ponderaban tantos otros, pero los directores necesitaban algo más que palabras halagüeñas. Por eso respecto a los avisos decía al director:

"Me pongo a su disposición para dar los pasos que puedan contribuir a conseguirlos".

Y entre otros indicaba el insistir ante la oficina de difusión del Ministerio de Relaciones Exteriores y Culto:

"Es cuestión de que una persona influyente hable con el Ministro y le precise trescientos o cuatrocientos pesos por número, argumentando sobre la calidad de la revista y el prestigio que asegura al país, haciendo conocer la alta cultura del interior de la República".

Cuando se publicó el N° 4, correspondiente a marzo de 1940, "el entusiasmo del doctor Padilla fue enorme"; "extremó sus empeños en obtener avisos y subsidios para *Sustancia*, tan en ayunas de la que más necesitaba para sobrevivir".

Recordaba con enorme pena cómo la revista *Nosotros*, muy inferior a la que ahora se publicaba en Tucumán, hasta sectaria en sus objetivos y dirigida por dos extranjeros, gozaba de un pingüe subsidio en el presupuesto nacional. En 1939 había recibido dos partidas de 5.100 pesos cada una.

Carta de Ernesto Padilla a Alfredo Coviello. Fechada en Buenos Aires, el 17 de noviembre de 1939:

Me siento contagiado por su entusiasmo, que provoca el aplauso y la adhesión, con el deseo de que se logre su acción tesonera. Hace bien en cuidar de la permanencia de la obra; es fundamental en Tucumán, donde es necesario formar cauces firmes. Con el grupo lo conseguirá pero cuide de que trabajen y procure que la *obra común* sea la que resalte y resulte. Usted, que domina el campo, suscite los temas para que no haya disipación de las buenas energías que se concentran.

El medio provinciano no es muy propicio a la actividad eficaz. A un joven que fue a despedirse de Groussac, para ir a ejercer a Tucumán, le hizo esta recomendación: "no se acostumbre a las conversaciones del Club Social". Bien veo que, en este caso, hay un buen programa, pero hay que tomar precauciones contra lo que se conoce del medio. Deseo que el Grupo Septentrión sea fecundo.

Alguna observación me viene sobre su propósito de que *Sustancia* sea en adelante órgano del grupo. ¿Por qué suprimirla a la Sociedad Sarmiento, como la editora? En el hecho el Grupo Septentrión será el animador de la vida de la Sociedad Sarmiento. Y ya que consiguen abrir rumbos nuevos a ésta, por qué privarle el prestigio que recibe con que su nombre se señale en la portada de la Revista.

SUSTANCIA: Complacido me inscribo entre los suscriptores. Remítole giro postal de $ 10 por el trimestre. Pídole también que dé instrucciones para que me recuerden los vencimientos.

En cuanto a los avisos yo interpreté que quería hacer lo mismo que las revistas extranjeras, que intercalan avisos en hojas de papel más liviano y hasta de color. Me pareció sí que había que cuidar de elegir a las casas anunciadoras. Si no es ese el propósito exacto, no se sienta obligado por lo que yo haya hecho, pues hay tiempo para corregir el procedimiento sin ninguna violencia. Yo puedo dar explicaciones y arreglar las cosas con quienes me he entendido.

He conseguido dos páginas enteras: una de La Germano-Argentina y otra de Firestone (fábrica de neumáticos). La Germano-Argentina envía ya un cheque, que le remito endosado. Ante el Directorio de Firestone lleva carta nuestro amigo Simón Padrós. En alguna revista extranjera he visto avisos de neumáticos. Fui muy bien acogido y han aceptado una página entera, quedando en enviarme el aviso.

Simón Padrós me dio carta también para Fortabat, de la Fábrica de Cemento Loma Negra. Ayer vi a este señor, quien se mostró esquivo, pidiéndome que escribiera y dejándome entrever la posibilidad de media página o cuarto de página. Decidí no hacerlo. No es el caso de hacerle creer que hace favor.

Como ve, con dos o tres páginas más, ya tendría cubierto el presupuesto y facilitada la difusión que le preocupa.

En esto de los avisos dígame su opinión, porque quedo con el escrúpulo de no haber interpretado ajustadamente su propósito. Y no deseo que proceda por compromiso alguno. Yo no hago sino lo que sea mejor para el noble fin.

Respuesta de Alfredo Coviello, fechada en Tucumán, el 5 de enero de 1940:

A la dirección postal de Ernesto E. Padilla en Maimará:

El [número de *Sustancia*] que tiene que circular en estos días – número de verano – lleva, por vez primera, característicos grabados en papel ilustración.

Ya diversas revistas argentinas y extranjeras han aceptado publicar avisos de canje sobre *Sustancia* (en cuya retribución nosotros anunciamos a las mismas en nuestras páginas de avisos). Siguen los comentarios favorables sobre el contenido y la presentación. Las perspectivas, pues, continúan siendo propicias.

Al finalizar el último día del año conseguimos duplicar, exactamente, el número de socios que tenía la Sarmiento al hacernos cargo en el mes de abril último: de 411 pasamos a 822. Por dentro reina optimismo y entusiasmo entre la Directiva, que antes eran bastante indiferentes a los destinos de la entidad. No recuerdo si le comuniqué que hemos logrado duplicar el subsidio de la Provincia:

de $ 500.- pasa ahora a ser de $ 1.000.- (mensuales), cantidad que tenía y disfrutaba solamente la Sociedad Alberdi (pues en efecto, como castigo, se le disminuyó a la Sarmiento de $ 750.- a $ 500.- y los $ 250.- pasaron a la Alberdi que subió a los mil pesos mensuales).

Con estos dos refuerzos, en cuanto se refiere a los recursos mensuales ordinarios, hay una base seria para desenvolverse adecuadamente. En otra forma resultaba imposible. Para mejorar más aún el estado de la entidad, no hay más que seguir consiguiendo socios, que es lo que continuamos haciendo.

Le diré que ha sucedido algo raro con los $ 3.000.- de la Comisión Protectora, pues, como no los recibiéramos en la fecha por Ud. indicada, y ratificada por carta, le telegrafiamos a Juan Pablo Echagüe. Nos contestó por la misma vía, reiterando la manifestación. Pero hasta hoy, el Banco de la Nación nos informa que no se ha producido la transferencia. Nos hemos dirigido por carta haciéndole conocer esta circunstancia.

Ahora, en cuanto atañe a la financiación del tercer número de *Sustancia* creo que con los dos avisos que Ud. nos consiguió y los que aquí obtuvimos, la cuota del Grupo Septentrión y el importe de la venta, el resultado ha de ser saldado bastante parejamente. Le haré conocer las cifras precisas oportunamente.

Su colaboración y estímulo es muy apreciado y entusiasma a otros el ejemplo que a cada instante Ud. nos brinda (empezando por mí, naturalmente). Yo no me animaba a insistir en los avisos comerciales porque, aun cuando sean de favor, me parecía disminuirlo y cargosearlo inoportunamente. Es claro que comprendo su elevación de espíritu - que es muy reconfortable también por lo demás - pues de no haber mediado ella: ¿habríamos conocido la obra de Carrizo? ¿La habría realizado? ¿Habría insistido con esa constancia que le ha singularizado?

Me viene aquí a colación el consejo de Groussac que Ud. recuerda en una de sus cartas, respecto de las reuniones y charlas en el Club Social. Coincido con su juicio totalmente. Siempre fui reacio a ellas. En algún tiempo me agradaban las *charlas de café* como es común a los jóvenes que buscan el *ambiente* para la confidencia literaria, pero en general he creído que para trabajar conviene levantarse temprano, lo que implica no acostarse tarde ni disipar muchas energías en estériles entretenimientos. Al realizarse la ceremonia principal de las bodas de plata de la Universidad de Tucumán, alguien recordaba que Juan B. Terán decía: "más vale levantarse temprano que leer a Shakespeare".

Según los hábitos que profeso y la concepción de la vida diaria que he elegido, aquella frase la convertiría en: "levantarse temprano y leer a Shakespeare". Pareciera para muchos que esto es una contradicción irreductible. Mas creo que cuando se es joven la ejercitación de la disciplina y de la vida organizada, proporciona numerosos motivos para poner a prueba la voluntad y el espíritu de ejecución. Así, naturalmente, el Grupo existe con la finalidad de aprovechar los frutos del contacto en tantas oportunidades como lo requiere la conveniencia general, pero evitando las prácticas nocivas como las reuniones de carácter negativo. Inútil es reunirse cuando no hay motivo para ello.

El 12 de junio de 1940 escribía Coviello a Padilla:
Pienso que es imposible por ahora mantener la regularidad de la aparición. Ud. sabe que todos trabajan gratuitamente, incluso dibujantes y correctores.

Y en 30 de marzo del siguiente año le decía:
Sus estimulantes palabras no caen en el vacío: las aprecio en cuanto ellas valen. Contrastan tanto con otras actitudes de indiferencia o de negación ambiente...

***Sustancia*. Número 2, septiembre de 1939**
***Sustancia*. Número 3, diciembre de 1939**

[326] El tercer número de *Sustancia* se presenta así:

Publicación trimestral
Auspiciada por el Grupo Septentrión

Editada por la Sociedad Sarmiento.
Impresa en Talleres La Raza

En el salón menor de actos de la Sociedad Sarmiento se realizaron en los últimos días de noviembre último, varias reuniones con el objeto de provocar la formación de un grupo intelectual que se distinguirá con el nombre de *Septentrión*.
Asistieron y enviaron su adhesión expresa las siguientes personas: Manuel Andreozzi, José I. Aráoz, José I. Aráoz (h), Gino Arias, Juan Alfonso Carrizo, Alberto Cossio, Benjamín Cossio, Ricardo Chirre Danós, Darío Colombres Ugarte, Alfredo Coviello, Guillermo A. Cetrángolo, Horacio R. Descole, Evaristo Etchecopar, David M. Figueroa Román, Iván R. Fontana, Ernesto Galindo Borda, Oscar Gómez López, Miguel A. González, Celedonio Gutiérrez, Juan Heller, José B. Heredia, Enrique Kreibohm, Manuel Lizondo Borda, José Lozano Muñoz, Juan Francisco Moreno Rojas, Federico Mena, Ernesto E. Padilla, Francisco E. Padilla, Juan Simón Padrós, Mario R. Posse, Julio Prebisch, Fernando de Prat Gay, Juan Eduardo Piatelli, Serafín Pazzi, Lindor Rodríguez, Alberto Rougés, León Rougés, Marcos Rougés, J.C. Romano, Eduardo L. Sabaté, Aníbal Sánchez Reulet, Prudencio Santillán, Román Schreier, Ceferino Sirgo, Ricardo Saravia, Juan B. Terán, Antonio Torres, Renato Treves, Segundo Villarreal. Se resolvió dar por constituido el grupo con las personas mencionadas. EL GRUPO SEPTENTRIÓN tiene como finalidades fundamentales fomentar el acercamiento y contacto de los intelectuales, dejar constituido un lugar permanente de reunión que pueda ser la sede de su ateneo. Vincular a los escritores e intelectuales de fuera de nuestra provincia con el ambiente. Estimular las letras, la filosofía y las artes más allá de determinadas tendencias políticas e ideológicas. Auspiciar y respaldar la revista *Sustancia* que constituirá la materialización de esos anhelos.
Para aportar a ésta una fuente permanente de recursos, se fijó una cuota trimestral de diez pesos entre sus miembros. Los señores Iván Fontana, Evaristo Etchecopar y Alfredo Coviello fijaron su cuota en cincuenta pesos trimestrales.

[327] Los números 2 y 3 de *Sustancia*, ambos de 1030, afirman la impronta dada a la revista por Coviello. Basta citar los autores y los temas:

1. De la Universidad Nacional de Tucumán y/o la Sociedad Sarmiento:
Gino Arias, Director del Instituto de Investigaciones Económicas de Tucumán. "Las crisis económicas" (N° 2).
Renato Treves, Profesor en la Facultad de Derecho y Ciencias Sociales de Tucumán. "El Estado de Derecho y la nuevas organizaciones estaduales" (N° 2).
Serafín Pazzi. "La vuelta de Martín Fierro" (N° 2).
Ricardo Chirre Danós. "Federico García Lorca" (extensa nota) (N° 2); "Serafín Álvarez Quintero. El regionalista", que firma R.C.D.
Renato Treves analiza el libro *La plenitud del orden jurídico y la interpretación judicial de la ley*, de Carlos Cossio (N° 3).
José B. Heredia. "El arte en Tucumán. Grabados de Víctor Delhez", con cuatro ilustraciones, a las que se añaden obras de Silvio Giménez, Ricardo Saravia, Ceferino Sirgo (N° 3).
Sección "Crónicas del Tucumán": Antonio Pérez-Valiente de Moctezuma. "Fundación y traslación de San Miguel de Tucumán, 1565-1685"; Relato de Pablo Mantegazza. "Un idilio en el Jardín de la República" (N° 2). - José I. Aráoz (h). "Tres bocetos de Tucumán: I. El pueblo viejo; II. Una noche en la montaña; III. El sueño de Avellaneda" (N° 3).

2. Regionalismo del Noroeste:
Orestes Di Lullo, médico, escritor santiagueño, investigador de folklore. "El espíritu cristiano en el folklore de Santiago" (N° 3).
Juan Carlos Dávalos. "Descubrimiento de un escritor regionalista: Federico Gauffin y sus novelas" (N° 2). - "Algunas comprobaciones interesantes de Biología Entomológica" (N° 3).
Pablo Rojas Paz. "Leopoldo Lugones" (N° 2).
Juan Oscar Ponferrada. "Razón poética" (N° 2).

Sección "Notas y comentarios": Bruno R. Garcilaso. "Notas sobre el folklore en la Argentina" (N° 2).
Notas bibliográficas: Enrique Kreibohm: *Las puertas de la tierra*, de Agustín Zapata Gollán; J.V.P.: *La Patria Grande*, de Manuel Ugarte (N° 2).

3. Poemas de Antonio Torres, y Fausto Burgos (N° 2); Justo G. Dessein Merlo, y Serafín Pazzi (N° 3).

4. Literatura por autores argentinos:
Nicolás Olivari. "Poesía argentina" (N° 3).
Fernando Baldini. "Para la biografía de Gabriel D'Annunzio. (Un manuscrito inédito de Guido Boggiani: *Giornale di bordo della Fantasia*)" (N° 2).
Braulio Sánchez-Sáez, profesor de Literatura Brasileña, historiador, ex miembro de la Junta Central del Tesoro Artístico Español. "Cuerpo y alma de Machado de Assís" (N° 3).

[328] Alberto Rougés. "Educación y tradición", incluido en sus *Ensayos*. Tucumán: Centro Cultural Alberto Rougés – Fundación Miguel Lillo, 2005.
El gran tesoro ha sido hallado en los viejos labriegos que cultivan con las manos el solar heredado. Se ha conservado en la memoria de esos hombres de campo y en manuscritos amarillentos de puro viejos. Transmitidos de boca en boca, de corazón en corazón, el tesoro poético ha viajado varios años y aun siglos para llegar a nosotros, como que en él se encuentran algunas piezas de la poesía juglaresca del siglo XVI.

[Sobre el tema: Silvia Eugenia Formoso. "Padilla, Rougés y la cultura folklórica", en *La Generación del Centenario y su proyección en el Noroeste Argentino (1900-1950)*. Actas de las IV Jornadas realizadas en San Miguel de Tucumán del 3 al 5 de octubre de 2001. Tucumán: Fundación Miguel Lillo. Centro Cultural Alberto Rougés, 2002].

[329] El historiador **Armando Raúl Bazán** ha publicado importantes aportes al tema del regionalismo en el Noroeste Argentino, entre los que se destaca su libro ***La cultura del***

Noroeste Argentino. (Publicación del Centro de Investigaciones Históricas del NOA. Universidad Nacional de Catamarca. Buenos Aires: Plus Ultra, 2000). Dice en su nota "Proceso histórico configurante de la región".

El Noroeste contiene ese acervo cultural formado por el sincretismo hispano-indígena que configura una personalidad verdadera, un alma nacional.

Deplora la pérdida de la "totalidad sucesiva" donde coexisten – siguiendo a Rougés – el presente del pasado, el hoy y el presente del futuro.

Intenta un ejercicio de comprensión de por qué el Noroeste ha dado a la Argentina sus pensadores más profundos, muchos de sus mejores escritores, poetas de alta inspiración, historiadores notables y folklorólogos que han aportado obras maestras en la indagación de la cultura popular.

[330] Con el fin de promover el regionalismo noroestino, Coviello dictó en la Biblioteca Sarmiento de Santiago del Estero, el 19 de agosto de 1939, la conferencia "El pensamiento filosófico y su expresión en la Argentina". Fue presentado por Bernardo Canal Feijóo. [*La Gaceta*, 20 y 22 de agosto de 1939; *El Liberal*, 20 de agosto de 1939].

El 18 de noviembre de 1939, en el Salón de Fiestas del Hotel Salta, disertó sobre "La crisis de la poesía", conferencia auspiciada por Amigos del Arte y LV9 Radio Provincia de Salta. Fue presentado por Hernán Figueroa Aráoz.

[331] A modo de continuación de su producción intelectual, Alfredo Coviello da a la prensa un nuevo libro.

La esencia de la contradicción.
Tucumán: Grupo Septentrión, 1939. 280 páginas

Dedicatoria: "A Ernesto Padilla, gran propulsor de la cultura provinciana".

Pórtico: "Los ensayos recogidos en este volumen no fueron publicados antes".

De *La esencia...*, vale citar al menos dos textos:

(1) **El pensamiento filosófico y su expresión en la Argentina**

Conferencia dicha en la Facultad de Derecho y Ciencias Sociales de la UNT, y en *La Brasa* de Santiago del Estero. (Septiembre 1º y agosto 19 de 1939, respectivamente).

[Subtítulo]
Topografía del pensamiento filosófico en la Argentina

No puede hablarse de Tucumán sin mencionar la intocable figura del doctor Alberto Rougés, sin duda la mentalidad filosófica más madura de este ambiente que, además de diversos trabajos sobre temas sociales y educacionales, ha comenzado a darnos a conocer su profundo y extenso ensayo relativo al tiempo y la eternidad, titulado *La vida espiritual y la vida de la filosofía* (se publica en la revista *Sustancia*). Este gran propulsor de la cultura tucumana y uno de los más entusiastas y perseverantes animadores de su Universidad, como del Instituto Lillo, es al mismo tiempo la más alta autoridad educacional, a pesar de su alejamiento de la cátedra y de los honores públicos que reiteradamente ha rehusado con evidente y natural espíritu de filósofo. Pudría ubicárselo en un itinerario que recorre la línea Plotino, San Agustín, Kant, Bergson.

El doctor Carlos Cossio, desde hace algunos años transplantado a la metrópolis y profesor de filosofía del derecho en la Universidad Nacional de La Plata, es un cerebro joven y laborioso, que se introdujo por vía del antipositivismo y dentro de las ideas neokantianas. *El concepto puro de revolución*, es un ensayo de aplicación filosófica al derecho que revela la eficacia del talento claro aplicado a la meditación jurídica y merecen mencionarse igualmente dos obras de próxima aparición: *La plenitud del orden jurídico* y una *Teoría de la conducta* que le reafirman en su posición. Ha provocado la formación y preside el Instituto Argentino de Filosofía Jurídica y Social, que tiende a fomentar estas actividades intelectuales y estimular la vinculación con los principales filósofos del derecho contemporáneos.

(2) *Ensayo de crítica filosófica sobre la producción literaria de Juan Carlos Dávalos*

[...]
El sentido regional tiene mucho que ver con la tradición. Porque esta última es como el recipiente donde la zona deposita inmaterialmente sus riquezas.
Dávalos es un escritor fundamentalmente tradicionalista. Lo demuestran sus magníficas composiciones, actúe o no con un alto grado de fantasía creadora, se limite o no a la pintura viva de las cosas materiales o ideales que caen dentro de su ámbito espiritual. Así son sus narraciones dramáticas, sus descripciones humorísticas, las leyendas que reviven a través de múltiples y magníficas páginas.

La tradición y la renovación

La tradición se opone generalmente a la renovación. Los jóvenes poetas y literatos suelen siempre concebirse como los creadores de su tiempo, por militar en las filas de la renovación. Entienden por ello, la vanguardia del movimiento intelectual.
Luego, si quisiéramos designar filosóficamente a Juan Carlos Dávalos, recurriremos a un concepto universal, permanente y despojado de particularidades. Lo podemos ubicar así en un punto - ageográfico - y en un momento - atemporal -, es decir, en una posición sin lugar y sin tiempo que es precisamente la tradición.
Mas luego se dirá que la tradición es el pasado y que el pasado es lo superado, que lo superado es la renovación, y que la renovación es lo actual, y que lo actual es lo que engendra el futuro...

Y todo ello sería exactísimo y valedero, si el criterio filosófico no descubriera ninguna falla en esta cadena de silogismos. La renovación – como nos lo dice cabalmente el propio término – es algo en constante cambio. Pero la tradición, para ser lo opuesto, debería implicar lo estático, algo yermo: una producción estratificada, algo similar a las estratificaciones geológicas que van siendo enterradas por sucesivas superposiciones.
Con la ayuda del principio de la evolución podríamos obtener aquí la luz necesaria. La renovación y la tradición, son como dos esferas autónomas que se desenvuelven en perpetuo cambio. La tradición recoge y conserva e innova y crea, como la ciencia incrementa siempre nuevas porciones al saber de la humanidad ocupando y conservando el territorio conquistado anteriormente al mundo de las tinieblas.
Aquí, pues, se trata de dos posiciones movibles, pendientes del cambio o mutación perpetua. Y no me ocuparé de la primera porque no hace al caso sino indirectamente. Nosotros hemos conseguido aislar a la tradición filosóficamente: con la imaginación la convertimos en un punto que no tiene lugar en el espacio y en un momento que no tiene límites en el tiempo. Este punto es a la vez como un universo, y este universo es el universo que forma la obra de Juan Carlos Dávalos. Nunca hubiéramos podido concebir su universo pasivo e inmóvil.
Hemos fijado una hora, sin recurrir al tiempo. Hemos situado o definido un punto sin recurrir a las coordenadas geográficas. Para ello hemos ido más allá de la impresión primera que las cosas nos presentan; más allá de la realidad sensible que es la superficie aparente.
Si nos forjáramos la tradición con carácter estático, entonces tendríamos que referirnos a una expresión intelectual, tendencia o interpretación espiritual, artística o filosófica, de tal lugar geográfico y de tal fecha en una edad determinada. Pero si a esto no más hubiésemos arribado como sustancia filosófica del asunto, entonces habríamos lapidado a la tradición. El tiempo y el lugar se habrían abierto la fosa de su residencia definitiva: como

un algo perteneciente al pasado, como un algo sobre el cual no debemos ni tenemos por qué volver.
La tradición sería así como una capa oculta en la serie de posiciones superadas por el devenir intelectual.
Mas la tradición es un valor actual, de todas las horas y de todos los lugares, porque lejos de constituir una expresión fósil en la literatura, el arte y la filosofía, es en cambio uno de los dos modos como el principio de evolución se manifiesta.
Así, pues: la creación se verifica con gran vigor en el seno de la tradición, no solamente en la vanguardia o renovación.
La vanguardia no es sino la posición que el cambio asume recurriendo más a la imaginación que a la descripción. Y la tradición, por mantenerse con mayor fidelidad a lo que el medio nos proporciona, recurre más a la eficacia del talento descriptivo.
Pero la imaginación misma se pone a nuestro servicio bifurcándose frecuentemente en una función de crear descriptivo, que es como una recreación de las cosas, y de dibujarnos la realidad recurriendo a otra realidad inventada, o imaginada diríamos pleonásticamente: sustitución de realidades que es lo que llamamos imagen, ironía, comparación o metáfora.
De tal manera nos internaríamos más y más en el problema de la creación que complican en su pro y en su contra estas dos posiciones de la renovación y de la tradición.
Tomemos, por ejemplo, un libro de Dávalos: *Airampo*. En esta obra, el título revela el contenido. Lo que allí se lee, respecto de la ciudad salteña, de las poblaciones del norte, de las serranías, y aún mismo de los cuentos y opiniones vertidas en la última parte, responde a un criterio predominantemente realista y regional. Prima el talento descriptivo del escritor, como en *Los gauchos* o como en casi la totalidad de las páginas de este libro documental que ha titulado *Salta*. Otros volúmenes, como *Los buscadores de oro* contienen material de esta índole, aunque en gran parte de otro tipo al que debo de inmediato hacer mención. Las narraciones y cuentos de

esta última obra, como principalmente de *El viento blanco* demuestran palpablemente, de una manera material, el contenido filosófico que he expuesto.
[...]
No es ésta la circunstancia propicia para hacer un análisis al detalle de la poesía y de la prosa de Juan Carlos Dávalos. Por eso me he atenido a los conceptos fundamentales que informan su producción intelectual [lo universal y lo regional; la tradición y la renovación].
Pero creo que desde el punto de vista filosófico resulta banal cierta objeción respecto al contenido literario de su obra. A modo de reproche – dice Dávalos – se ha insistido en el carácter regional de mi producción, como si esto implicara siempre una literatura convencional.
Sin haber tenido en cuenta este comentario, desprendemos – como de un árbol su fruto – la consecuencia perfectamente clara de que ello es el mérito de la obra. Pero sin polemizar sobre el valor intrínseco que a ello podamos atribuir, el hecho de concebir la tradición o la regionalidad como una esfera universal de valor literario demuestra cuán carente de consistencia es la objeción. Me atrevería a decir que revela un cierto desconocimiento, si no ignorancia literario-filosófica.
Entenderlo de otra manera sería como invalidar las posiciones del pensamiento diciendo que rechazamos este o aquel tipo de expresión porque responde al idealismo, al materialismo, al racionalismo o al existencialismo y no nos gustan ninguna de estas orientaciones o tendencias. Ese, evidentemente, no sería criterio filosófico. Que nos agrade o no, conforme a una valoración meramente personal o subjetiva, es un juicio crítico de cierto valor, sin duda, pero que no alcanza siquiera a traspasar la primera de las capas que hay que ir calando para llegar a la esencia de las ideas y de las creencias del pensamiento humano.

[Otros temas del libro]:
"El hombre y el mundo frente a los problemas de la actualidad".
"Universidad política y política de Universidad".
"El mundo actual y el pensamiento filosófico".

"Tríptico de la deshumanización de la guerra: Ahorro y dilapidación. Economía de paz y economía de guerra. El soldado hombre y la guerra deshumanizada".
"Paradójica función de la imagen en el mecanismo intelectual"

[332] Aquel libro de Coviello recibió un elogioso comentario de Omar Gómez López, en *La Gaceta*, siendo que en verdad se trataba de uno de sus escribas más fieles.

De allí la socarrona carta de Alberto Rougés a Ernesto Padilla. Tucumán, 6 de diciembre de 1939:
> Por un largo artículo ditirámbico de Oscar Gómez López, de *La Gaceta*, veo que [Alfredo] Coviello ha dado a luz un segundo libro de filosofía. Es esta una debilidad de Coviello, que debemos sobrellevar con paciencia, pues ella se halla más que contrapesada por una capacidad de acción extraordinaria. Sé que el libro te es dedicado, lo que te obligará a recurrir a tus reservas de diplomacia, que son inagotables. Pero aquí, inter nos, muy en secreto nos podemos permitir nuestra opinión sin comprometer la obra cultural a que entregamos lo mejor de nosotros mismos. Así lo hago a continuación y en forma rimada:
>
> *Si el garante es Don Oscar*
> *del filosofar de Coviello*
> *está la garantía de más*
> *y la filosofía de menos.*
>
> Tiene nuestro amigo un hondo resentimiento con los de la Facultad de Filosofía, porque no han alabado su filosofía. No es difícil que te haya dejado entrever ese resentimiento. Conviene que estés advertido al respecto.

[Luis Farré. *Diez años de filosofía argentina*. Universidad de Buenos Aires, 1950. – Juan Carlos Torchia Estrada. *La filosofía en la Argentina*. Washington: Unión Panamericana, 1961. – Alberto Caturelli. *La filosofía en la Argentina actual*. Buenos Aires: Sudamericana, 1971. – Ángel J. Cappelletti. *Filosofía argentina del siglo XX*. Universidad Nacional de Rosario, s.f].

[333] Por aquellos meses, Coviello produjo la nota "El hombre y el mundo frente a las problemáticas actuales", publicada en el mensuario *Instrucción Pública*, N° 90. Mendoza, mayo de 1940:
> Si nosotros nos ponemos a meditar con serenidad observamos cómo *el mundo está preso por una idea*. El espíritu guerrero tiene en ella su mejor expresión. Esta idea belicosa del engrandecimiento estatal, convertida en ideal de algunos países, pone en movimiento a todos los demás Estados. *Les obliga a marchar al unísono, porque las relaciones de los Estados repercuten como entre vasos comunicantes*. Así se comprueba a diario la espantosa marcha hacia una tragedia sin precedentes para la humanidad y la cultura.

SUSTANCIA, 1939-1943/46 (NOS. 4 Y 5. AÑO 1940)

SUSTANCIA. **NÚMERO 4, marzo de 1940**
SUSTANCIA. **NÚMERO 5, diciembre de 1940**

[334] El impulso filosófico y la promoción de los intelectuales tucumanos se acentúan el primer número de *Sustancia* publicado durante el año 40.

[335] Así, el N° 4 se incluye una nota de gran resonancia, por el autor y el tema:

Martin Heidegger, catedrático de Filosofía en Friburgo "De la esencia del fundamento (o de la razón)"

> Nota al pie:
>
> Este trabajo de Heidegger, tan comentado en Alemania y en otros países, despertó también el interés de nuestros intelectuales, entre ellos de los señores Emilio Oribe y Clemente Estable, quienes me indujeron a traducirlo, a lo que accedí, virtiéndolo directamente del alemán al castellano.

Terminada hace ya dos años mi traducción, escribí a Heidegger, consultándolo respecto a ciertos pasajes de muy difícil interpretación. El autor me contestó en fecha julio 24 de 1937, autorizando la publicación de aquélla, y remitiéndome para que resolviera mis dudas, a una traducción francesa de H. Corbin, que recién llegó a Montevideo en el curso del año próximo pasado. La leí, pero sin adoptar su interpretación de los pasajes de referencia, los que traduje, como el resto del trabajo, procurando ajustarme al pensamiento del autor y adaptando en lo posible al castellano su originalísimo estilo. En el curso de esta labor consulté además a E. Leviñas y a R. Bespaloff, a los que cito en mi traducción.

Deseo hacer constar y agradecer la ayuda del Padre Teixidor, que tradujo los pasajes en latín y griego. - Augusto Goller de Walther (Traductor).

[336] Otras notas del N° 4:
Rodolfo Mondolfo. "Historia y Filosofía".
Eugenio Pucciarelli. "Historia y destino".
Aníbal Sánchez Reulet, catedrático en la Facultad de Filosofía y Letras de Tucumán. "El problema de la Filosofía".
Gino Arias (fallecido el 12 de octubre de 1939). "Algunos aspectos sociológicos del utilitarismo humanitario de Juan Stuart Mill".

[337] Otros temas y autores de los Nos. 4 y 5:

(1) Derecho:
Renato Treves. "Crisis de la democracia, y la transformación de la Ciencia del Derecho" (N° 5).

Carta de Alberto Rougés a Renato Treves, en Montevideo. Tucumán, 11 de marzo de 1939:
He leído, con el hondo interés que ellas (=suscitan=), las publicaciones suyas con que Ud. ha tenido la gentileza de obsequiarme, en las que me ha sido dable admirar sus altas cualidades de maestro eminente de filosofía del derecho. Es particularmente notable su exposición y

crítica del neokantismo, especialmente del de Kelsen. No es de extrañar que el pensamiento de Kant haya llegado en sus sucesores a formalismos rígidos vacíos, de los que está ausente la vida y, con ella, el espíritu.

(2) Antropología:
Josué de Castro. "Fisiología de los tabús" (N° 5).

Una nota al pie comienza diciendo:
>Nos complace presentar hoy una destacada figura de la ciencia brasileña: el Dr. Josué de Castro. Nacido el 5 de septiembre en el Estado de Pernambuco....

(3) Catedráticos de la Universidad Nacional de Tucumán:
Felipe S. Pérez, ex Rector de la UNT. "La función universitaria ante una realidad cruenta" (N° 4).
Manuel Lizondo Borda, Director del Instituto de Historia, Lingüística y Folklore de la UNT. "Conceptos sobre Rosas y su dictadura" (N° 5).
Francisco E. Padilla, Rector del Colegio Nacional de Tucumán, catedrático de la UNT. "Hacia la restauración de la escuela argentina" (N° 5).
Marcos Morínigo, Profesor de Filología Española en la UNT. "Sobre etimologías" (N° 5).
Otro: Miguel A. Tarzia, Profesor en el Colegio Nacional de Chivilcoy. "Vida y luchas de Juan Racine" (N° 4).

(3) Poesía:
Silverio Boj (seudónimo de Walter Guido Weyland). "La poesía negra en Indoamérica" (N° 4).
En "Notas y comentarios": "Semblanzas mínimas de poetas del Brasil", por Isidro Álvarez Alonso, argentino radicado en Brasil "desde larga fecha", quien presenta una antología comentada de poemas de Olavo Bilac, Afonso de Guimaraes, Vicente de Carbalho, Galio do Arizonas (N° 4).
Poemas de Julio Díaz Villalba, Jorge Leyes Lloveras (N° 4).
Selección de poemas de autores tucumanos: Amalia Prebisch de Piossek; Leónidas Martínez; Luis A. Canz (N° 5).

Notas de José A. Aguirre, "El poeta tucumano Luis Eulogio Castro. (Reminiscencias)"; y C. Flores Franco. "Andanzas de Mateo Rosas de Oquendo" (N° 5).

En la sección de crítica bibliográfica del N°. 5, se incluyen comentarios sobre: *Documentos de Arte Argentino*, publicados por la Academia Nacional de Bellas Artes; *La bahía del silencio*, por Eduardo Mallea, *Libro de poemas y canciones*, por Juan Rodolfo Wilcock.

[338] Cabe destacar el interés demostrado por Coviello acerca de la obra y las ideas de Alberto Hidalgo, quien había desarrollado un "Curso sobre la poesía", en el Teatro del Pueblo (Corrientes 1530, Buenos Aires), los días 4, 8, 11, 18, 22, 25 y 29 de agosto y el 1° de septiembre de 1939.
Seguramente, invitado por Coviello, Hidalgo viajó a Tucumán, para disertar en la Sociedad Sarmiento el 19 de octubre de aquel año.

En una comunicación epistolar, Coviello propone a Hidalgo referirse a:

Nueva fundación de la poética. Diagnóstico y análisis de la poesía social
    Este es un tema apasionante, pero la gente que crea poder ir a escuchar política se sentirá defraudada. Voy a la esencia de las cosas, con criterio filosófico, puro, completamente apolítico. Creo que le gustará.

Hidalgo le responde proponiéndole como tema:

Diagnóstico y análisis de la poesía social: En busca de un "arte para el hombre", pero la poesía no es un arte. ¿Qué es el arte?
Que incluiría los siguientes tópicos:
    La poesía tampoco es literatura. ¿Qué es la literatura?
    ¿Puede hablarse de una poesía dirigida?
    El poeta y su medio. La poesía y la política.
    El poeta como instrumento de la expresión universal.

Cómo funciona la poesía social. Recitación de un poema social abstracto y explicación de su significado.
Ejemplos de lo que hace la intervención de lo "dirigido" en la poesía.
Porvenir de la poesía.
Decía Hidalgo en la parte final de su comunicación:
Le repito: confeccione esto como quiera. Esto es sólo una guía de los temas – del tema – que trato.

Conforme el programa de mano que se conserva, el tema y los tópicos propuestos por Hidalgo fueron respetados puntualmente.

[339] *La Gaceta*, del 20 de octubre de 1939 incluye una crónica de la conferencia, en uno de cuyos párrafos se señala:
Dijo más adelante que la literatura era un trabajo de especialistas, al contrario de la poesía, que era un don de nacimiento. Se refirió luego a la poesía social, entrando a considerar los versos comunistas anteriores a la revolución, versos que expresaban un hecho político, no literario, asegurando que esto era una consecuencia de la invasión del partido en el terreno artístico. Mayacovski es el prototipo de la poesía dirigida. Tenía talento, pero sus obras son de segunda agua. Agregó que la poesía social, en postrera instancia, era obra de la exaltación.

Al día siguiente, *La Gaceta* se ocupó de la disertación dada por Hidalgo en la Universidad Nacional de Tucumán:
En una definición casi corporal de la poesía puede decirse que es un fluido impalpable, un cuerpo aéreo, contenido sin continente. Es la mirada sin el ojo, el fruto sin la rama, el color de la rosa sin la rosa misma, pero con sus olores en una maravillosa emanación. Metafísicamente, ¿qué es la poesía? Puede definírsele como emancipación del ser universal. Es la verdadera unidad que por lo mismo está en todas partes. Hay que concebirla como los deístas conciben a Dios. Es el yo íntimo que se exterioriza en forma jubilosa.

[340] Coviello, con fecha 22 de octubre de 1939, publicó la nota "Alberto Hidalgo y su concepción de la poesía", que reprodujo con otro título en el Nº 4 de *Sustancia*:

Alfredo Coviello. "Fundamentación filosófica de la poesía"
[...]
Lo que más puede lamentarse en Alberto Hidalgo son esos alambrados de púa con que rodea su personalidad. Resulta difícil acercarse a él por esta circunstancia. La gente teme avanzar sobre su dominio, pues vaya a saber qué celadas depara el territorio que le circunda. Como en la *tierra de nadie* puede estar lleno de trampas y desagradables sorpresas. Por eso, bien finalizaba Antonio Torres su presentación días pasados en la Sarmiento, con su imagen del libro abierto que semeja un aeroplano: los veinte libros de Hidalgo, son veinte aviones con los que ha estado bombardeando Buenos Aires, como capital intelectual de Hispano-América. Ha querido destruirlo todo para edificar una nueva metrópoli. He aquí su estado de revolución permanente. Es evidente, a poco de conocer algunas de sus páginas, que él va ejecutando dos labores paralelas: destruye y niega sistemática y permanentemente; sugiere y provoca, diseñando y destruyendo, alzando los espíritus e intuyendo bellezas logomáquicas y de esencias. Quiere aplastar y construir en el mismo minuto de toda hora de cualquier tiempo. Niega y afirma y vive en un perpetuo traslado de sol y de luna. Es un guerrero intelectual, porque mina el campo adversario y lleva tras la vanguardia su prosa y su verso motorizado para no dar tiempo a la reacción de conciencia que pudiera hacerse presente.
[...]
Puede subsistir, a mi juicio, sin contradicción alguna la poesía social, que Hidalgo niega. Lo único que entonces acontece es que desuniversalizaríamos el concepto, descenderíamos de la definición última, pues eso es la poesía con contenido social en relación al concepto puro que de ella se obtiene por este procedimiento filosófico. Sería, pues, una poesía, si no bastarda, no auténtica en su

totalidad, como esos vinos que gustan a la gran mayoría y los catadores de cepa desechan desdeñosamente...
Desde otro punto de vista, la poesía social tiene una línea de partida que es la realidad inmediata y un fin bien manifiesto que es ese carácter práctico. Al negar que el poeta sea artista, niega simultáneamente esas dos circunstancias. Esta tendencia a alejarse de la realidad y del fin pragmático, se observa en la poesía social también. Sólo que aquí el alejamiento se opera hasta la mitad del camino. La poesía social tiene por objeto responder al clamor de las masas. No a ningún otro particular. Cuando describe la angustia y la miseria del obrero, no se refiere a este o aquel hombre determinado. Se expresa genéricamente. No al que ejerce tal o cual profesión, aunque el argumento verse sobre el estibador o el obrero de fábrica. Y luego, en el fondo, en su esencia, tampoco quiere plantear el problema de los obreros como sujetos aislados de la sociedad sino el de éstos en cuanto hombres con sus mujeres y sus hijos. Y la familia adquiere aquí el relieve simbólico, que nos lleva a la masa social. Por eso se observa una pulverización de particularidades y de accidentes, para ir insumiéndonos en lo general, en busca de esa categoría universal, que es como decir, la categoría filosófica del asunto. Pero no es una tendencia totalmente universal, sino universal en parte. Este universo donde se confunden los dolores y las miserias, aspiraciones y desesperanzas del medio social, puede desenvolverse paralelamente a otro que subsiste como una esfera independiente de contenido puramente estético. La poesía social puede desenvolverse frente a la poesía decadentista, a la par del simbolismo o del ultraísmo. Y aunque estos movimientos se reemplazaran y sucedieran, son esferas de concepción que encierran todo un universo pero que no expresan el universo todo. Estas esferas autónomas no pueden confundirse con la concepción filosófica fundamental de la poética porque son fragmentaciones aunque posean vida integral por el ciclo que llenan. Las escuelas distintas, las diversas tendencias, pujan entre sí y es muy probable que cada una

de ellas se conceptúe por sí y ante sí, como la poesía pura e integral. Pero, filosóficamente analizadas, constituyen la penúltima capa, que es necesario sobrepasar para obtener la postrera concepción filosófica que nos la muestra concebida con los caracteres absolutos ya expresados.

Hidalgo afirmaba que la metáfora es el verso. Aquí sale a relucir la misma técnica filosófica. Tomemos el contenido del verso, que es como despojarlo de sus particularidades y accidentes de expresión, y nos encontramos con la *esencia* de la poesía, otra vez más. Por eso con sabia intuición decimos de quienes nos encantan con su melodioso hablar: "Este es un poeta" – aunque no se exprese en silabeo rimado y rítmico. No nos interesa el número de sílabas, el compás, ni la eufonía que martiriza, angustia o deleita a los versificadores ante un caso así. [...] El verso no es otra cosa que la cáscara vacía resulta cuando carece de metáfora. Hidalgo dice lisa y llanamente que es prosa. Será una prosa sujeta o no a ciertas reglas para delinear su forma. Pero, siempre forma al fin, y nada más que forma, para un poeta.
[...]
Hace muchos años ya, me deleitaba con un poeta ante el drama cinematográfico *Una mujer en París*. Los que lo han visto saben que es la única trama que llevó a la escena Carlos Chaplin como *metteur*. Pues bien, en esta obra observaba yo y hacíale notar a mi acompañante, ciertos *hallazgos literarios* trasladados a la pantalla. Veía allí la comparación, la imagen y la metáfora, actuando en forma gráfica. En una llamativa innovación, por ejemplo, el proceso de la cinta consistía en repetir tres veces la misma escena: la primera, un conjunto panorámico de una casa donde alcanzaba a advertirse un pequeño cuadro colgado; la segunda, un plano más aproximativo donde se reproducía un fragmento del paisaje cuyo punto de mira era el cuadro; y, la tercera, había centrado y reproducido en primer plano dicho cuadro muy ampliado. Este literato gráfico que así me parecía a mí Chaplin, en lugar de señalarnos verbalmente aquello sobre lo cual

quería llamar la atención, recurrió a una *figura* gráfica muy similar como las que se usan en literatura obteniendo un efecto mucho más impresionante y de mayor valor estético. Era la primera vez que este recurso se empleaba de tan completa manera en el cine. Allí estaba la *imagen sin palabra* deslizándose ante nosotros por encima de una serie de escenas fotográficas. Recuerdo que había otros varios *motivos* literarios transfigurados, esto es, dichos en un lenguaje que no es el de prosistas y poetas. Pero la *esencia* literaria de lo que poetas y prosistas dicen con las palabras que todo el mundo usa, allí se expresaba sin las palabras que todo el mundo posee, y sin embargo había *universalidad* y un sentido absoluto de validez en cuanto forma de comunicación.
En efecto: otra escena, representaba el andén de una estación solitaria. El autor se proponía decir que el tren pasaba. En lugar de reproducir la máquina y los vagones andando, entre el espacio angulado de las paredes y el suelo del andén, comenzó a dibujarse la sombra recortada de la locomotora y de los coches dormitorios. Era una sombra que se deslizaba... pero allí, porque se nos quería decir no precisamente esto, sino otra cosa, nos encontrábamos frente a una *metáfora*. Nosotros veíamos la sombra movible y en cambio *entendíamos*: que el tren había partido con el rigor inexorable de las horas que transcurren...
La metáfora está lograda cuando se ha conseguido hacer comprender otra cosa que la entendida por la traducción directa de lo dicho. Nadie hubiera afirmado, en esta escena, interpretando la trama: acaba de pasar la sombra... Y sí, cualquier espectador habría en cambio lamentado: el tren acaba de dejar la estación y el protagonista que imperiosamente debía tomarlo ya no lo alcanzará...
[...]
Me ha parecido oportuno hacer referencia sobre las *posibilidades* ignotas que la expresión reserva al poder creador de la inteligencia humana, porque, como es natural, a muchos habrá parecido audaz, si no absurda, la afirmación que en cuanto al lenguaje poético Hidalgo

expone en sus disertaciones sobre filosofía de la poesía [En el Teatro del Pueblo y en la Facultad de Filosofía y Letras de la Universidad de Buenos Aires; en la tribuna de la Sociedad Sarmiento y de la Universidad Nacional, en Tucumán]. Intuitiva y filosóficamente hace, pues, él, una revisión de la poética que no conocemos la haya efectuado antes nadie.

Acerca de aquella nota, Coviello recibe una carta de Alberto Hidalgo, desde Buenos Aires, fechada el 11 de julio de 1940: Quiero decirte que he leído en *Sustancia* aquel trabajo que hizo usted al margen de mi teoría de la poética, esta vez embellecido por nuevos acápites. ¿Pero qué palabras usar para que le expresen todo mi agradecimiento? Sé que usted es tan bueno de recepción como de entrega, y por ello espero que sin esfuerzo alguno le llegue mi gratitud.

[341] Los cuatro primeros números de *Sustancia* fueron encuadernados integrando el Volumen I de la colección, con un total de 682 páginas + Índices.

[342] Conforme la revista, *Sustancia* contaba con trece puestos de venta en Tucumán; en librerías de Córdoba, Jujuy, Mendoza, Rosario, Salta y Santiago del Estero; en Buenos Aires, se encontraba en la sede del distribuidor Barna, y en las librerías Anaconda, Quillet, El Ateneo, Hachette, La Facultad, L'Amateur, Mackern, Mitchell, Rodríguez, Viau & Cía.
Las revistas argentinas que publicaban avisos eran: *Nosotros*, dirigida por Alfredo Bianchi, y Roberto Giusti; *Claridad*, dirigida por Antonio Zamora; *Vértice*, dirigida por Julia Prilutzky Farni de Zinny; *Hombre de América. Fuerte y Libre*, en cuyo Comité de Redacción se encontraban Edgardo Casella, Jorge Hess, Juan Lazarte; *Agonía. Revista Políglota Argentina*: "Expresión de las élites"; Boletín Matemático.
A ellas se agregaba Guzmán & Sánchez, "única Casa, en el Norte del País, que se ha especializado en la difusión de publicaciones argentinas".

Y las revistas extranjeras: *La Nueva Democracia*, dirigida por Alberto Rembao (Nueva York); *Revista Hispánica Moderna*, por Federico de Onís (Universidad de Columbia, Nueva York); *Revista de Indias*, dirigida por Germán Arciniegas (Bogotá); *Ultra*, dirigida por Fernando Ortiz (La Habana); *Scientia* (Milán); *Universidad Católica Bolivariana* (Bogotá); *Atenea* (Concepción, Chile); *Ariel* (Costa Rica); *Repertorio Americano* (Costa Rica); *Revista Bimestre Cubano* (La Habana); *América* (La Habana).
Entre los avisadores se destacaban el Banco Hipotecario Nacional y la Caja Popular de Ahorros de Tucumán.

Francisco Miró Quesada, desde *El Comercio* de Lima, con fecha 26 de septiembre de 1940, escribe a Coviello:
Sustancia es un nuevo triunfo de la cultura argentina [...] no tiene nada que envidiarle a las mejores revistas europeas y sudamericanas.

En el N° 5 se agregan nuevos avisadores: Ministerio de Agricultura de la Nación; Junta Reguladora de Granos; Municipalidad de Tucumán, bajo Intendencia de José Lozano; Banco de la Provincia de Tucumán; Banco Municipal de Préstamos de Tucumán. Y del sector privado: Editorial La Raza; La Germano-Argentina, Compañía de Seguros.

EL ATENEO DE *SUSTANCIA*, 1939-1942

[343] Alfredo Coviello fundó y organizó el Ateneo de Sustancia, con sede en la Sociedad Sarmiento, y a partir de la experiencia del lanzamiento de la revista.
Allí se concretaron reuniones que enriquecieron los intercambios de los intelectuales y artistas de Tucumán (entre otros) con Victoria Ocampo y Roger Caillois, Rafael Alberti, Ricardo Rojas, Leónidas Barletta, Alberto Gerchunoff, Saúl Taborda, Benito Quinquela Martín, Armando Discépolo.

[344] Carlos Páez de la Torre (h). "Victoria Ocampo en Tucumán – Una visita con Roger Caillois, en 1940", en *La Gaceta,* 16 de agosto de 2006.

Según nuestras noticias, esa prominente personalidad de la cultura que fue Victoria Ocampo (1890-1979) visitó Tucumán sólo una vez. Fue en 1940, del 15 al 19 de octubre. Llegó en tren, en compañía del escritor francés Roger Caillois. Al día siguiente de su llegada, visitó la Sociedad Sarmiento y la redacción de *La Gaceta*, en cuyas páginas se publicó su fotografía. Partió luego, con Caillois, a recorrer la zona serrana.

El 17, Caillois habló en la Sociedad Sarmiento sobre *La novela y la vida*, en francés. Disertaría asimismo el 18, sobre *La literatura francesa entre ambas guerras*, también en francés, en la Facultad de Filosofía y Letras. Esta charla se realiza una hora antes de la de Victoria, que tiene lugar en la Sarmiento.

La directora de *Sur* ha elegido el tema *Caras de escritores*, y lo ilustra con proyecciones luminosas, lo que no era nada común. Diserta ante la sala llena, con gente de pie. En la primera fila se ve a Mario Bravo: ese día debía hablar en la Biblioteca Alberdi, pero pide empezar recién a las 10 menos cuarto de la noche, para no perderse la exposición de Ocampo.

Las señoras la miran con curiosidad: es una divorciada que se ha atrevido a viajar sola con Caillois. La presenta el codirector de *La Gaceta*, Alfredo Coviello. Victoria Ocampo habla sobre la importancia del rostro de los literatos, para sus devotos lectores. Van pasando en la pantalla las imágenes de Ortega, Gide, Valéry, Claudel, Colette, Mauriac, Joyce, entre otros, mientras la disertante discurre sobre sus vidas y sus obras. Termina entre una tempestad de aplausos.

El decano de la Facultad de Filosofía y Letras de la UNT, Eugenio Pucciarelli, le pide una conferencia para profesores y alumnos.

Victoria accede y la brinda al día siguiente, a las 5 de la tarde, en el salón de actos del Nacional, donde funciona la

Facultad. El tema es *Historia de mi amistad con los libros ingleses*. La presenta Aníbal Sánchez Reulet.
Casi corriendo, entre aplausos, parten con Caillois a la estación. Logran subir al tren cuando éste empezaba a moverse.

[345] Roger Caillois se mantuvo en contacto con Coviello, según surge de una pieza de correspondencia conservada en su Archivo.

[Carta manuscrita con membrete de SUR]

Buenos Aires, 1'Juillet de 1941

Estimado amigo,
Quizá sabe usted que voy a tentar de publicar una revista en Francés con los mejores escritores de Francia, que ya me prometieron su collaboración. Me gustaría mucho que Usted fuese su representante; en efecto, Usted tiene a la vez prestigio y actividad, lo que es muy escaso. Le mando algunos bolletines de inscription: seguramente Usted sabrá seducir algunas buenas voluntades, sobre todo si Usted hace hablar de la revista en su diario.
El primer número contiene también un capítulo maravilloso de André Malraux. Este, hecho prisionero y herido, se escapó y escribe ahora una novela sobre los acontecimientos trágicos de Europa.
Mando también a Usted algunos datos sobre mí y mis libros para que sus lectores, si la *Gazetta* habla de la Revista, sepan quien la dirige.
Se había dicho, cuando fue a Tucumán, que yo podía volver a Tucumán a dar conferencias y llegar hasta Salta y Jujuy. Me gustaría muchísimo. El Norte fue una revelación para mí y tengo muchas ganas de verlo mejor. ¿Puede arreglarse algo?
No he visto más número de *Sustancia*. ¿Han aparecido algunos mas desde la visita mía a Ustedes? Sería una lástima que no. Dígame usted lo que pasa.

Le ruego me disculpe de mi castellano; es la primera carta que escribo en esta lengua!
Muy cordialmente suyo esperando con simpatía su contestación.

N.B. Yo escribo también a Bernardo Canal Feijóo

[346] Ricardo Rojas participó de las actividades del Ateneo en marzo de 1941.
"El doctor Ricardo Rojas es muy agasajado durante su permanencia en Tucumán", tituló *La Gaceta*, en su edición del día 7.
Rojas permaneció durante dos meses en la provincia. En la ciudad capital, se alojó en el Plaza Hotel.
En la mañana del 6, visitó a las autoridades de la Provincia (gobernador Critto, ministros de Gobierno, Andreozzi, y de Hacienda, Tomás Chueca) y de la Municipalidad (intendente Lozano Muñoz).
A las 19, participó de una "reunión de intelectuales" en la sala de reunión de *Sustancia*, en los altos de la Sociedad Sarmiento. En la noche, se le ofreció una comida en el Club de Natación y Gimnasia.

El 7, Rojas fue homenajeado con un almuerzo en Ranchillos, siendo anfitrión el diputado nacional Solano Peña, y al cual asistió el gobernador Critto. Por la noche, el rector Adolfo Piossek lo agasajó con un banquete en el Savoy Hotel.

El 8, Rojas en la sede de *La Gaceta*: "Hizo una visita de cortesía"; "recorrió las diversas secciones de nuestra casa, siendo atendido por miembros de la dirección". A continuación, se le ofreció un almuerzo en el Parque Aconquija, del que participó Coviello.
Aquel día:
> A la hora del té, en la residencia de los esposos Coviello-Martínez Castro, el doctor Ricardo Rojas y su esposa, doña Julieta Quinteros, fueron cumplimentados con una reunión a la que concurrieron: el doctor Mario R. Posse; los profesores Rodolfo Romero y Federico Mena; el doctor

Serafín Pazzi; el arquitecto José Graña; el doctor Eduardo Mena y su esposa, María Eloísa Martínez Castro. [*La Gaceta*, 9 de marzo de 1941].
Esa noche, Rojas regresó a Buenos Aires, por el Ferrocarril Central Argentino.

[347] El miércoles 18 de junio de 1941, llega a Tucumán el pintor Benito Quinquela Martín, especialmente invitado para asistir a la inauguración del Museo Provincial de Bellas Artes, en la calle 25 de Mayo. En esa ocasión, pronunció la conferencia "Mis viajes y mi arte".
El día de su arribo, saludó al gobernador Critto; almorzó en Villa Nougués, agasajado por la Comisión Provincial de Bellas Artes; durante la tarde, visitó la sede de *La Gaceta*.

Al día siguiente, Quinquela participó de una reunión en la sede de *Sustancia*, en la Sociedad Sarmiento. Conforme la crónica de *La Gaceta*, del 20 de junio de 1941, dijo el maestro boquense:
 – Lo que urge es crear trabajo. [...] Los gobiernos deberían dejar un poco de lado la política, que es cosa transitoria y circunstancial, y preocuparse más por las cosas del espíritu, que tienen valor perdurable.

 – *¿Hay realmente interés en Buenos Aires por los artistas del interior?*
 – Lo hay, y mucho. Siempre se los espera. Pero los artistas del interior deben trabajar para Buenos Aires y no imitar a Buenos Aires. ¿Cómo podría dejar de existir curiosidad por las manifestaciones espirituales y las creaciones artísticas de tierra adentro? Son los provincianos los que pueden dar al arte un nuevo acento, imponerle una característica original y contribuir, en suma, a la aparición de los signos precursores de un arte auténticamente nacional. Cosa buena sería, desde luego, organizar todos los años un salón de pintores tucumanos en Buenos Aires. Y no sólo un salón de pintores, sino también conciertos, conferencias, etc. Difundir las expresiones que son realmente nuestras es lo que importa en la actualidad.

A Tucumán, en lo material, ya lo conocemos. Sabemos lo que es. El Tucumán que ignoramos es el que deben ofrecernos los artistas.

– ¿Ha podido observar en Tucumán algún detalle revelador de inquietudes profundas?
– Claro que sí. No puede negarse que de un tiempo a esta parte los artistas e intelectuales locales se han dado a la tarea de crear una obra seria, orgánica, acorde con la importancia adquirida por la provincia en otros órdenes de su actividad. Una cosa que me ha impresionado sobremanera es la existencia de una revista que, como *Sustancia*, constituye un índice elocuente del movimiento cultural en el Norte del país y la revelación de su fuerza expansiva. Creo, sinceramente, que no existe en la Argentina una publicación que pueda comparársele.

El sábado 21, fue inaugurado el Museo. Al cabo de su conferencia, respondió preguntas del público asistente, recogidas por *La Gaceta* del día siguiente:

Yo soy un pintor diferente, no un mejor pintor. En este país hay muchos artistas y es necesario que los haya buenos; pero sus pinturas deben ser argentinas; hay mucho material humano y es necesario que los pintores lo aprovechen.
[...]
Es necesario fomentar el arte entre nosotros. Hay que sacar las estatuas griegas del Parque 9 de Julio y poner nuestras propias creaciones. Hay que hacer obra regional y llevar a Buenos Aires una muestra de lo nativo. En Tucumán hay un grupo de muchachos capaces y entusiastas y existen muchos edificios que animar con pinturas murales. Allí están el Palacio de los Tribunales, la Catedral y otros locales, donde se puede hacer cultura social y humana, dando trabajo a los artistas tucumanos.

En la noche de aquel sábado, Quinquela participó del banquete celebratorio de la inauguración del Museo, ofrecido por el gobernador Critto.

[348] Armando Discépolo fue otra de las personalidades de la cultura que visitó Tucumán por aquellos meses, relacionándose con el ambiente promovido desde *Sustancia*.
Con el título "Homenaje de los intelectuales tucumanos a Armando Discépolo", *La Gaceta* del 22 de junio de 1942, comentó las conferencia dadas por el autor de tantos éxitos de la escena argentina en el Teatro Alberdi y en la confitería Helvecia, con la presencia del gobernador Critto.
Según la crónica, Alfredo Coviello
   [...] empezó diciendo que por primera vez, según sus recuerdos, los escritores de Tucumán se habían reunido para rendir homenaje a un director o a un autor teatral.
Por su parte, don Armando dijo:
   No hay que perder la esencia de lo regional, pero hay que llevar la provincia a Buenos Aires para que de ese contacto surja la unidad nacional que tanto anhelamos. El medio directo, es el teatro.

[349] En noviembre de 1942, Coviello partió de Tucumán, para extender personalmente sus actividades culturales en Salta y Mendoza.

En un reportaje para *Los Andes*. Mendoza, 27 de noviembre de 1942, dijo Coviello:
   La vida de las provincias, en todos sus aspectos, está centralizada en la Capital Federal. La presencia de este fenómeno que repercute psicológicamente en el provinciano y en la expresión de la cultura local, nos ha unido en una acción que tiende al desarrollo integral de ella, buscando de independizarla de la hegemonía porteña. Nuestros propósitos se encauzan en una lucha por conseguir que el estudiante y los estudiosos encuentren apoyo oficial a sus vocaciones y no abandonen su medio; que los hombres de letras vivan la presencia de sus problemas y paisajes. [...] Se ha constituido ya una confederación de la cultura provinciana, en la que figuran los hombres más representativos de la vida intelectual de cada provincia. Tenemos un órgano del lucha y exposición, la revista *Sustancia*, que dirijo.

[350] El día 18, dictó en el Hotel Savoy de Salta, la conferencia "La crisis de la poesía", y el 26, en la Academia Provincial de Bellas Artes de Mendoza, disertó sobre "La crisis de la cultura y de la poesía"; al día siguiente, lo hizo en el Salón de Actos de la Municipalidad de San Rafael.

[351] Durante el segundo año de publicación de *Sustancia*, Coviello dio a la imprenta, además del ya citado *El sentido integral de las universidades regionales*, otro libro:

Geografía intelectual de la República Argentina
Tucumán: Grupo Septentrión, 1941. [Impreso en talleres La Raza, Tucumán]. 112 páginas.
Obra reeditada en 1994 por la Secretaría de Cultura de la Nación.

De esa obra, cabe detenerse en particular, en:

El movimiento intelectual argentino y la crítica contemporánea

Conferencia pronunciada en Amigos del Arte bajo los auspicios de la Sociedad Argentina de Escritores.

[Algunos temas de esa conferencia]

Las revistas y el panorama intelectual argentino

No consisten en la publicación de una mera colección de artículos. Cuando observemos que esto acontece, entonces podemos decir que frente a dicha publicación no hay un Director sino un Editor. Pues, en efecto, no siempre son direcciones. A veces sí; *ejemplos definitivos*: algunas [del] pensamiento de izquierda, la expresión católicointelectual, los órganos de renovación, las publicaciones tradicionales, etcétera.

Puede hacerse esta afirmación categórica: hoy no podría describirse el panorama intelectual argentino sin recurrir en primer término a las revistas intelectuales.
Las revistas de cultura son, ante todo, núcleos. Expresiones nucleares: constituyan o combatan por escuelas, tendencias, o no.
Estas expresiones nucleares nos permiten captar de un solo golpe el nivel intelectual que se ha obtenido o la meta que se persigue como un ideal. Con ello de inmediato obtenemos para nuestro concepto la primera envoltura que ha de formarlo definitivamente.
Casi siempre en un medio provinciano existen varias revistas intelectuales: ellas son a la vez la expresión graduada, de las distintas capas que luchan en un afán permanente de superación por mejorarse y perfeccionarse. Por lo que son y por lo que aspiran a ser, he aquí una interesante y sugestiva regla de valoración.

Juicio cíclico. (Juicio colectivo)

La tendencia inicial de este siglo – intelectualmente hablando – estaba orientada hacia la disolución de la nacionalidad. Imperaba un concepto tan profundo de la libertad, tan profundo de la fraternidad, tan profundo de humanidad, que el espíritu tendía a borrar las fronteras, las diferencias económicas, sociales, políticas. Era la idea romántica de la realidad, exacerbada por un altruismo casi místico...
La tendencia actual, es opuesta: el espíritu se orienta hacia la cohesión de la nacionalidad. Esto se observa bien claramente en los intelectuales. Se expresa de una manera concreta por:
a) la tendencia a unificar ciertos pensamientos como el de la libertad y la prevalencia de nuestras instituciones fundamentales; (estimulada por las persecuciones, opresión, avasallamiento internacional);
b) una inclinación a ensalzar los principios morales del cristianismo, que son los principios más universalmente

compatibles con nuestra tradición, con nuestra idiosincrasia, con nuestros ideales;
c) la declinación de las concepciones materialistas, del escepticismo, del descreimiento. Ahora, intelectuales de los sectores más dispares hablan de la fuerza *espiritual*, del valor del *espíritu* frente a la realidad: antes hubiera sido calificada una referencia de esta categoría como expresión arcaica y sin sentido de confrontación real.
En esta transformación tan acentuada de las ideas y de los propósitos declarados, es evidente la influencia de los factores cósmicos. A través de un conjunto de décadas, vemos cómo opera la *idea cíclica* y transforma el panorama universal de nuestro medio. Sobreponiéndonos a nuestra estructura interna, alcanzamos a percibir con claridad, cómo este contenido humano que mueve al escritor en el universo, se hace presente por medio de esas líneas o direcciones universales que hacen que los hombres puedan entenderse y decidir a pesar de los distintos idiomas, de las diversas razas, de las posiciones aparentemente opuestas.

El héroe de la literatura. *(Juicio individual)*

Y vayamos, por último, al eje de la literatura.
Para el lector, el héroe de la literatura es ese personaje creado por el autor. Tomado o no de la realidad, deformado, empequeñecido o agrandado, según el juego de la imaginación creadora del escritor, este héroe suele constituirse en un motivo central que el lector sigue a través de una serie de pesquisas psicológicas. Luego él contribuye con su análisis a perfeccionar desde el punto de vista afectivo esta creación.
Para el crítico – en realidad – el héroe de la literatura es el escritor. Todavía hay motivos para insistir en la incomprensión del ambiente, en las dificultades técnicas para realizar la obra escrita, para ser retribuido mínimamente. Bastaría decir que pertenece al mundo de la fantasía esa concepción del escritor que vive de su pluma. Hay numerosos intelectuales argentinos que no hacen ninguna otra

cosa que escribir durante las horas del día y de la noche que dedican al trabajo. Pero ninguno vive esencialmente como escritor. En nuestro país, sólo los periodistas pagan su sustento con la producción escrita.
No es ninguna exageración, pues, decir que el héroe de la literatura sea el escritor. Esto de manera alguna implica admitir que se deban disminuir los bríos que una profesión de esta naturaleza exige. El escritor en cierto modo será apóstol, pero ha de ser ante todo un servidor espartano de la colectividad. Sólo las mentes bien disciplinadas ante la ingratitud frecuente de los contemporáneos pueden llegar a un desarrollo maduro y eficiente en la profesión de escritor. Estoy, pues, en total desacuerdo con la opinión de un colega y amigo, que escéptico ante las desazones porque debe pasar el escritor, respondió en una encuesta, que realmente no valía la pena estarse sacrificando un año entero para escribir y perfeccionar un libro y encontrarse al final de tantos meses con que no hay editor que se haga cargo de él. A este respecto, habría que poner como ejemplo a Cervantes: no tendríamos hoy esa inmortal obra que es el *Quijote*. Aparte de que el *Quijote* pudo ser hecho con una concepción psicológica así, con una mente hecha a las desazones, sin otro premio a recoger que los golpes que bachilleres, barberos y villanos habrían de propinarle... Pero palurdos, barberos y villanos no pudieron impedir la inmortalidad de la obra y hacer de ella el libro que más se han disputado después los editores, sin duda inexistentes por aquellos buenos años con la organización actual. Y como Cervantes, Homero, y tantos otros escritores clásicos y contemporáneos...
El escritor, a mi juicio, debe igual producir su obra. Debe continuar en una postura llena de sacrificios y con una mente dispuesta a soportar las más grandes incongruencias. También pasaron las penas del purgatorio nuestros grandes antepasados y aquellos a quienes hoy honramos como laboradores de nuestro patrimonio nacional porque fueron héroes, mártires y apóstoles de nuestro credo, de nuestros más grandes afanes, de nuestra más noble concepción nacional.

Por eso debe persistir el escritor.
Sencillamente, porque el escritor es el héroe de la literatura: su verdadero héroe. A pesar del auge de las editoriales y de la liberalidad cada vez más acentuada para con nuestros autores, el verdadero héroe de la literatura continúa siendo el escritor argentino.

[352] Enrique Anderson Imbert escribe a Coviello acerca de *Geografía intelectual...*, desde Tucumán, 25 de noviembre de 1941:
> A mi juicio, en un panorama literario no interesan las regiones, sino ciertos valores absolutamente despegados de la geografía a los que tiende cada espíritu en la medida de su talento. Si yo emprendiera un panorama de la literatura argentina no se parecería a un mapa, sino a una escala de jerarquías individuales. Es decir, que la naturaleza no me serviría para explicar ninguna creación poética. El tono de la vida espiritual de nuestro país lo da una minoría de solitarios, muchas veces desconocidos por la opinión pública, pero que se conocen entre sí y desde sus rincones, que son los rincones más distantes del país, imponen normas. Mi deseo, pues, no es que en el país se perfilen regiones geográfico-culturales con características diferentes, sino que se formen, aquí y allá, poderosos núcleos de trabajo coincidentes todos en acatar ideales de general validez. Que nuestra conducta de argentinos se enderece en cada instante a la creación de normas. La falta de presión social es nuestra tremenda penuria. No hay sanciones para el desfallecimiento ni para el delito. Y el éxito, en el desierto, le pertenece al más audaz. Lengua sin normas, cultura sin normas, política sin normas, convivencia humana sin normas... Para mí es urgente que cada uno de nosotros, en el menor acto de cada minuto, exalte las normas y cree presión.
> [...]
> Le escrito estas líneas, Coviello, por una cordial necesidad de conversación y como homenaje a la vitalidad de su libro, que ha imantado los temas y con ellos suscita la controversia.

[353] "Recojo ensayos de mi aprendizaje universitario", declara Anderson Imbert en el prólogo donde inserta una sentida nota, fechada en junio de 1946, sobre el Tucumán eterno.

Enrique Anderson Imbert. "Tucumán, ciudad en el camino", en su libro *Los domingos del profesor*. (Buenos Aires: Gure, 1972).
Tucumán fue cabecera de nuestro territorio cuando la gente se andaba todo el continente a pie o a caballo. Por Tucumán entraron los conquistadores españoles; por Tucumán se estableció el tráfico comercial americano. Y si en Tucumán se selló solemnemente la Independencia fue porque en aquella época Tucumán era todavía uno de los frentes del país, no uno de sus fondos. La postergación de Tucumán, el quedarse de espaldas en su rincón, cara a la montaña, fue una desgracia que sobrevino más tarde. Ha sido un tucumano ilustre, el doctor Alberto Rougés, quien ha señalado dramáticamente estas peripecias; y quisiera referirlas casi con sus mismas palabras [las pronunció al asumir el Rectorado de la Universidad de Tucumán, en 1945; y murió a los pocos días sin haberlas podido revisar].
Cuando después de la Independencia el barco resultó más útil que el caballo y el comercio dejó de ser mediterráneo e interamericano para convertirse en marítimo e intercontinental, el litoral argentino empezó a crecer desproporcionadamente con respecto al resto del país y Tucumán, en cambio, fue dejando de ser la gran puerta de entrada para volverse, casi por completo, término del tráfico que viene desde Buenos Aires. Es como si Tucumán hubiera cambiado de sitio. La gran cuestión es ésta: ¿se quedará Tucumán encajonada en un costado del territorio, o volverá a sentirse recorrida por el movimiento comercial y cultural de América? Todo depende de que vuelva a abrirse el viejo camino. "Ha comenzado ya una nueva era – agrega Rougés en su mensaje – en que la vida mediterránea del continente ha de aclarar su ritmo, transformándose profundamente en su estructura. El Norte Argentino va a ser, de nuevo, una gran puerta de

entrada, una cabecera de la nación. La ha iniciado el ferrocarril internacional y la acelera ahora el aeroplano. Como en la época de la Colonia pasan nuevamente por aquí pasajeros que van al Río de la Plata desde el Perú y desde más lejos aún, desde los Estados Unidos de la América del Norte. Esta transformación se hará más viva y rápida con el tráfico de automotores, ya que la línea de hierro es sólo el camino de una empresa y en cambio la ruta pavimentada es el camino de todos. Es el símbolo de lo que va a venir, aquella carrera de neumáticos de Buenos Aires a Lima que pasó por aquí antes de la actual guerra mundial, carrera que iba a ser seguida por otra de Buenos Aires a Nueva York. Sí; el tráfico continental de la Colonia está renaciendo, pero a un ritmo considerablemente acelerado. El camino de hierro, el pavimentado y la ruta aérea son un haz de arterias jóvenes por donde correrá impetuosamente la vida generosa de este continente de 270 millones de habitantes que se convertirá así en un gigantesco organismo".

No todos los tucumanos son tan optimistas como Rougés. Los hay resignados a vivir como en un callejón sin salida: son los que creen que no hay más fuentes de riqueza que la industria azucarera de tipo feudal. Esos dos rasgos – la esperanza activa de unos, el pesimismo de otros – responden a que de Tucumán es posible tener experiencias contradictorias. Es como si fueran dos ciudades superpuestas: en la geografía dinámica la Argentina, Tucumán está en el camino y los vaticinios que hagamos sobre su porvenir dependen de lo que, en nuestra imaginación, vemos pasar por ese camino.

Por ser una ciudad en el camino, Tucumán tiene una fisonomía muy peculiar, como esos rostros asimétricos que nos desasosiegan cuando nos miran y nos sonríen. No está ni aletargada como otras de la América del Pacífico ni vive a tono con las de la América del Atlántico.

Para el que viene del litoral, la primera impresión es la del mestizaje, la pobreza y la irradiación de una luz cálida y espesa que aplasta al caserío. Ya desde Córdoba – solía decirnos intencionadamente Pedro Henríquez Ureña –, comienza la América Central, la América hispanoindígena, la América distinta a Buenos Aires y Rosario. No son sólo rasgos físicos. Aquí se vive la tradición, mientras que en el litoral la vida es más internacional. Aquí la gente culta de la ciudad de Tucumán suele hablar con palabras y sintagmas arcaicos. De tanto en tanto, pronuncian quechuismos. En la confitería principal ha ocurrido que la orquesta ejecuta una zamba y de pronto señoras y señoritas de la clase social más afortunada se ponen a bailar con las graciosas mudanzas criollas. Jóvenes universitarios recogen vidalas, huaynos y zambas del pueblo; y aún las componen relaborando el material folklórico, para cantar después con guitarra, quena, caja, charango, en reuniones sociales. Es muy posible que todo esto sea una moda reciente; más aún: es posible que, si hay una vuelta a lo tradicional en música y baile, responda a una consigna nacionalista más o menos consciente. Pero aún así, es evidente que si se puede conjurar el pasado con tanta facilidad es porque ese pasado estaba próximo en los sentimientos. Sería muy difícil que los porteños se pongan a bailar el gato en la Avenida Costanera por mucha prédica nacionalista que se haga, pero en cambio es muy natural que en las fiestas populares se bailen zambas en la plaza Independencia de Tucumán. En Buenos Aires, el desfile de gauchos tiene siempre un aire carnavalesco, divertido y artificial aunque la ocasión sea solemne; en Tucumán conmueve de veras el espectáculo de centenares de auténticos peones que entran a caballo en la ciudad y desfilan pidiendo mejoras en las condiciones de trabajo. Las manifestaciones religiosas son también mucho más espontáneas que en Buenos Aires. Con frecuencia atraviesan la calle peregrinaciones de promesantes, con música de caja, quenas y virgen al hombro.

Pero esta Tucumán colonial es sólo la mitad de su fisonomía asimétrica: porque aquellos mismos jóvenes universitarios que cantan vidalas han constituido un coro que también canta a Bach, Palestrina y Beethoven, y un teatro que representa a Molière, Ibsen, Chéjov, Lord Dunsany y Georg Kayser. Las revistas literarias juveniles revelan tendencias estéticas de inspiración europea. La Facultad de Filosofía y Letras – fundada en 1937 – ha cumplido un importante papel en la renovación cultural de la ciudad. La Sociedad Filarmónica trae cada año algunos de los mejores músicos que pasan por el país. Las bibliotecas Alberdi y Sarmiento, la Academia de Bellas Artes, el teatro, etc., son instituciones que intensifican la vida artística e intelectual de la ciudad.

Es una lástima que las familias más ricas y aún las más tradicionales no se sientan encariñadas con su tierra. El tucumano emigra cuando puede. Si no, viaja constantemente o vive puertas adentro, apático. El resultado es que la ciudad ha quedado fea, sucia, estrecha, sin cuidados, abandonada al mal gusto y al crecimiento informe del comercio. Pero basta que el aire amanezca límpido y al fondo se vea el escorzo de la montaña dorada; basta que los lapachos floridos alumbren las avenidas con su luz episcopal; basta que un viento tibio difunda la fragancia de los azahares, para que Tucumán sea una de las ciudades deliciosas de la Argentina. Son sus cerros, sin embargo, los que han inspirado ya una literatura. Hace muy poco que los caminos a San Javier, a Villa Nougués, a Tafí del Valle acercaron la montaña, la hicieron más accesible, suave y mimada. Todavía hay tucumanos de la ciudad que nunca han paseado por esos estupendos paisajes de piedra, selva, nube y precipicio. Y, a su vez, entre las quebradas hay rancheríos tan incomunicados, tan perdidos en la altura – como nidos de paja y barro – que sus gentes no han bajado jamás a la ciudad. Conocen el aeroplano pero no el automóvil.

El camino y el motor han de darle unidad a la provincia, han de aumentar en cada ciudadano las posibilidades de disfrute del paisaje; pero sobre todo, el camino y el motor pueden, según decía el doctor Rougés, abrir el fondo en que ahora está Tucumán y convertirlo otra vez en uno de los frentes activos del territorio nacional.

LA SERIE *CRÍTICA DE LOS PROBLEMAS ARGENTINOS*

Coviello publicó durante 1942 tres libros en la serie titulada *Crítica de los problemas argentinos*, con el sello del Grupo Septentrión.

[354] Serie *Crítica de los problemas argentinos* – I

¿Cumple la universidad argentina con la función que le corresponde? – ¿Cuáles podrían ser las reformas fundamentales que el futuro del país exige?
Tucumán: Grupo Septentrión, 1942. 64 páginas

Disertación pronunciada en la Universidad Popular Alejandro Korn, en La Plata, invitado por Orfila Reynal, su secretario general, el 24 de septiembre de 1942, en el ciclo "Los problemas de urgencia". Conceptos ampliados en la cátedra del Instituto de Pedagogía de Córdoba.

Conclusiones:
¿Cómo ha de ser la Universidad argentina?
[...]
No podríamos *predecir* matemáticamente, cómo ha de ser la Universidad argentina, pero sí indicar las exigencias que pueden implicar su programa amplio, su plan de realización integral. Mientras tanto, la Universidad se va transformando por acción del medio social y por el mayor o menor espíritu de iniciativa que vive dentro de ella, y que hace progresar a unas y permanecer estacionarias otras. Estructurada y determinada por condiciones ambientes; conciliando el sentido pragmático y humanístico; teniendo en cuenta el pasado y liberándose de él en razón de nuestra trascendencia cultural, del espíritu de invención y de superación ideal del Hombre; con su sentido integral de la vida y del mundo, en los estudiantes y en los docentes – así respondo a la pregunta que me fuera planteada.
[Nota] La Universidad de La Plata, precisamente, ha abordado el problema de la cultura universitaria integral como culminación de

los cursos superiores, por iniciativa de su Presidente Dr. Alfredo L. Palacios. Lo que propone es evitar los riesgos de la educación fragmentaria, de la tecnificación profesional, del "excluyente pragmatismo cuyos efectos serán desintegradores de la vida social y la personalidad del hombre".
Es ese ya un gran avance equilibrador. Con todo, nuestra concepción va más allá tal cual puede observarse en la conclusión c) al definirla como un ente súper-cultural. Es decir, no sólo participamos de este concepto en cuanto concierne a la forma, a los planes de estudio, sino que entendemos que debe tocar el fondo, incidir sobre los problemas que están más allá de las aulas y que afectan al hombre y al medio, no únicamente al universitario que está por egresar de sus aulas.
Véase resolución de Palacios, informe y dictamen de la Comisión especial en *Cultura Universitaria*, Universidad Nacional de La Plata, 1942 (20 pp.). [Fin de la nota].
Es bien distinta su misión, de cualquier Colegio Nacional o instituto de enseñanza media: se parecen, son afines, en su programación enciclopédica; se diferencian, paradojalmente también en que los institutos intermedios son iguales en todas partes, en cualquier latitud del país, mientras la Universidad acuña una de sus faces en el medio actuante y se *diferencia*, adquiriendo personalidad regional de esta manera, y no por su juventud o antigüedad o su mayor o menor volumen de recursos.

En consecuencia, la estructuración de la Universidad argentina ha de responder a los siguientes problemas y condiciones peculiares y generales:
a) Tiene una misión de carácter *universal* y otra de aplicación local o *regional*;
b) Como un organismo, tiende a *integrarse*, facilitando su acceso con espíritu democrático, sin quebrar vocaciones ni amputar las formaciones del saber;
c) Es un *ente súper-cultural* y por lo tanto no sólo se interesa por una etapa de la cultura - la enseñanza superior - sino por los numerosos problemas que conciernen al medio y al hombre desde el punto de vista integral;
d) La *política de Universidad* puede introducir la limitación profesional, sin exclusivismos oligárquicos ni

aristocráticos, y en forma proporcional a las Universidades Regionales de acuerdo a su superficie y población;
e) No debe rehuir responsabilidades en el problema de la *personalidad humana*;
f) Debe interesarse por las consecuencias que provoca el avance de la *técnica* desde el punto de vista negativo, y por los problemas peculiares a su medio de este género en los que puede resultar factor decisivo para sus soluciones;
g) Los *institutos de investigación y de experimentación*, independientemente de la cátedra, pueden agruparse coordinadamente, formando una esfera semi-autónoma de aplicación científica;
h) Las Universidades argentinas deben llegar a la *coordinación inter-regional* para resolver con mejor inteligencia los problemas extra-regionales y reiterar los puntos básicos de unidad nacional;
i) Conviene la formación de un *Consejo Superior de la Instrucción Pública*, compuesto por delegados de las diversas Universidades con facultades ad-referéndum para resolver o plantear cuestiones comunes;
j) Las Universidades no pueden ser ajenas a las *experiencias sobre la enseñanza primaria y media*, y deben interesarse propiamente, por constituir los elementos mediatos e inmediatos de sus peculiares elaboraciones humanas;
k) El Consejo Superior de Instrucción Pública, con la actuación y deliberaciones de los respectivos consejos universitarios, debe tener a su cargo la *coordinación general de la enseñanza* en el país y programar su perfeccionamiento;
l) La Universidad, desde un plano supercultural, *se debe al medio* en que actúa y sus institutos de investigación, de experimentación y de aplicación científica, son los asesores apolíticos de las actividades sociales, económicas, industriales, comerciales y puramente intelectuales.

Como se comprenderá, los conceptos de Universidad son relativos, a la hora y el lugar. Pero dentro de estos signos materiales y finitos, hemos, hemos expuesto lo general y lo universal que el pensamiento analítico y sintetizador permite proyectar. Lo regional, lo nacional, lo universal, no pueden ser entrevistos sino con el armonioso miraje que la coexistencia cósmica de lo real nos otorga.

[355] Serie *Crítica de los problemas argentinos* – II

Una página de historia en la naciente filosofía argentina y otros ensayos críticos
Tucumán: Grupo Septentrión, 1942. 112 páginas

> ***Una página de historia en la naciente filosofía argentina***
> Publicado con motivo de la muerte de Alejandro Korn.
>
> En la historia del pensamiento argentino, y dando al término su inequívoca acepción, José Ingenieros y Alejandro Korn – que acaba de desaparecer – fueron dos mentalidades que merecen la más alta valoración como filósofos. Haciendo caso omiso de este personal criterio que los une por simple proceso eliminativo, uno y otro se aproximan en la evolución intelectual, precisamente por haber sido los jefes visibles de dos movimientos filosóficos opuestos, que lucharon por imponer su supremacía y dejaron una luminosa estela, mantenida con brillo por numerosos discípulos. Todas las demás incidencias vislumbradas en nuestra mentalidad, se ubican en planos secundarios. Es el resto, que ayuda a formar el todo, sin adquirir la resonancia, en el terreno estrictamente filosófico, de los dos grandes batalladores del siglo.
> La muerte de Korn nos llama así a la reflexión por ese doble motivo que surge de su inconfundible personalidad: la muerte misma es el hecho material más propicio para encerrar al espíritu en una pura meditación; el maestro, el filósofo que nos deja, es otra poderosa fuerza que nos sume en el pensamiento mismo, porque parecería que su espíritu trasciende, permanece flotando en esa otra vida que es su propia obra y que se cierne en nuestro medio intelectual.

[...]
Korn representa en la Argentina, ante todo, el espíritu del filósofo en sí. Él mismo es la filosofía viviente.
[...]
A su verdadera posición de filósofo por excelencia, uníase un temperamento socrático en el cual estaba siempre encendida la llama de la espiritualidad helénica.
[...]
Korn ha luchado por reivindicar el verdadero valor de la personalidad humana dentro de la concepción filosófica, cuidándose de invadir campos trillados y por ende estériles en las actuales circunstancias. Esto en cuanto al Hombre. Y en cuanto a la Filosofía, por encima de todas las peripecias de la lucha y el triunfo o derrota pasajera la concibió, difundió y consolidó legalizando su existencia con bases propias, como una actividad mental autónoma, que no se somete humillada a otras ramas del saber, ni debe excederse insistiendo en querer conocer el algo imposible que no haya sido dado en nuestra propia conciencia. En Alejandro Korn – ni infrafilosofía, ni superfilosofía, diríamos – la actividad filosófica se manifiesta como la *filosofía en sí* que intuye al espíritu la limitación de la esfera presentada. La inquietud del pensamiento se orienta con él hacia una actividad de frutos imprevisibles por su riqueza y con un sentido amplio de lo inacabable por su limitación.

Sus méritos relativos son tan importantes como poderosa era la corriente adversa que le tocó enfrentar. Su valoración subjetiva emerge – más que de la obra material concretada en libros y escritos – de las rutas abiertas a las nuevas generaciones que parecerían inexistentes cuando la formidable ofensiva positivista se enorgulleció del triunfo decisivo como de haber impuesto la unilateralidad en el campo intelectual argentino. Y esto ya es mucho, porque nos reproduce a su propio espíritu conviviendo el futuro.

El libro incluye además dos notas originalmente publicadas en *Sustancia*: "Destino de los pueblos según un historiador alemán y un pensador inglés"; "El fatalismo de la guerra visto por un pensador ruso y un filósofo alemán".

[356] Serie *Crítica de los problemas argentinos* – III

El caos de las bibliotecas y otros ensayos
Tucumán: Grupo Septentrión, 1942. 112 páginas

[Temario]
"El libro, la biblioteca, el lector": "El caos de las bibliotecas y la interconexión bibliotecaria"; "Existencia y subsistencia de las bibliotecas"; "El libro y el descubrimiento".
"Otros problemas": "La población y el porvenir de la Argentina; "El oro que dejamos disipar"; "Lugar, modo y época (Problema poemático en tres temas)"; "El problema azucarero".

El espíritu que manda

> Unos cuantos jóvenes ansiosos, que se reunían para comunicarse confidencias literarias e inquietudes intelectuales, fue el germen potencial de ese organismo [la Sociedad Sarmiento] que ha atraído después al pensamiento de la República entera y ha incursionado el nombre de Tucumán, con el pergamino de grandes pensadores y con flor de intelectualidad universal, por América y Europa. Y muchas más modestas contribuciones de libros, fueron base logarítmica de la biblioteca soberbia que hoy se exhibe para orgullo del norte y del país mismo.
> Dejamos establecido, pues, que los libros no pueden ser confundidos con otros objetos materiales ni las bibliotecas con simples depósitos como lo son los almacenes de cosas muy distintas por cierto, aunque todo pueda caer bajo el ámbito de la cultura.
> Y porque no es así, tenemos un programa vasto que tiende a vincularnos a la metrópoli y al mundo entero.

Con este criterio hemos fundado *Sustancia*, una revista que propende a poner de manifiesto nuestros valores provincianos y que va a ponerse al alcance de los lectores de las librerías españolas de París y Nueva York, que llega a todas las universidades americanas y europeas de importancia y circula por América Latina como se intercambia con todas las publicaciones importantes del mundo.

Y esa fuerza que nos ha llevado a tomar contacto con gentes que viven en apartadas ciudades del mundo o en lejanos pueblos de nuestro propio país, depende de ese mismo concepto que nos hace considerar los libros y las bibliotecas como algo distinto a una caja de caudales o a un frasco de perfumes, aunque, por inclinación literaria, pueda el hombre establecer comparaciones verídicas sólo desde cierto punto de vista con estos últimos.

SOBRE BERGSON Y DRIESCH, 1941-1942

Sustancia. **Número 6, marzo de 1941**
Sustancia. **Número 7-8, septiembre de 1941**

[357] El N° 6, sobre el cierre de edición, se refiere brevemente a la muerte de Henri Bergson, en la sección "Guía de cultura", y anuncia que el próximo número estará "dedicado a comentar especialmente la obra y la personalidad del filósofo francés".

El doble N° 7-8, efectivamente fue consagrado a Bergson:

I. Ensayos sobre Bergson:
Alberto Rougés. "La duración de Bergson, el tiempo físico y el acontecer físico".
Alejandro Deustúa, "el decano de los filósofos del Perú, ha escrito especialmente para este número, ya cumplidos los 92 años, las siguientes páginas sobre Bergson": "Libertad y axiología".

Irwin Edman, profesor de Filosofía en la Universidad de Columbia. "Henri Bergson".
Alberto Conte, del Centro de Estudios Inter-Americanos, de San Pablo. "O mundo objetivo na filosofia intuicionista de Bergson" (en portugués).
Luis A. Baralt, catedrático de la Universidad de La Habana. "Bergson y la muerte".
Rosine Tavares de Lima, escritor brasileño. "Livre arbitrio e determinismo na filosofia bergsoniana" (en portugués).
Marian Ibérico, profesor de Filosofía en la Universidad Mayor de San Marcos de Lima. "La filosofía de Bergson".
Emile Gouirán. "Henri Bergson. Precisiones".
Joao Batista Sousa Filho, "una figura de lo más interesante del movimiento contemporáneo del Brasil. "Bergson y la inteligencia".
Eugenio Pucciarelli, Profesor de la Facultad de Filosofía y Letras de la UNT. "Bergson y la experiencia metafísica".
Alfredo Coviello. "La influencia de Bergson en América"; y "Bibliografía bergsoniana", que comprende 1019 entradas.

[358] II. Otros ensayos de Filosofía:
Aníbal Sánchez Reulet, profesor en la Facultad de Filosofía y Letras de la UNT. "La psicología de Spranger"
Rómulo Argentiere, del Instituto de Endocrinologia de San Pablo. "Estudos sobre o totemismo" (en portugués)
Manuel Gonzalo Casas, desde San Francisco, Córdoba. "Temporalismo y culpabilidad"
Hugo Maccarini. "Teoría de las diferencias"

[359] La Carpeta 13 del Archivo Coviello contiene numerosa correspondencia intercambiada por el director de *Sustancia* con Rodolfo Mondolfo, Eugenio Pucciarelli, Lewis Hanke, Nerio Rojas, Francisco Miró Quesada, y con Albert Einstein invitándolo a colaborar en el número sobre Bergson.

[360] Coviello decidió publicar un libro con los textos que produjo sobre su admirado filósofo francés.

El proceso filosófico de Bergson y su bibliografía.
Editado por la Revista *Sustancia*. Tucumán, 1941. 120 páginas
(1ª edición, en el N° 7-8, septiembre de 1941, de la revista; 2ª
edición, en libro).

Contiene: "El proceso filosófico de Bergson" y "Bibliografía
bergsoniana".
El hallazgo de Bergson es este: lo imprevisible. La filosofía
bergsoniana resultó lo imprevisible en toda la filosofía
reinante y la semidominante de la época.
Para que ello fuera posible se necesitaba un acontecimiento de enormes magnitudes; este fue la *evolución
creadora*, saludada por William James como un milagro
en la historia del pensamiento filosófico.
En el fondo, lo imprevisible y la evolución creadora son
dos apariencias distintas de enfocar el tiempo. ¿Qué otra
cosa sino el Tiempo, medularmente hablando, es aquello
que anima a todo un sistema de ideas?

La muerte de Bergson ha provocado en la Argentina y en
toda América honda repercusión. [...] Se ha controvertido
incluso la paternidad del movimiento en la Argentina,
pues Bergson emigró a las playas sudamericanas a título
de conquistador de las fortalezas del positivismo. La lucha
fue larga y difícil.
Nosotros conocimos un ocaso, una plenitud, una aurora:
nuestra generación vivió retardadamente la declinación
de Spencer, el encumbramiento de Bergson, el despuntar
de Heidegger. Entre estas figuras de primera magnitud
Spengler deslumbró en forma desconcertante: fue el
meteoro que iluminó tan rápidamente como preñando
de urgencia y abandonó el firmamento intelectual.
[...]
El *nuevo espiritualismo*, como añejamente el mismo
Bergson denominó a su filosofía, fue acogido primero
con ironía, después con sarcástica incomprensión,
por último con irritante agresividad [por ejemplo, por
José Ingenieros, en *Revista de Filosofía*, Año VIII, pp.
1-11]. Estas tres etapas jalonan su penetración, avance y

acentuamiento gradual. Lo más que podía concedérsele era el rótulo de una elegante danza de ideas. En todo caso, vestía el pensamiento filosófico a la última moda. De él dirían que era demasiado poeta para filósofo, o demasiado filósofo para poeta. Esa *libertad* que él quería justificar con la *creación perpetua*, con la creación continua de imprevisible novedad, era, para físicos, médicos y biólogos, recurso de literato. A Bergson se le imputó haber otorgado una importancia exclusivista a la vida sin haber captado el valor de la muerte. Se dijo entre nosotros que no había entendido la relatividad de Einstein. Que carecía de preparación científica aún cuando se le reconocieran aptitudes poéticas. En la *Revista de Filosofía* se *demostró* documentalmente la afinidad entre el intuicionismo y el espiritismo. Otros dijeron que era un vitalismo místico. Se llegó a la comparación denigrante...
Lo cierto es que Bergson – repetimos – conquistó América desde París, el mundo desde la Sorbona.
Hoy ya constituye un plano que comienza a esfumarse: ese tiempo, que es *creación continua de imprevisible novedad*, nos va plasmando otro mundo de ideas y de imágenes del cual a él, como hacedor de futuro, le incumbe un buen mérito a pesar de su inmersión en el pasado. Porque somos *un presente que recomienza sin cesar*.
[...]
En el panorama general de América ha comenzado a producirse un acercamiento espiritual entre las mentes directrices de la filosofía actual. En Chile y a través de sus fronteras es familiar el nombre de Enrique Molina, Presidente de la Universidad de Concepción, autor de dos obras sobre el pensador francés y su filosofía, a través de las cuales realizó en su hora una obra de difusión crítica de expresiones modernas del pensar (véase *Proyecciones de la intuición*, Universidad de Chile, 1935; y, *Dos filósofos contemporáneos: Guyau –Bergson*, Santiago de Chile, 1925).

[361] Coviello dedica la Sección III del Nº 7-8 de *Sustancia* al examen de la obra de otro filósofo al que admiraba: Hans Driesch (1867-1941). Su nota fue también reproducida en un libro.

El filósofo Hans Driesch
Tucumán, 1942. 114 páginas

[Comienza diciendo]
Es raro el filósofo que no se halle precisado a rectificar conceptos o calificaciones que suelen atribuírsele por ligereza de apreciación o divergencia de criterio. Ortega y Gasset publicó un artículo, más que un artículo un ensayo, con tal fin personal. En este escrito, a su vez, *niega la calidad de filosofía* al conjunto de ideas de Driesch. Al examinar las distintas acepciones del vocablo *vitalismo* considera que puede implicar no *una filosofía*, sino una *modalidad de la ciencia biológica*.
Por aquí entra el pensador español para desconocer la condición de filósofo a Hans Driesch. La palabra *vitalismo*, tal como acaba de referirse, expresa *toda teoría biológica que considera a los fenómenos orgánicos irreductibles a los principios físico-biológicos*.
En efecto, diremos nosotros, si Hans Driesch merece ser reputado como el verdadero fundador del vitalismo moderno y quisiera sintetizarse lo nuclear de su pensamiento, ninguna mejor definición que esa.

SUSTANCIA, 1941

Sustancia. Número 6, marzo de 1941
Sustancia. Número 7-8, septiembre de 1941

[362] Además de las notas y comentarios sobre Bergson, en el N° 6 de *Sustancia* se destacan otras notas académicas:
Luis Jiménez de Asúa, profesor extraordinario de Derecho Penal y Director del Instituto de Criminología de la Universidad de La Plata. "Orígenes de la filosofía penal liberal".
Francisco Miró Quesada, profesor de Filosofía en la Universidad Mayor de San Marcos de Lima. "¿Destrucción o revisión de la historia ontológica?".

Emile Gouirán, Director del Instituto de Filosofía de la Universidad Nacional de Córdoba. "Acerca de la noción de metafísica".
A ellas se agrega una nota de Saúl Taborda.

[363] Saúl Taborda, "prestigioso pedagogo y ex catedrático de la Universidad Nacional de Córdoba". **"La política escolar y la vocación facúndica"**.

Consideraciones sobre el proyecto elevado por el Consejo Nacional de Educación al Ministerio de Instrucción Pública sobre unificación escolar nacional.
Punto 6. "Ideal y realidad":
   La educación es una actividad referida al individuo, a la personalidad, al miembro de la comunidad y no a la comunidad misma, al orden del pueblo, a la unidad política. La unidad del pueblo es asunto de la política.
Punto 8. "Educación y pueblo":
   Lo facúndico: recios ejemplares humanos, completos y definidos en sus aciertos y en sus yerros: el padre Castañeda y Rufino Sánchez, en Buenos Aires; Josué de la Quintana, en Corrientes; Juan Grande y Ana María Taboada, en Santiago del Estero; José León y Mariano Cabezón, en Salta, y tantos otros que esperan todavía la justicia del recuerdo agradecido, son figuras de educadores en cuya obra se inicia, se continúa y se enraíza la auténtica tradición de la educación argentina. [...] Mariano Cabezón no necesitó de los grandes recursos que hoy exigen las escuelas colocadas en el pináculo del progreso y de la civilización para cumplir el milagro de su docencia. No era un sabio. No era un erudito. Era un hombre comprensivo y cabal y para los hombres de sus calidades se han escrito las grandes palabras de Spranger: "se enseña más por la influencia de un hombre que por las instituciones".
Punto 9. "El centralismo político y el genio nativo":
   ¿Quién ha empobrecido a las provincias cuyo erario no les permite cumplir con eficacia las obligaciones relativas a la escuela? ¿Quién ha malogrado las fuentes

de riqueza de Salta, de Jujuy, de Catamarca, de Cuyo? Nadie lo ignora. El poder que ahora hace un argumento pedagógico de la pobreza provinciana provocada por sus erróneas orientaciones económicas y fiscales. ¿Siendo esto así cabe dudar de que la solución del problema finca por entero en la respetuosa restitución de la plenitud de los fueros locales?

Remata con esta sentencia:

¿Qué es lo que se propone la proyectada unificación escolar? ¿La imposición de la pedagogía oficial? Falta que ésta revalide sus títulos para ello. Falta que pruebe que el tipo de hombre que propugna el ideal que la mueve es superior al ideal de hombre total que entrañan y acusan todas las manifestaciones de la expresión argentina. Falta que pruebe que su tipo de hombre doctrinariamente perfecto y autónomo que, en el hecho sólo cabe de su interés y de su negocio, es de más altos quilates que ese tipo de hombre concreto definido por su conciencia de hombre y por su sentido de la responsabilidad social que nuestras comunidades han formado en todos los tiempos.

Taborda escribe a Coviello desde Unquillo, el 1º de julio de 1941:
El ensayo que usted publicó en *Sustancia* ha tenido repercusión en la Comisión de Legislación de la Honorable Cámara de Diputados de la Nación. Ha parado el golpe que se preparaba contra la educación provincial. El mérito es suyo; pues yo no pensaba publicar ese trabajo por ahora.

[364] Si bien en el Nº 6 de *Sustancia* se destacan las colaboraciones académicas, en el doble número 7-8 prevalecen las notas referidas al folklore argentino.
Juan Alfonso Carrizo publica "José Domingo Díaz. Su vida y su obra".
Carrizo había participado en Tucumán de los actos realizados en conmemoración del Centenario de la muerte del doctor Marco M. Avellaneda - Centenario de la Liga del Norte, disertando en la Sociedad Sarmiento, "con referencia a la poesía popular tucumana de la época". [*La Gaceta*, 4 de octubre de 1941].

[365] Alfredo Coviello. "La posición del escritor ante el folklore. (A propósito de un debate sobre el folklore llevado a cabo en Tucumán)".

Lo que debemos aceptar inexorablemente en el estado de cosas a que hemos arribado hoy, por lo menos en el norte de la Argentina, es esto: ya no se puede improvisar en materia de folklore después de la monumental obra de recopilación y sistematización llevada a cabo por Juan Alfonso Carrizo y de las producciones de otros escritores de autoridad como Juan Carlos Dávalos y Bernardo Canal Feijóo.

Toda discusión que no se sitúe desde el instante inicial en una altura semejante, es un desandar el camino ya recorrido, desenvolver el ovillo para volverlo a formar, lanzar al viento palabras sueltas con la esperanza vana de recogerlas en forma de pensamientos fecundos.

[...]

La posición del escritor frente al folklore no puede equivocarse. Es tan clara y natural, como la del botánico frente a la planta o la del geólogo frente a las estratificaciones terrestres. Un procedimiento análogo es el que el auténtico *folklorista* aplicará en su labor que es una indagación en las estratificaciones del alma popular.

El escritor ha de *recoger*, ante todo, el material. No puede trepidar: como tuviera ocasión de expresarlo, el folklore es lo *que está ahí*, al alcance de la mano. Sólo que el técnico en folklore lo ve y nosotros, por más que miramos a su derredor, continuamos ignorándolo, por decirlo así. No somos capaces de escrutar la riqueza de ese *saber popular* porque carecemos de la destreza que constituye toda una técnica en el verdadero folklorista.

[...]

Si pudiera decirse que el folklorista *nace*, entonces se nos ocurre traer a colación el nombre de Juan Alfonso Carrizo. El ilustre catamarqueño es, ciertamente, un *folklorista nato*. [...] *Recoge* y *sistematiza* el material folklórico. [...] El discurso preliminar de Carrizo al *Cancionero Popular de Tucumán*, por ejemplo, es todo un tratado de historia: a través de 340 páginas en formato mayor, estudia histórica,

geográfica, etnográfica, lingüísticamente y literariamente, la provincia, sus departamentos y sus rutas, valles y montañas seculares.
[...]
Hay otro modo de *recoger* el elemento folklórico. Tomaremos el ejemplo del conocido escritor regionalista Juan Carlos Dávalos. No nos vamos a referir ya a su condición de *costumbrista* sino netamente a su actitud frente a la pieza folklórica. [...] Lo que era llamativo por su característica imaginativa se convierte, a través de su elaboración intelectual, en una magnífica pieza de arte literario, esa narración tan admirable que conocemos con el nombre de "El viento blanco", difundida por traducciones en el continente europeo. [...] Sería aquí interesante la lectura del ensayo de Juan Carlos Dávalos titulado "Origen del cuento popular" cuyo texto acaba de difundirse en el Boletín de la Academia Argentina de Letras (t. X, N° 34, abril-junio de 1941). El autor del celebrado libro "Los casos del zorro" no sólo estudia la formación y transformación literaria de narraciones ejemplares, sino que aborda también el problema de la originalidad en el escritor.
[...]
Bernardo Canal Feijóo concilia en su producción la tarea de cosechador con la del obrero intelectual que labora sobre el material existente. Ejemplos del primer tipo son los sabrosos casos del zorro recogido en su libro *Los casos de Juan* y modelos de estudios doctrinarios ofrece su obra *Mitos perdidos*. Un ejemplo inteligente de eclecticismo lo constituye su *Ensayo sobre la expresión popular artística en Santiago*.
Orestes Di Lullo ha otorgado jerarquía integral a la literatura folklórica diversificada de Santiago del Estero, documentalmente hablando, con su magnífico *Cancionero popular*, preformado conforme a la sistematización de Juan Alfonso Carrizo con el fin de otorgar unidad estructural a los materiales regionales del norte argentino.
Las "creencias y supersticiones" recogidas por Rafael Jijena Sánchez, en Tucumán, Salta y Jujuy y estudiadas con fines sistemáticos en unión con Bruno Jacovella, son,

como lo dice la subdenominación del libro, una contribución a la metodología de la investigación folklórica.

El jujeño Julio Aramburu, autor de *La tierra natal, El solar jujeño, Jujuy, Tucumán, El folklore de los niños*, entre otras obras, es un escritor tradicionalista que entra también en este grupo.

Fausto Burgos, tucumano de origen, autor de innumerables romances, poemas, novelas de tipo costumbrista es un escritor que se destaca por su fecundidad. Una treintena de volúmenes en todos los cuales prepondera el sentido de lo tradicional, constituye una notable fuente para el estudio del paisaje, la psicología, la mentalidad que pareciera irse y que todavía perdura como elemento históricamente constitutivo de nuestra conformación provinciana.

En otras regiones, similares al norte argentino, como Cuyo, apunta ahora un proceso idéntico. El *Cancionero Cuyano* de Draghi Lucero, donde prevalece ante todo el documento y *Las mil y una noches argentinas* donde el lector se maravilla con el arte narrativo de sus versiones. *El folklore calchaquí* de Adán Quiroga, obra póstuma, es la avanzada científica en el terreno etnográfico y arqueológico del precursor que con su paciente y seria labor honró a Catamarca.

Guido Buffo, en nuestros días, con su pacientísimo análisis notablemente presentado en *El Menhir de la figura coronada de* El Mollar – *Tafí* (Buenos Aires, 1940), ha hecho converger de nuevo el interés de los remotamente autóctono a través del monolito existente en el Parque de la ciudad de Tucumán, dejando una incógnita y planteando una hipótesis interpretativa de poderosa sugestión en base al estudio iconográfico de sus bajorrelieves simbólicos.

[También sobre el tema: Tobías Rosemberg. "Un debate sobre folklore", N° 7-8].

[366] Otras notas de Coviello en el N° 7-8:
"El caos de las bibliotecas" (Reproducido en el ya citado libro *El caos de las bibliotecas y otros ensayos*).

Y en la "Sección VII. Análisis bibliográfico":
"Dos comentarios de Alfredo Coviello": (1) "Destino de los pueblos según un historiador alemán y un pensador inglés". La obra del historiador alemán: *Las épocas de la historia alemana*, por Johannes Haller (Espasa-Calpe); y del pensador inglés: *El nuevo orden*, por H.G.Wells (Claridad). (2) "El fatalismo de la guerra visto por un pensador ruso y un filósofo alemán". La obra del pensador ruso: *La guerra y la paz*, de Tolstoi (Editada por el Instituto Americano de Investigaciones Sociales y Económicas); y del filósofo alemán: *Filosofía de la historia*, por Kant (El Colegio de México).

[367] De Serafín Pazzi: "Interpretación del laberinto" [N° 6]; "Rabindranath Tagore (1861-1944)" [N° 7-8].
De Ricardo Chirre Danós: "Variaciones sobre la kena" [N° 7-8]; "Quinquela Martín y la pintura mural en Tucumán" [N° 7-8].

[368] Sobre la negritud: Braulio Sánchez-Sáez, desde San Pablo. "La condición social del negro" [N° 6]; Néstor Ortiz Oderigo. "El negro norteamericano y sus cantos de labor" [N° 7-8].

[369] Sobre poesía:
(1) Poemas de Freitas Nobre ("La figura de este interesante escritor, es bien conocida en los círculos literarios de Sao Paulo..."), Carlos Ángel Garré, José Roberto Díaz [N° 6].
(2) Saúl Taborda sobre Jorge Manrique; "Dos poetas jóvenes de Córdoba": J.B. Cabral Magnasco; Emilio Sosa López; "Cuatro jóvenes poetas de Buenos Aires": Ana María Chouhy de Aguirre, Enrique Molina, Roberto Paine, Adolfo de Obieta; "De la poesía salteña": Elsa Serrey de González Bonorino; Poemas de Justo G. Dessein Merlo; Nota de Alfredo Console: "Los poetas tucumanos malogrados por la muerte": David Salmón Cadenau; Mercedes Maciel Ledesma; Domingo J. Simois; Luis Eulogio Castro; Raúl Paverini; Octavio E. Lobo; Nota de Alfredo Coviello: "Un bienio de poesía en Rafael Alberti" [N° 7-8].

[370] Comentarios bibliográficos sobre:
Las mil y una noches argentinas, de Juan Draghi Lucero; *El comunismo jesuítico guaraní en las regiones del Plata*, de Julio S. Storni [N° 6].
Cancionero popular de Santiago del Estero, de Orestes di Lullo; *Alberdi, el ciudadano de la soledad*, de Pablo Rojas Paz, por Enrique Kreibohm; *Antología poética de Leopoldo Lugones*, de Carlos Obligado, por Carlos Varela Avellaneda; *San Martín y Bolívar en la entrevista de Guayaquil*, de Eduardo L. Colombres Mármol, por Joaquín Neyra; *Estampas lugareñas*, de Juan Carlos Dávalos, por Ricardo Chirre Danós; *Es difícil empezar a vivir*, de Bernardo Verbitsky, por Juan D. Marengo; *La semilla en la tierra*, de Juan Goyanarte, por Antonio Marís; *La invención de Morel*, de Adolfo Bioy Casares [N° 7-8].

[371] Los dos números de *Sustancia* del año 41, uno simple y uno doble, componen el Volumen II de la edición encuadernada. Abarcan de páginas 317 a 782, e incluye un Índice.

[372] Se agregaron como avisadores:
Revistas argentinas: *Movimiento*. Periódico mensual dirigido por Arturo Cambours Ocampo, y Marcos Fingerit; *Pórtico*. Publicación del Ateneo Popular de La Boca; *Trompo*. "Sólo una vez por mes. Lo baila Marcelo Menasche"; *Conducta*. "Al servicio del pueblo. Secretario: Mario S. Cao; *Paraná*. "Columna vertebral del Litoral. Edita y dirige R.E. Montes y Bradley";
Revistas de Hispanoamérica: *Tierra Nueva*, con Leopoldo Zea en el Directorio (México, DF); *Romance*, dirigida por Martín Luis Guzmán (México, DF); *Revista de la Federación de Doctores en Ciencias y en Filosofía y Letras* (La Habana); *Letras Brasileñas* (San Pablo).
Organismos oficiales: Caja Nacional de Ahorro Postal; Ministerio de Agricultura de la Nación; Yacimientos Petrolíferos Fiscales (YPF).

[373] El vespertino *Ya!*, de Tucumán, en la edición del 9 de octubre de 1941, publica las respuestas de Alfredo Coviello a una encuesta del diario.

La encuesta de YA!: poetas y prosistas

Responde Alfredo Coviello

El interrogante que plantea la proliferación en nuestro medio de poetas juveniles frente a la ausencia casi total de cultores de la prosa, teniendo en cuenta la disciplina intelectual y el rigor lógico que esta última exige y que el verso no requiere en igual grado, nos ha inducido a dirigirnos a un número de personas, residentes en nuestra ciudad, cuya competencia en materia literaria valoriza su opinión, a fin de plantearle el siguiente cuestionario:

1. – ¿Cree usted que la causa de este fenómeno reside en la idiosincrasia provinciana de nuestros jóvenes literatos?

AC – Hace algunos años yo hubiera calificado a Tucumán: *la tierra del poeta sin poetas*. Parecía que después de Jaimes Freyre y algunos limitados destellos provocados por su rica personalidad, la poesía resultaba extraña a nuestro medio. Lo que preocupaba, intelectualmente hablando, era un fenómeno opuesto. Hoy se habla de proliferación.
Me siento verdaderamente satisfecho de que hoy pueda notarse una abundancia de cultores de la poesía. Los elementos generadores del poeta se han, ahora, combinado. Antes teníamos solamente el medio natural: este jardín de la república, *sin jardineros* que cuidaran el vergel, como digo, al comienzo. Luego se añade un otro elemento constitutivo: la Facultad de Filosofía y Letras. Y por último: la intensa campaña en pro de la difusión de la cultura y de la dignificación intelectual que inicié enérgica y sostenidamente – aunque parezca inmodestia la referencia – a fines de 1937. Estas tres circunstancias son

las que a mi modo de ver explican causal y racionalmente el florecimiento de la poesía.

Yo anhelaba la aparición de jóvenes inquietos, con aptitudes y con vocación, para revivir en Tucumán nuevamente aquella edad de oro de la época de nuestro maestro Jaimes Freyre, de Juan B. Terán, el humanista por excelencia, y del gobernante, comprensivo y probo siempre dispuesto para estimular toda acción de esta categoría que fue Ernesto E. Padilla...

Frecuentemente he hecho referencia a este *fenómeno*, a esta *proliferación* que pareciera considerarse, desde otro ángulo, alarmante. Y ha sido con satisfacción y con orgullo...

2. - ¿No le hace pensar que tal vez pudiera responder a una incapacidad especulativa, a una insuficiencia dialéctica para la expresión del pensamiento?

AC – Creo que las expresiones poéticas son, en nuestro medio, principios de formación. Promesas de distinto alcance. Esperanzas múltiples entre las cuales habrá realizaciones certeras. En todo caso, me parece un comienzo promisorio: pienso que el pórtico de la poesía puede significar la buena entrada en el mundo futuro de las letras. No creo que a los tres o cinco años de iniciada la intensificación cultural de un ambiente, podamos dar con prosistas de verdadera garra. El ensayo, tomado en serio, requiere un dominio, una experiencia, una madurez, incluso una erudición no-erudita si se me permite la paradoja, que se traduce en tiempo. Y este tiempo todavía no lo hemos recorrido en nuestro ambiente, por las razones apuntadas.

3. - ¿Qué consideraciones particulares le sugiere el problema que le estamos planteando?

AC – Pienso que estamos en el buen camino. Que todavía nos hallamos en el comienzo, quizá terminando la etapa inicial, de un esfuerzo de largos alcances. Pero no participo del criterio cuantitativo respecto de la escasez de prosistas. Hay muchos, muchísimos más principiantes en prosa de lo que se imagina. Sería interesante una estadística reveladora al respecto, que la Sociedad de Escritores local podría llevar a cabo. Sólo que es más fácil llamar la atención haciendo versos que produciendo prosa. Aunque sea por lo común más difícil ser poeta. Pero el poeta llama siempre la atención, aunque sea malo; el prosista no.

En síntesis: estamos en los pasos iniciales de un movimiento de cultura intenso. Ahora anhelamos, con un sentido más grande de la responsabilidad, el nivel superior. Todavía no ha transcurrido un lustro. En un lustro de iniciación me parece completamente difícil - extraordinario - la formación de ensayistas serios. Esta farsa de las producciones improvisadas ya ha sido desterrada incluso de las Universidades serias que exigen un plazo mínimo de cinco años, al estudioso especializado, para poder presentar su tesis. Por extensión quisiera expresar mi juicio trasladando en globo el significado que encierra esta decisión tan rebozante de honradez mental.

SUSTANCIA, 1942

Sustancia. **Número 9, abril de 1942**
Sustancia. **Número 10, julio de 1942**
Sustancia. **Número 11-12, octubre de 1942**

[374] En el N° 9 de *Sustancia*, se publican diversas colaboraciones académicas:
Francisco Romero, catedrático de Filosofía en las universidades de Buenos Aires y La Plata. "Sobre los problemas de la razón y la metafísica".
Rodolfo Mondolfo. "La antinomia del espíritu innovador". (Conferencia dictada en la Biblioteca Sarmiento de Tucumán, y en el Instituto de Sociología de la Facultad de Filosofía y Letras de la Universidad de Buenos Aires.

Publicada en la *Revista Mexicana de Sociología*, diciembre de 1941, y en el *Boletín del Instituto de Sociología* de Buenos Aires).
Rogelio P. Labrousse. "Ensayo sobre la analogía en Descartes".
Luis M. Ravagnan. "Klages y la conciencia del yo".

Sin desmedro de tan calificados colaboradores, sin duda en aquel número de *Sustancia* se destaca la pluma de un gran escritor.

[375] Macedonio Fernández. "Descripcio-metafisica: el todo pensador como no-ser, como un *todo* de *no-ser*".

Conclusión:
Mis tesis son dos:
Ni la Conciencia ni el Mundo tienen *existencia*.
Ni la Conciencia ni el Mundo tienen *perfil*, *unidad*.
Por ello sus inmortalidades: Somos individualmente inmortales porque no existimos.
Estos raros dichos, si se me da la oportunidad, los explicaré otra vez en *Sustancia*. Por ahora sólo quiero promover.

De Luis Emilio Soto a Alfredo Coviello. Buenos Aires, 2 de octubre de 1941:
Mi estimado amigo:
Le adjunto el anunciado trabajo de Macedonio Fernández. Por lo que me dice en su carta, entiendo que el número de *Sustancia* ya está en prensa y que por lo tanto, no tendrá alcance esta colaboración.
Me dice don Macedonio que lo que le envía es sólo un fragmento de un tratado de considerable extensión, en el que viene trabajando desde hace muchos años. Por mi parte, puedo asegurarle que hace medio siglo que ando dándole vuelta a estos problemas. Lo demuestra, entre otros, un ensayo publicado en 1896, en forma de folletín en el diario *El Tiempo* de Vega Belgrano, precisamente cuando don Macedonio se carteaba con William James y otros investigadores de la época. Cosa curiosa: en aquel tiempo su prosa y su exposición tenían una

claridad bergsoniana, al revés de ahora que practica y se complace en un barroquismo que no es sólo de expresión, sino incluso de pensamiento. Barroquismo, dicho sea de paso, lleno de matices sutiles y, lo que es más importante en nuestro medio, fruto de una meditación profunda y personalísima.

Don Macedonio vive en un gozoso y fecundo ensimismamiento, casi sin trato alguno con la gente, salvo los familiares y alguno que otro amigo íntimo. Ni adustez ni misantropía: modo de ser de un hombre esencialmente bueno y exquisitamente tratable que vive a solas con sus inquietudes y con sus problemas, de espaldas a lo que no sea ese auténtico ascetismo. Jamás hubiera publicado una línea, si Scalabrini Ortiz, Borges y otros amigos no hubieran llevado los originales a la imprenta, encargándose de todo lo demás. La Editorial Losada y la Sudamericana se proponen dar a conocer dos libros inéditos.

Si puede, le estimaré quiera enviarme oportunamente las pruebas del trabajo adjunto, a fin de darle un vistazo. La copia que le acompaño la hizo Adolfo Fernández Obieta – hijo de don Macedonio – y desearía revisar las pruebas.

Carta manuscrita de Macedonio Fernández:

[En lápiz rojo: "Recibida el 12/X/941"]

"Sustancia"
Dr. Alfredo Coviello
Tucumán

Distinguido Director:
Del trabajo que me prometí para "Sustancia" entusiasmado por su N° de marzo 1940 – se me ha quedado lo mejor: la "rasbifa" del dulce, el "quemado" de la mazamorra, en suma lo que los únicos catadores auténticos – las cocineras – no mandan al comedor, se lo quedan: con

cuánto técnico desprecio saben ellas que del comedor no vendrá reclamación.
Pongo a su disposición las restantes páginas. Por mi propio ejemplo creo dos cosas: que no ha llegado en América el momento de la Literatura esencial. Y sí el de la Crítica Estética y el de la Metafísica. No somos y no queremos ser creadores, pero tenemos una inextraviable (qué mal gusto) gustación en humanística, poemática, en Música, en Pintura, en Dibujo, en Teatro. Tenemos además nuestra americana Banalidad, cuya profundidad de tristeza, de descontento, de provisionalidad de la actitud, nos lleva a la Metafísica. Es una conjetura, pero creo que nos acentuaremos metafísicos; sería largo explicarlo. Soy su affo.
Macedonio Fernández

[376] Del Nº 10 de *Sustancia*, merece destacarse la nota de Alfredo Coviello sobre una obra fundamental de Ángel Guido.

Alfredo Coviello. "La creación estética americana y la filosofía universal – Ante la incitación de Ángel Guido".
Comentario bibliográfico sobre *Redescubrimiento de América en el Arte*, por Ángel Guido. Imprenta de la Universidad Nacional del Litoral. Un vol. In-4, de 362 págs. Rosario, 1941.
El arte propio de los Americanos, ha de re-descubrir su propio elemento esencial, su elemento genuino, que es el paisaje milagroso y estupendo, magnificente y avasallador: que se extiende uniforme sólo por su grandeza y es variado en todas las latitudes por inconmensurable riqueza geográfica y vegetal, a lo largo de tres Américas, sintetizadas en su esencia por la unidad del continente. Esta fantástica contribución de la naturaleza, este legendario paisaje que es el mundo nuevo, ha constituido el clima intermitente de *rebelión estética*, que la otra rebelión no operada todavía en su totalidad y que va también, como la revolución continental, en busca de una independencia no lograda, la independencia de espíritu que sólo en forma parcelada ha sido obtenida hasta hoy por el Hombre de las Américas.

En el viejo mundo, el arte de vanguardia deshumanizó las creaciones plásticas. Y nuestro continente se enardeció como Europa en una serie de espasmos que desde la *naturalidad* han bordeado las fronteras de lo patológico. El arte pasó por la fiebre del *impresionismo* que quería una sensualidad rebosante de fidelidad; del *post-impresionismo*, que se aproximaba a una neo-esfumación de la misma; y del *expresionismo* que fue una evasión progresiva de la realidad: un permanente escamoteo a través de sus matices como el *cubismo* y el *surrealismo*, para no detallar más, desligaron al Arte de la Vida.
Así se desvitalizó el arte durante los últimos cincuenta años. Ante esta estética desangrada por los cuatro costados, el Artista Europeo no encuentra otra disyuntiva que aprestarse a retornar a lo que de más importante informa la existencia del hombre, esto es, la Vida. Ángel Guido concibe que *nuestra* expresión auténtica consistirá, por tanto, en la hora actual, en enfocar al Hombre y al Paisaje de América, in-descubiertos todavía, desapercibidos, por nuestro Hombre Técnico, por nuestro Artista Culto... mientras el Artista Europeo deberá hacerlo con esos mismos elementos de su continente, ya demasiado *descubiertos*. Estamos, pues, por *conquistar nuestro* paisaje y *nuestro* hombre, por conquistarlos a fondo, porque vamos redescubriéndonos. Vamos a conquistar, en una palabra, a nuestra propia vida en el arte argentino y en el arte americano. Hacia ella nos encaminamos.
Con este criterio es evidente la superioridad del Paisaje y del Hombre Americanos como elementos constitutivos del fenómeno artístico. No debemos mirar afuera, por lo tanto. Lo hasta ahora *inadvertido* es, precisamente, *lo nuestro*. Y en esto reside la autenticidad de expresión, allí encontraremos nuestra propia fisonomía artística.

***

Pocas veces nos es dado poseer un libro tan nuestro como este que Ángel Guido ha dado a la estampa con singular acierto de forma y fondo. La riqueza de su presentación,

el cuidado tipográfico, las magníficas ilustraciones que visualizan mucho de su contenido, son dignas de la floración de ideas sembradas a lo largo de sus diversos capítulos y del inequívoco imperativo intelectual que lo hizo dar a luz.
Cuando pasen los años, mucha hojarasca de la exuberancia bibliográfica de nuestros días, habrá corrido la suerte de las hojas del otoño. Este libro, en cambio, perdurará, como esos añosos laureles que en la falda de la montaña sobreviven al tiempo en nuestra selva tropical. Hemos conquistado el primer plano en el mercado intelectual hispánico editorial. Nos apremia ahora el sentido de la responsabilidad. La obra ha de ser ante todo calidad. Debemos hablar de lo nuestro. Con nuestra voz.
Lo que dice aquí Guido, en el plano del arte, lo participamos íntima y profundamente en las otras esferas de la creación intelectual.
Mientras Europa trata de abandonar los cánones languidecientes de un arte que no respondió en las últimas décadas a lo que de más importante valora el hombre, como ya decimos, que es la *vida*, nosotros debemos interrogar no a la producción externa, sino a nuestra propia conciencia. En esto enraíza el libro su ideología fundamental y a esto le ha consagrado la mayor parte de sus elaboraciones críticas.
El connubio euríndico, de lo indio y de lo europeo, esto es, el arte indoespañol o hispanoindígena, es la materia de estudio y análisis sagaz que Guido viene persiguiendo a través de una obra de varios lustros, pregonada por intermedio de numerosos libros.
Frecuentemente, cuando se toca el tema de lo vernáculo, la confusión desorienta al lector. Y si se hablara de redescubrir el arte americano podría suponerse que hay un afán insólito por elevar la jerarquía de valores sobrepasados en el tiempo y en la consideración geográfica. Digamos pues, ante todo, que este alegato de Guido se distingue por la claridad crítica con que se desenvuelve y porque, por ante todas las cosas, predomina en él el criterio vital. No se trata, en consecuencia, de invocación seca y fríamente

arqueológica, sino de una ideología que pasando revista a lo autóctono y a lo exótico, plantea nuestro destino en el arte, como un destino propio, auténtico, de espíritu creador.
Si fuéramos a decirlo en breves palabras, todo el vigor argumental con que nos informa capítulo tras capítulo, tiende a señalar sin dubitaciones de ningún género, la ruta propia, nuestra ruta en el arte, el camino de América en la búsqueda de su propia expresión. Por eso es éste un libro que va a tener honda repercusión continental. Porque es una contribución precisa, sólida, transparente y enérgica, hacia el logro de nuestra fisonomía en el arte. Para ello el autor confronta las tendencias, teorías y movimientos que han conmovido el espíritu artístico del Mundo y de las Indias en los tres o cuatro últimos siglos, sin dejar de tirar las líneas sintéticas que nos unen a lo clásico y a lo primitivo.
Aquí el autor nos lleva al estudio y a la dilucidación del hombre en sus primeras etapas y su actitud intelectual frente a la naturaleza. La visión y la cosmovisión, la multividencia, la *weltanschaaung* de este hombre que está frente a la realidad, frente a la naturaleza, o que escamotea el mundo auténtico, la autenticidad del arte, humanizándolo o deshumanizándolo sucesivamente; que a veces lo copia, otras lo piensa o incluso lo desfigura... están tratados con dominio de síntesis, con virtud didáctica, sin oscuridad y en cambio sí con profundidad.
Para poder enclavar certeramente la proa de su nave redescubridora, el autor ha estructurado la obra conforme a un esquema de encomiable sencillez. Aborda primero la *ideología*, esquematizando la posición de América frente a Europa en el arte. Se plantea luego el problema del *método*, desarrollando un capítulo integral de la filosofía del arte en la actualidad. Y dedica la tercera parte del libro al *redescubrimiento de América* en el arte distinguiendo la *Eurindia Arqueológica* de la *Eurindia Viva*.
Es de esta manera que Guido revierte el aniquilamiento del arte americano sojuzgado por Europa. Porque esta dictadura estética, que tiende a excluir la expresión

indígena del arte continental, es, paralelamente, hoguera que alimenta el fuego de la rebelión estética que ya se produjo una y otra vez en el pasado. Así es como América reconquista su posición en el Arte y como después, rn un paralelismo político artístico, desarrolla en las ciudades el clasicismo remedado, que es un *arte de ortopedia*, mientras *la voz no prestada* que ha de decir *nuestra autenticidad* se ha refugiado en la montaña y en el llano, provocando lo que Guido llama la *segunda reconquista americana del Arte frente a Europa*.

El pensamiento hegeliano revertido: América no quiere ser un eco del viejo mundo, su vida ha de encaramarse en la plenitud de su propio yo, rechazando toda idea que la conceptúe fuera de una vida ajena... he ahí, desde el punto de vista negativo el pensamiento que pone en marcha a la caravana de hoy.

De suerte pues que el arte no puede emerger de la ampulosidad oficial, sino que ha de surgir de la veta popular, alentada por su propio mito, por ese mito que podría surgir de los *Andes abismales, monstruosos, inmensos, que penetraron tan hondo en el espíritu del indio.*

El Hombre Europeo busca hoy su salvación. Pero nosotros no debemos, impelidos por nuestra propia angustia, continuar a la zaga de sus pasos. Como en *Don Segundo Sombra* de Güiraldes, como en los *frescos* del mexicano Rivera y otras expresiones que no es el caso enumerar aquí, el Hombre Americano ha de incorporarse a su paisaje, seguro de despertar así en el centro dramático de nuestro auténtico Ser.

Por lo tanto, convendrá recordar que es cosa del pasado aquella teoría de los *medios* que el talento filosófico de Taine hizo culminar como fórmula definitiva de la estética. Ya en el método de la *Einfühlung* o *proyección sentimental*, esto es, la transportación de nuestro yo al objeto exterior, al centro de la obra de arte, ha dilucidado notablemente mucho de lo que de oscuro presentaba como fenómeno la creación en el Arte. Estas sendas que han permitido radiografiar la forma, el movimiento de renovación estética llevada a cabo en la Alemania contemporánea,

con Woelfflin como líder, han de facilitar al autor despejar su incógnita. En efecto, aplica Guido la teoría formal al estilo mestizo-americano – mestizo equivale a *criollo* en su lenguaje – aunque sepamos que ciertas subcapas del espíritu creador jamás hayan sido esclarecidas. Y aísla así, a través de la teoría moderna, la obra artística, que ya no es mera *determinación* de factores preconcebidos. El arte supersticioso del Hombre Primitivo es un producto de su *terror* cósmico. Avancemos: el Hombre Clásico organiza el caos de la prehistoria, sustituye el terror por la *razón* y admira el Cosmos y la Vida. La *voluntad de forma*, con Worringer, lleva a la *dignificación de la obra de arte en sí* al superar el mecanismo determinista de la teoría de los medios.
Con esta instrumentación, estudia el autor la transfiguración del barroco hispano en América, poniendo de relieve la actuación del artista indio o mestizo. El arte indígena, su influencia subjetiva o estética, lo llevan a desembocar en las expresiones actuales que asoman en distintas latitudes y son denunciadoras del re-descubrimiento en marcha. Para comprender mejor esta emancipación del espíritu americano, hace Guido una exposición del arte plástico como instrumento de rebeldía. *Es un arte que quería a brazo partido liberarse de la dictadura estética* que le había sido impuesta al movimiento autóctono en virtud de una autoridad irrecusable de allende el Océano. El estudio de la personalidad y la obra de *El Aleijadinho*, un genial plástico mulato nacido en los arrabales de Ouro Preto en la primera mitad del siglo XVIII, alimentado en sus creaciones por un odio profundo hacia cuanto de la metrópoli proviniese; y el análisis crítico de la admirable obra realizada por el *Quechua Kondori*, notable artista indio de Potosí, facilitan la demostración que se propone ante el lector. En este par de creadores autóctonos podemos seguir esa otra insurrección de que nos hablan los textos comunes de historia. Ella tiende a descargar ese peso de esclavitud con que los hombres blancos encorvan las espaldas del indio americano.

Estos arquetipos de *Voluntad* y de *Rebelión*, los cita Guido como ejemplos dignos de ser evocados. El arte se halla insumido como en una especie de caos hoy en día. El mundo europeo nos ofrece el espectáculo. Debemos atrapar nuestra propia postura. Decir, con nuestras palabras. Hablar, con nuestra voz.

***

Esta teoría de la transmisión emocional, de la proyección sentimental, de origen europeo, se conjuga aquí con la preformación de la obra artística autóctona. Es un modo más de verificar la conciliación del pensamiento filosófico universal con la realización particular de nuestro destino. La corriente del progreso, fecunda así, como en la confluencia de un vértice, al pasado histórico; pues la vida no es sólo futuro, ni tampoco sólo tradición. Es vértice de ángulo, conjunción de senderos, unión de líneas, es puro presente, aunque este presente, como el punto, existe y no existe al mismo tiempo, cual el punto y el vértice que es y no es sino una combinación transitoria. Pero la transitoriedad se prolonga hacia lo eterno, como la finitud de la vida que no impide eternizar a la Vida misma… Es decir, la eterna contradicción, resolviéndonos lógicamente la Vida.

Ahondando así el tema, perfila Guido a *El hombre de su pago*, creador, para su salvación, de leyendas y mitos. Él es eso, y todo, incluso *su* paisaje, al cual se mantiene fiel. Es así un catador de *esencias*. Y su milagro consiste en incorporar las tales esencias a su propia existencia. Por aquí se abre la brecha de nuestro destino auténtico… Por aquí se advierte el *tono* de la vida de un pueblo que se ha *conectado con su destino*.

Y aquí advertimos también nosotros, la similitud de estas ideas, con nuestras insistentes afirmaciones en pro de la regionalidad, de la descentralización de la cultura, de la integración del ambiente intelectual provinciano, de la dignificación de sus hombres de letras…

Nota: Lo esbozaba en mi *Geografía intelectual de la República Argentina* y lo desarrollé más profundamente en el *Sentido integral de las Universidades Regionales*, publicadas también en 1941. Un esquema aparece en *La esencia de la contradicción* (Tucumán, 1939) y otras publicaciones mías. Participamos, en consecuencia, íntimamente, como queda expresado, de estas afirmaciones.
Guido cree que la *virginidad recia del paisaje de Latino América* dice nuestra ruta, frente al sobresaturado *descubrimiento* europeo.
El Hombre Culto, como el Hombre Técnico, como el Hombre Oeconomicus dejaron inadvertido el Paisaje. Es interesante escarbar esta incapacidad de *descubridor* que se advierte hoy aún en escritores, pintores e intelectuales en general, a pesar de, o quizá, *por*, su erudición, europeización y aun enciclopédico saber. El indio no: fue fiel a su mundividencia, lo fue como el *Hombre del pago*. Hemos tenido atisbos en la pintura, en las letras, en la arquitectura.
Pero los elementos plásticos que América presenta están esperando todavía al Artista, por así decirlo con rigor crítico y filosófico.
Guido señala algunos, como Prilidiano Pueyrredón, el cual nos da en sus cuadros una visión del Hombre y del Paisaje argentinos, a través de una cultura francesa, europea. No es una pintura desvitalizada por cierto, pero no ha alcanzado esta expresión de total autenticidad a que nos referimos. Nosotros podríamos mencionar en cambio al pintor santiagueño Ramón Gómez Cornet. Este artista contemporáneo es evidente que ha conseguido ya el milagro de la propia expresión. En sus cuadros, aunque no aparece el Paisaje, y sí sólo el Hombre – pues está casi exclusivamente dedicado al retrato – el drama humano ha sido trasladado desde su paleta a la tela a través de una profunda emoción y un temperamento singularísimo. No se advierte esa europeización a que se refiere Guido como en el caso de Prilidiano Pueyrredón y otros creadores naturalistas de la Argentina, pero que no por eso dejan de ser fieles al sentido vital de la pintura. Es que Gómez Cornet ha recorrido Europa, sus museos, sus ambientes pictóricos, como muchos de sus colegas,

pero ya en la madurez de su vida, su arte ha resumido el espíritu argentino por medio de sus creaciones estéticas. Sus *changos* traducen la tristeza ingénita del Hombre de *su* tierra y de pintar el paisaje fijaría en la tela el alma de *su* Paisaje. Por eso es señalado ya como un valor continental, entre los pocos que en América van alcanzando esa culminación en la jerarquía de los creadores del arte propio que después de varias generaciones se va a incorporar al acervo de nuestra cultura.

En fin, en esta parte última, después de diseñar los rumbos de nuestro arte y del arte universal, pasando por el puente del drama en la pintura moderna, finaliza su obra con un análisis y crítica de realizaciones: Diego Rivera, radiografía del rascacielos, reargentinización edilicia por el Urbanismo, que son otras tantas variantes del tema.

El artista mexicano, después de algunas etapas preanunciadoras de su arte definitivo, encuentra en el *fresco* la realización del *nuevo arte* y de *su propio arte*. No es un arte individualista por cierto, sino todo lo contrario: es el arte revolucionario, traducción del *colectivismo*, rebelión contra el *cézannismo*, el sarampión del *cubismo* e incluso los maestros modernos de su primera época como Zuloaga, el clasicismo y toda la influencia occidental anterior. Depurado de la corriente académica se entrega íntegro a la profunda influencia popular. Y sirve al mito nuevo y gigantesco como fantasmagórico de la *Multitud*, al destino político de su patria, exaltando el dolor del pueblo, repudiando el arte por el arte y cualquier otra forma de sibaritismo artístico. Lo dice con elocuencia en el *fresco*, apropiado por las magnitudes plásticas de su topografía para completar la revolución política con esta *independencia artística americana*. En tal pintura mexicana, de que Rivera es su más valioso exponente, como en el rascacielos cuya anatomía, morfología y espíritu analiza con prístina perspicacia, encuentra Guido *la única originalidad plástica en el arte actual de América*. El mito del *Progreso* que invade y domina a la metrópoli, populosa y poliforme, rica y poderosa pero todavía pujando por encontrar su perfil personal, viene a través de lo portuario al interior. Y desmantela a nuestras ciudades norteñas. Las desconecta del paisaje, del hombre, de la tradición histórica, de su arquitectura colonial, cuyas recovas eran auténticamente funcionales. Y por eso pregona Guido con su trompeta arquitectural, la reargentinización edilicia de la región septentrional a través del estilo que creó a nuestras viejas y frescas casas coloniales barridas por la invasión exotista.

Escapa a estos límites seguirlo en otros detalles. Pero basta con lo dicho para comprender la importancia trascendental que la información, la crítica y la teoría allí sustentada tiene para la cultura argentina y la cultura americana.

El lector habrá advertido la compaginación de las propias ideas de Ángel Guido con las de Ricardo Rojas, maestro de la más pura argentinidad, como lo proclama.

Otros pensadores americanos orientan su meditación hoy día en este sentido. Los hombres de letras de las provincias se preocupan hoy más intensamente, y en número creciente, por realizar esta obra preñada de futuro que consiste en reargentinizar el país.

[377] Le escribe Ángel Guido a Coviello, con fecha 18 de agosto de 1942:

Hay en todo lo suyo densidad intelectual, seriedad filosófica, arquitectura de forma y contenido, clara visión de propósitos. Y por encima de todo ello *fervor*, ese americano fervor que pareciera que ha quedado para los hombres de tierra adentro y lo hayan abandonado los demasiado pegados al Atlántico. De esa madera de fe estamos hechos Ud. y yo, mi querido amigo. De aquí que, casi sin conocernos personalmente, existe ya una fraternidad espiritual inusitada y una simpatía intelectual sorprendente.

Es que en esta cruzada de hombres del Atlántico que vamos hacia el Pacífico, bastan pocas palabras para sabernos obreros de un mismo y grande oficio: el de redescubrir América en sus auténticos valores metafísicos, estéticos y espirituales. Pero no ya solamente con *decir* y *doctrinar*, sino con hacer. Hoy es hora de hechos y no de pura doctrina. Es ésta indispensable, pero sin hechos las doctrinas se desvanecen en palabras.

[378] Relacionados con la nota de Coviello:
Tobías Rosemberg. "Los velorios de *Tipiro* [localidad situada a diez y ocho kilómetros de Santiago del Estero]: su ubicación folklórica y etnográfica" [Nº 9].
Néstor Ortiz Oderigo. "Danzas afroamericanas" [Nº 9].
Joaquín Neyra. "Ramón Gómez Cornet o un arte de la tierra" [Nº 11-12]:
> La grandeza de Gómez Cornet está en que supo dar a tiempo la espalda a Europa y entregarse íntegramente a la búsqueda dentro de sí mismo y a la búsqueda del espíritu de nuestro pueblo.

[379] En la sección "El pensamiento en acción. (Problemas argentinos)", del Nº 11-12, se incluye como única nota la de Alfredo Coviello: "¿Cumple la Universidad la función que le corresponde? ¿Cuáles podrían ser las reformas fundamentales que el futuro del país exige?", texto incluido en el libro publicado con ese título en la citada serie *Crítica de los problemas argentinos*.

[380] En la sección "Filosofía", también del Nº 11-12, se incluyen las siguientes colaboraciones:
Manuel López-Rey y Arrojo. "Características de nuestro tiempo".
> [Nota al pie] El autor de este ensayo [...] ha sido catedrático de Derecho Penal en Madrid y publicista de prestigio en la materia. Ha ocupado cargos en la magistratura y representado a España en conferencias internacionales. Actualmente asesor del Gobierno de Bolivia, ha sido contratado para redactar los códigos Penal y de Procedimientos en dicho país, donde desempeña las cátedras de Derecho Penal y Criminología. Su educación superior en Alemania se trasluce en la información novísima que apuntala a este trabajo y en la posición

doctrinaria como penalista, que rebasa el positivismo y las tendencias materialistas.
Juan Mantovani, profesor de las universidades de Buenos Aires y La Plata. "William James. El Hombre y el Educador. Sus ideas pedagógicas".
Luis Farré, doctor en Filosofía y Letras. "El hombre ante la belleza".
Hugo Maccarini. "De lo físico a lo metafísico".
Manuel Gonzalo Casas. "Amor y filosofía".
Alfredo Coviello. "Una metafísica de la libertad".

[381] Durante el año 42, *Sustancia* continuó ocupándose de la poesía:
Juan Pinto. "La poesía de Horacio Rega Molina" [N° 9].
Joaquín Morales Solá. "Almafuerte, lírico de las muchedumbres" [N° 10].
Alfredo Coviello. "Perfil del poeta" [sobre Rainer María Rilke] [N° 9].
Poemas de: Adela Rodríguez Larreta de García Mansilla; Ataliva Herrera; Julia Priluzky Farny de Zinny; Ernesto Díaz Villalba [N° 9]. Valentín de Pedro, María Raquel Adler, Horacio G. Rava, Leónidas Martínez [N° 10]. Ricardo Chirre Danós, Dámaso Jiménez de Beltrán, Serafín Pazzi, Rafael Mauelón Castillo, R.G. Llobril [N° 11-12].

[382] En la sección "Literatura", del N° 11-12, figuran colaboraciones de:
Ruy Bloem. "El primer romance brasileño". Se refiere a un libro de 1752, titulado en la primera edición *Máximas de virtud y hemosura*, pero se tornó más conocido por el nombre con que apareció en las ediciones posteriores: *Aventuras de Diófanes*: "Escrito por un romanticista nacido en el Brasil, este libro no podía y no debía haber quedado enteramente olvidado por los historiadores de nuestra literatura".
José Antonio Barea. "Mi amistad con la literatura. (Recuerdos de un librero)".

[383] José Gabriel. "Escritores argentinos sin profesión literaria".

[Comienza] Era inútil buscar en las historias literarias argentinas a Lamadrid, a Paz, a Garmendia: lo más que puede hallarse de ellos es el nombre. Sin embargo, fueron literalmente más creadores que otros que están expuestos con amplitud en esas historias. No son los únicos que faltan inmerecidamente. Voy a hablar de estos tres como una muestra – como una muestra de los escritores argentinos valiosos que esperan atención, como una muestra de las tantas cosas buenas – en literatura, en arte, en ciencia, en sociedad, en paisaje – que en este país permanecen sin descubrir.

[Concluye] Tres muestras de tres escritores argentinos desestimados como otros – Ascasubi, del Campo, Mansilla, Gutiérrez (Eduardo), Hudson – y como muchas cosas argentinas, que el criterio europeo nos impide apreciar debidamente. El criterio europeo es el del profesionalismo. América, por suerte, es vital. ¿No podríamos sustraer la Argentina a las heladeras profesionales? Bien entendido que no desdeño la profesión en general, sino su desborde de los límites técnicos. ¿No podríamos mantener la Argentina en lo que fue en todos sus grandes momentos: pueblo de hombres antes que de profesionales? A componer una novela se aprende; la *Excursión a los indios ranqueles* hay que vivirla.

[384] Adjunto a un manuscrito de José Gabriel, recibido por Coviello el 16 de noviembre de 1942, figura esta nota del periodista porteño:

He dejado de pertenecer a *Crítica*, después de 15 años. Quisieron reducirme el sueldo, pero era humillante y preferí la cesantía. Por cariño a la casa y por no alejarme del todo en el momento en que hay allí tanto lío interno, ofrecí seguir haciéndoles *gratuitamente* el fútbol dominical y los libros; pero no será posible. Se han adueñado de la casa los stalinistas, y ya no podrían tenerme a mí, que soy antitotalitario de derecha y de izquierda. Empecé hoy a colaborar en *El Mundo*. Si alguna vez *La Gaceta* cree útiles mis servicios (fútbol con seudónimo, deportes en general, libros y otros comentarios sin firma) estoy a su disposición, lo que, aparte de serme útil, me es grato. Ahí, no admito otro.

[385] Entre los libros incluidos en las secciones de crítica bibliográfica de *Sustancia* durante 1942 merecen citarse: *Archipiélago. (Tierra del Fuego)*, de Ricardo Rojas, por Ricardo Chirre Danós; *Testimonios. Segunda serie*, de Victoria Ocampo, por Eduardo Alonso Crespo; *Romancero*, de Ismael Moya, por Idalia María E. Rotondo [N° 9]. *El jardín de senderos que se bifurcan*, de Jorge Luis Borges, por Alberto Elsinger; *El pensamiento antiguo. Historia de la Filosofía Greco-Romana*, de Rodolfo Mondolfo; *Historia de la Sociología latinoamericana*, de Alfredo Poviña; *La Universidad y los problemas nacionales*, de Alfredo L. Palacios; *El sayal y la púrpura*, de Eduardo Mallea, por R.C.D.)[N° 10]. *La crisis espiritual y el ideario argentino*, de Saúl Taborda, por Carlos Varela Avellaneda; *Bosquejo de una introducción al folklore*, de Augusto Raúl Cortazar, por Idalia María E. Rotondo; *El subconsumo de alimentos en América del Sur*, de Emilio Llorens, por R.C.D.;*La ciudad del hierro verde*, de Ramón Prieto, por J.M.S. [N° 11-12].

[386] Por entonces, la revista presentaba cambios en el subtítulo y en la composición de sus autoridades y colaboradores, que implicaban una nueva etapa, orientada al "ideal de la unidad argentina a través de la cultura".

Sustancia. **Número 11-12, octubre de 1942**

Tribuna continental de la Cultura Provinciana

Director: Alfredo Coviello.
Redactores: Ricardo Chirre Danós; Oscar Gómez López.
Comité Federativo: Alcides Greca, Ángel Guido (Santa Fe); Saúl Taborda, Emile Gouirán (Córdoba); Ricardo Tudela, Fausto Burgos, Alfredo R. Bufano, Juan Draghi Lucero (Mendoza); Juan Alfonso Carrizo (Catamarca);

Orestes Di Lullo, Horacio G. Rava (Santiago del Estero); Horacio Carrillo, Daniel Ovejero (Jujuy); Antonio de la Torre (San Juan); Elías Ocampo (La Rioja); Ataliva Herrera, Juan Mantovani, Alberto Córdoba (Buenos Aires); Alberto Rougés (Tucumán).

[387] [Presentación]
A partir del presente número *Sustancia* se convierte en el órgano continental de la cultura provinciana. Hasta ahora, ha sido la voz propia de la región norteña. Ha dado prevalencia al folklore y las expresiones literarias del medio, considerándose a la vez instrumento formativo de los jóvenes con vocación humanística sin ninguna otra distinción que la aptitud probada. Ha mantenido la preponderancia de la filosofía y de la poesía y poética en cuanto concierne a su eco continental. A través de sus páginas se ha analizado el problema de la cultura, la posición de la filosofía, y se ha efectuado el análisis de valores argentinos, americanos e incluso universales. Pasa ahora a la etapa de la inter-conexión regional, naturalmente: por simple re-descubrimiento que en forma sucesiva han hecho entre sí los grupos de obreros de la cultura que laboraban por el engrandecimiento intelectual del país en un contacto menos íntimo y en zonas aparentemente dispares. Despojados de toda ceguera o mezquindad localista y de cualquier egoísmo personal, mancomunan sus esfuerzos en un ideal definitoriamente inconfundible. Lo mucho o poco, lo grande o pequeño realizado por cada uno de ellos hasta hoy, se halla impregnado por matices de intensa coloración. Desde hoy será el medio de expresión inmediata de una confederación de cultura argentina, cuyo Comité Ejecutivo encabeza estas manifestaciones. Tenderá a *descentralizar* la cultura argentina, *integrar* la vida espiritual de las regiones, *dignificar* el movimiento intelectual provinciano.
Acentuará el tono de la expresión nacional, armónicamente conjugado con el sentido universal de la humanidad y de la cultura. Será su afán primigenio decir con

voz propia y no repetir como *eco*, sin que esto entrañe encerrarse en ningún exclusivismo dogmático: el arte, la filosofía, las manifestaciones literarias y la vida intelectual orgánicamente concebida, con un desarrollo de acento peculiar, de iniciativa creadora, que lleve incluso en los problemas más complejos a procurarnos soluciones originales. Aspira a convertirse en una Revista que condense la esencia de la vida regional: un órgano eminentemente provinciano. Realizará, pues, en el plano de la cultura, lo que su Comité Federativo entiende como de más urgente para el futuro inmediato del país: incluso el ideal de la unidad argentina a través de la cultura.
Con su pensamiento básico de realización, une a los hombres por sus semejanzas, mientras sus diferencias constituyen el carácter de independencia particular conforme al afán inmanente que el desarrollo de la personalidad implica.
Para abordar los problemas que en cualquiera de sus zonas surgieran, más allá del programa cultural mantenido hasta ahora por *SUSTANCIA*, se inicia en estas páginas un nuevo sector: EL PENSAMIENTO EN ACCIÓN. Tratará todas las cuestiones que puedan pertenecer a otras especialidades del saber: como los problemas económicos, jurídicos, técnicos, sociales-estadísticos, etcétera.
EL PENSAMIENTO EN ACCIÓN estará, pues, dedicado al planteamiento de *problemas argentinos*: a su estudio, análisis, crítica.
Coincide esta transformación de *SUSTANCIA* con una fecha magna: está promediando el V siglo del descubrimiento. Lo sintetizamos en las dos viñetas: la una, pertenece a la América virgen, que fue el continente autóctono; la otra es el continente trabajado, influido por la acción tremendamente renovadora del espíritu moderno. Es la tapa y la contratapa del nuevo mundo, 450 años atrás, 450 años después. Y en medio, el milagro de una fantástica aventura humana, la cristalización de una leyenda imposible por arte mágico del espíritu del hombre.
Ninguna fecha más propicia para tan magnos propósitos.

[388] El tono de la citada Presentación guarda sintonía con las adhesiones que Coviello iba recibiendo en apoyo de *Sustancia*:

Gonzalo Losada, 2 de julio de 1942:
Veo que está usted metido en una labor intelectual variada e intensísima, fruto de muchos años de estudio, de observación y de experiencia y como estos frutos están muy sazonados, las satisfacciones espirituales e intelectuales que va usted a tener serán muchas y le compensarán sus largos esfuerzos.

Juan Draghi Lucero, Mendoza, 27 de octubre de 1942:
¡Nuestra Pachamama tiene rasgos duros y bastos! ¡Pero es la auténtica expresión de nuestras cordilleras, pampas y selvas! No tiene la medida greco-latina. [...] Mis grandes saludos a Greca, Guido y Taborda. Siquiera nos dieran su medida dentro del verdadero sentido de tierra adentro. Por mi parte espero con ansias las nuevas muestras. Tengo labrado mi rumbo criollista, pero estoy pronto a admitir premisas ajenas cuando ellas son fieles a nuestro clima histórico y por su fervor auténtico muestran honestidad. Siquiera, repito, *Sustancia* se encaminara definitivamente por el camino que perdimos cuando nos afrancesamos.

Miguel Ángel Virasoro, 16 de diciembre de 1942:
Espero que su esfuerzo titánico fructifique removiendo el ambiente espiritual de aquellas Provincias y que su obra *catalizadora* tenga la virtud de despertar inquietudes y vocaciones nuevas, especialmente si se considera que luego Ud. podrá encauzar su prédica dentro de un órgano de tanta resonancia como es la revista *Sustancia*.

Córdova Iturburu, 25 de diciembre de 1942:
Sustancia ha traspuesto ya los límites reducidos de su provincia, se ha convertido en un exponente de la cultura argentina; mejor: en tribuna continental de la cultura provinciana. Es, sin duda, lo más serio que se hace actualmente entre nosotros en materia de publicaciones periódicas. La prosperidad que parece acompañarla

demuestra – es necesario subrayarlo – nuestra madurez. Hace algún tiempo las empresas de este noble carácter morían de inanición apenas daban los primeros pasos.

Álvaro Yunque. "Cabalgata literaria – Brújula de lecturas", en *Los Principios*. Concepción del Uruguay, 2 de enero de 1943:
   En torno suyo [*Sustancia*] se agrupa un comité federativo de intelectuales de primera línea, estando las provincias representadas en él por sus mejores valores.

[389] El Volumen III de la revista consta de 624 páginas + Índice.

[390] Según ya se ha señalado, además de ocuparse directamente por conseguir colaboraciones de prestigio para *Sustancia*, Coviello cuidaba con atención los aspectos administrativos (distribución, canje con otras publicaciones, correspondencia con lectores, etc.) y el sostenimiento financiero de la revista, en particular, la obtención de avisos publicitarios.

[391] Ernesto Padilla continuó apoyando a Coviello en todos los aspectos que hacían a la vida de *Sustancia*.

Furlong. *Ernesto Padilla…*

Carta de Padilla a Coviello, en su carácter de codirector de *La Gaceta*, fechada el 1° de junio de 1940:
   El Director de Irrigación me ha hecho conocer confidencialmente el informe del ingeniero que fue a visitar las obras de riego y de provisión de agua en Amaicha del Valle y Colalao, comprendiendo la acequia revestida que aporta el agua de la vertiente de La Esquina, cedida por Clemente y Lucas Zavaleta; la Nación ha gastado más de $ 300.000 que fueron transferidos a la Provincia en diciembre de 1939, en virtud de instancias locales. […] El resultado de la visita es comprobar el desastre en que están y cómo van esas obras tan costosas y tan esenciales para la economía regional. […] ¿No le parece conveniente

hacer conocer lo que sucede, no para formular reproche, sino para conseguir remedio? Y, ¿cuál sería el remedio? Sencillamente, entenderse con la Dirección y trabajar con los diputados para que se ponga en el presupuesto partida para la atención. [...] Me resuelvo a confiarle estos datos para que los utilice como le parezca conveniente, teniendo en cuenta el bien público de esas regiones montañosas más alejadas de nuestra provincia. Es difícil explicar cómo he conseguido copia del informe del inspector. Hay que recurrir a la habilidad reporteril. Se lo mando, tal como me llega, pidiéndole que después de aprovecharlo como le parezca, me lo devuelva. Y, repítole, en esto no pongo a Ud. en compromiso alguno de publicidad. Me basta con que Ud. lo conozca y pueda conversar de su contenido con quien pueda remediar las faltas anotadas.

Carta de Padilla a Coviello sobre *Sustancia*, fechada el 27 de mayo de 1940:
Usando el símil como en el caso de las musas, cuando una de ellas da a luz, la que sigue debe quedar preñada.

El alivio para *Sustancia* llegó mediante una subvención otorgada por el Ministerio de Educación de la Nación. Por eso, a partir del Nº 11-12, de octubre de 1942, no hay avisos publicitarios en la revista.

Respecto de aquel doble número, le escribió Padilla a Coviello:
Cuánta labor, cuánto mérito, cuánto prestigio para Tucumán, con el milagro conseguido de *Sustancia*, tal cual Ud. lo ha planeado y realiza.

A fines de 1942 la situación financiera no era mala, pero había que hacer economías. El número doble 11-12 había salido con 300 páginas, pero un doble anterior, el 7-8 había llegado a las 600 páginas.

"Ya el número 13 es mejor", escribía Coviello el 17 de febrero de 1943, en su presentación exterior, y esperaba mejorarlo aún más.

Padilla agenciaba un buen aviso del Banco Hipotecario Nacional y no dejaba de rondar por las antesalas del algunos ministerios en procura de algún subsidio, aunque los hombres al frente del gobierno no eran de sus simpatías y apenas los conocía.

Escribía a Coviello en 2 de septiembre del 43:
> Veo que las finanzas han recibido buen auxilio, celebrando particularmente el de la subvención del Ministerio. Acá no puedo seguir en los pasos en que estaba, porque me he impuesto un retraimiento, que no ha de durar mucho, para seguir en el empeño.
> Su actividad de Ud. es incansable y es siempre fecunda, lo mismo que la publicación de sus libros, con lo que nos hace computables en la vida cultural del país.

EL DRAMA DEL HOMBRE Y DEL MUNDO, SEPTIEMBRE DE 1942

[392] Alfredo Coviello fue invitado ocupar la tribuna del Instituto Popular de Conferencias del diario *La Prensa*, en Buenos Aires. Su tema fue "El drama del hombre y del mundo". La dictó el 19 de septiembre de 1942, a partir de las 18.30, y fue difundida por Radio Splendid a partir de las 22.45. Se publicó completa en la edición de *La Prensa* del 9 de septiembre de 1942, y en *Sustancia*, N° 15-16, junio-julio de 1943.

Alfredo Coviello. "El drama del hombre y del mundo"

[Párrafos finales]

El destino del mundo actual

La guerra es la expresión más elocuente del falso destino. La guerra es lo colectivo inconsciente en acción. Lo que el hombre individualmente consciente, repudia con horror, lo acepta ahora apasionada y ardientemente.

Admite ir al ataque. Concibe la agresión como una necesidad. La muerte de su semejante se le aparece como un acto de arrojo. El asesinato a mansalva, es la heroicidad encomiable del todo social. Uno contra uno, lo entiende como delito: todos contra todos, es el riesgo altruista. La guerra se le presenta así como una depuración orgánica colectiva.

Pero si el hombre consigue sobreponerse a las pasiones y enconos, a veces artificialmente originados y perversamente fomentados, entonces se determina conscientemente en otro sentido. El hombre que se eleva por encima de la capa afectiva y del dominio instintivo concibe la guerra como una horrorosa plaga. Comprende que su conciencia moral es prisionera de otras fuerzas. Su inteligencia está ahora ciega y reducida al cautiverio. Por de pronto, no le separa de la lucha animal, nada más que la mayor perspicacia destructiva. Un progreso técnico de que no pueden hacer alarde ni los pájaros, ni las mariposas, ni las víboras, ni el tigre, ni las hienas. Una perversidad de intención, a través de antros por donde no podría arrastrarse el más miserable de los gusanos. El reverso de su milagrosa espiritualidad...

Y esta es la lucha permanente: del instinto y del espíritu; de lo irracional y de lo lógico. Lucha que sigue las peripecias de esa ley de alternancia que nos da el día y la noche, el amor y el odio, la sombra y la luz...; peripecias de ese ritmo cósmico que es armonía; creación, destrucción y reconstrucción sucesivas...

El mundo de hoy nos sorprende por sus maravillosas creaciones. Desde hace unos diez siglos las invenciones y descubrimientos se multiplican en forma creciente. Podríamos llamar a uno siglo de la imprenta, a otro del carbón, del vapor, de la química. ¿Y la nuestra: centuria de la electricidad, de la radio, de la conquista del aire?... No; siglo de la *cosmo-guerra* puesto que cuanto el hombre puede disponer, como energía, natural o humana, está al servicio de este trágico designio.

¿Elite o masa?

Por aquí emparejaremos con esta sustitución del problema que absorbía a la generación anterior a la nuestra: *¿el Individuo o el Estado?...*
La discusión estaba agotándose estérilmente cuando la realidad social respondiendo como a una ley de transformaciones nos proporcionó estos términos distintos en la forma, discutibles en su fondo: *¿Elite o Masa?...*
En definitiva, pareciera que se hubiese introducido simplemente una *pluralización* de los términos sobre la singularidad de aquellos factores *Individuo* y *Estado.* Más que pluralización quizá la idea de *dominación* se ha acentuado en el desenvolvimiento del fenómeno. La idoneidad, frente a la cantidad, quiere imponerse en razón de su ingenio, de su habilidad, de su poderío... Pero la cantidad clama, con un acento profundamente humano en las rigurosas injusticias que fluyen del grupo de los selectos a pesar de las teorías proclamadas, dado que tampoco así se logra la armonía social que permita la más adecuada acomodación del ser en su medio ambiente.
La élite puede desembocar en la arbitrariedad. La multitud, esclava de las fuerzas instintivas, es la masa empujada a la zona de lo inconsciente. Así, el mundo se desplaza de uno a otro extremo, continuando su proceso de acciones y reacciones sociales. Estas creaciones y destrucciones de formas y de sistemas, constituyen la esencia del mundo viviente que no es otra cosa que su propio proceso de transformación.
Será importante poder establecer cuánto de ese algo realizado ha sido realizado sin intención, esto es, conforme a una de las manifestaciones del subconsciente. Y cuando vuelve a reproducirse sin esa intención consciente, tal cual lo demuestra el análisis de las formas que afecta lo inconsciente.
Si pudiera medirse o calcularse y establecerse la proporción sobre las determinaciones conscientes de la totalidad de los fenómenos sociales, quizá nos sorprenderíamos de los resultados que este balance arrojase.

Puesto el hombre en condición de multitud, pierde su facultad autocrítica.

La misión del hombre, de la ciencia, del saber, es: proyectar la luz sobre la oscuridad, convertir lo inconsciente en consciente. (Mientras que los movimientos espasmódicos de las masas obedecen a un proceso inverso; parten de una determinación consciente y siguen una conducta que se torna, gradualmente: disciplinada, automática, inconsciente). Porque es evidente que cuando la multitud puede ser calificada en estado de masa ha adquirido un grado de excitabilidad y alucinación colectivas, propicia a ser juguete de cualquier ilusión, en peligro de resolverse sugestionada ante una sola palabra y una sola conciencia como podría serlo un *médium* ante un hipnotizador... Por eso, el gran problema – el problema central para el pensador de hoy – es lo inconsciente.

El homo-polis

El hombre de hoy es, ante todo, un *homo-polis*. Sus aspiraciones residen en llegar a refugiarse donde el *confort* es mayor, la vida más fácil, el dolor más llevadero: la ciudad. Busca él una seguridad, garantirse contra las contingencias que le depara el aislamiento. Quiere estar a resguardo de las necesidades. Protegido contra las inclemencias de la naturaleza. Y nada mejor para ello que un seguro de carácter social. En comunidad, las dificultades resultan más llevaderas. Esto lo empuja instintivamente a la vida de la comuna, a las agrupaciones metropolitanas. Quiebra de tal manera la soledad de los campos. Y concentra en ese traslado el ideal de su vida.

No exageraríamos al decir que hoy por hoy nuestro tipo de hombre, el hombre de nuestra época, tiende a alejarse de los campos y de las montañas para refugiarse en las populosas colmenas que son las ciudades modernas. Quiere acortar las distancias. Y elimina la soledad, a costa de abandonar el diálogo con su propio paisaje.

Dirigiendo la mirada en nuestro derredor deberíamos concebir y materializar el enraizamiento del hombre argentino en una armonización equilibrante: hay que revivir las provincias, fortificar las raíces en profundidad para que el tronco se robustezca y en toda la frondosidad de sus ramas aflore la salud… Que el hombre vuelva a fecundar su paisaje equilibrante: hay que revivir las provincias, fortificar las raíces en probilidad nacional y labrando el destino auténtico de la persona en un arraigamiento de profundidad provinciana.

Esta horizontalidad nacional que es la unidad del hombre argentino y esta perpendicularidad provinciana nos otorgan la visión clara de nuestra vida espiritual: la cual ha de culminar mediante la descentralización de la cultura.

Camino equivocado

No es sólo por lo que acabamos de señalar que el camino ha sido equivocado frecuentemente. La humanidad, el mundo, busca hoy la felicidad por la senda de la violencia, de la crueldad, del despotismo – dice Bertrand Russell –. Lo observaría igualmente cualquiera de nosotros.

El hombre no puede enfrentar ciegamente al hombre dominado por propósitos materiales y egoístas: la vida así concebida se transforma en una lucha despiadada. No es convivencia de solidaridad humana, de interdependencia social, sino desafío y asalto permanente.

El mundo intelectual y el mundo moral que nosotros vivimos, nos lo elaboramos nosotros mismos. Combinamos las imágenes del universo y las relaboramos permanentemente para estructurar de esta manera un cosmos que nos da el sentido de la vida, la interpretación del destino humano, la determinación de nuestros actos.

¿Cómo es que lo advertimos y sin embargo equivocamos la ruta?

Trágica identidad del homo-faber y del homo-sapiens

"El hombre *hace* en la medida que *sabe*", dice un pensador. De aquí surge esta identidad del *homo-faber* y del *homo-sapiens*. Y en efecto: lo vemos haciendo, la horrible carnicería, en la medida de su saber.

Ante este espejo sangriento en que ha de mirarse la humanidad, surge sola y reiteradamente la pregunta acerca de si estamos seguros al enunciar enfáticamente la ley del progreso. Hablemos moralmente y no en relación a la capa externa de la civilización.

Y entonces tornamos a la pregunta primera: aquel primer problema de la filosofía, resulta ser siempre el problema último que el ser humano puede plantearse. Y cuando cree que lo ha resuelto o que lo va dilucidando, se encuentra con que no ha hecho sino trasladarse de incógnita en incógnita, sin despejarla más que de un término relativo a otro más lejano.

El hombre y su paisaje

Para que el hombre sea fiel a su destino, ha de convivir con *su paisaje*.

Con gran acierto, Ángel Guido en su *Redescubrimiento de América en el Arte*, llama la atención sobre el momento actual. Es como el instante en que se va a iniciar una nueva carrera. Las formas desvitalizadas del arte, que llevaron a éste a una profunda irracionalidad, parecen ya agotadas. Por lo menos declinan en posibilidades. Es necesario retornar al sentido vital de la creación artística. Y entonces si hemos de volver a sus elementos esenciales, que son el Hombre y el Paisaje, dirigiendo la mirada a nuestro país y desde nuestro país a su interior, redescubriremos, como allí se pregona, nuestro Hombre y nuestro Paisaje. No se trata sólo de los artistas, sino también del escritor, el poeta, el intelectual, como del hombre de ciencia y el divulgador de la cultura: serán tanto más fieles a su destino cuanto más fidelidad reserven para el hombre y el paisaje de su zona, que ha de ser *su* Hombre y *su* Paisaje. Se trata de un ideal contrario a aquel *traslado* del hombre de la campaña y de la montaña a la ciudad.

Cada uno hablando en su medio con su propia voz, por resumirlo en pocas palabras.

Inmanencia y trascendencia de la cultura

Cuando queremos expresar, con cierta simplicidad, la esencia de un sistema filosófico, decimos que es de carácter inmanente o que en él predomina la trascendencia. Me eximo de entrar en detalles.
Con este criterio, amplio, podemos decir que también nos sería sencillo esclarecer las bases primordiales de todo movimiento cultural. Las fuerzas que traducen la expansión de la literatura, de la filosofía, del arte, tienen igualmente una doble dirección: por un lado, responden de manera inmediata a los fenómenos locales; por el otro, desbordan los límites localistas y trascienden a esferas más amplias. Tenemos así una inmanencia de la cultura: ella tiende, según nuestras vistas, a integrar la vida intelectual en su aspecto regionalista.
Y una trascendencia cultural, en virtud de la cual esta integración de la cultura regional se realiza con vistas a su unidad específica, que es la cultura nacional.
La cultura nacional posee, asimismo, un aspecto inmanente que tiende a plasmar la unidad de las letras argentinas (y que desde el punto o posición regionalista, es trascendente: trasciende a las regiones). Como unidad nacional, su fuerza de trascendencia lleva la cultura argentina al ámbito de la cultura continental, de la cultura universal. Es lo que en la *Geografía intelectual de la República Argentina* y en *El sentido integral de las Universidades Regionales* he mencionado como expresiones del *espíritu de la tierra y espíritu de lontananza*.
Propongo esta otra denominación más filosófica y más metafísica si se quiere: para que el espíritu de la tierra, el *genius loci* a que tan frecuentemente se refieren los estudiosos del folklore y los fundamentadores de los movimientos universales de la cultura, no pueda ser confundido con ningún espíritu de tribus salvajes conjurado supersticiosamente ante el pánico de la muerte o en los preliminares de alguna aventura guerrera.
La inmanencia y trascendencia de la cultura son dos fuerzas existentes, y tan reales como lo que con el concepto

fuerza expresan las explicaciones científicas o materialistas. Por otra parte, la inmanencia y la trascendencia de la cultura, no podrían ser desechadas, a mi juicio, ni aun invocando falta de espíritu crítico o de madurez filosófica. Concebimos la cultura nacional como un movimiento doble, hacia adentro y hacia fuera. Hay un ente regional de propios impulsos que recibe a su vez la influencia del ámbito externo: es un movimiento finito, perfectamente definido, de gradación superable, permanente, de conquistas incesantes, que consiste en un plegarse y desplegarse sucesivos.

La atracción de repliegue, estimulada por su impulso inmanentista, la representaríamos gráficamente por una dirección vertical. Una inmersión o penetración en profundidad de la vida ambiente, hasta centrarse en la esencia de la vida provinciana.

La acción de despliegue, alimentada por el fuerte impulso de la trascendencia, es un desborde sobre la superficie territorial del país, traspasando y superando el ambiente medio inmediato. La dibujaríamos gráficamente en una expansión cultural de carácter horizontal que llena ese ámbito y se pierde en confines universales.

La trascendencia y la inmanencia, la inmanencia y la trascendencia, se fecundan en baños sucesivos, recíprocos y permanentes, de orden espiritual, en un tránsito de nunca acabar. Es lo finito y lo infinito resolviéndose dialécticamente. Y así nos explicamos cómo la provincia influye sobre la región, la región sobre la nación, la nación sobre el continente, el continente sobre el universo: porque son fuerzas inmanentes que se trascienden en juegos finitos e impregnaciones infinitas.

Hubiera deseado insistir en este aspecto de la introversión y de la extraversión que el movimiento de la cultura implica, porque así desmenuzada espiritualmente, es posible la regularización equilibrada y el posterior desarrollo armónico. Con una visión geográfica de la cultura argentina, es más fácil conservar memoria de la importancia que la descentralización de la vida intelectual implica. Por eso lo he expuesto en reiteradas oportunidades.

EPISODIOS NACIONALES. *LA GACETA*, 1937-1943

A esta altura vale auscultar algunos episodios reflejados en los editoriales de *La Gaceta*, seguramente escritos por Alfredo Coviello.

Textos de base: Carlos Páez de la Torre (h). *Historia de Tucumán*. Buenos Aires: Plus Ultra, 1987. – Carlos Páez de la Torre (h) (Director). *La Gaceta. Un siglo de historia*. Tucumán: La Gaceta, 2012.

[393] *La Gaceta*, domingo 21 de febrero de 1937.
Ese día, se realizaban elecciones en la provincia de Santa Fe para gobernador y vice, período 1937-1941.
Titular de primera plana: "Los candidatos radical [Enrique Mosca, de la Unión Cívica Radical, Comité Nacional] y antipersonalista [Manuel de Iriondo, de la Unión Cívica Radical de Santa Fe] muéstranse optimistas sobre los resultados".

Editorial "Santa Fe":
Juega la democracia argentina, en el día de hoy, una carrera de la que puede depender su definitivo afianzamiento o la iniciación de un período de hondas incertidumbres, fuente acaso de futuros y grandes trastornos.
[...]
Si dentro de ese concepto de comicios libres y escrutinio legal, salieran triunfantes los candidatos del radicalismo irigoyenista, tendríamos como núcleos de futuro triunfo popular, esa provincia, la Capital Federal, Córdoba y Tucumán, que suman más de cien electores presidenciales de mayoría; más los que el partido de referencia obtuviera como minoría en el resto del país podrían llegar, si no a imponer su propia fórmula, por lo menos a determinar la necesidad de aceptar alguna transaccional que se apoye en las fuerzas democráticas y sea a la vez una absoluta garantía para los intereses de la nación.

La Gaceta, día 22.
Gran titular: "Amplia ventaja antipersonalista – Formúlanse numerosas denuncias": Iriondo, 52.817; Mosca, 18.065; Mattos (del Partido Demócrata Progresista), 9.301.
Telegrama de Alvear a Castillo [Ministro del Interior]: "Engaño, dolor, fraude, injuria o violencia hecha con abuso manifiesto y alevoso de fuerza".

La Gaceta, día 23.
Titular: "Acentúase la ventaja de Iriondo": 81.882 contra 37.163.

Editorial "Santa Fe y la futura fórmula presidencial"
El triunfo de la candidatura del doctor Iriondo en las elecciones santafesinas del domingo, representa el triunfo de la política dirigida que tiene como árbitro al presidente de la Nación general Justo.
No vamos a entrar a analizar el cómo y el por qué de la gran mayoría de sufragios que acaba de consagrar gobernador al ex ministro de Justicia e Instrucción Pública. Trátase de un hecho consumado, que no podrá reverse y que la opinión pública debe aceptar como la expresión de las soluciones que deben esperarse de los futuros problemas electorales que le corresponden dilucidar en el vasto escenario de los comicios nacionales para la futura presidencia.
[...]
La pérdida de la provincia de Santa Fe para el radicalismo irigoyenista importa definir en gran parte el futuro electoral. Ya no podrá sobre base seria, aquella gran fuerza popular, aspirar a que el pleito de la futura presidencia se resuelva bajo la gravitación de sus propias y exclusivas determinaciones. Tendrá que reconocer que la primera magistratura del país, debe significar algo más que la jefatura de un partido, y que no conviene llevar a ella una bandera de guerra, sino más bien una fórmula de concordia. El radicalismo irigoyenista, tampoco podrá reincidir en su postura abstencionista, porque la deserción del sufragio, o lo llevaría a la disolución definitiva, o

lo mantendría como fuerza perturbadora, dispuesta a proclamar la revolución en cualquier momento, postura esta última que de manera alguna aceptarán sus dirigentes más esclarecidos.
Así las cosas, hay que reconocer que ganando Santa Fe, el Presidente Justo ha dado un gran paso para poder decir a las fuerzas políticas de derecha, centro e izquierda, que dividen a la opinión nacional: este será el futuro Presidente. [...] Puede decirse desde ya dentro de qué tendencia, dentro de qué grupo estarán los papábiles. Lo serán radicales. Radicales de tradición. Pero no radicales abanderados en una tendencia intransigente. Tampoco radicales que tengan de tales solamente el nombre o un remoto recuerdo de haber militado en las filas de la Unión Cívica en otros tiempos.

[394] El 9 de julio de 1940 tuvo lugar una especial celebración del Día de la Independencia, en Tucumán. Impedido el presidente Roberto Ortiz de concurrir por razones de salud, representaron al Poder Ejecutivo de la Nación, los ministros de Guerra, general Carlos Márquez; de Marina, almirante León Scasso; de Instrucción Pública, Jorge Coll; de Obras Públicas, Luis A. Barberis. También participaron de los festejos los gobernadores de Tucumán, Salta, Jujuy, Santiago del Estero, La Rioja, y el interventor federal en Catamarca.
Hubo desfile militar, desfile escolar, revista de aviones militares, baile de gala en el Jockey Club.

En la ceremonia en la Casa Histórica, pronunció un largo discurso el historiador Ricardo Levene, presidente de la Academia Nacional de la Historia, y de la Comisión Nacional de Museos y de Monumentos y Lugares Históricos.

De la Casa se ocupó *La Gaceta*, el 10 de julio de 1940:

Editorial "Las concentraciones en la Casa Histórica"
　Se han realizado concentraciones en la Casa Histórica, en número incalculable, durante la semana últimamente

transcurrida. [...] Las realizan instituciones locales y delegaciones venidas de otras ciudades del país. Los móviles eran idénticos y el mismo fervor patriótico los impulsaba a todas. Y cada una de ellas tuvo que tropezar con iguales inconvenientes: el de la estrechez del pabellón que cubre la histórica sala donde se reunió el Congreso y el de la falta de comodidades para tributar en conjunto el homenaje que trataban de rendir a los forjadores de nuestra nacionalidad. Quienes llegaban por primera vez a la Casa Histórica, sufrían un desencanto. Esperaban encontrar el homenaje de la Nación, concentrado en un monumento adecuado a la trascendencia del Congreso en el nacimiento de la patria. Es la obra que allí está faltando y que el sentimiento nacional reclama. [...] Esta situación de la Casa Histórica debe repararse de una vez.

Vuelve *La Gaceta*, el 19 de diciembre de 1941, a ocuparse del tema.

Editorial "La conservación de los Monumentos Históricos"
El hecho de que a un vetusto edificio se le declare monumento histórico, implica, por lo menos, la decisión de conservarlo en buen estado. Solamente así puede llenar esa declaración su finalidad patriótica. De lo contrario, resultaría contraproducente.

[395] *La Gaceta*, 1º de octubre de 1942, publicó en su primera plana el siguiente recuadro:
51.779 ejemplares aumentó *La Gaceta*. La circulación comparada de los meses de septiembre de 1941 y 1942, arroja este saldo en la venta de la firma Guzmán & Sánchez.

[396] Telegrama de *Crítica*, 5 de noviembre de 1942, a la Dirección de *La Gaceta*:
Agradeceremos haga un par de reportajes si es posible Campero y Coviello sobre atentado a Justo. Unas 150 palabras cada uno el viernes por telegrama. Saludos. Crítica.

Respuesta de Coviello [*Crítica*, 7 de noviembre de 1942]:
   Mi principal preocupación diaria consiste en interiorizarme y criticar los problemas regionales, nacionales y universales, debiendo recordar que me interesan sobre todo los relativos a la cultura y al hombre como ente vital. Por estas circunstancias me mantengo equidistante y prescindente en la actuación política. Ello no me inhibe, más bien me autoriza a dar una opinión, alejada de toda simpatía personal o ideológica.
   He repudiado el empleo de la violencia en todos los terrenos, sobre todo en el ámbito de la cultura y en procura de este ideal incluso hice a un lado mi propia tranquilidad. El atentado al general Justo, es un vejamen frustrado que no hará sino despertar muchas voluntades dormidas concitándolas en su favor.
   Corresponde decir que el general Justo encarna al espíritu civil presidiendo a las fuerzas armadas de la Argentina. A él debe reconocérsele el mérito de ser lo ampliamente liberal como para gobernar conforme a nuestras instituciones libérrimas y lo suficientemente enérgico como para evitar la disolución de nuestra unidad nacional y la pérdida del carácter que legaron al país nuestros mayores. Saber abrir la mano con blandura y tener el puño vigoroso para esgrimir el arma llegado el instante difícil y por sobre todo no padecer miopía ante las pequeñeces de lo inmediato conservando en cambio la visión amplia y grande de los acontecimientos lejanos que mañana deberemos afrontar: he allí todo lo que habla en su favor y disuelve por sí solo el agravio que ha suscitado el repudio de las conciencias libres y dignas.

[397] **Algunos editoriales de *La Gaceta* sobre el Gobierno de la Revolución del 4 de junio de 1943:**

"La nueva situación nacional", del 7 de junio de 1943:
   Los principios allí expuestos [en las proclamas] son tan claros y categóricos que su enunciación no puede conducir a equívocos. Lo que fundamentalmente nuestra conciencia democrática reclama, es el imperio de las

instituciones republicanas. [...] El momento actual es de expectativa general en todo el país. La prensa, y con ella el pueblo, han pasado ahora a la categoría de espectadores activos, anhelosos de que la ruta cierta no sea equivocada en ningún caso.

[398] Intervención en el Poder Judicial

"Depuración de la Justicia Federal", del 14 de junio de 1943:
Las medidas categóricas que ha tomado el Gobierno Provisional, depurando la Justicia, han sido recibidas con beneplácito por la opinión general. [...] Tiempo era ya de que hubiese alguna distinción entre los jueces y funcionarios honestos, y aquellos otros que no lo son ni parecen serlo. Para que la justicia mantenga incólume su majestad. Para que pueda ser invulnerable, respetable y respetada.

[399] Por decreto del 20 de octubre de 1943, firmado por el presidente general Ramírez, con el refrendo del coronel Gilbert, Ministro de Relaciones Exteriores y Culto, quedaba eximida la revista *Sustancia* del cumplimiento del art. 45 del decreto Nº 85.611 del 3 de marzo de 1941, autorizándosela a destinar íntegramente a la atención de los gastos de impresión de la misma, el importe del subsidio de $ 3.000 que el Presupuesto vigente le acordaba con imputación al Anexo M, número de orden 2898.

[Carlos Páez de la Torre (h). *Tucumán y La Gaceta. 80 años de historia. 1912-1992*. Tucumán: La Gaceta, 1992].
[Elisa Cohen de Chervonagura. *El lenguaje de la prensa. Tucumán 1900-1950*. Buenos Aires: Hachette, 1997].

TERCER CONGRESO DE LA SOCIEDAD ARGENTINA DE ESCRITORES, JULIO DE 1941

[400] Ya aparecido el primer número de *Sustancia*, Coviello fue invitado al Segundo Congreso de la Sociedad Argentina de Escritores (S.A.D.E.) efectuado en octubre de 1939 en la ciudad de Córdoba. Distintas provincias del país enviaron delegaciones compuestas por importantes figuras literarias y culturales. [*La Gaceta*, 17 de octubre de 1939].

[401] Cabe apuntar que como consecuencia de aquel Segundo Congreso, Manuel Gálvez y Carlos Obligado renunciaron a la S.A.D.E.

Manuel Gálvez. *En el mundo de los seres reales.* (Hachette, 1965).
El congreso demostró su pasión izquierdista con su adhesión al peruano Haya de la Torre - que no es precisamente, escritor - porque lo habían encarcelado, y con su negativa a protestar porque al pensador católico Nimio de Anquín, argentino y nacionalista, le hubiesen quitado sus cátedras. Perfecta ley del embudo. Yo hablé por de Anquín, pero, como era en momento de gran tumulto, nadie me oyó. Y por cierto que, aunque me hubiesen oído, no habrían por ello cambiado de opinión aquellos energúmenos.

[402] Desde otra perspectiva, Juan Filloy se pronunció contra los escritores que "viven asomados hacia Europa desde el balcón atlántico de Buenos Aires", y propuso "nacionalizar las letras", "insurgir contra la absorción metropolitana".

[403] Por entonces, la S.A.D.E. tenía filiales en Santa Fe, Córdoba y Mendoza, de modo que la elección de Tucumán como sede del Tercer Congreso significó una demostración de relevancia para la ciudad y la provincia, y en gran medida, un logro personal de Coviello.

[404] **Alfredo Coviello (h). "Alfredo Coviello y la Sociedad Argentina de Escritores (S.A.D.E.)"**, en Alba Omil (editora). *Hace tiempo en el Noroeste.* (Tucumán: Lucio Piérola Ediciones, 2008).
El prestigio de Coviello debe haberle valido para que el 4 de octubre de 1939, Enrique Banchs, a la sazón

Presidente de la S.A.D.E. lo invitara especialmente para asistir al Segundo Congreso Argentino de Escritores que se realizaría del 12 al 14 de octubre en Córdoba, con viaje y alojamiento pagos. El Congreso reunió un centenar de escritores y por Tucumán, además de Coviello, asistieron Manuel Lizondo Borda y Juan Francisco Moreno Rojas, en tanto que Salta estuvo representada por Juan Carlos Dávalos.

Coviello, por sus compromisos periodísticos, debió volver a Tucumán antes de la finalización del Congreso pero recibió posteriormente una carta de Bernardo Canal Feijóo anunciándole que se había designado a Tucumán como sede del Tercer Congreso para el invierno de 1941, lo que constituía una "vindicación para Coviello" y "como homenaje al ritmo progresivo de inquietud intelectual de Tucumán".

La ponencia presentada por Coviello sobre *Formación de la cultura*, que "conviene al mejor equilibrio de la cultura argentina" y a fomentar el desarrollo progresivo e integral de las Universidades Regionales "fue elogiosamente comentada".

Juan Francisco Moreno Rojas presentó, entre otras ponencias, una que suscribieron numerosos congresales de "repudio a los sistemas totalitarios y de adhesión a la libertad democrática, único clima de cultura posible en América".

El poeta salteño Juan Carlos Dávalos, elegido vicepresidente del Congreso, proclamó la necesidad de fundar, en un intento federalista, filiales de la S.A.D.E. en las más apartadas provincias. Este intento parece no haber sobrevivido, según lo afirma Daniel Alberto Dessein al señalar que "no hay un federalismo cultural" que en "el interior, la dependencia respecto de Buenos Aires es evidente", en una extensa entrevista publicada el 19 de junio de 2005 en el diario *La Nación*.

El 25 de abril de 1941 visitó Tucumán el Vicepresidente de la S.A.D.E., Alberto Gerchunoff, con motivo de la reunión del Tercer Congreso Nacional de Escritores. La reunión

se realizó en el salón que la revista *Sustancia* poseía en los altos de la Sociedad Sarmiento, y en presencia de los miembros del Grupo Septentrión.
El 3 de mayo de ese mismo año, Eduardo Mallea, a la sazón Presidente de la S.A.D.E., escribía a Coviello una carta para constituir la filial Tucumán, adjuntando los Estatutos y el Reglamento para la creación de filiales de la S.A.D.E., en atención a que muchas provincias argentinas no podían participar de los congresos debido a la falta de esos escritores a la institución oficial.
El 20 de abril de 1941, la S.A.D.E. consideró la situación de hecho que creaba la existencia de separadamente dos grupos de escritores agremiados en Tucumán, y muchos de ellos socios de la S.A.D.E., invitando cordialmente a su unificación a fin de constituir la filial antes del Tercer Congreso Argentino de Escritores. Estos grupos eran por una parte, la Sociedad de Escritores de Tucumán, y por otra parte, la Asociación Tucumana de Escritores. La Sociedad de Escritores de Tucumán, fundada el 1° de noviembre de 1940, tenía como Comisión Organizadora Provisoria a Francisco E. Padilla, como Presidente; a Juan D. Marengo, como Secretario; a Enrique Kreibohm y Serafín Pazzi, como Vocales. Suscribían el Acta de Constitución, Amalia Prebisch de Piossek, Antonio Torres, Román Schreier y Alfredo Coviello, entre otros.
Por otra parte, la Asociación Tucumana, por una diferencia de dos meses y días, ligeramente anterior a la Sociedad de Escritores, fundada el 22 de agosto de 1940, elevó a la S.A.D.E. una nota diciendo que se había constituido la Sociedad y solicitaba su reconocimiento. Su primera Comisión Provisoria estuvo presidida por Dalia M. de Retondo; Secretario, Silvio Boj; Vocales titulares: Marcos A. Morínigo, Eduardo Joubin Colombres, Fernando Nadra; Vocal suplente, Tobías Rosenberg. Su propósito tenía fines gremiales: albergar en su seno a casi todas las personas que en Tucumán producían y publicaban con regularidad, ya que no existía entidad alguna que representara a la S.A.D.E. en calidad de filial.

El 12 de septiembre de 1940, Eduardo Mallea, en su carácter de Presidente de la S.A.D.E. comunicó que en sesión del 11 de septiembre, se veía con simpatía la formación de ese núcleo, y con el fin de considerar oportunamente la propuesta realizada, solicitaba hicieran llegar los Estatutos de esa Asociación. De inmediato, la Comisión Directiva de la S.A.D.E. se abocó al estudio de las filiales en el interior del país, y en seguida, se tomó conocimiento de la fundación en Tucumán de estas dos Instituciones. A la sazón, la Comisión Directiva de la S.A.D.E. había resuelto el ingreso de Coviello como socio de la Institución, en sesión del 21 de octubre de 1940.

El 13 de septiembre de 1941, *La Gaceta* informaba que en el salón menor de la Biblioteca Sarmiento se realizaría una reunión de escritores locales en cuya oportunidad se consideraría la fusión de la Sociedad de Escritores de Tucumán y la Asociación Tucumana de Escritores, pero la Asamblea no consiguió el número suficiente. Fracasó al día siguiente una segunda citación y en atención a este hecho se resolvió el siguiente domingo 14 de septiembre de 1941, realizar una tercera y última reunión con el número de miembros que concurrieran. Al día siguiente, *La Gaceta* informaba que el propósito de fusión para la constitución de una sola entidad había sido logrado, constituyéndose una comisión provisoria integrada por el señor Marcos A. Morínigo como Presidente, y los señores Enrique Kreibohm y Tobías Rosemberg, como Secretarios. Esta comisión provisoria se encargaría de convocar y presidir las elecciones para las autoridades definitivas de la Sociedad, en la segunda quincena del próximo mes de octubre. También se designó una comisión encargada de la elección de jurados para el certamen de literatura organizado por la Comisión Provincial de Bellas Artes. La Comisión quedó integrada por los señores Marcos A. Moríñigo, Alfredo Coviello, Enrique Anderson Imbert, Ricardo Chirre Danos, señora Amalia Piossek de Prebisch y la señorita Sara Badano.

No existe en nuestros archivos información acerca del resultado de estas elecciones y ni de qué miembros de la Comisión Directiva fueron electos. El hecho es que, con anterioridad, el 25 de abril de 1941, la Sociedad de Escritores de Tucumán, en una asamblea realizada en el salón menor de actos de la Sociedad Sarmiento, comunicaba al Presidente de la S.A.D.E., Eduardo Mallea, que había sido elegida por unanimidad como autoridad provisoria, una comisión directiva presidida por Alfredo Coviello. La puja entre ambas sociedades se puso en evidencia por el hecho de que ninguno de los integrantes de la Comisión Directiva provisoria de la Asociación Tucumana de Escritores, presidida por Dalia M. E. Retondo, asistió a esta reunión.

Las autoridades definitivas y los Estatutos se eligieron el 3 de julio de 1941 en una asamblea realizada en la Sociedad Sarmiento y quedó constituida por Alfredo Coviello como Presidente; Teresa Ramos Carrión, como Secretaria; José A. Barea, como Tesorero; José Würschmidt, Adolfo Conceicao de la Cruz, José Lozano Muñoz, Manuel Andreozzi como Vocales titulares y Horacio Descole y Ramón Schreier como Vocales suplentes. No asistieron tampoco a esta Asamblea los integrantes de la Comisión provisoria de la Asociación Tucumana de Escritores.

El 7 de julio de 1941 tomó posesión la flamante Comisión Definitiva y eligió siete delegados titulares y tres suplentes de la Filial Tucumán de la S.A.D.E al Tercer Congreso Argentino de Escritores. Los titulares fueron: Francisco Padilla, Manuel Lizondo Borda, J. Domingo Almirón, Julio S. Storni, Juan D. Marengo, Teresa Ramos Carrión y Alfredo Coviello; y los suplentes: Héctor López Herrera, María Amalia Zamora y Leónidas Martínez. El acta fue suscrita, entre otros, por el Secretario de la Comisión Directiva de la S.A.D.E. de Buenos Aires, Enrique Anderson Imbert. Coviello, con el apoyo del gobernador Miguel Critto, realizó intensas gestiones para conseguir fondos para el Tercer Congreso Argentino de Escritores. Eduardo Mallea, en telegrama del 18 de julio de 1941, solicitaba a Coviello la remisión del importe de la subvención obtenida para el Congreso, por la necesidad de efectuar el pago del pasaje a los concurrentes.

El Congreso se inauguró el sábado 26 de julio de 1941 a las 11.30 en la Casa Histórica donde se puso una placa. El discurso inaugural estuvo a cargo de Eduardo Mallea por la S.A.D.E. y del Ministro de Gobierno, Manuel Andreozzi, por Tucumán. [...] El Congreso reunió a 75 delegados por votación de los cuales 23 fueron de la Capital Federal. Las autoridades elegidas del Congreso nombraron a Ezequiel Martínez Estrada como Presidente, a Alfredo Coviello como Vicepresidente 1° y a Antonio de la Torre, de San Juan, como Vicepresidente 2°.
[...]
El Congreso terminó sus deliberaciones el 30 de julio, designándose la próxima reunión en Mendoza u otra ciudad de Cuyo.
El acto de clausura realizado el jueves 31 de julio de 1941 estuvo a cargo de Alfredo Coviello, y ofreció la S.A.D.E. un lunch de despedida en el Club de Natación y Gimnasia. Los Congresales fueron también agasajados en las residencias del Presidente de la Suprema Corte de Justicia, doctor Juan Heller, y del Presidente de la Filial Tucumán de la S.A.D.E., Alfredo Coviello y su esposa, Elvira Martínez Castro.

Maulen Castillo escribe en *El Comercio*, que Alfredo Coviello, "el hombre de la cultura tucumana – me lo decían infinidad de personas y cosa rara lo reafirman sus propios disidentes de la S.A.D.E. – es irremplazable en Tucumán".
Eduardo Mallea, Presidente de la S.A.D.E., solicitó por telegrama a Coviello, el 27 de julio de 1942, la historia de la filial y los nombres de sus socios actuantes para incluirlos en la memoria de esa institución. La Comisión Directiva, al recibir la Memoria de las actividades desarrolladas por la Filial desde su Fundación, resolvió acordar un voto de aplauso a la Filial que presidía Coviello, por la eficaz e inteligente labor desarrollada e hizo votos para que la misma se acrecentara en un futuro inmediato.

[Esteban Lavilla. "Palabras pronunciadas [...] en la conmemoración del 65º aniversario de la creación de la Filial Tucumán de la Sociedad Argentina de Escritores (S.A.D.E.) en homenaje a su fundador don Alfredo Coviello". En el Centro Cultural Alberto Rougés, Tucumán, 25 de julio de 2006].

[405] En el Archivo de Alfredo Coviello se conservan cuatro actas sobre la representación de la S.A.D.E. en Tucumán:
El Acta Nº 1 da cuenta de la reunión mantenida en el salón menor de actos de la Sociedad Sarmiento, el 25 de junio de 1941, en la cual se establece:
> Que conforme a la comunicación enviada por el señor Presidente de la Sociedad Argentina de Escritores (Buenos Aires) don Eduardo Mallea, según la cual los suscriptos han resultado electos por unanimidad como autoridades provisorias, la COMISIÓN DIRECTIVA PROVISORIA queda constituida así: Presidente: Alfredo Coviello; Secretario: María Teresa Ramos Carrión; Tesorero: Juan D. Marengo.

En el mismo acto,
> [...] se resolvió convocar a asamblea general de socios para el sábado próximo 25 de junio del corriente año [...] con el objeto de disponer cuanto concierna a la constitución de las autoridades definitivas.

El Acta Nº 2 se refiere a dicha reunión, celebrada en la fecha preestablecida, en el mismo salón de la anterior, en la cual
> [...] se dio lectura a los temas que se debatirán en el Tercer Congreso Nacional de la S.A.D.E., a realizarse el día 20 de julio próximo en nuestra ciudad.

Seguidamente,
> [...] se resolvió dar por constituida definitivamente la S.A.D.E. filial Tucumán, la que se regirá por los Estatutos de la S.A.D.E, hasta tanto se aprueben los definitivos.

Más adelante,
> [...] después de un cambio de ideas, se designó una comisión especial para que proyecte los estatutos definitivos, elección que recayó en las siguientes personas: doctor Ramón Schreier, señor Julio Storni, y señorita Teresa Ramos Carrión.

A continuación, se resolvió el "llamado a elección de autoridades definitivas". Según consta en Acta, participaron de la reunión: Alfredo Coviello, Julio S. Storni, Francisco Padilla, Oscar Gómez López, Román Schreier, Eduardo Alonso Crespo, Juan D. Marengo, Enrique Kreibohm, Serafín Pazzi, Horacio Descole, Miguel Ángel Penna, María Amalia Zamora, J. Dionisio Campos, E. Joubín Colombres, Alfonso Conceicao, P. Nacif Estofán, José A. Bares, Raymundo Vieyra, Teresa Ramos Carrión.

Conforme el Acta N° 3, suscripta el 3 de julio de 1941 en el mismo salón de la Sociedad Sarmiento, participaron de la reunión, además de los precitados: Domingo J. Almirón, Ricardo Chirre Danós, Leónidas Martínez, Guillermo Rojas, J. Antonio Barea (por poder). En esa oportunidad,

> [...] después de haber sufragado todos los socios presentes, se efectuó el escrutinio aprobándose su resultado en virtud del cual quedaron electos las siguientes personas: Presidente, Alfredo Coviello; Secretario, Teresa Ramos Carrión; Tesorero, José A. Barea; Vocales: 1° José Würschmidt; 2° Alfonso Conceicao de la Cruz; 3° José Luciano Muñoz; 4° Manuel Andreozzi; Vocales suplentes: Horacio Descole, Román Schreier.

El Acta N° 4 deja asentada la constitución de la Comisión Directiva definitiva.

[406] A continuación, se transcribieron las Bases y el Temario del Tercer Congreso de Escritores.

TEMARIO DEL TERCER CONGRESO DE ESCRITORES:

a) Relaciones interamericanas:
1) Necesidad de establecer inmediatas relaciones con los organismos similares a la S.A.D.E. en el continente.
2) Organización del Primer Congreso Americano de Escritores
3) Bases para una Federación Americana de Escritores.

b) Cuestiones societarias:
1) Proyectos para la creación de la Casa del Escritor.
2) Organización de las Ferias del Libro.

3) Organización de un servicio permanente de librería a cargo de la S.A.D.E. para uso de sus asociados.
4) Posibilidad de organizar un ciclo de conferencias por el interior mediante pequeñas contribuciones de los gobiernos locales.
5) Creación de una oficina de informaciones y divulgación radiotelefónica.

c) DERECHOS Y DEBERES DEL ESCRITOR FRENTE AL MOMENTO ACTUAL:
1) Acción intelectual y política del escritor. ¿Existen medios específicos para la acción social del escritor?
2) La libertad de expresión como condición indispensable para la obra artística y deberes que aquella crea.
3) Defensa inmediata de la libertad de expresión.
4) Límites prácticos de la libertad de expresión: la propaganda contra la misma y la pornografía.
5) Declaración frente a los regímenes de fuerza. Métodos de lucha contra la censura previa ilegal, en sus formas francas y encubiertas.

[407] **Texto de Eduardo Mallea para** *La Gaceta*, **fechado el 24 y publicado el viernes 25 de julio de 1941:**
Al prestar el gobierno de Tucumán su sólido apoyo para la realización del Tercer Congreso de Escritores ha dado al país un ejemplo de cultura y se coloca por ese solo acto en la tradición de aquellos hombres que unieron en la Argentina el ejercicio de la función pública con las manifestaciones del alto pensamiento.
Este Tercer Congreso de Escritores ha recogido en su plan de temas tres grandes familias de cuestiones, dos de las cuales tienen un carácter vasto y general y otra un sentido específicamente societario. Aquellas se refieren a la necesidad de establecer relaciones vitales con los organismos que agrupan a los escritores del continente y a los derechos y deberes del escritor frente al momento actual, a la acción intelectual y política del escritor y a la libertad de expresión y su defensa necesaria. El capítulo

que trata de las cuestiones societarias contempla entre otras cosas la Casa del Escritor.

De este vasto sistema de cuestiones, espero que surja el sentido del primer paso del escritor argentino frente a su misión de América.

Si, como espero, los miembros de este Congreso se aplican al examen sereno y enérgico de los asuntos que están llamados a tratar, se habrá puesto la primera piedra en la estructuración de los servicios posibles de un escritor frente a las exigencias de este tiempo y las reclamaciones del país como unidad nacional y como destino en el Nuevo Mundo.

[408] Del discurso de Mallea en la ceremonia de inauguración del Tercer Congreso de Escritores [*La Nación*, 27 de julio de 1941]:

No hay otra suerte para nuestro gremio, que la suerte de nuestra obra común. He aquí la razón de que hayamos dado esta vez a nuestros temas una elasticidad que va más allá de nuestros meros intereses sindicales.

[...]

Señores: Los temas que van a tratar aquí son los que incumben habitualmente a una misión. Gran honor sería que comenzara en esta asamblea argentina de Tucumán el señalamiento de un papel eminente y la raíz de una seria unidad en la actitud de los escritores de este pedazo del mundo frente a las diversiones pasivas y las grandes evasiones con que parecía complacerse la cultura occidental durante el espacio de las dos guerras. Esto es lo más grave de lo que aquí se ha venido a considerar: la misión de quienes tienen uso y producto de cultura durante el torvo vendaval de las pasiones. Unidad frente a mundos peligrosos y libertad de expresión – lo cual equivale a decir libertad de existir – he aquí las dos columnas desnudas del suelo que necesitamos.

[...]

Señores: Pocas veces ha habido en el mundo momento en que la obra de los escritores parezca más oscurecida y en que se la necesite tanto. Barrido en algunos sitios para comodidad de la fuerza pura, su brote se prepara en otra parte con el robustecimiento que a todo lo que es mejor prestan el acoso y la dificultad. Llamemos a esta otra parte con el nombre de nuestro destino y de nuestro continente. Es vano venir a hablar a este mundo con palabras europeas. Quizá por el contrario nuestro empeño deba fijarse en hablar a los europeos con palabras de nuestro mundo. Ellos nos han dado lo que debían darnos y nosotros no les hemos dado lo que debemos darles. La palabra nueva nos pertenece y ningún orden europeo puede arrebatárnosla. [...] Siendo la Argentina un país con misión, con destino en América y con voz distinta en un mundo venidero, nos incumbe más que a nadie la preparación de un hombre nuevo. [...] No somos ya hijos menores. Poseemos una aptitud de universalidad y una calidad humana y civil, una propensión cultural, un modo de existencia y de poder mucho más extensos y profundos de lo que suele sospecharse. Somos los argentinos más cabeza de metrópoli que cola de imperio.

[409] En un tren especial del Ferrocarril Central Argentino, que partió desde la Capital Federal, viajaron para participar del Congreso: Norah Lange, Baldomero Fernández Moreno, Luis Cané, Leónidas Barletta, Amado Villar, Augusto González Carvalho, Sergio Bagú, Max Dickmann, Alfredo de la Guardia, Francisco Luis Bernárdez, Roberto Ledesma, Héctor I. Eandi, Guillermo Guerrero Estrella, Lepoldo Marechal, Nicolás Olivari, Cayetano Cordova Iturburu, Carlos Mastronardi, Elías Cárpena, Silvia Guerrico, Julia Priluzky Farni de Zinny, José Gabriel, José Luis Lanuza, Romualdo Brughetti.
Viajaron además, en calidad de invitados de honor, el dramaturgo español Jacinto Grau; el escritor brasileño Jorge Amado; el escritor francés Roger Caillois; Martha Brunet, escritora y cónsul de Chile en Buenos Aires, y Enrique Stieben. Otros invitados extranjeros participantes del Congreso fueron: Adolfo Costa Du Rells (Bolivia), Germán Arciniegas (Colombia), Ramón Pérez de Ayala (España). Todos ellos residían en Buenos Aires.

También viajó en el mismo tren, el Presidente de la S.A.D.E., Eduardo Mallea; el Vicepresidente, Alberto Gerchunoff; el Secretario, Sigfrido Radaelli; los miembros de la Comisión: Eduardo González Lanuza, Luis Emilio Soto, Conrado Nalé Roxlo, Román Gómez Macía; el Asesor Letrado, Carlos Mouchet; y el ex Presidente de la Sociedad, Ezequiel Martínez Estrada. Asimismo, integró la delegación, el editor Gonzalo Losada, de la Cámara del Libro. Pablo Rojas Paz recibió en la estación a los viajeros, teniendo a su cargo la tarea de preparar el alojamiento y de organizar diversas actividades del Congreso.

Por la provincia de Buenos Aires, viajaron: Félix Cichero, Fernán Félix de Amador, Arturo Cambours Ocampo, María de Villarino, Mariano G. Bosch, José D. Forgione, H. Lartigau Espada, V. Bartolomé Ronco.

Por la provincia de Santa Fe: Hernando Gómez, Juan Lazarte, Fausto Hernández, Alcides Greca, R.E. Montes y Bradley, Félix Molina Tellez.

Por Entre Ríos: Juan L. Ortiz, Carlos Capitaine Funes.

Representaron a Tucumán en el Congreso: Francisco E. Padilla, Manuel Lizondo Borda, J. Domingo Almirón, Julio S. Storni, Juan D. Marengo, Teresa Ramos Carrión, Alfredo Coviello.

Por los Ferrocarriles del Estado, llegaron las delegaciones de Mendoza, San Juan y Córdoba.

Por Mendoza viajaron: Ricardo Tudela, Reinaldo Bianchini, Rafael Mauleón Castillo, Alberto F. Rivas Greenwood.

Por San Juan: Antonio de la Torre, Francisco Anella.

Por Córdoba: Arturo Loruso, Nicolás Lobos Porto, Sara de la Maza, Juan Filloy, Miguel Alfredo Rizzuto.

Juan Carlos Dávalos, lo hizo por Salta; Bernardo Canal Feijóo y Horacio G. Rava, por Santiago del Estero, Alfonso M. de la Vega, por Catamarca; Severo Villanueva, por La Rioja.

Juan R. Lestani y Juan de Dios Mena representaron al Chaco; Raúl Daniel Padilla, a Santa Cruz; Enrique Stievens, a La Pampa; Raúl Daniel Padilla, a Chubut.

[*La Gaceta*, 25 y 26 de julio de 1941].

[410] A las 18.30 en el salón de actos de la Caja Popular de Ahorros de la Provincia de Tucumán, se realizó la apertura del Tercer Congreso de Escritores.

Habló Eduardo Mallea, en presencia del gobernador Miguel Critto y las más altas autoridades de la Provincia.
A favor de ciertos cambios operados en el mundo, y justo a causa de no haberlos deliberadamente concebido y reflejado, esos obreros específicos de la inteligencia [los escritores] incurrieron, sobre los años iniciales de este siglo, en la complacencia de un fatal mandarinismo. Pagaron su oro en metal dorado. Y las fórmulas en que resolvieron su industria pecaron de artificialidad. Se nutrieron de abstracción y, desechando las solicitaciones naturales y reales, las evidencias del medio vivo, sólo se atendieron a sí mismos. Proliferó así, a principios de este siglo, en lo que concierne a la palabra escrita, el fenómeno de un grave divorcio entre la realidad sensible y su pretensa expresión. Decayeron los tipos de contenido ideal y profético. Decrecieron los elementos peculiarmente trascendentes de la obra escrita y se fortalecieron las técnicas; es decir, que un gran instrumento de comunicación y de exaltación universales se transformó en un gran aparato de literatura. La literatura de Proust y la literatura de Joyce, para no citar sino dos, fueron las expresiones más típicas de agotamiento a que había llegado una cultura. De las grandes fórmulas valorativas del espíritu humano se vino a este gran empobrecimiento de las fuentes, a esta desaparición de la persona moral, social y religiosa de los cuadros que debían expresarla. He aquí un instante caracterizado por cierta palmaria dimisión de la inteligencia. Esta dimisión conformaba sin duda un trance de vacilación y timidez. Era ese extraño debilitamiento somático que precede, notado o inadvertido, a las crisis. Y la cultura de Occidente se hallaba en ese ocaso de palidez e inanición, librada según la confesión del más alto representante de la civilización greco-latina, M. Paul Valéry, a la manifestación de los estados meramente *potenciales* de la existencia, cuando

sobrevino el desbordamiento de esas mismas aguas mediterráneas, aparentemente dormidas y profundamente contaminadas, y el furioso eretismo central de la Europa plana.
[...]
Señores: pocas veces ha habido en el mundo momento en que la obra de los escritores parezca más oscurecida y en que se la necesite tanto. Barrido en algunos sitios para comodidad de la fuerza pura, su brote se prepara en otra parte con el robustecimiento que a todo lo que es mejor prestan el acoso y la dificultad. Llamemos a esta otra parte con el nombre de nuestro destino y de nuestro continente. Es vano venir a hablar a este mundo con palabras europeas. Quizá por el contrario nuestro empeño deba fijarse en hablar a los europeos con palabras de nuestro mundo. Ellos nos han dado lo que debían darnos y nosotros no les hemos dado lo que debemos darles. La palabra nueva nos pertenece y ningún orden europeo puede arrebatárnosla. Nuestro sentido de la vida y nuestro poderío natural no podrán ser nunca exactamente comprendidos en el viejo continente, reducido a extremos de un racionalismo esquemático cuyos avatares son diferentes formas de la lucha contra el ahogo. Nuestro cuerpo respira bien. Adscripto a nuestro modo típico de ser, a nuestra ascendencia, a nuestra comunión con la tierra y nuestra manera particular de entrañar las ideas, lo europeo, en sus más diferentes manifestaciones, puede sernos en no pocos sentidos eminente, pero nos es constitucionalmente extraño, como nos es extraño el pequeño cálculo y la usura a quien es señor de su destino.
Siendo la Argentina un país con misión, con destino en América y con voz distinta en un mundo venidero, nos incumbe más que a nadie la preparación del hombre nuevo. A veces presenciamos con sonrisas el énfasis e infatuación de los portadores de la palabra imperialista de preteridas metrópolis que después de habernos ignorado durante cien años descubren entre sueños, creyendo que somos todavía hijos menores. Pero no somos ya

hijos menores. Poseemos una aptitud de universalidad y una calidad humana y civil, una propensión cultural, un modo de existencia y de poder muchos más extensos y profundos de lo que suele sospecharse. Somos los argentinos más cabeza de metrópoli que cola de imperio. He aquí, señores, la misión de los escritores en un país con misión: llevar a cabo el hombre nuevo, excitar su verdor hasta hacerlo madurez, acabar su formación, precaria, estimularla y exaltarla, tornarla – en una palabra – forma, según nuestro oficio y mandamiento. He aquí la acción de una literatura que se encuentra con su fin y vuelve de ese modo a ser auténtica después de haberse perdido universalmente en la especulación de los medios, o sea en el usufructo moroso de la mera técnica. Implícito en nuestras esencias, en nuestro espíritu e intimidad, en las constantes de nuestra historia, en nuestra manera de agarrar con la mano y la mente los episodios del vivir temporal, en las características de nuestro trabajo, en los rasgos de nuestro sueño, en nuestro estilo de tener comunión con tierra y cielo, en ese vasto silencio argentino lleno de prudencia, decoro y resistencia, energía clara y repugnancia de toda astucia, deslealtad, usura y premeditada rapiña, en la dignidad de un alma precisamente opuesta a todo lo que tienda a encallecerse y ser protervo están no tan sólo *esa posibilidad de alta historia y óptima humanidad* que nos reconocía, más próximo esta vez del halago que del vejamen, para usar sus propios términos, un filósofo contemporáneo, sino la realidad misma de un tipo de presencia en el mundo resueltamente distinta por la espléndida proporción en que se alían sus elementos constitutivos.
[...]
Semejante cuidado es el que nos incumbe. Hacer de nuestro gremio servicio a una cultura y un hombre nuevos, fuertes y libres y resistentes a toda servidumbre, y con fuerza de palabra y crecimiento. Nada apropiables. Enteros. Un hombre y una cultura según el espíritu de este continente, donde un solo cuerpo voltea reses en el campo, doma la tierra virgen, desdeña la angurria

armada, curte su piel al sol, duerme la noche, amanece sano de cuerpo y entraña, construye en las ciudades en un día lo que la historia usaba contar de lentas manos. Y es dueño de su vida porque no la tiene para ser vuelta, de espacio y sueño, cifra, represión y resentimiento". [*La Nación*, 27 de julio de 1941].

[411] A continuación del acto de apertura, se constituyeron las Comisiones del Congreso:
Primera – Relaciones Internacionales: Luis Emilio Soto, J. González Carbalho, Juan Lazarte, A.F. Rivas Greenwood, y Juan D. Marengo.
Segunda – Cuestiones societarias: Juan R. Lestani, Norah Lange, Héctor L. Eandi, R.E. Montes y Bradley, y Samuel Eichelbaum.
Tercera – Derechos y deberes del escritor frente al mundo actual: Alfredo de la Guardia, Córdova Iturburu, Alberto Gerchunoff, Ricardo Tudela, y Julia Prilutzky Farny de Zinny.
Cuarta – Asuntos varios: Eduardo González Lanuza, Arturo Cambours Ocampo, Alfonso de la Vega, Julio S. Storni, y Fausto Hernández.
[*La Gaceta*, 28 de julio de 1941].

[412] A modo de cierre de la jornada inaugural, aquel sábado 26 de julio, en un homenaje de la S.A.D.E. a la Sociedad Sarmiento de Tucumán, disertaron sobre *Recuerdos de la infancia*, siete miembros del Congreso.
"Un nutrido público llenaba totalmente la sala" de actos de la Sarmiento, comentó *La Gaceta* al día siguiente, trazando una breve reseña de los dichos de los escritores, que fueron presentados por Alfredo Coviello.

En la parte central de su discurso, Coviello se evocó acontecimientos que tuvieron lugar en "un salón menor de actos, donde funciona el Ateneo de la revista *Sustancia* y es hoy también sede permanente de la Filial Tucumán de la S.A.D.E."
En aquella sala – dijo Coviello –, Ricardo Jaimes Freyre, esteta del pensamiento, maestro de la juventud lírica,

dictó cursos de literatura y de filosofía, mantuvo controversias, recitó sus admirables versos. Alejandro Korn expuso allí en diversas sesiones sus ideas filosóficas. Juan Terán, cuatro veces Presidente de esta entidad, entre 1907 y 1912, antes de fundar la Universidad y ser su primer Rector, fue el mantenedor de aquellas reuniones tituladas *los jueves para conversar*. A este salón mayor vino un día Clemenceau invitado por Gerchunoff durante su fugaz estadía entre nosotros. Aquí se produjeron los primeros destellos de lo que después iba a ser la universidad tucumana, con los cursos que *para remover el ambiente* y favorecer su nacimiento dictaron Leopoldo Lugones y Ricardo Rojas.

Abrió las disertaciones Bernardo Canal Feijóo:

Dijo que cierto día andaba de paseo con su padre, sorteando los pequeños matos y los arbustos y los cactus, por esos senderos reptiles de ese paisaje que repele la línea recta. Fue entones que el despertar el manso caballo de un fustazo, éste me despidió de la grupa hacia un costado, y yo resulté tendido entre los brazos de un cardo que allí estaba esperándome. Yo no recuerdo haber salido ya nunca de aquel regazo, y no sé si algún día volveré a ver si continúo allá. Y esto es todo cuanto les diré a ustedes de mí, pues yo no soy sino un eco de aquel cactus natal que he traído aquí.

Roger Caillois habló en francés:

Dijo que la sociología, ciencia que había abrazado ya al promedio de su formación intelectual, era una seria enemiga de la infancia. La sociología estudia al hombre y no al niño, con todas sus sencillas inquietudes, con toda su pequeña pero dulce noción de la vida. Se refirió, después, a lo que los niños llaman *tesoros*, destacando el afán con que conservan los objetos que forman su pequeño mundo de afectos y de sus tiernos amores infantiles. Analizó la noción que existe sobre ese sentimiento de la infancia, abundando después en otras referencias de su propia vida.

El poeta Baldomero Fernández Moreno

[...] leyó después varias de sus poesías, escritas bajo el recuerdo emocionado de su infancia, como *La casa* montañesa, *Abril* y *Escuela*, que dejaron en el auditorio una viva impresión de la vida infantil del poeta, de sus primeras impresiones sobre el mundo espiritual que se agrandó después para su espíritu.

Dijo Alberto Gerchunoff:
Soy de un pueblecito de una veintena de casas, que se llama Rajil, en la provincia de Entre Ríos. Lo veo siempre, como antes, cruzado por un puente donde me reunía con los muchachos amigos para contarles cuentos. Solía quedarme con los viejos de la sinagoga, de largas barbas, para escucharlos en sus interpretaciones bíblicas. En las tardes de lluvia, yo me escurría hasta la cueva de Don Gabino, un gaucho de esos que a veces aparecen en la literatura del género, que se precia de payador. Con esos elementos indígenas y con esas sustancias milenarias componía mis cuentos que escuchaba mi auditorio con una atención que ¡hay de mí! No la he vuelto a ver.

Norah Lange
[...] leyó algunos amenos capítulos de su libro *Cuadernos de infancia*, especialmente aquellos que hablan de su niñez, y que si no son los mejores del libro, son la propia biografía de la autora.

Conrado Nalé Roxlo,
[...] sin preámbulo de ninguna naturaleza, inició el relato de una serie de situaciones jocosas que le ocurrieron en la niñez, conjuntamente con otros niños de su edad, con motivo del secuestro de una pelota de fútbol por parte de la directora de la escuela y debido a la delación de *un traidor*. Su exposición, muy breve, fue sumamente aplaudida por la concurrencia".

Cerró la velada Pablo Rojas Paz, quien
[...] leyó un cuento suyo donde, dijo, estaba contenida su infancia triste y casi dolorosa. El auditorio siguió emocionado las distintas situaciones del relato, sobre todo aquellas que describen la muerte de sus hermanitos menores, al poco tiempo de nacer, y el final de una planta de madreselva que ornaba el frente de su casa.

[*La Gaceta*, 27 de julio de 1941].

[413] Una encuesta de *La Gaceta* fue dando cuenta de las diversas opiniones y expectativas de los participantes de la reunión.

"Sobre el Tercer Congreso Nacional de Escritores hablan varios de sus miembros"

(1) *La Gaceta*, domingo 27 de julio de 1941:

Luis Emilio Soto (Buenos Aires)
¿Hasta dónde estamos capacitados los de Buenos Aires para hablar sobre un libro autóctono si no conocemos al autor ni hemos visto el paisaje? Hay que cambiar impresiones, conocerse. [...] Proporcionalmente, el escritor de Buenos Aires es tan desconocido como el de provincias en su medio. [...]
Cada vez se afianza más el concepto de que las delegaciones a los congresos deben ser integradas con representantes auténticos de la inteligencia y del espíritu del medio donde desarrollan sus actividades. De otra manera, los congresos carecerían de significado. En vez de ser asambleas de valores constituirán asambleas de fantasmas. Creo que la característica de este Congreso es que se produce después de haber reformado la S.A.D.E. sus estatutos incorporando la creación de filiales. Iba a tratar de cuestiones eminentemente gremiales, pero aparte de eso, se han introducido también en el temario cuestiones relacionadas con la responsabilidad del escritor frente a los problemas actuales. Va a ser interesante confrontar, pues, dos estados de sensibilidad. Uno, el de los escritores porteños, en quienes repercute más vivamente la guerra, y el otro, la refracción diríamos así que tiene ese mismo estado de cosas en un medio como el de Tucumán, donde el sentido de la tierra es más firme. Serán dos estados de ánimo en confrontación. Como miembro de la Comisión Directiva de la S.A.D.E. me interesa fundamentalmente que este Congreso sea una experiencia perfeccionada de los dos anteriores y que la conciencia gremial salga robustecida de estos debates.

Fernán Félix de Amador (Provincia de Buenos Aires)
El deber imperativo de la hora no es tanto el de salvar los bienes materiales, que son importantes, sino el patrimonio espiritual, la idea, que lo es más. El pueblo está ya definido. Pero los sectores oficiales no. Hay que afirmar categóricamente que estamos con la causa aliada, entendiendo, por tal, a la que defiende la libertad y la democracia. El escritor, por obvias razones, no puede eludir su posición con frases más o menos felices. Él, como representante de la espiritualidad, está más obligado que nadie a definirse.

Arturo Cambours Ocampo (Buenos Aires)
Los delegados al Tercer Congreso de Escritores venimos a trabajar. Toda definición, todo anticipo, sería prematuro. En esta época de evolución y de desorden el escritor debe dar su voz, la raíz de su voz con el fervor que los acontecimientos exigen. La angustia del escritor argentino es la angustia del mundo, es la angustia del hombre en función social y espiritual. Nada más. Ni nada menos. Las resoluciones del Congreso hablarán por nosotros.

Cordova Iturburu (Buenos Aires)
[El problema actual del escritor argentino es] El de encontrar el camino a seguir en medio del actual desconcierto. En un mundo que vive obsesionado por tanto dolor, por tanta angustia.
[Ese camino] Es el de la defensa de la libertad y de la democracia, sin las cuales no es posible la existencia del escritor, la eficacia de su función y la trascendencia misma de su obra. Y hay en este orden la urgencia de tomar posiciones, de encarar la cuestión con cierta serenidad, pero también con valiente empeño.

Nicolás Olivari (Buenos Aires)
No son tiempos propicios para la poesía. Estamos frente a problemas que exigen la militancia de la prosa, la función enorme de la prosa, la fuerza creadora de la prosa en el tratamiento de las cuestiones económicas, políticas

y sociales del país. [...] Me he dedicado a escribir para el teatro y para la radio, que ofrecen en la actualidad al escritor mayores posibilidades para la difusión de sus ideas, o que lo que él cree que son sus ideas.

José Gabriel (Buenos Aires)
En la sociedad actual el escritor no tiene ninguna influencia. Ni siquiera cuando escribe. Ese es su drama. Muchos se impacientan, como Lugones, y renuncian a seguir esperando. [...] La solución es difícil. Se hace necesario interesar a la gente en el juego de las ideas. Pero desgraciadamente nadie se deja convencer. Todos están convencidos. Hubo un momento en que creíamos que un cambio violento nos daría, siquiera una ligera ingerencia en la sociedad. No es así, sin embargo.
[Sobre el Congreso opina] Que haremos muchas declaraciones y que nadie las tendrá en cuenta. [...] El escribir constituye en la actualidad un ejercicio personal. Lo que se dice rebota en la sociedad. Yo, personalmente, no creo convencer a nadie. La gente tiende cada vez más a no escuchar la razón. Nos hemos extraviado tratando de buscar un nuevo cambio. No me quejo. Observo el fenómeno social y lo sigo como sigue el médico el curso de una enfermedad. Algún día la gente se cansará de las consignas y se interesará por las ideas. Entonces el mundo cambiará. La idea democrática es lo único que nos queda y debemos defenderla. Debemos aferrarnos a ella. Los que vienen a nuestro país creen que han llegado al paraíso. ¡Cómo será en otros lados! Hay que hacer obra argentina. La nuestra no es una democracia importada. Nos viene del tiempo y de la tierra. No debemos abandonarla, pues, de ninguna promesa.

Leonidas Barletta (Buenos Aires)
Me siento satisfecho de encontrarme en Tucumán y más de asistir al Congreso de Escritores que ha elegido por sede a esta ciudad prócer. Creo que el Congreso ha de ejercer una influencia bienhechora sobre el escritor, ya que serán tratadas cuestiones que le interesan fundamentalmente.

(2) *La Gaceta*, lunes 28 de julio de 1941:

Ezequiel Martínez Estrada (Presidente del Congreso)
La presencia en Tucumán de una parte considerable de escritores de la más alta jerarquía, ha de tener como consecuencia inmediata, el despertar, en quienes aun no perciben con claridad los problemas imbricados de nuestra cultura, nuestra historia y nuestra economía, de una conciencia de las cosas reales y la valoración más justa de lo que constituye nuestra auténtica grandeza. Yo creo que precisamente en Tucumán nos encontramos situados en el centro geométrico de un campo, el más rico y significativo de los fenómenos nacionales de todo orden. Hacia en Norte remontamos la Colonia, hacia el Sur empuja la Pampa, a los lados se levantan las moles geológicas de las más importantes de América. Colonia o pasado y Pampa o futuro, concretan en dos palabras que es difícil interpretar, la historia del hombre argentino; y las montañas nos dicen de un lugar donde aun sobrevive adherido a su peña originaria, el habitante autóctono que, aunque desaparecido casi por completo, nos ha dejado un legado que no podemos despreciar ni omitir, en cuanto conjugado como fuerza natural con las otras dos, también de discusión humana, pueden contribuir a que defendamos nuestro presente, y, por lo tanto, configuremos una mejor posibilidad de nuestro porvenir.

Horacio Rava (Vicepresidente 2° del Congreso) (Santiago del Estero)
Asigno especial importancia a los derechos y deberes del escritor en el momento actual, tema que comprende cuestiones fundamentales para el escritor, ya que aquel se halla vinculado íntimamente a la existencia de éste.
Es también de importancia lo relativo a la vinculación de los escritores indoamericanos por las proyecciones intelectuales que necesariamente han de surgir de esa vinculación.
Diré además que el Congreso tiene un aspecto práctico inmediato, consignado en el segundo punto del temario

y que tiende a la organización de sistemas que permitan la mayor difusión del libro y de la labor de los escritores argentinos en todo el país.

Félix Molina Tellez (Santa Fe)

Recuerdo que en el Primer Congreso realizado en Buenos Aires, el gremio se presentó lleno de prejuicios ridículos. En aquella reunión faltaba el concepto gremialista y muchos de los allí presentes seguían creyendo en la providencia que regía el limbo idealizado del hombre de letras.

Se veía a las claras que imaginaron asistir a un torneo de buena palabra y que el escritor no podría empañar su pensamiento con discusiones gremialistas. La delegación santafesina fue la primera en poner una pica en Flandes, reclamando la obligación del Congreso a pronunciarse contra el bárbaro crimen de García Lorca, y de coordinar un plan gremialista que elevara la dignidad económica del escritor. Esta actitud salvó al Congreso y puedo decir que el realizado en Córdoba tuvo una orientación más acentuada, en lo que se refiere a la actitud política, y un definido carácter gremial que no costó trabajo imponerlo. El temario que se adelanta para este Congreso es una consecuencia de aquellos dos congresos. Es interesante y se ajusta a una realidad política y gremial de la que es participante directo el hombre de letras. Eso nos trae al Congreso con paso firme y sin titubeos y cada uno de los que se proponen intervenir en las discusiones saben la responsabilidad que asumen en este momento histórico. Los grupos de escritores que actúan en provincias aparecen hoy más coordinados, más seguros de sí mismos y dispuestos a borrar la vieja preeminencia metropolitana. El viejo fantasma de la Capital Federal y provincias se va borrando, en lo que se refiere a los problemas del escritor, y los de tierra adentro pueden sentirse seguros de que no tendrán que buscar las calles porteñas para adquirir el bautizo intelectual que valorice su producción. Hoy el panorama se ha agrandado y la República Argentina tiende a ser una unidad intelectual cuyos valores son considerados donde quiera que se radiquen. Tucumán, Santiago del Estero, Entre Ríos, Santa Fe, etc., lo vienen confirmando desde hace algunos años, y la Capital Federal – vieja madrina del genio – se rinde a la evidencia y acepta su desplazamiento para convertirse en camaradas que tratan de potencia a potencia.

Juan Filloy (Córdoba)

Lo más importante del Congreso, a mi juicio, es que permitirá a los escritores de la Capital Federal conocer el interior del país y alejarlos, aun cuando sea transitoriamente, del vértigo a que se hallan acostumbrados. Las reuniones del mismo carácter que se vayan celebrando en lo sucesivo contribuirán a aumentar ese conocimiento.

Igual cosa ocurrió con los pintores. La iniciativa de hacer conocer las obras premiadas todos los años en el Salón Nacional a los aficionados de las provincias, dio oportunidad a éstas de recoger provechosas enseñanzas, y a los plásticos de hacerse una idea de lo que eran las provincias. Es así, precisamente, como muchos pintores resolvieron después regresar a los lugares que más les habían interesado, ya sea por sus costumbres típicas, ya por su paisaje, ya por cualquier otro motivo, y darnos creaciones de valor muy superior a las realizadas en la Capital Federal o en la provincias del Litoral, donde acostumbraban residir.

Sergio Bagú (Buenos Aires)

El Congreso de Tucumán tendrá un carácter menos gremial y más social que el de Córdoba. Han pasado dos años y en ellos han ocurrido cosas fundamentales en todo el mundo, que obligan al escritor a definir su posición de la manera más clara posible. Ya no es lógico concebir a un escritor insensible a la angustia de sus contemporáneos, y el escritor debe comprender la impostergable obligación que tiene de colocarse del lado de aquellas fuerzas que en este momento bregan por afianzar la libertad y la dignidad en todo el universo.

El escritor vive y actúa dentro del pueblo y su obra es más grande cuanto más se compenetre de las necesidades y de las aspiraciones populares. Esto no significa que no deba trazarse una línea divisoria entre literatura y política, sino que los más urgentes problemas humanos y espirituales pueden y deben ser la materia sobre la cual se construya la obra literaria.

Partiendo de este concepto se llega a la conclusión de que el escritor debe ser parte activa de esta lucha colosal que libra la humanidad para derrotar a todas las formas de tiranía.

3) *La Gaceta*, martes 29 de julio de 1941:

Cordova Iturburu (Buenos Aires)
La S.A.D.E., es sabido, es la entidad máxima de nuestra literatura. [...]
Para que el lector tenga una idea de su importancia – la de la sociedad – debo informar que agrupa en su seno, en carácter de socios, a más de quinientos escritores. Todos los escritores del país, prácticamente, pertenecen a la S.A.D.E. Son contados los que permanecen ajenos a su vida. [...] El fenómeno argentino de una metrópoli superpoblada, en un país de escasa densidad humana, se manifiesta también en el terreno de las letras. La inmensa mayoría de las personas consagradas al oficio de escribir para el público vive en Buenos Aires.
[...]
La dirección de la S.A.D.E. hubiera dado pruebas de una grave insensibilidad frente a la realidad actual del mundo [pero] hay un tercer lote de temas – agrupados bajo el rubro general de *Derechos y deberes del escritor frente al problema actual* – que provocará, sin duda, los más interesantes debates del certamen. [...] El problema de la cultura, de la creación literaria, artística, científica y filosófica es inseparable de la suerte de las instituciones políticas y sociales. Del carácter de esas instituciones depende la posibilidad del acrecentamiento o del ocaso de la cultura. O lo que es casi lo mismo, de la civilización.

He prestado tanta atención al congreso argentino de escritores para reparar, en la medida de mis fuerzas, la indiferencia habitual de la prensa de nuestro país hacia este tipo de manifestaciones. No es probable que los diarios dediquen a este congreso el espacio que suelen consagrar a cuestiones de menor interés para la suerte de la cultura.

Alfonso de la Vega (Catamarca)
Siempre he tenido poca fe en la eficacia de los congresos que casi invariablemente se resuelven en catálogos de declaraciones y expresiones de anhelos. Si podemos evitar el desenfreno de la lengua y trabajar sencillamente por la solidaridad gremial, habremos hecho obra perdurable de afirmación de derechos y reconocimiento de deberes. Por otra parte, creo que, en definitiva, el saldo de más efectivo valer y más simpático, consiste en esta periódica aproximación de los escritores de todo el país que les permite la mutua comprensión de los problemas regionales y un mayor acercamiento a la tierra señaladora de destinos.

Arturo Lorusso (Córdoba)
Hemos venido al Tercer Congreso inspirados en los altos propósitos que siempre han guiado a los hombres que constituyen el núcleo cultural de nuestra provincia. Córdoba contribuye fervorosamente al progreso literario nacional, salvando los obstáculos y las dificultades, con el tesón de quienes tienen la responsabilidad de poner sobre los problemas materiales, los altísimos de la inteligencia. Se contribuye de este modo también al bienestar social y moral de nuestro pueblo, por cuanto la literatura, orientada hacia lo humano, busca los caminos del mejoramiento general y los brinda a los que quieren seguirlos.
Hay algunos [temas] de gran transcendencia, idealista y práctica a la vez: es la realización de un Congreso Americano de Escritores. Será la mejor forma de estrechar los lazos que unen a los pueblos americanos, al lograr hacer comunes los intereses intelectuales, sociales y materiales de nuestro continente, por intermedio de su entidad pensante: el escritor.

Ricardo Tudela (Mendoza)

[Responde a cuál es la mayor urgencia del escritor en el momento actual.] Sencillamente mantenerse fiel en todos sus momentos a lo que de manera viva y profunda siente que debe expresar. Su función es así una labor inseparable de sentimiento y de inteligencia: es por ellos por lo que el escritor puede convertirse en elemento valioso del medio en que actúa. Ni la inteligencia ni el sentimiento tienen hoy el respeto sustancial para desenvolverse como arte y categoría humana. Es así como la mayor urgencia del escritor está precisamente en combatir en todos los terrenos porque lo más representativo de su personalidad se restablezca en las categorías de su cultura.

[Sobre qué alcance y qué obra está realizando con la editorial Oeste, que dirigía en Cuyo.] Creo que es muy amplia y de provechosos alcances. Por primera vez en nuestro país se unen escritores de tierra adentro para ser sus propios editores. La editorial Oeste lleva publicados libros tales como *Las mil y una noches argentinas* y *Coplas*, y en breve lanzará muchos otros igualmente valiosos. Con este primer plan se afianzará la editorial Oeste, proponiéndose, en el segundo, editar una gran revista cuyana y desenvolver una acción orgánica de difusión y compenetración de todas las provincias argentinas.

Alcides Greca (Santa Fe)

En mi larga y accidentada vida de escritor me ha tocado vivir dos etapas. Una, la juvenil e individualista, acorde con el concepto político y filosófico predominante. El escritor se creía un ser de excepción, vivía aislado colectivamente y se consideraba un incomprendido. Para distinguirse aun más y como una afirmación de su rebeldía contra el medio, usaba adminículos personales llamativos. Escribiendo, se situaba también en una torre de marfil. La sociedad, el público, sus mismos lectores, eran la turbamulta, los filisteos...

Hoy el escritor es un obrero más en el engranaje social. No escribe ya solamente para ser admirado, salvo raras excepciones. Su complejo de superioridad ha disminuido notablemente. Son pocos los que en la actualidad se creen genios. Aun en su vida privada o en la de relaciones, se ha modificado su manera de actuar. No trata de distinguirse del común de la gente. Los realmente capaces e inteligentes tratan de pasar desapercibidos. El escritor no es ya el bohemio que hacía gala de su desprecio por ciertas normas sociales. Ha dejado de ser hasta un individuo peligroso para los padres que tienen hijas casaderas. La casi totalidad de los que han venido al Congreso son, además de escritores, profesionales con medios independientes de vida. Por otra parte, los escritores tratan de actuar no ya aisladamente, sino en equipos, para defender sus ideas y sus intereses. De ahí estos congresos, las sociedades de escritores y una serie de iniciativas que nos acercan mucho a las formas de actuar de otras sociedades de profesionales.

Max Dickmann (Buenos Aires)
Hace tiempo que soy miembro activo de la S.A.D.E. Llamo miembro activo al que se preocupa y trabaja por ella, ya sea como miembro de la Comisión Directiva o simplemente desde afuera. Estoy convencido de que es el organismo gremial el que hará de nuestra grande familia un todo orgánico y de fecunda utilidad para el porvenir espiritual del país. Cuando los escritores tengamos profundamente arraigado el hondo concepto de responsabilidad, nuestra obra será más humana y próxima a la realidad. Hasta ahora no ha sido el instrumento totalmente afinado para decir la emoción, las alegrías y las penas de nuestro pueblo.
[...]
Como escritor, creo que debemos ir urgentemente al encuentro de nuestra realidad. Es necesario abordarla de frente, sin temor y sin debilidades, hasta diré sin hermosura, para hacerla más comprensible, más asimilable. Este Congreso que realizamos aquí en Tucumán nos pone a los escritores de la Capital Federal frente a un escenario tan inmenso que, por momentos, pienso si éste no será, en verdad, el corazón de nuestra nacionalidad. Ojalá así

sea para gloria de esta hermosa tierra tucumana que, desde el día de mi llegada, he incorporado para siempre a la parte más emotiva de mi ser.

[414] "El Tercer Congreso de Escritores inició ayer sus sesiones plenarias", en *La Gaceta*, martes 29 de julio de 1941. En la sesión nocturna, presidida por Coviello, Vicepresidente 1° del Congreso, y actuando de secretarios Sergio Bagú y Antonio de la Torre, con la presencia de 41 delegados, tras acalorados debates, se aprueban estas mociones de la Cuarta Comisión:

El Congreso de la S.A.D.E. reunido en Tucumán, recomienda a los escritores argentinos y americanos el estudio y la divulgación de los temas nacionales y americanos, contribuyendo de esa manera a la formación de un espíritu y una cultura nacionales.

Considerando que el estudio y por lo tanto, la enseñanza de la historia, requiere la fijación de un punto de vista determinado, el Tercer Congreso de Escritores declara que, en lo relativo a la enseñanza primaria y secundaria, el mismo no deberá en ningún momento oponerse al régimen democrático que nos rige".

El Tercer Congreso de Escritores recomienda a la S.A.D.E. la ratificación de la iniciativa a favor de una campaña para hacer conocer a los poderes públicos y gestionar ante ellos la sanción de leyes que establezcan:
1° - Obligación para los diarios y revistas que publiquen colaboraciones literarias en el sentido de que las mismas pertenezcan en un porciento no inferior al 70 a escritores nativos o radicados en el país.
2° - Obligación de los sindicatos o empresas internacionales de colaboraciones que sirven a los diarios o revistas argentinas y que tengan sucursal en nuestro país, de incluir entre sus servicios un determinado número de colaboraciones de escritores argentinos".

El Tercer Congreso de la S.A.D.E. reunido en Tucumán afirma que el pasado de América no comienza el 12 de octubre de 1492, sino que se remonta a la prehistoria. Como consecuencia, la enseñanza de la historia argentina y americana, debe iniciarse con el estudio de las tribus y culturas precolombinas.

[415] Al margen de las deliberaciones oficiales del Congreso, se realizó en la Biblioteca Alberdi un debate sobre el folklore, del que participaron Leónidas Barletta, José Domingo Almirón, Pablo Rojas Paz, Tobías Rosemberg, Italia Rotondo, Eduardo González Lanuza, Serafín Pazzi, Luis Cané, Alfredo Coviello, José Gabriel, Cordova Iturburu y el brasileño Jorge Amado, quien fuera invitado de honor en el Congreso, al igual que el dramaturgo español Jacinto Grau.
Barletta se refirió al folklore como una manifestación "pseudo literaria"
Despertando una polémica inusitada.

Al respecto, dijo Italia Rotondo:
> Estoy indignada y protesto por el tono de chacota con que el señor presidente autoriza a debatir un tema tan interesante y que por tanto hace al interior del país. Los porteños siempre han tratado estas cosas así.

[*La Gaceta*, 29 de julio de 1941].

[416] O.G.L. **"Un triunfo auténtico de Leónidas Barletta fue la controversia de anteanoche sobre folklore"**, en *La Gaceta*, 29 de julio de 1941.
> Triunfo merecido, por lo demás, que justifica la bondad de su sistema en este tipo de debates, que él ha ensayado en el Teatro del Pueblo de la Capital Federal. Barletta empezó diciendo al ocupar el sitial de la presidencia, que había aceptado la responsabilidad de dirigir y *desordenar* el debate. [...] Su sistema de acuciar picoteando con la alusión no exenta de mordacidad o con el desorden aparente que desagrada y provoca reacciones, le dio gran resultado. La sala estuvo animadísima y bien merece el

homenaje de este recuerdo detallado que formulamos complacidos a manera de pleitesía.
Al salir, Coviello expresó a Barletta:
- Le felicito efusivamente por su fracaso...
Barletta agradece visiblemente satisfecho, pero alguien que no hubiera entendido este travieso juego de pasiones que tuvo por escenario a la sala, preguntó:
- ¿Qué manera de felicitar es esa?
A lo que otro que estaba al tanto de la triquiñuela, repuso:
- Es una felicitación sensata y cordial, digna de la sutileza que se gastó en la interesante controversia a la que acabamos de asistir...

[417] Otra interesante actividad desarrolla en la Biblioteca Alberdi fue la serie de conferencias sobre *Visiones y leyendas de la Patagonia*, a cargo de Fernán Félix de Amador, Guillermo Guerrero Estrella y Raúl Daniel Padilla. [*La Gaceta*, 29 de julio de 1941].

[418] **"Clausuró ayer sus deliberaciones el Tercer Congreso de Escritores"**, en *La Gaceta*, 30 de julio de 1941

Dictamen de la comisión sobre posición del escritor, del cual Gerchunoff fue el informante:

> Las naciones gobernadas por el despotismo totalitario han demostrado hasta qué extremo determina la abolición de la libertad el sentimiento del espíritu. En esas naciones ha desaparecido la fecundidad creadora de la inteligencia y los que la representaban en ellas con belleza o con decoro yacen en prisiones o son tristes proscriptos que buscan en tierras extrañas el derecho de pensar, de crear y de ser hombres. En esas colectividades, regidas por una voluntad despótica, no se ha suscitado desde que se inició su tenebroso dominio una figura de escritor, de pensador o de artista, porque el espíritu es incompatible con la opresión y se desenvuelve únicamente en los pueblos en que la libertad es asegurada por el funcionamiento de instituciones democráticas, por

más que esas instituciones sean defectuosas o requieran mejoramientos, siempre susceptibles de hallarse en la misma elasticidad y posibilidad de renovación que las caracteriza.

El escritor, que es, fundamentalmente, un artista y un intérprete de la conciencia de su pueblo y, por ende, un crítico y un maestro de la sociedad, sólo puede desarrollar su función, realizar su obra, y ser fiel a su propio destino en un orden fundado en el libre consentimiento del individuo y no en cualquier sistema que restrinja o suprima la libertad.

La libertad es así una condición inherente a la misión del escritor puesto que, reprimida o eliminada totalmente, le impide llegar a la masa con la amplitud necesaria e indispensable independencia y ser de este modo factor directo o indirecto en la acción social o política o en el perfeccionamiento moral y económico de la comunidad. Esa libertad en que se cimienta todo sentimiento de dignidad humana, se resume para el escritor, en su aspecto más inmediato, en la libertad de expresión, y por esto ha de defenderla con los medios de que dispone y asumir una posición de lucha en cada ocasión en que aparece amenazada, ya sea en su país o fuera de su país si esa amenaza ofrece el peligro de acrecentarse y extenderse. En virtud de estos principios esenciales, los escritores no pueden mantenerse en una neutralidad indiferente ante los regímenes de fuerza que se definen por su estructura totalitaria y representan en sus diversas manifestaciones la anulación de las conquistas de la civilización.

En presencia de tales acontecimientos, los escritores deben condenar y combatir esos regímenes, ya que lo contrario implicaría sancionar por su parte una organización que los rebaja y los convierte en agentes dóciles o testigos mudos de una sociedad de la cual no pueden ser ni una voz espontánea ni un reflejo fidedigno.

Por tanto, el Tercer Congreso Argentino de Escritores, reunido en la ciudad de Tucumán, benemérita de la historia de América, es decir, en la historia de las libertades humanas, declara:

1° – La condena de los regímenes de fuerza que este Congreso sanciona obliga a los escritores a combatir la libertad en que radica el honor de su función social, la dignidad de su oficio y la honestidad del magisterio que ejercen.
2° – Su independencia mental y su sentimiento de miembros de la nacionalidad argentina les impone ese deber en nombre de sus ideales humanos y primordialmente en nombre de su condición de argentinos.
3° – La contienda ideológica se dirime actualmente en la guerra desencadenada en el mundo por el totalitarismo agresor y conquistador y los escritores argentinos confían en la victoria de todos los pueblos que sirven con su beligerancia a la civilización y encarnan en su resistencia, y en su heroísmo las aspiraciones de los hombres libres.
4° – Esa victoria, que la humanidad espera y que atestiguará pronto la milagrosa preponderancia del espíritu, que es la definitiva dimensión de la historia, será también el triunfo de los que viven en el mundo de las nobles profesiones de la inteligencia.

Tras animado debate, el dictamen "fue tratado en particular y aprobado por aclamación cada uno de sus artículos".

[419] Otro, en defensa del escritor, también aprobado por aclamación, del cual Cordova Iturburu ofició como informante:

1° – El Tercer Congreso resuelve encomendar a las autoridades de la S.A.D.E. mantener una permanente actitud de vigilancia a fin de que las instituciones que garantizan la libre emisión del pensamiento no sean desnaturalizadas.
2° – Acudir pública y legalmente en defensa de la persona del escritor y de su derecho a la libre expresión, cuando ese derecho sea desconocido o avasallado.
3° – Denunciar públicamente y formular su protesta frente a todo acto de censura previa establecida contra la libertad de expresión en la forma de resoluciones expresas, leyes o reglamentaciones directas o en la manera encubierta

de retiro de las normales facilidades existentes para la circulación de las ideas por la cátedra, la radiotelefonía, el correo, el teatro, etc.

4° – Considerar de acuerdo con el espíritu y la letra de esta resolución, todo reclamo formulado por la opinión pública o los escritores con motivo de hechos comprendidos dentro del presente articulado.

[420] También fue aprobada la moción que encargaba a la Sociedad procediese a la organización de una Feria Anual del Libro.

[421] La sesión concluyó con mociones de agradecimiento a las autoridades, a la prensa y a la sociedad de Tucumán.

[422] El escritor brasileño Jorge Amado pidió la palabra para pronunciarse contra el *Estado Nuevo*, del presidente Getulio Vargas:

En el momento en que los escritores argentinos se reúnen en forma cordial y democrática para discutir los problemas de la cultura en Argentina y en el continente americano, un escritor brasileño que presencia esta fiesta de inteligencia que es vuestro congreso se encuentra entre la alegría y el sufrimiento. Alegría por ver a hombres cuya misión es crear y sembrar belleza discutiendo libremente los problemas técnicos y los problemas humanos de la creación artística en todos sus detalles; estudiando con honestidad y buena voluntad las maneras de tornar todavía más amplia y más universal esa creación. Al propio tiempo que este espectáculo significa sufrimiento para el escritor brasileño, pues ante tanta belleza, fuerza y dignidad, se puede medir, con una medida exacta, la situación a que se encuentran reducidos en Brasil la cultura y el trabajo glorioso y rudo de la creación artística. Para asistir a vuestro congreso, llego de un país donde la cultura, la literatura y el arte son diariamente ahogados; en donde una joven literatura llena de savia, de brasilidad y de entusiasmo creador está en la situación del ahorcado y a quien le aprietan cada día más la soga que lo ha de matar.

Por su parte, Grau pronunció un breve discurso contra la dictadura de Franco.

[423] La Resolución 13 del Congreso expresaba la solidaridad con los escritores encarcelados o perseguidos en América Latina y en España, pidiendo al gobierno del Perú, de Manuel Prado Ugarteche, por la libertad de Juan Seoane y Serafín Delmar.

[424] El día 29, en agasajo a los participantes del Congreso, el gobernador Critto ofreció a los participantes un banquete en Salón Blanco de la Casa de Gobierno.
Los participantes también fueron agasajados en San Javier, en Bella Vista y en el ingenio Concepción.
Al día siguiente, se les brindó otro almuerzo, en Parque Aconquija, también ofrecido por el gobernador, seguido de una merienda por el intendente de la ciudad capital, Lozano Muñoz.
Los escritores retribuyeron al cierre con un almuerzo en el Club de Natación y Esgrima.

[425] **Silverio Boj (seudónimo de Walter Guido Weyland). "Cómo vi en Tucumán el Tercer Congreso Argentino de Escritores"**, en *Sustancia*, N° 7-8, septiembre de 1941.
Soy un firme convencido de la ineficacia de esta suerte de congresos en cuanto a la solución de los problemas profesionales del escritor. No quiero significar con esto que no deban realizarse. Todo lo contrario; soy de los que creen en la preciosa utilidad de muchas cosas inútiles. Entendámonos bien: inútiles porque no cumplen la función a que originariamente estaban destinadas. ¿Que ni las resoluciones aprobadas en sesión ni los buenos propósitos exteriorizados por los congresales han de contribuir a mejorar la situación del gremio? Poco importa. Las condiciones de vida del escritor y la capacidad gremial del mismo nada tienen que ver con la auténtica actividad literaria. Es que lo que a mi entender debe interesarnos por sobre todo, es la literatura. Y ésta no se

realiza en el acaloramiento de las discusiones fogosas ni en el entusiasmo de algunos días de trajín intenso, sino mediante la labor silenciosa, tesonera y honrada de los que le han consagrado sus esfuerzos, su inteligencia, su abnegación, en suma, su vida.

No obstante lo que antecede – y aquí es donde las cosas inútiles muestran su utilidad insospechada –, el reciente congreso que tuvo por escenario nuestra ciudad, a pesar del calor desperdiciado, a pesar de las palabras dichas con vehemencia y arrojadas en seguida en saco roto, ha dado frutos de valor inapreciable, que compensan con creces la ausencia de una finalidad práctica que lo justifique. Porque en definitiva, nada ha quedado que valga más que las amistades iniciadas al margen de las sesiones, que la cordialidad que endulzó por unos instantes la aspereza de nuestro vivir literario; nada que valga más que el conocimiento mutuo complementado, después de haber tenido ya el contacto de la obra, en la charla personal del café o los paseos, sostenida con el autor, que la efusión sincera con que fraternizaron temperamentos dispares, espíritus encontrados. Valga entonces el congreso como excusa para agrupar durante una semana a los escritores de todo el país y permitirles confrontarse y medir con criterio objetivo el alcance y la pureza de la propia vocación.

Nadie mejor que los escritores de tierra adentro para apreciar la importancia de esto. Los que trabajan en medios hostiles o indiferentes, separados entre sí por distancias enormes, faltos de puntos de referencia para valorar con cierta exactitud la labor que desarrollan, necesitan reunirse periódicamente a fin de cambiar ideas, estimularse, auscultar su resonancia en el panorama nacional, evitar de caer en el descorazonamiento que mata los impulsos más nobles, las intenciones más generosas y, sobre todo, desatosigarse de soledad, esa soledad espantosa, implacable que, llega un momento, ya no es posible aguantar más.

Verdad es que la obra del escritor requiere aislamiento y concentración; pero ello nada tiene que ver con la soledad a que me refiero. No le es posible al hombre de letras impedir la limitación de sus horizontes, la claudicación por falta de comprensión y aliento, a menos que se mueva, alterne y conozca a sus colegas. Hasta el estímulo de la diatriba, del rencor envidioso, de la negación tenaz, es necesario. En el transcurso de los días en que se llevó a cabo el tercer congreso he podido comprobarlo. Conocí a muchos delegados venidos de lugares distantes, que viven alejados de todo comercio intelectual con sus semejantes, en cuyos ánimos habíase cernido el escepticismo en forma tal que algunos hacía seis meses no escribían un párrafo o una estrofa. Les he visto partir optimistas, llenos de fe, deseosos de estar cuanto antes de vuelta en sus casas para dedicarse a trabajar con renovados bríos.

Esto es, a mi juicio, el mejor saldo dejado por el congreso realizado en Tucumán y lo que justifica su realización. Díganlo si no los delegados por el Chaco, el delegado por el Chubut.

Claro está que no pretendo restarle méritos a la labor cumplida por el congreso. Es preciso reconocer que ha sido una brillante asamblea y que las resoluciones aprobadas cuadran dentro de las legítimas aspiraciones de los hombres de letras. Sus sesiones se han desarrollado en un clima auspicioso y todos los que intervinieron se han retirado satisfechos de haber llenado su cometido de la mejor manera posible, con honestidad y alentado por afanes constructivos. Como muestra de la actividad desplegada tenemos el hecho de que en ningún momento las comisiones dejaron de producir despachos, lo cual impidió que languideciera el interés e hizo que la variedad de los asuntos imprimiese agilidad a los debates.

En cuanto a la trascendencia de los actos verificados en cumplimiento de la finalidad esencial del congreso, ya lo dije más arriba, soy escéptico. De casi todo lo dicho y hecho lo realmente valedero es la intención.

De ahí la extraordinaria importancia que revisten las declaraciones formuladas en torno a los deberes del escritor frente a los problemas que plantea la hora actual. Ya que ellas no servirán para conjurar las amenazas tremendas que se ciernen sobre la civilización, por lo menos han tenido la virtud de robustecer su defensa al identificar a los escritores argentinos en dicha oportunidad congregados en un mismo anhelo de libertad y repudio a todas las formas de opresión, demostrando de paso a la opinión pública cuál es la actitud que han asumido, cuál es el sentimiento que alientan los hombres que en nuestro país enarbolan un estandarte de cultura y dignificación espiritual. Harto significativo es que estos hombres vean la necesidad de tomar partido, temerosos de que la libertad sea algún día aciago brutal y despiadadamente avasallada. La libertad, y tratándose de escritores o artistas, la sagrada libertad de crear y expresarse, constituye el fundamento de la dignidad humana, la suprema razón de existir.

Para justificar aún más de lo que se justifica por sí sola la decisión adoptada unánimemente y por aclamación por los escritores argentinos en el congreso realizado en Tucumán, en el supuesto caso de que dicha justificación se impusiese, lo cual personalmente no pienso, transcribo a continuación el párrafo final de un trabajo mío titulado *El porvenir de la cultura,* que considero de actualidad permanente mientras sobre los seres que especulan con los altos intereses de la civilización se cierna la funesta posibilidad de la proscripción y la mordaza, escrito en 1937 bajo la impresión de la guerra civil española.

En aquella oportunidad decía:

"... supongamos por un momento el triste destino de la cultura si la humanidad, en vez de encarrilarse por el sendero superador, enfila en mala hora por el que fatalmente la arrastrará al abismo. La verdad cederá su trono a las conveniencias despóticas, la cordura al fetichismo de antaño, la justicia a la arbitrariedad y renacerá el caos, no precisamente el aparente y fecundo, sino el real y mortífero. No habrá ambiente para que el genio brote, se secarán las fuentes de las manifestaciones vitales, y todo concluirá... ¿Acaso podemos pretender porvenir mejor y más lisonjero si a los espíritus superiores no les es permitido desafiar el mañana con sus profecías diamantinas y entusiastas,

si a los despropósitos del presente no lo recoge la tierra rica, cálida y húmeda para que germinen y maduren, eclosionando en novísimas y hermosas concepciones? Ya lo dijo Anatole France: "... la utopía es el principio de todo progreso y el esquema de un porvenir mejor".

Y la profesión de fe democrática que encierran dichas declaraciones es, sin lugar a dudas y tal como pude apreciarlo en las sesiones a las que asistí, lo que reviste al reciente congreso de una importancia y significado que lo harán memorable con el transcurso del tiempo. Que los hombres de pensamiento deban asumir actitudes de hombres de acción, implica la presencia de una honda crisis en la que peligra la estructura social; en momentos tales los escritores no pueden eludir la grande responsabilidad que les incumbe en la conservación de los más estimables valores humanos. Esta plena conciencia de su deber de hombres libres y cultos, patentizada por los escritores argentinos con espontaneidad tan admirable, es lo que hizo que al levantarse la asamblea todos se sintiesen más livianos, un poco más optimistas. De ello debemos congratularnos.

[426] **Alfredo Coviello. "Al margen del Congreso de Escritores. Discurso de clausura"**, en *Sustancia*, N° 7-8, septiembre de 1941.

La primera consecuencia inmediata de un congreso de escritores es el contacto directo que entre sí toman personas que se ignoran más de lo que el público puede suponer. En efecto, hasta hace poco resultaba admirable el desconocimiento de los escritores argentinos entre ellos mismos. ¡Qué interesante habría resultado una estadística en este sentido! Hubo un tiempo en que la propia producción intelectual no se hallaba difundida como corresponde, mas luego dos factores han contribuido en parte a aminorar esta deficiencia: en primer término, el acrecimiento editorial, y luego – y quizá también en primer término y no en segundo – la obra de las revistas intelectuales, de los órganos de actualidad periódica y del periodismo que dedicó mayor atención a la producción bibliográfica, a las inquietudes espirituales, haciendo no sólo una obra de difusión sino incluso de aquella ilustración que el lector necesita a manera de guía para evitar tener que decidirse en muchos casos por la presentación de la carátula que un libro ofrece.

En segundo lugar, un congreso de escritores como estos dos últimos llevados a cabo en Córdoba y Tucumán, en 1939 y en 1941, pone al escritor en contacto con las regiones argentinas: ayer con el centro, hoy con el norte, mañana: el oeste, el litoral o el sud. Este esquema de las regiones merece ser conocido *de visu* por todo escritor que se precie de estar medianamente informado respecto de su país. Las costumbres, la psicología de los argentinos, las posibilidades-ambientes que cada zona implica, exigen un conocimiento directo. El escritor capta desde un punto de vista determinado. Intuye direcciones a lo mejor pre-existentes pero probablemente ignoradas. Sugiere una visión tan diferente de otras concepciones, como es de diversificado el paisaje a través de la inspiración de este o aquel artista que pone en primer plano un motivo impregnado de tal colorido y cambia radicalmente la impresión del mismo paisaje que otros ojos han percibido. Además, y finalmente, es tiempo ya de discutir sobre nuestro presente y el futuro de nosotros mismos, conociendo la materia original del conocimiento y no el simple actuar de un mecanismo que en lugar de elementos primarios actúa sobre *elaborados*. Esto es: el escritor debe ofrecer producción directa (primera condición de originalidad). En el caso opuesto, se trata de simples *relaboraciones*, dijéramos: *subproductos*. Luego, no nos debemos admirar por la falta de *fuerza* original, por lo *resabido* de los desarrollos planteados, por lo común de aquello que a nuestras manos llega sonando a repetición, cuando ese requisito no ha sido llenado.

A estas dos consecuencias inmediatas, y por cierto importantes, corresponde añadir la que surge de sus declaraciones. No pocos miembros actúan con cierto desaire frente a las propuestas de resolución o los proyectos de declaraciones. Es un error. Así como se desprestigian las mociones que no corresponden a una evidente necesidad de la realidad viva, así también trascienden aquellas que entrañan un verdadero beneficio colectivo. Hay una desimportancia aparente y una trascendencia real en las sanciones emitidas por un congreso de escritores cuando éste agrupa sin distinción de ideologías, creencias u otros caracteres limitativos, como ha sido el Congreso últimamente reunido en Tucumán. Por otra parte, el prestigio mismo del Congreso puede mucho en ello.

El discurso de clausura

Contiene el discurso de clausura del Congreso algunas observaciones de fondo sobre el escritor y su misión. Al mismo tiempo es una crónica resumida con juicios sobre sus principales actos. Por ello nos ha parecido adecuado transcribirlo en estas páginas literalmente.

Señor Presidente del Tercer Congreso; Señor Presidente en ejercicio de la S.A.D.E.; Señores congresales:

Después de una serie fecunda de deliberaciones, el Tercer Congreso Gremial de Escritores convocado por la S.A.D.E. se aproxima a su punto final.
Se nos ha conferido la responsabilidad – y con ello entiendo que, al mismo tiempo, un honor para la Filial Tucumán – de proceder a materializar la clausura de sus sesiones pronunciando el discurso que es de rigor.

Señores delegados:

Durante los debates que han precedido a esta reunión, se ha puesto en evidencia cuanto de elevado y de humano anima a los hombres que partiendo de las regiones más dispares de nuestro país vinieron a converger en esta tierra fecunda por gracia de la naturaleza y también fecunda, en el sentido histórico, por el alto ejemplo de inmolación patriótica de sus mayores.

Aquí han venido a comulgar sus ideas escritores argentinos formados en distintas generaciones, alimentados por diversificadas tendencias espirituales, apasionados unos por estimular las fuerzas renovadoras de las vanguardias, afanosos otros por mantener puras las fuentes vigorosas de la tradición que en realidad son como los recipientes con los cuales vamos vaciando nuestra propia vida: diferenciados unos de otros, más cerca de éste o más lejos de tal o cual ideal, pero hermanados todos en la veneración de nuestras libérrimas instituciones erigidas con el fin primordial de enaltecer la dignidad humana.

Señores delegados:

El filósofo ha dicho que el ser del hombre es el lenguaje. El poeta ha cantado a la esencia de la existencia humana que es, según él, igualmente, el lenguaje. Este instrumento típicamente humano tiene un obrero predilecto: el escritor.
El escritor es el artesano del lenguaje. Y le incumbe una delicada función técnica: porque primordialmente es el albacea del idioma que hablan sus congéneres.
A su vez el lenguaje es el instrumento más propicio para fomentar la renovación o para ayudar al proceso de transformación de las costumbres.
Puesto que el escritor se halla dominando en plenitud el ejercitamiento del lenguaje, está, como si dijéramos, rutinariamente entregado al manipuleo de la *base de la existencia humana*. Juega a cada instante con ese maravilloso instrumento de comprensión universal.
Por eso, sin duda, el escritor puede erigirse en dique de contención, o arquitecto de los grandes hechos por donde se canalizan las corrientes sanas del pensamiento proficuo para el género humano.
Luego, la misión fundamental del escritor es la de estar al servicio del pueblo, es decir: estar al servicio de la cultura. Estar al servicio de la cultura, es un llevar hasta el pueblo la obra material del artesano de las ideas.

El escritor puede extraer de su numen las cosas inmateriales y entregarlas al consenso público... El escritor se transforma entonces en un acarreador de materiales que contribuye a la formación de ese patrimonio público cultural. *Saca de sí* y *da* a los demás.
Sensible a su propio medio, el escritor percibe la contribución de la realidad ambiente. Con ella se alimenta y relabora noblemente sus materiales en un proceso de dignificación artística. En este caso toma del patrimonio público, y, por un proceso de inversión absorbe el producto intelectual para su propio yo.
Y el proceso continúa recíproca y perennemente. Es un dar, un tomar y un devolver riquezas inmateriales. Es una expresión ricamente simbólica de una ley que origina todo del todo y al todo vuelve.
Hay pues un *ir* y *venir* que constituye el tránsito ordinario de la vida diaria del escritor.
En este *ir* y en este *venir*, el escritor se proyecta hacia afuera y hacia adentro que es un enriquecimiento espiritual de su propia vida y de la vida de sus congéneres hacia las cuales ha entregado la pasión de su pensamiento.
Si el ser del hombre, del hombre genéricamente, universalmente considerado, es el lenguaje, entonces debe convenirse que la función primordial del escritor de hecho la constituye un estar al servicio de la humanidad. De allí que el escritor puede ser ente representativo del bien y del mal.
Puede acercar o alejar a los hombres entre sí.
Puede sembrar la paz o sembrar la discordia.
Puede influir sobre la condición de su medio social. Puede dignificar el contorno social en que se desenvuelve o inducir a la preponderancia de las inclinaciones decadentes.
La naturaleza crea diferencias en los idiomas. El escritor aproxima las palabras y los conceptos. El escritor es el traductor natural de las diversas almas colectivas, en su función de universalización. Es el que las sintetiza y sin embargo es también, el forjador preclaro del sentido nacional.

Señores delegados:

En las sesiones que acaban de transcurrir hemos podido verificar cómo esa función de acercamiento, de enaltecimiento de las virtudes humanas, se ha hecho presente en todo instante.
En nuestro Congreso, señores delegados, se han expuesto las diferencias de unos y otros, que actúan en el fondo como estímulos vivos para el progreso intelectual. Porque, desde el punto de vista honesto de estas inquietudes, las diferencias que de tanto en tanto se hacen presente en los debates, son la expresión de anhelos de superación, son afanes vivientes que andan en busca de una mayor, de una más íntima comprensión de todos nuestros hombres que así se sienten como argentinos y como expresión ideal del género humano.
La indiferencia, eso sí, sería equiparable a la esterilidad.

***

Esta esperanza de comprensión universal que siempre ha animado a los grandes escritores, ha sido una inspiración permanente de nuestras iniciativas.
Las sanciones fundamentales de este Tercer Congreso han tendido al acercamiento de los hombres de hoy y de ayer, de América y del mundo, de Buenos Aires y de las provincias.
El homenaje a Marco Manuel Avellaneda y la peregrinación a la Casa Histórica, son la expresión acabada de los sentimientos hondos de veneración por nuestros antecedentes históricos.
El homenaje a Juan Terán, ha sido en realidad un homenaje a la cultura universitaria. Y el magnífico y justiciero homenaje a Hudson realizado en las sesiones de ayer y de esta mañana tan brillantemente, podrían quizá simbolizar el culto a los talentos profanos.
Proyectos fundamentales para la vida del escritor desde el punto de vista gremial, han sido también materia de sus preocupaciones. La difusión sistemática de la producción

literaria por medio de los instrumentos de la técnica moderna, ha merecido igualmente preocupación de este Tercer Congreso.

La materialización del hogar del escritor, la organización de misiones culturales en múltiples aspectos, han constituido también iniciativas entusiastamente aprobadas.

La tragedia del mundo, ante el peligro que acorrala a las más grandes conquistas del pensamiento y del género humano, ha provocado declaraciones fundamentales que llevarán la voz de los escritores argentinos a través de las fronteras y los continentes.

Ha originado la acogida cálida y entusiasta en nuestro seno de un hermano brasileño y un colega español.

Una circunstancia dramática, el litigio dolorosamente iniciado entre dos países sudamericanos, ha arrancado un mensaje de paz y de confraternidad a nuestras deliberaciones, en medio de la aclamación unánime.

Señores congresales:

Las deliberaciones de este Tercer Congreso se iniciaron con el gesto altruista y el abrazo cordial de la propia filial local. Que este pequeño hecho, que ha sellado ahora la unión de todos los escritores en el Norte del país, sea un símbolo perdurable en la gran familia que reúne a escritores argentinos y extranjeros residentes.

***

La decisión aprobada por aclamación de realizar el Cuarto Congreso en la zona de Cuyo, es un homenaje y una colaboración de carácter práctico a esa empeñosa labor de los hombres que en Mendoza, en San Juan y en San Luis, están roturando una tierra semi-virgen como esta del Norte del país.

Por estas consideraciones, señores congresales, podemos dar por clausuradas estas sesiones con la satisfacción del deber cumplido.

[427] Respecto de las conclusiones del Congreso, no faltaron observaciones de fondo y fondo, tal cual surge de una carta enviada a Coviello por Alberto Gerchunoff, con fecha 6 de agosto de 1941, con logo de *La Nación*:
> He recibido los papeles que tuvo la amabilidad de enviarme y que se refieren a las actas del Congreso. No me sorprende la cachafazada del estupendo secretario en cuestión. Este señor Padilla fue designado por Martínez Estrada entre varios candidatos propuestos. Si le hubiese visto la cara, seguro estoy de que se habría abstenido de hacerlo. [...] No tendremos más remedio que redactar las actas de acuerdo con las versiones taquigráficas. [...] Ha trabajado usted mucho y admirablemente, con un profundo espíritu de colaboración, por el éxito de nuestro Congreso y mucho se le debe en este sentido. Todos lo reconocen, empezando por Mallea.

[428] Martínez Estrada trazaría años más tarde el siguiente análisis sobre el Tercer Congreso de Escritores [*Crítica*, 15 de agosto de 1944]:
> No pudieron cumplirse algunas de las determinaciones de aquella asamblea. Los dos temas principales: celebración del Congreso Panamericano de Escritores, y el 4º Congreso Argentino a realizarse en Mendoza, quedaron temporariamente postergados. Asimismo, las actuaciones públicas, fuera de lo puramente administrativo, resultaron limitadas. En cambio, se efectuaron actos de homenaje, conmemoraciones de aniversarios y las profusas actividades de carácter gremial concernientes a la vida de la institución.

[429] Con motivo de la campaña electoral que enfrentó al coronel Juan Perón con la Unión Democrática, un número significativo de escritores adhirió a una declaración, en la cual se afirmaba:
> Desde el movimiento militar del 4 de junio de 1943 la libertad de expresión y de pensamiento ha sido castigada y perseguida como nunca pensamos que pudiera serlo a esta altura del desenvolvimiento del país, en abierta pugna

con la tradición argentina y en contra de la Constitución Nacional.
El documento citaba extensamente la declaración adoptada en el Tercer Congreso de Escritores, realizado en Tucumán, el 29 de julio de 1941.
Y en la parte final apuntaba:
En las próximas elecciones habrá que optar entre una tendencia que proscribe y escarnece la libertad de expresión y de pensamiento y otra que la hace posible. Nada menos que eso es lo que va a discernirse en esta terrible hora de nuestra historia.
Vale revisar el texto completo de la declaración y la nómina de escritores que lo suscribieron en *La Prensa*, 1º de febrero de 1946.

SUSTANCIA, 1943

Sustancia. Número 13, enero-febrero de 1943
Sustancia. Número 14, marzo-abril de 1943
Sustancia. Número 15-16, mayo-septiembre de 1943
Sustancia. Número 17, octubre de 1943

[430] Con el Nº 13, se inicia el Volumen IV (y último) de *Sustancia*, y abarca hasta el Nº 15-16, con un total de 762 páginas + Índice.
El Nº 17 fue el último dirigido por Alfredo Coviello. Continúa la numeración con el Volumen IV y llega a las 929 páginas.

[431] En los cuatro números correspondientes al año 1943, se acentúa la tendencia de incluir colaboraciones sobre los temas particularmente caros a Coviello. En primer término, los referidos a cuestiones regionales tucumanos y del noroeste argentino. A continuación, a la especulación filosófica, la poesía y, por extensión, la literatura. Finalmente, también se incluyen numerosas críticas bibliográficas.

[432] En el N° 13, en la Sección "La investigación regional", se publicó la nota de Raúl J. Blastein, profesor de Microbiología Industrial d la Facultad de Farmacia y Bioquímica de la UNT y Miembro del Consejo Directivo de la misma Facultad. "Carburante nacional. Sus posibilidades".

[433] Y en la Sección "El pensamiento en acción", la colaboración de Miguel Figueroa Román, Profesor en la Facultad de Derecho y Ciencias Sociales de la UNT. "Problemas sociales de Tucumán".

[434] Del N° 14, se destaca la nota de **Julio Barbarán Alvarado: "El problema de la unidad argentina"**:
> El lugar privilegiado que tiene que ocupar la Argentina en un tiempo no lejano, sólo será posible fortaleciendo o uniformando su vida interior. Para llegar a esa meta tal vez sea conveniente insistir ahora sobre las condiciones, a pesar de todos sus defectos y momentáneos renunciamientos, del ciudadano argentino. No se lo enorgullece de ser tal. Más aún. Se lo presenta, en el afán de corregirlo y superarlo, con todos los vicios de un país en declinación. Se lo compara con el hombre de Europa y eso lo halaga, cuando debería desesperarlo, porque en el continente que llega al ocaso, no encontrará la savia vigorizante que solamente ha de hallarla en el trato fraternal con los países latinoamericanos. ¡Oh si nos hubiéramos preocupado más de Sud América!

[435] Ricardo Rojas participó del N° 14, en la Sección "El pensamiento en acción", con su nota "El problema indígena", fechada el 31 de mayo de 1942, originalmente dirigida al Presidente de la Comisión Organizadora de la Exposición de la Patagonia, general José María Sarobe, de la cual también participaron, además de Rojas, Federico W. Gándara, Julián de Charras, Juan A. Domínguez, Mario Bernaldo de Quirós, y Fernán Félix Amador.

[436] En el N° 15-16, en la Serie "El pensamiento en acción", se incluye de Alfredo Herrera, Director del Departamento del Trabajo en Jujuy, su nota "El trabajo en las minas y el problema humano". Y en la Sección "La investigación regional": de Ramón Nicasio Herrera, Director fundador del Instituto de Cardiología de Tucumán, "La asistencia integral del cardíaco"; y de Moisés Kostzer, "Las investigaciones económicas regionales".
En la Sección "Ensayos" del N° 17, Abel Peirano, Director del Instituto de Mineralogía y Geología de la UNT, publicó la nota "Acerca de la definición, importancia y vínculos de la geología".

[437] El 2 de julio de 1943 se conmemoró el Cuarto Centenario de la *entrada* de Diego de Rojas en Tucumán. Con tal motivo, se pronunciaron doce conferencias en la Sociedad Sarmiento, seguramente promovidas por Coviello.
Sustancia publicó sobre el tema, en el N° 15-16, además de una introducción por Coviello, colaboraciones de: Juan Alfonso Carrizo, Ricardo Casterán, Ricardo Chirre Danós, Valentín de Pedro, Julio Díaz Villalba, José Gabriel, Alfredo Gargaro, Luis A. Ledesma Medina, Julio César Luzzato, Juan Marengo, Joaquín Morales Solá, Francisco E. Padilla, Serafín Pazzi, Manuel Andreozzi, Héctor D. Argañarás.

La Dirección. "Prólogo", en *Sustancia* N° 15-16:
> Los hechos que el Hombre y la Humanidad realizan, pueden ser divididos en dos categorías: memorísticos e imaginativos. [...] Los hechos imaginativos constituyen la intuición de lo nuevo, la sospecha de horizontes ignorados, la búsqueda de lo imposible. Por ellos crea el Hombre y la Humanidad otros destinos que los hasta ese entonces conocidos. En virtud de los hechos imaginativos el hombre es permanente receptáculo de lo novedoso. La entrada de Diego de Rojas al Tucumán pertenece a esta última categoría, cualquiera haya sido el incentivo material para su realización: la ambición, el afán de lucro o de honores, la atracción magnética de lo misterioso, la búsqueda de Trapalanda o la Ciudad de los Césares...

[438] La cultura, el patrimonio artístico y las expresiones artísticas de Tucumán y el Noroeste también merecieron destacadas colaboraciones en *Sustancia* durante el final año 43. Tales fueron:
Joaquín Neyra. "Una ciclópea obra del escultor Soto Avendaño: *La Epopeya de la Libertad en el Monumento de Humahuaca*" [N° 13]. Nota ampliamente ilustrada.
> Su grandeza comunica una indecible emoción y deja todas las sugerencias de la historia en forma viva y penetrante. No es este monumento para ser analizado, sino para ser admirado.

Fermín A. Anzalaz. "La zamba de Vargas. Su origen histórico" [N° 13].
Ángel Guido, Profesor en la Universidad Nacional del Litoral. "Estética filosófica del espacio en el urbanismo" [N° 15-16].
En la Sección "Folklore" del N° 15-16, se incluyen las notas: Carlos Abregú Vieyra. "El enigma de las manos de Mound Ville y la leyenda de Takjuaj"; Julio G. Madueño. "Valores plásticos en la poesía popular norteña".

[439] Respecto de la filosofía, se publicaron notas de:
Luis Jiménez de Asúa. "Indagación filosófica sobre el fundamento del derecho de penar";
Rodolfo Mondolfo. "Roberto Ardigó y el positivismo italiano";
Elge P. Unger. "Lo estético en la ontología de Nicolai Hartmann";
Alfredo Fragueiro. "El juicio sintético a priori. Observaciones críticas" [N° 13].
Miguel Ángel Virasoro, catedrático en la Facultad de Filosofía y Letras de la Universidad de Buenos Aires. "Filosofía del espíritu absoluto".
Luis Farré. "Filosofía inglesa: su carácter e influencia".
Carlos Fries, desde Montevideo. "De Tales a Sócrates" [N° 17].
Sustancia también participó el fallecimiento de Manuel García Morente, ocurrido en Madrid, el 7 de diciembre de 1942.

[440] En los últimos números de *Sustancia* se publicaron poemas de: Juan Draghi Lucero, Alfredo Vallini, Emilio Sosa López [N° 13]; Frida Schutz de Mantovani, Juan A. Eiras [N°

14]; Cecilio Romaña, Emilio Sosa López, Raimundo Nieva, Joaquín Gómez Bas, María Raquel Adler, Martínez Howard, Ana Emilia Lahitte [N° 15-16]; Juan Burghi [N° 17].

También notas sobre poesía:
Braulio Sánchez-Sáez. "Carlos Drumond de Andrade: poeta enfocado al mundo" [N° 15-16].
Alicia Santaella Murias. "Fausto Burgos: el poeta del ensueño y del alba".
Gastón Figueira. "Poesía y antillanidad de Manuel del Cabral", escritor dominicano [N° 17].

Sobre literatura:
José Gabriel. "Lucio V. Mansilla, porteño ejemplar".
Valentín de Pedro. "Naufragio y salvación de Fernández Moreno" [N° 14].
A modo de homenaje, de Deodoro Roca se publicó "El mundo estético de Lope de Vega", texto inédito, ante el primer aniversario de su muerte [N° 15-16].

[441] Los principales libros comentados en *Sustancia* durante el año 43 fueron: *Lisandro de la Torre. Reformador social americano*, de Juan Lazarte, por Oscar Gómez López; *Análisis de los problemas trascendentales argentinos*, de Francisco A. Rizzuto (h), por O.G.L; *Persuasión de los días*, de Oliverio Girondo, por R.C.D. [N° 13]. *Un ejemplo de instalación humana en el Valle Calchaquí*, de Romualdo Ardissone, por Joaquín Morales Solá; *La dama del Paraguay*, de Héctor Pedro Blomberg, por J.M.S.; *Enumeración de la patria*, de Silvina Ocampo, por Carlos Varela Avellaneda; *El terruño*, de Daniel Ovejero, por Elvira Martínez Castro; *La cultura histórica y el sentimiento de nacionalidad*, de Ricardo Levene, por Federico Mena; *Vidas ejemplares*, de Alberto Casal Castel, por Alberto Elsinger; *Elementos de bibliotecología*, de Domingo Buonocuore [N° 14]. Leopoldo Zea comenta el libro de Alfredo Coviello. *El proceso filosófico de Bergson y su bibliografía* [N° 15-16]. *La tragedia argentina*, de Benjamín Villafañe, por Oscar Gómez López; *El alma de la montaña. (Folklore del Aconcagua)*, de Tobías Rosemberg,

por Silverio Boj [N° 15-16]. *Derecho Rural*, de Francisco E. Padilla, por Oscar Gómez López; *El folklore en Santiago del Estero*, por Orestes Di Lullo, por Eduardo Alonso Crespo; *Espíritu y técnica de la Universidad*, de Alfredo L. Palacios, por Víctor Daniel Álvarez; *Conquista del Río de la Plata*, de Blanco Villalta, por Pedro Larralde; *Esteco y Concepción del Bermejo, dos ciudades desaparecidas*, de José Torre Revello, por Carlos Varela Avellaneda; *Poemas indígenas americanos*, de Enrique de Gandía; *La colaboración social en Hispanoamérica*, de José Figuerola; *Vida de Santa Rosa de Lima*, de Leopoldo Marechal [N° 17].

[442] Con referencia a las "críticas bibliográficas y análisis culturales" de *La Gaceta*, le escribe Bruno Jacovella a Alberto Rougés, desde Buenos Aires, el 17 de agosto de 1943:
> [...] generalmente, los hago tirar sin abrirlos. [...] esta gente, de filosofía, no tiene más que información, no experiencias.
> [Carlos Cossio] no tendrá profunda sinceridad y necesidad filosófica, pero al menos tiene denuedo y una real preocupación por los problemas filosóficos, aunque a él, personalmente, no le quiten el sueño. Cuando los enigmas elementales y postreros lo aquejan, se va a jugar al bridge...

ACERCA DE *SUSTANCIA*

[443] **David Lagmanovich. "La revista *Sustancia* de Tucumán. 1939-1946"**, en *Humanitas. Revista de la Facultad de Filosofía y Letras*. Universidad Nacional de Tucumán, Año XIII, N° 19, 1966, pp. 109-130. Separata, serie B: Letras.

Prólogo

LA REVISTA – "Ya al nacer una revista latinoamericana – dice un distinguido bibliógrafo [Jorge Grossmann. "Introducción", en Unión Panamericana. *Repertorio de*

publicaciones periódicas actuales latinoamericanas. París: Unesco, 1958, 265 pp. Manuales bibliográficos de la Unesco N° 8. Cita de p. XV] – se encuentra en un estado de prognosis reservada de lo que llamaremos la enfermedad de los tres números. Es decir que al superar la crisis de la publicación de los primeros tres números, la revista tiene buena posibilidad de sobrevivir. Esto es en cuanto a la vida; por lo que toca a la muerte y resurrección, debe decirse que la primera es un estado de ausencia indefinida, que algunas veces es sancionada oficialmente como muerte civil; y la segunda, por ser un verdadero milagro, niega toda realidad anterior y por lo tanto hay que aceptarla como tal".
Uno de estos milagros, aunque haya desaparecido hace muchos años, es de la revista *Sustancia*, de Tucumán (junio 1939 – diciembre 1946). En su momento, fue sin discusión una de las más importantes publicaciones de cultura general de la Argentina.
Ese carácter de publicación no especializada es precisamente el que buscó imprimirle su fundador y mantenedor, Alfredo Coviello (1898-1944). "Nos incumbe el problema de la unidad", dijo éste en las palabras preliminares insertas en el primer número; pero también aclaró: "Estas páginas pretenden ser una tribuna de cultura superior, alejadas de la especialización científica y de una orientación determinada en materia ideológica, social o política".
Un breve repaso de las secciones en que está dividido el inventario que presentamos corrobora estas definiciones, pues es grande la variedad de los temas representados. Un examen más detenido de los materiales incluidos en la revista permitirá afirmar otra cosa: la existencia – con los presumibles altibajos – de un tono general de notable calidad: notable, sobre todo, en función del momento y del lugar.
[...]
En algún momento, *Sustancia* representó lo mejor de la cultura tucumana. Por ello se justifica plenamente – es más, era una obligación ineludible para quienes se sienten

ligados a Tucumán – emprender el rescate bibliográfico del contenido de ésta y otras revistas, no con el empirismo de sus propios índices sino siguiendo las normas de más general uso en la comunidad bibliográfica universal.

[444] **David Lagmanovich.** *La literatura del noroeste argentino.* Rosario: Editorial Biblioteca, 1974.

Es difícil evaluar con exactitud la contribución definitiva de *Sustancia* a la cultura de Tucumán y, en términos más amplios, del resto del país. Debe intentarse, sin embargo, y a ese efecto sólo quiero sugerir algunos conceptos básicos. Ante todo, su carácter vehicular: durante algunos años, por lo menos, la pertinaz queja del intelectual argentino del interior por la falta de oportunidades de publicación, debió verse atenuada, por lo menos en ese sector del país. (A la inversa: la revisión de las páginas de *Sustancia*, un par de décadas después, permitirá ver que algunos de los escritores que allí y entonces encontraron tales oportunidades no tuvieron luego acceso muy frecuente a la letra impresa).

[445] **Ana María Risco.** *Comunicar literatura, comunicar cultura. Variaciones en la conformación de la página literaria del diario La Gaceta de Tucumán entre 1956 y 1962.* Universidad Nacional de Tucumán. Facultad de Filosofía y Letras. Departamento de Publicaciones. Colección Tesis. Tucumán, 2009.

[A partir de *Sustancia*] se pone de manifiesto la interacción y complementación de funciones y roles, a pesar de que las publicaciones tienen características diferentes. [...] Resulta significativa esta complementación de funciones, ya que pone de manifiesto la fuerza de divulgación que tiene cada medio por separado: el intelectual restringido de la revista y el masivo popular del diario. Para la organización de la revista y la conquista de firmas reconocidas como colaboradores de la misma, Coviello se sirve de sus contactos establecidos a través del diario y de la Sociedad Sarmiento. Por ello, es inseparable su labor editorial en el diario y en las publicaciones de la Sarmiento y *Sustancia*.

[446] Nilda M. Flawiá de Fernández. "El discurso cultural tucumano del 40 a través de dos revistas", en *Argentina en su literatura*. Cuaderno de la Sección de Literatura Argentina del Instituto de Investigaciones Ligüísticas y Literarias Hispanoamericanas (INSIL). Facultad de Filosofía y Letras. Universidad Nacional de Tucumán. N° 3. Abril-octubre de 1988. Versión anterior: "*Sustancia* y *La Carpa* en el discurso cultural tucumano del 40", en Actas del IV Congreso Nacional de Literatura Argentina. Mendoza, 23 al 27 de noviembre de 1987. Tomo II. Versión posterior, "La década del 40 en Tucumán: *Sustancia y La Carpa*", incluida en su libro *Itinerarios literarios. Construcciones y reconstrucciones identitarias*. Frankfurt / Madrid: Iberoamericana, 2001.

La creación de revistas literarias no fue tarea fácil de concretar sobre todo en el interior del país. Allí los grupos que podían producirlas fueron mucho menores en número que en la Capital Federal, de recursos también escasos y quizá, lo más importante, deficientes en la cohesión necesaria.

Sin embargo, el afán de edición y difusión de las ideas no dejó de alentar alternativamente a todos los grupos intelectuales tucumanos desde el comienzo del siglo. La revista cultural se constituye así en una suerte de necesidad de diálogo entre los pares, sin importar la coincidencia en mayor o menor grado de su pensamiento y, a la vez, de apertura hacia los demás. Es precisamente el examen detenido de ellas el que nos permitirá la interpretación más completa de la incidencia del escritor en la sociedad y al mismo tiempo, la impronta de ésta sobre aquél.

Es decir, en "esas hojas que acusan el paso del tiempo, muchos pioneros de la cultura dejaron algunas ideas o expresaron sus opiniones, que acertadas o no, son las de los protagonistas de la aventura espiritual del momento, válidas como tales y útiles para delinear los rasgos de ese pasado de borrosa imagen". [Vicente A. Billone. "Tucumán y sus revistas literarias. A propósito de una reaparición". *Revista Norte*, Tucumán, diciembre de 1975, tercera época, Año I, N° 1, sin número de página].

La década del 40 encuentra a Tucumán protagonizando un renacimiento cultural, de un discurso que impregnado de un profundo conocimiento y comprensión de lo telúrico, aspira a universalizarlo presentando una imagen esencial del hombre y de sus relaciones con el medio.

La permanente apelación a lo folklórico y a una imagen patriarcal y arcádica del medio había desgastado y desvalorizado el discurso de épocas anteriores. Por el contrario, el discurso del 40 se nutre en Tucumán de una reubicación del hombre, del medio y del escritor en la dirección cultural de la provincia.

La revista literaria se convierte de ese modo en un órgano de absorción de las nuevas corrientes filosóficas y literarias de occidente, de difusión de éstas, de recolección de la producción local, de su análisis y estudio y de su inserción en el panorama mundial. Contribuye al mismo tiempo, a la cohesión de los grupos editores, transformándose en el eje de los diferentes canales de la creación y del pensamiento.

La importancia de su estudio para comprender el discurso cultural en el que estaban insertas lleva a Guillermo de Torre a afirmar: "En el principio: el verbo, no. En el principio fue la revista". [Arturo Cambours Ocampo. *Letra viva. Reportaje y notas sobre la literatura argentina.* Buenos Aires: La Reja, 1969, p. 57].

[...]

La década del 40 se inicia en Tucumán con un clima de ebullición cultural. La transformación de la Escuela de Filosofía y Letras en Facultad es la meta de un grupo de visionarios que ven a la provincia como polo de irradiación cultural en el Noroeste del país. El entusiasmo por el avance científico y humanista no es patrimonio de una clase particular, por el contrario, se expande rápidamente a todos los niveles y estratos socioculturales.

Estas ansias se ven estimuladas por la presencia de personalidades de otras partes del país o del extranjero (exiliados de las guerras europeas), pensadores, creadores cuyas actividades no se ciñen a los claustros sino que sienten la necesidad de donarse al medio que tan calurosamente los había acogido. De ese modo, las clases académicas continúan en amenas reuniones de amigos en las que se comparten diálogos enriquecedores y se planifica el quehacer cultural.

Los pensadores y creadores anteriores al 40, sobre todo aquellos que habían entrado en la madurez, pertenecen a los grupos líderes política y socialmente hablando. Realizan un tipo de discurso en que a pesar de la autoridad reconocida y ejercida, necesita para completarse de la trascendencia y de los ecos que ella despierta, sobre todo, en el círculo de sus pares.

El reconocimiento y aceptación por parte de la sociedad de estos modelos culturales propicia en la generación de los jóvenes un afán de búsqueda de nuevos valores, de nuevos modelos. No se abre sólo una brecha generacional sino también en la concepción del discurso cultural. Es este punto el que nos permite entender la frase "la literatura comienza con nosotros" que en su momento emitiera Raúl Galán y que tanta polémica generara en el medio. Es decir, el proceso de producción literaria manifiesta no sólo diferencias en cuanto a su concepción ideológica sino también en cuanto a la concepción estética en sí misma.

Las renovaciones del discurso cultural del 40 es posible ejemplificarlas a través del estudio de la revista *Sustancia* como de las obras que publica el grupo *La Carpa*.

Sustancia. Revista de cultura superior, publicación trimestral, fue creada por Alfredo Coviello en junio de 1939 con la colaboración entre otros de Juan Alfonso Carrizo, Juan Carlos Dávalos, Marcos Morínigo, Pablo Rojas Paz, Eugenio Pucciarelli, Alberto Rougés, Aníbal Sánchez Reulet.

La manifestación de propósitos deja en claro la dirección que se imprimirá a su discurso. Si bien es un órgano cultural, queda claro que se convierte en "tribuna de cultura superior", es decir, para los ya iniciados. De sus páginas se desprende que es la cultura que proviene de la contemplación y de la meditación y que se evidencia en el hacer. Son conscientes de pertenecer al medio, se

sienten orgullosos de ello y de sus raíces, por lo tanto *Sustancia* será una forma de probar la eficacia de una escala de valores, de un modo de vida y de pensar. Busca su resonancia en el alma del hombre, más que en programas de combate, por lo tanto, la geografía y la raza no serán barreras para la fraternidad universal por el arte. En este sentido, continúan el quehacer cultural de las décadas anteriores.
La orientación será filosófica, literaria y artística primando los artículos de corte universalista sobre las necesidades locales, aunque debemos reconocer la preocupación por las creaciones del medio.
[...]
En los primeros años de la década los hacedores de *Sustancia* son los conductores de la cultura tucumana, constituyen la generación adulta prestigiosa. A partir de 1943, con el cambio de orden político, los estamentos sociales sufren una profunda sacudida. Si bien la generación adulta sigue siendo respetada, poco a poco crece una nueva que la deja de lado y que instaura un nuevo discurso. Son los jóvenes de *La Carpa*, iconoclastas, soñadores de lo nuestro, pero de manera más realista. No idealizan el pasado, ven el presente pleno de conflictos, no se aferran a un estado de lengua particular sino que la usan para transmitir su fragmentada visión del mundo y su interioridad caotizada por los acontecimientos externos. Entonces el bucolismo deja paso a lo social, lo filosófico, a lo particular del hombre, el academicismo lingüístico, a lo coloquial, lo aceptado, al vacío.
[...]
Sustancia y *La Carpa* son dos formas de concebir el discurso cultural del 40 ubicada la primera al comienzo de la década como nexo con la generación anterior y la segunda a mediados de la misma como forma de cambio. Generacionalmente, la primera representa la madurez y la segunda, la espontaneidad de la juventud; una, el discurso reconocido y aceptado, la segunda, el que intenta desmitificar falsos conceptos. Ambos son la esencia misma del pueblo. En el panorama tucumano ambas

revistas representan la evolución cultural de la provincia. Con *Sustancia* acaba una época de visionarios deudores de la generación del centenario y del post modernismo. *La Carpa* es el cambio, la crisis de la que debía salir la sociedad fortalecida. Una es el pasado definitivamente dejado atrás y la otra es el presente que pausadamente quiere entrar en el futuro.

[447] **Soledad Martínez Zuccardi. "Tradiciones y renovaciones de una cultura. De la *Revista de Letras y Ciencias Sociales* a *La Carpa*"**, en *La Gaceta*, 16 de diciembre de 2007.
Coviello cultiva un perfil de hombre de acción cultural similar al de los realizadores de la *Revista de Letras y Ciencias Sociales*, si bien presenta una procedencia social distinta y no interviene casi en el campo de la política. Desde las páginas de *Sustancia* así como a partir de su actuación institucional, Coviello parece intentar recuperar y actualizar el proyecto cultural forjado a comienzos del siglo XX por sus predecesores, al que visualiza acaso como componente de una tradición prestigiosa en la cual inscribir su propuesta.

[448] **Sergio Delgado. "Realismo y región. Narrativas de Juan Carlos Dávalos, Justo P. Sáenz, Amaro Villanueva y Mateo Booz"**, en Noé Jitrik (director de la obra). María Teresa Garamuglio (directora del volumen). *Historia crítica de la literatura argentina*. Buenos Aires: Emecé, 2002.
[...] una generación de escritores del interior que desarrolla su actividad principalmente entre 1920 y 1940 y que debe escribir *después de Lugones*. Una generación que se desarrolla en medio de movimientos nacionalistas y nativistas de diverso cuño y de la irrupción en la escena de las vanguardias literarias de principios de siglo, cuyo embrujo resiste unas veces con desprecio y otras con estupor. [...] En síntesis, los escritores enmarcados en la literatura folklórica debían encontrar la forma de expresar la misma, ya no desde la revalorización del gaucho, sino buscando por otros medios de expresión que vincularan lo autóctono y lo nacional.

[449] También sobre *Sustancia*:
Héctor René Lafleur; Sergio D. Provenzano; Fernando P. Alonso. *Las revistas literarias argentinas. 1832-1967*. Buenos Aires: Centro Editor de América Latina, 1968.
Vicente Atilio Billone. "Revistas literarias tucumanas", en *Humanitas. Revista de la Facultad de Filosofía y Letras de la Universidad de Tucumán*, Tomo XVII, N° 23, 1972.
Nora Budeger de Álvarez. *Alfredo Coviello: La contribución filosófica de* Sustancia *a nuestro proceso cultural*. Tesis de licenciatura en Filosofía, bajo la dirección de Gaspar Risso Fernández. Universidad del Norte Santo Tomás de Aquino (UNSTA), 1983.
Olga Steimberg de Kaplan. *Índice de Revistas Culturales de Tucumán*. Proyecto N° 227. Consejo de Investigaciones de la UNT. Ediciones del Gabinete. Secretaría de Post-Grado de la UNT. Tucumán, abril de 1993.
Nilda María Flawiá de Fernández; Liliana Massara. "Literatura y cultura en dos revistas tucumanas de la década de 1940", en *La cultura en Tucumán y en el Noroeste Argentino en la primera mitad del siglo XX*. Tucumán: Fundación Miguel Lillo. Centro Cultural Alberto Rougés, 1997.
David Lagmanovich. "Perfil de algunas revistas tucumanas de cultura", en *La Generación del Centenario y su proyección en el Noroeste Argentino (1900-1950)*. Actas de las V Jornadas realizadas en San Miguel de Tucumán del 10 al 12 de septiembre de 2003. Tucumán: Fundación Miguel Lillo. Centro Cultural Alberto Rougés, 2004.
Carmen Perilli. "Imaginando el Norte: de letrados a poetas", en *Historia crítica de la literatura argentina*, dirigida por Noé Jitrik. Volumen VII: *Rupturas*. Directora del volumen: Celina Manzoni. Buenos Aires: Emecé, 2009.

VISITA A LOS ESTADOS UNIDOS, 1943

[450] En diciembre de 1942, el American Newspaper Publishers Association, por intermedio del embajador de los de Estados

Unidos. Norman Armour, a modo de "mero sondeo" envió a Alfredo Coviello, en su carácter de codirector de *La Gaceta*, la invitación para realizar
> [...] un viaje de inspección [a los Estados Unidos] que le permita darse cuenta del funcionamiento de algunas industrias bélicas y centros militares [y que] le proporcione a usted la oportunidad de entrevistarse con los principales editores y escritores norteamericanos y verificar personalmente el esfuerzo bélico de los Estados Unidos. [...] El itinerario incluirá un viaje en ferrocarril a través de los Estados Unidos, entrevistas con altos funcionarios del gobierno de Washington y visitas a agencias y centros militares de diversas regiones del país.

Por nota fechada el 18 de enero de 1943, Coviello recibió la invitación formal del Departamento de Estado por medio de la Embajada en Buenos Aires. Otras ocho invitaciones fueron cursadas a representantes de los periódicos del interior y de los medios capitalinos.

La duración del viaje sería de cuatro semanas. Poco antes de la partida, fijada para el 26 de febrero de 1943, el Instituto Cultural Argentino-Canadiense extendió la invitación hecha a los periodistas, que incluyó de ese modo una visita al Canadá.

[451] La comitiva estaba compuesta por: Francisco Mateos Vidal, de *Los Principios*, de Córdoba; Fabián Calle, de *Los Andes*, de Mendoza; José Santos Gollán, de *La Prensa*, de Buenos Aires; José W. Augusti, de *Noticias Gráficas*, de Buenos Aires; Héctor Peralta Ramos, de *La Razón*, de Buenos Aires; Alfredo Coviello, de *La Gaceta*, de Tucumán; Néstor Joaquín Lagos, de *La Capital*, de Rosario; Ricardo Enrique Maqueira, de *El Mundo*, de Buenos Aires; Juan S. Valmaggia, de *La Nación*, de Buenos Aires.

[452] Coviello partió de Tucumán el 23 de febrero de 1943. En la edición de ese día, dijo *La Gaceta*:
> Nuestro Director dedicará preferente atención a los grandes diarios y universidades cuyos procesos de

desenvolvimiento observará con especial interés, entidades para las cuales es portador de mensajes de cordial salutación.

[Nota gráfica de despedida en *La Gaceta*, 24 de febrero de 1943; *La Prensa, La Nación* y *El Mundo*, del 27 de febrero de 1943. La gira mereció importantes y asiduas coberturas de prensa en cada uno de los diarios involucrados].

[453] Los diarios nacionalistas, pro Eje, parodiaron a los participantes de la gira. En *El Pampero*, del 31 de marzo de 1943: "Cándido Chapapietra (periodista) relata las maravillas del Tío Sam"; en *Crisol*, del 22 de abril de 1943: "Despedida de los lacayos".

[454] *Sin entrada prohibida*
Publicación de 36 páginas sobre la gira de nueve periodistas argentinos por Estados Unidos. Editada por la Asociación de Difusión Interamericana, con sede en la Av. Roque Sáenz Peña 567, Buenos Aires.

[Texto de presentación]

> Las puertas prohibidas de las fábricas, de los arsenales y del comentario confidencial se abrieron a los periodistas en gesto de confianza y amistad hacia argentinos como sólo se han abierto a muy pocas personas. Los oídos agudizados por el oficio captaron el rumor de la colmena pacífica agitada a la acción y los ojos expertos hicieron la radiografía del pueblo en marcha y en lucha hacia un mundo mejor para todos los hombres. Pero nobleza obliga, y un sentido de lealtad dirá a los visitantes qué no han de revelar de lo visto y oído. Las cifras y los detalles técnicos no tienen valor para el lector puro, pero sí lo tiene el sentido esencial de las cosas que los periodistas siempre han podido grabar. Uno de ellos habla así del espíritu con que fueron recibidos:
> *Se nos ha ofrecido la ocasión de visitar, sin la mínima restricción, cuarteles y campos de adiestramiento considerados como los más importantes de los Estados Unidos,*

> *escuelas de pilotos aéreos y de oficiales del ejército y los grandes centros de fabricación de unidades para la guerra marítima. Casi todos los ciudadanos americanos con quienes trabamos relación nos observan, con razón, que nosotros, ciudadanos de otro país, vamos teniendo ocasión de ver lo que ellos, hijos de esta nación, no han visto y seguramente no podrán ver. Hemos entrado, pues, como si fuéramos miembros del ejército y la armada de Estados Unidos a sitios que, lógicamente, están dentro del necesario secreto militar de un país en guerra.*
> *Dejar constancia de esa máxima prueba de confianza y cordialidad interamericana, creemos que debe ser lo primero que hagamos al escribir una breve síntesis de nuestras observaciones.*

Algunos de los despachos textuales de los periodistas se incluyen en dicha publicación.

[455] Coviello regresó al país al cabo de dos meses, a fines de abril, con un minucioso diario de viaje que sería material de tres conferencias en la Biblioteca Alberdi (los días 21, 23 y 25 de julio de 1943) y el borrador de un libro, *Lo que vi en Estados Unidos y Canadá*, publicado póstumamente por su esposa un año después de su muerte.

[456] Alfredo Coviello. *Lo que vi en Estados Unidos y en Canadá. (Impresiones de un viaje a través del continente)*. Tucumán, 1945.

[Textos preliminares]

> El señor Coviello fue integrante de un grupo de distinguidos periodistas argentinos que vinieron a los Estados Unidos en 1943 como invitados del National Press Club en cooperación con esta oficina, habiendo conquistado gran respeto y muchos afectos, debido a su extraordinario intelecto y a sus admirables cualidades personales. Mientras estuvo en este país llevó a cabo una segunda misión de transmitir los saludos de la Universidad de Tucumán a

varias universidades e institutos de enseñanza secundaria en este país. Es de mi conocimiento que cumplió esta misión con exquisita personalidad y distinción.

Nelson A. Rockefeller

Era un hombre de asombrosa erudición, intensamente celoso en sus labores periodísticas, y todos los que lo conocieron admiraron su talento y su personalidad.
[...]
A través de mi vinculación con él pude apreciar sus ponderables condiciones personales y personalmente su notable capacidad para combinar los intereses del periodismo con las actividades de las universidades. Durante nuestra gira sirvió muchas veces como intermediario para establecer vinculaciones amistosas entre los periodistas y las autoridades de once grandes universidades que visitáramos en los Estados Unidos y en el Canadá del Este.

Harry W. Frantz.
(Cartas al señor Robert C. Wells, director de la Asociación de Difusión Interamericana en Buenos Aires).

[457] **"Prólogo", por Elvira Martínez Castro de Coviello:**
Conocí a Alfredo Coviello en el Colegio Nacional de Tucumán. Desde entonces advertí que en él se reunían tantas grandes cualidades, que no dudé que estaba llamado a cumplir un alto destino en la vida.
Muchas veces se lo dije, pero él, modestamente, me respondía que para triunfar se requerían otros factores del azar.
No llegaba a convencerme entonces. Hoy que la muerte ha tronchado su existencia cuando empezaba a dar sus mejores frutos, comprendo que tenía razón.
Admiré siempre en él su talento, su capacidad de trabajo, su moral intachable, la exquisita sensibilidad de su espíritu, su generosidad y su valentía. Era entonces muy joven, pero se perfilaban con tanta nitidez estas

cualidades suyas, que nadie podía dejar de percatarse de ellas.
Años más tarde, cuando unimos nuestras vidas, todas esas cualidades que yo había admirado estaban fuertemente robustecidas y comenzaban a dar sus primeros y magníficos frutos. Frutos que se traducían en iniciativas y obras en pro de la belleza y engrandecimiento de Tucumán al que amó con todo el fervor de su alma.
Orientada su existencia hacia los más puros y nobles ideales de la vida, y afirmada en su disciplina y en la pujanza de su voluntad, no hubo propósito que él no cumpliera a costa de cuanto esfuerzo fuera necesario.
Invitado especialmente por el National Press Club de Washington realizó, conjuntamente con otros periodistas argentinos, una gira por los Estados Unidos y Canadá que duró dos meses, desde el 26 de febrero al 25 de abril de 1943.
A su regreso expuso las impresiones de su viaje en tres brillantes conferencias dichas en la Biblioteca Alberdi de esta ciudad a requerimiento de sus autoridades.
Luego escribió este libro. Ya conocía el diagnóstico de su grave enfermedad. Encierra él, además de todo mérito que pueda adjudicársele, la expresión más acabada de lo que fue esa voluntad suya que sólo la muerte pudo quebrar.
Suponíamos ambos que su inagotable dinamismo era el producto de una fuerte contextura física y no sospechábamos que el mal que se insinuaba casi imperceptiblemente era grave, si no hubiera intercedido una circunstancia fortuita que le llevó a su descubrimiento.
El conocimiento de su enfermedad conmovió los cimientos de su espíritu, pero no logró derrumbarlo, porque quedaba en pie y erguida, la verdadera llama que impelía a este insuperable titán del trabajo: la llama de la VOLUNTAD...
Había que dejar de lado la terrible preocupación y para ello era necesario seguir trabajando. Así empezaron a brotar incesantes, firmes y limpias las páginas originales de este libro hasta el instante mismo en que debió dejar

la máquina de escribir para subir a la camilla que lo llevó a la sala de operaciones.

Al imprimirlo, precisamente al año de su fallecimiento, quiero rendir mi emocionado homenaje a su memoria.

Tucumán, julio de 1945.

[458] [Una de las notas escritas por Alfredo Coviello]

Aquel que va a ganar la guerra es *el obrero de los Estados Unidos*. En efecto, esta es una lucha de máquinas, más que de hombres. Si el genio militar podía haberse impuesto en esta conflagración universal, Alemania estaba destinada a ser el país triunfador. [...] Quien haya visto cómo los Estados Unidos se han convertido en un arsenal de magnitudes incalculables, comprenderá cuál será el posible resultado. La movilización ha sido hecha conforme al carácter de la guerra total. Y no se trata sólo de la mano de obra, sino incluso de las materias primas.
[...]
Los Estados Unidos son el país del *goal*, de la *meta*. Mas no se trata de una meta meramente alcanzable. Es alcanzable y conquistable a la vez. Ni bien surgió el conquistador de este o aquel otro record, el *record* anterior dejó de serlo, para diluirse en la categoría de cosa pasada. Y de cosa sobre-pasada. De tal manera que el espíritu de emulación siempre presente en la lid, se encuentra con que el *goal* no ha sido conquistado. Por eso un edificio es hoy el más alto de esta ciudad fantástica [Nueva York], y como tal, adquiere título mundial. Mañana deja de serlo, porque el banderín de su posta pasó a otras manos. ¡Es que se trata de una desenfrenada carrera sin fin, como la carrera del sol todos los días o de la Humanidad a través de la Eternidad! La historia de los Estados Unidos, es la historia de la hazaña. Es una inacabable competición gigantesca. Sus hombres han pasado por extraordinarias aventuras. Corrieron innumerables riesgos. Cometieron errores, lograron éxitos, vencieron innumerables obstáculos. Si hubieran iniciado su acción en un medio proporcionado

y en un ambiente cordial, estas ventajas explicarían ampliamente sus triunfos. Pero delante de ellos se extendía el desierto, el frío extraordinario o el calor sofocante, los ríos bravíos, el océano indomeñable, las latitudes inmedibles. Y entonces, el espíritu de superación que por dentro les acucia con extraordinaria intensidad, tomó a su cargo la partida. Añadió un esfuerzo al ya realizado, y otro más al reciente. La nueva aurora le sorprendía añadiendo un piso más al edificio, unos kilómetros más a la velocidad del tren, nuevos arcos al puente colosal, más caballos de fuerza motor a la usina, unos cuantos miles de libros más a sus enormes bibliotecas, un otro instituto de investigación a sus universidades. Y eran ahora cada vez más hombres y más problemas. Y más luchas, y más desastres y más triunfos.

Así, en nuestra opinión, puede resumirse la historia de este hombre que, frente a la inmensidad de la naturaleza resolvió vencerla creando su propia inmensidad. Como retribución a la herencia de sus antepasados, como tributo para sus contemporáneos, como ejemplo para las generaciones venideras.

[459] [Otra nota de Coviello]

En el corazón de Nueva York está el más novedoso de estos ejemplos: el Center Rockefeller. Una mole de catorce grandes edificios, intercomunicados por toda una red de calles subterráneas paralelas a las del nivel del suelo, lo integra. Diez años de trabajo y más de quinientos millones de pesos, demuestran que no puede haberlo impulsado un simple afán de lucro. Nos dirigimos a su edificio central y llegamos a su torre conducidos por *el ascensor más veloz del mundo* que devora sesenta y cinco pisos en treinta y siete segundos. Estamos tentados, como contribución, de afirmar que sentimos molestias en los oídos para ratificar que tal ascensión aérea desarrolla una brusca diferencia de presión atmosférica. Y llegamos a su terraza: a nuestros pies, Nueva York y sus alrededores en una síntesis visual magnífica para facilitar el conocimiento de sus coordenadas.

[460] Durante su visita a América del Norte volvieron a presentarse en Alfredo Coviello síntomas de una enfermedad, agravados a su regreso. Tras ser atendido en Tucumán sin un diagnóstico preciso, un estudio médico realizado en Buenos Aires reveló que un proceso infeccioso comprometía gravemente uno de los riñones.
Enfermo de pionefrosis, enfermedad infecciosa renal, padeció seis meses de agonía postrado en la cama de su casa de la calle 25 de Mayo.
A fines de 1943, Coviello se sometió a la operación en la que se le extirpó el órgano afectado. Poco tiempo después, sin embargo, la cicatriz de la operación se abrió y comenzó a supurar. La infección no pudo ser detenida – no había antibióticos en ese entonces –, provocando finalmente su deceso, el 13 de julio de 1944.

POST MORTEM

[461] La noticia de la muerte de Alfredo Coviello suscitó numerosas muestras de pesar tanto en Tucumán como en el resto del país y en el exterior.
Desde *La Gaceta* y prácticamente todos los diarios del país, la Universidad Nacional de Tucumán y el Círculo de Prensa, hasta la Filarmónica de Tucumán y la Federación Tucumana de Football o el Club Argentinos del Norte. Personalidades, instituciones, el ambiente académico, medios periodísticos y culturales de toda Latinoamérica, alumnos de las Escuelas Argentinas para Obreros, amistades y ciudadanos anónimos expresaron su dolor ante el prematuro fallecimiento de Coviello, a los cuarenta y seis años de edad.

[462] **Necrológica de Alfredo Coviello, en *La Gaceta*, 14 de julio de 1944**:
> La muerte de Alfredo Coviello, acaecida en la madrugada de ayer en nuestra ciudad, ha tenido honda repercusión en los diversos ambientes de la provincia y en los círculos intelectuales y universitarios del país y de América. Pero

sus proporciones han sido inmensas en nuestra casa, la cual lo contó entre sus más fervientes animadores durante tres lustros. Y porque nosotros teníamos una justa apreciación de sus valores intrínsecos, morales y culturales, es que sabemos ahora lo que ha perdido *La Gaceta* con su muerte y el personal que colabora en sus columnas, haciendo, como él lo quería, de la labor diaria un arma y un esfuerzo en pro de la dignificación social y colectiva de nuestra región.
Coviello definía una modalidad en la dirección de todos los actos de su vida. Difícilmente existe un hombre con una comprensión más amplia para el reconocimiento. Era exigente. Pretendía que todos los hombres desde la esfera natural de su actividad, realizaran un esfuerzo con proyecciones generosas y colectivas. En este sentido se mostraba intransigente consigo mismo. Sabía que un hombre no representa solamente una voluntad en acción, sino que constituye en potencia un mundo de posibilidades y, por tanto, que no puede desperdiciarse una sola de esas posibilidades, sin cometer un acto censurable contra los demás.
Era un apasionado del progreso y de la cultura. Pero sabía también que la cultura y el progreso, para realizarse como una parábola, demandan esfuerzo permanente, preocupación constante, trabajo sin tregua. Sus definiciones no las extraía de la simple observación del ambiente en que actuaba. El ambiente, traducido en observación, le servía para inducirlo al estudio, para el análisis profundo, retrospectivo, en el convencimiento de que ningún pensamiento es firme, si no se sustenta en la realidad histórica.
Toda su obra, como su lucha cotidiana, le presentan como un espectáculo de acción magnífica. Trabajando incansablemente por la cultura, entregando su cerebro y su corazón, su ensueño y su esperanza, a una empresa de proyecciones filosóficas y espirituales, se define también como un espectador de los acontecimientos del mundo. Pero en su concepto, ¿qué significación tenía el mundo cuando se ofrecía en acontecimientos que reclaman

la hondura del drama humano? ¿No representaba al hombre angustiado, esclavizado por medios indescifrables y colocado en actitud de arrodillamiento frente al misterio que ensancha cada vez más la cultura y la filosofía? Ante esta comprobación, frente a esta realidad insoslayable, ¿podría ser el hombre de nuestro tiempo – ni el de todos los tiempos – un mero espectador? No. La propia lucha de Coviello expresa lo contrario, es decir, que el hombre, cuando está en espectador, es actor de su propio espectáculo.

Coviello se veía a sí mismo en todos los hechos que concretaban la cultura y el sacrificio histórico del hombre. Su filosofía de la contradicción es también otra demostración elocuente de su actitud intelectual. ¿Acaso no se dedicaba él a la especulación filosófica y temperamentalmente era una voluntad en acción? A Coviello se llegaba por su obra realizada y a través de la convivencia. Quizá la convivencia fuera el camino más indicado y más directo para llegar a la intimidad de su sentimiento.

Coviello se trazó un plan de trabajo, de lucha, con perfecto conocimiento del medio en que debía desarrollarlo. Por eso no se adivina en su obra desmayos ni declinaciones en su afán de todos los días. El no podía ser sino presencia en el centro vivo y nervioso de los movimientos de un pueblo. Se le veía a veces disconforme, porque no se satisfacía con el triunfo pasajero y momentáneo de un propósito, que no en todas las ocasiones representaba el verdadero interés moral económico de las mayorías.

Su actuación periodística, como la obra realizada en los planos de la especulación filosófica, tuvieron siempre una finalidad: avivar la disconformidad, pero en un sentido constrictivo y con miras al progreso general del pueblo. Como constructor responsable de un pensamiento filosófico, no cometió los errores que se pueden atribuir a muchos de los valores representativos de la intelectualidad: sabía que toda construcción se inicia por los cimientos. De ahí, precisamente, la solidez de sus ideas y la proyección de su obra.

Tuvo más que muchos el sentido de la regionalidad. Expuso sus puntos de vista en libros, conferencias y artículos periodísticos. En ese concepto se afianza definitivamente la universalidad de su pensamiento. ¿Acaso el universo empieza en otra parte que no sea aquí mismo? ¿No es el individuo el principio de la sociedad? ¿No es cualquier punto del país, en el orden geográfico, el principio de la patria? Precisamente, el entendimiento de los hombres y de los pueblos, se hace efectivo en esa realidad que supone algo más que una creencia. Porque todos nos sentimos principio, es que sabemos que no constituimos el fin de nada, sino que por encima de nosotros existe una proyección que da formas a lo colectivo.
Este sentido regional de la obra de Coviello proclama la universalidad y las dimensiones de su pensamiento filosófico.
Pero como toda obra fundada en la realidad histórica de la cultura, la de Coviello no presupone solamente una aventura intelectual, sino que traduce el drama de los hombres a través de la angustia de su autor. En ningún otro caso, como en éste, se puede afirmar que el autor es el héroe protagónico de su propia obra. Y de su propia lucha. Porque es necesario establecer que la lucha y la obra forman en Coviello una sola unidad moral.
[...]
Enamorado de lo regional, conocedor de las virtudes que encierra la historia de la zona norte del país, experimentaba un indisimulado escozor en su amor propio cuando comprobaba que la vida de la cultura se limitaba cada vez más y se recogía en los círculos metropolitanos. Pensaba que las provincias debían recobrar su antigua preponderancia y, por supuesto, que el provinciano no podía, sin menoscabo de su personalidad, orientarse hacia la vida multitudinaria de Buenos Aires, sino que estaba obligado a trabajar por el engrandecimiento de los pueblos del interior, en defensa de su intimidad y de los valores espirituales de la nacionalidad. Consecuente con este pensamiento, no solamente se dedicó de lleno

a la obra, sino que empezó por fundar la Sociedad de Escritores, en la cual se agruparon todos los hombres que coincidían en la inquietud y en la necesidad de reivindicar las más legítimas tradiciones de la cultura argentina.

El movimiento iniciado por él tuvo inmediatas consecuencias: contagió a los escritores y a los poetas de las provincias del Norte y se propagó a otras regiones del país. Merced a su iniciativa actualmente se desenvuelve una obra intelectual en las provincias que honra al país y, sobre todo, que ha tenido la virtud de descubrir nuevos valores y de renovar los estilos literarios, en busca de una expresión auténtica y de un acento netamente argentino, que sea fruto de la propia tierra.

La actitud de Coviello encontró apasionados sostenedores en Tucumán, Salta, Córdoba y Mendoza. No sabemos si se la continuará manteniendo. El meridiano intelectual que formaban en el interior Alfredo Coviello, Deodoro Roca y Saúl Taborda acaba de apagarse con la muerte de los tres. Esta sola enunciación expresa con suma elocuencia la gravedad de la pérdida sufrida por dos de las provincias argentinas que tienen una más honda tradición de cultura en la historia nacional: Córdoba y Tucumán.

[...]

La Comisión Nacional de Cultura le designó últimamente miembro del jurado encargado de discernir los premios instituidos a la producción científica de la región Centro. En cumplimiento de ese elevado cometido concretó – precisamente el día de anteayer, en que lo dictó a su abnegada esposa – su dictamen crítico sobre los trabajos presentados para optar a las distinciones de la aludida comisión, que son las máximas en nuestro país.

Este acto, el último realizado por él, le presenta muriendo como ha vivido. Tenía conciencia que su elección para integrar el jurado le daba una responsabilidad. Y supo cumplirla antes de morir. Si así no lo hubiera hecho, habría cerrado los ojos sintiéndose culpable de una falta para con los demás. Su agudo sentido de la responsabilidad, le llevó a satisfacer el mandato que le confirieron. No pudo escribir su dictamen pero lo alcanzó a dictar. Su último esfuerzo lo realizó para firmar la expresión de su voluntad. Por eso nosotros, que le frecuentábamos y que sabemos de la grandeza de su corazón, para dar la sensación de lo irreparable de su pérdida, debemos decir nuevamente que Alfredo Coviello era un hombre que cuando estaba de espectador, era actor de su propio drama, es decir, de su propio espectáculo.

[463] Los restos de Alfredo Coviello fueron depositados en una bóveda familiar en el Cementerio del Oeste. Muchos años después, fueron trasladados al Cementerio Parque de la Paz, donde descansan actualmente.

[464] Los domicilios sucesivos de Coviello en la ciudad de Tucumán se ubicaban en 24 de Septiembre, entre Marco Avellaneda y José Colombres; en Córdoba, primera cuadra, donde vivió con su suegra, suegro, dos cuñadas y una tía de la mujer, además de su esposa y sus hijos; Rivadavia 355; y finalmente en la calle 25 de Mayo 715-725, una casa de estilo colonial diseñada y construida en 1942 por su amigo el arquitecto José Graña.

[465] **Ricardo Tudela. "Evocación y presencia de Alfredo Coviello"**, en *El Litoral*, 18 de julio de 1944.
La literatura argentina de tierra adentro acaba de experimentar un nuevo estremecimiento: ¡Alfredo Coviello ha muerto! Nos sorprende tan infausta noticia en nuestra cama de convaleciente. Apenas si hace algunas semanas que nos desgarró otro dolor: la muerte de Saúl Taborda. A fines del año pasado murió en Santa Fe otro gran esforzado del pensamiento y la creación artística: Mateo Booz. Un año antes sufrimos, con el propio Coviello y otros compañeros de las provincias, el terrible desgarrón de Deodoro Roca. Este hombre que nunca acabamos de llorar lo suficiente era como el alma conceptual y espiritual de Córdoba. Saúl Taborda constituía la otra gran columna de esa alma sapiente, profundamente ceñida y finalmente abierta al espíritu.

Ahora cae Alfredo Coviello. Cae, para decirlo de entrada, la fuerte y penetrante columna de todo el Norte. Sé que existe en aquella gran región argentina una pléyade de hombres dinámicos, avizores, potentes. Hombres que han centrado en la meditación y la energía creadora el supremo objeto de la existencia. Estos hombres, que en muchos sentidos actuaban y combatían mancomunados con Coviello, le llorarán ahora ante este terrible e inexorable hachazo del destino. Mas le llorarán con la voluntad y el ceño resueltos a proseguir el camino dejado, a tomar el arado, los campos y las grandes simientes que trajo consigo y que dio a manos llenas el pensador, el docente, el periodista, el hombre de acción y de agitación. De esta manera, al imantarse de nuevo esa fuerza riquísima que le encendía, desde Córdoba a Tucumán, desde Santiago del Estero a Salta y Jujuy, las ideas, el fervor, las pasiones intelectuales y el pleno dominio de la cultura que fueron sus grandes atributos, persistirán como árboles vivos en medio del mundo argentino y de sus hombres.

Tengo de este amigo caído la lección y el recuerdo vivísimo de largas conversaciones. Viajamos juntos varias veces: soñamos unidos muchas otras; procuramos crear el gran frente unido de la cultura nueva del interior. Ahí están sus montones de cartas; ahí están los latidos – las respiraciones vivas – de ese mundo suyo tan singular de adentrarse en los afectos, en las circunstancias complejas, en las aristas y en los sentimientos de los camaradas. Le veo cruzar el aire intrépidamente en busca del ambiente cálido; le veo llegar como un veraz misionero de las ideas, de las grandes direcciones y de las encrucijadas de las ideas. Luego le percibo acorralarse en su sobria cordialidad, en su circunspección mental y verbal, en sus maneras de hombre entendido y sufrido. Ahora mismo me parece descubrir de nuevo sus ojos penetrantes, tan cargados de la avidez intelectual de las vigilias que solivantan los pensamientos y dan un sesgo nuevo a cada amanecer. Le veo, en fin, en una madrugada memorable con ese dilecto amigo Fausto Burgos, en el corazón del sur mendocino, bebiéndose las respiraciones matinales, el gran rumor

feliz del Diamante, las gráciles y aladas emanaciones de toda la Villa del Diamante. Allí está ahora, como hace años estaba ante mí en la redacción de *La Gaceta* o en los bosques tropicales de la incomparable Villa Nougués, y con todos estos fragmentos de un Coviello vivo y profundo – de un Coviello reverdecido y auténtico – póngome a reflexionar acerca de la dramática suerte y del destino agónico de este escritor argentino.
Dentro de estos cuadros emocionales, en que la imaginación consternada busca el reencuentro espiritual del amigo, releo de nuevo sus libros prietos, candentes, aceradamente revestidos del poder de las ideas. Me parece percibir el reflorecimiento de sus temas y combatir con él, en la confluencia y la discrepancia de los razonamientos, esforzándonos por encauzar las aguas tempestuosas de la cultura argentina dentro de las puras nociones de la autenticidad de la tierra, del hombre, de la limpieza espiritual y la fuerza creadora de la personalidad. Coviello entraba y salía de sus preferencias, miraba nacer y morir cuanto amaba o detestaba, y después, al sentirse de nuevo refrescado en su frío interior, tornábase una conciencia lúcida.
[...]
Ahora ha partido este camarada en demanda de la parte desconocida del destino. Se ha ido en plena madurez de su inteligencia y cuando todos los que le amábamos teníamos el derecho de que esperara frutos más jugosos y deleitosos de su alma. Se va en el instante crucial de la civilización del mundo y América. Hacía apenas un año que recorrió toda la América en busca de sus grandes latidos; que bebió los dramáticos jadeos y la portentosa pujanza de la América sajona. A su regreso ya venía tal vez herido de muerte, pero no dejó de trabajar, de encender los campos de sus sueños, de imprimir orientaciones y creaciones para la salud y el futuro de su patria.
El norte argentino ha sufrido un rudo golpe. Especialmente ese querido Tucumán que andáramos con la luz sedienta de nuestros afanes y esperanzas. Él fue para esa bella provincia un artesano honrado de la cultura y un guía esplendente. Lo vi trabajar sobre el propio terreno,

auscultar las entrañas doloridas y felices de esa tierra magnífica. Cuando parte en busca de la luz definitiva, los que proseguimos con la mano en el arado y los ojos en el horizonte callamos para enviarle un adiós provisorio.

[466] "Repercutió el deceso de D. Alfredo Coviello en los Estados Unidos" – "Envió su pésame el Sr. Nelson Rockefeller". *La Gaceta*, 18 de diciembre de 1944.

Nota de NR, Subsecretario de Estado, a Roberto C. Wells, director de la Asociación de Difusión Interamericana, en Buenos Aires:
> El diario *La Gaceta* de Tucumán, que llegara a ésta con atraso, informa del deceso el, o alrededor del 13 de julio, del señor Alfredo Coviello, codirector de ese diario. El señor Coviello fue integrante de un grupo de distinguidos periodistas argentinos que visitaron a los Estados Unidos en 1943 como invitados del National Press Club, en cooperación con esta oficina, habiendo conquistado gran respeto y muchos afectos, debido a su extraordinario intelecto y sus admirables cualidades personales. Mientras estuvo en este país llevó a cabo una segunda misión de transmitir los saludos de la Universidad de Tucumán a varias universidades e institutos de enseñanza secundaria en este país. Es de mi conocimiento que cumplió esta misión con exquisita personalidad y distinción. Tuve el placer de recibir en mi casa al señor Coviello juntamente con sus colegas, y mi esposa coparticipa conmigo en el pesar que nos ha causado su desaparición. Muy de veras apreciaré si usted comunica a la viuda del señor Coviello la expresión de nuestras condolencias y reiterarle el recuerdo imperecedero que nos dejara el señor Coviello como personalidad sobresaliente en el periodismo interamericano y actividades educacionales.

[467] Coviello vivía exclusivamente de su sueldo en *La Gaceta*. A su muerte, la viuda recibió un importante seguro de vida, dinero con el cual pensó en poner una farmacia en el centro de Tucumán.

Finalmente predominó en ella su vocación docente y entró como profesora de Historia, Ética y Legislación Farmacéutica en la Universidad de Farmacia y Bioquímica de la Universidad Nacional de Tucumán

Publicó con el sello de la UNT. Instituto de Farmacia: *Lo que la farmacia debe a los pueblos de la antigüedad* (33 pp.) e *Historia de la farmacia: hebreos y otros pueblos de la antigüedad* (43 pp.).

[468] Alfredo Coviello (h). "¿Por qué soy un fisiólogo?"
Tucumán, 6 de diciembre de 2005. Mimeo:
  Mi madre había sido compañera de Enrique Moisset de Espanés con quien se recibió de bachiller en el Colegio Nacional de Tucumán en 1921. Decidida a estudiar Medicina se trasladó a Córdoba, lo mismo que Moisset de Espanés, quien tenía apenas 16 años; mi madre, 19. La presión psicológica sobre una de las pocas mujeres en la clase de anatomía, cuando se presentaba un cadáver masculino, según su relato, la hizo desistir de su propósito y regresó a Tucumán donde se recibió de farmacéutica. Moisset de Espanés hizo una brillante carrera y era Profesor Adjunto de Fisiología en la Cátedra de Oscar Orías, un gran discípulo del Dr. Houssay, cuando renunció a su cargo en solidaridad con la separación del Dr. Houssay de su cátedra a fines de 1945.

[469] Elvira Martínez Castro, viuda de Alfredo Coviello, recibió numerosas notas de condolencia, entre las que vale citar las de:

Ricardo Rojas, 11 de septiembre de 1945:
  Mi querida amiga: He recibido con emoción el libro póstumo de Coviello y no le he escrito antes por haber estado ocupado en la corrección de pruebas de mi *Sarmiento* que al fin está concluido.
  Reconozco en la obra de nuestro amigo a aquélla de que él me hablara en el Sanatorio y ha hecho Ud. bien en imprimirla, no sólo porque ese fue uno de sus últimos deseos, sino porque la obra lo merece y sale a la luz pública en un momento oportuno.

Alfredo Bufano, desde San Rafael, 3 de octubre de 1945:
> Ahora vuelvo a encontrarlo, vivo, inquieto, en las páginas de su libro que es un magnífico documento de su capacidad de observación, de análisis, de captación y reflexión. ¡Cuánto bueno y grande pudo habernos dado todavía! Sírvanos a todos de consuelo lo mucho que hizo por la cultura de la República.

[470] A un año de su deceso, Elvira Martínez Castro de Coviello le escribía a Padilla, con fecha 16 de marzo de 1945 [Furlong. *Ernesto Padilla*...]:
> Debo cumplir con un deseo manifestado por Alfredo en vísperas de morir. Nos dijo por separado a Yácuno y a mí, que le enviáramos a Ud. una colección de *Sustancia*, y si no lo he realizado todavía es porque he estado a la espera de la materialización de la idea lanzada por algunos amigos que propiciaban dar un último número dedicado a Alfredo. La espera me parece larga, pues hasta este día nada se ha hecho.

Respondió Padilla:
> Me parece muy indicada la publicación del número especial de *Sustancia*, en homenaje a su fundador y animador, que la llevara a tan alto prestigio en el horizonte intelectual de América. No haya lugar a amarguras en su ánimo por el retardo en que aparezca la realización del propósito. [...] No se desaliente ni tome como síntoma de olvido lo que no es sino traducción del temperamento provinciano. [...] Acepte que en el número proyectado tenga algún lugar la pequeña ayuda material, análoga a la que procuré en los que su esposo preparaba. Y así, a guisa de aviso procurado, quiera aceptar contribución de cien pesos para la impresión del volumen. Me dará suma satisfacción saber que ante Ud. continúa el trato amistoso, sinceramente amistoso, que me ha unido a su hogar. Quiero decirle que no encuentre el menor reparo en utilizarme en cuanto crea que puedo ser a Ud. y a sus hijos de alguna ayuda.

[471] Elvira escribe a Alberto Rougés, desde Tucumán, el 26 de marzo de 1945, en apoyo a su candidatura al Rectorado de la Universidad:
> Si no lo manifestara, sé muy bien que no cumpliría con lo que hubiera sido un deseo de Alfredo [Coviello] en su ausencia. [...] Bien sabe Ud. cuánto quiso Alfredo a la Universidad, cómo luchó por su engrandecimiento y cuánto más hubiera podido hacer si no hubieran ocurrido los sucesos que le obligaron a retirarse de ella con tremenda amargura.

Alberto Rougés le respondió tres días después:
> [...] su esposo tuvo en nuestra Universidad una actuación decisiva en la creación de las facultades de Derecho y de Bioquímica, y *Sustancia*, obra suya, fue una voz que resonó en toda América. Bastarían estos dos títulos, a los que se podrían agregar otros, para fundar el derecho de su esposo a vivir en el recuerdo de Tucumán.

[472] Dos años y medio después de la muerte de su fundador y director, Elvira Martínez Castro viuda de Coviello, logra publicar un número póstumo y final de *Sustancia*. Continúa la numeración hasta llegar a la página 1080.

[473] *Sustancia*, N° 18, noviembre-diciembre de 1946

Tribuna Continental de la Cultura Provinciana

Fundador: Alfredo Coviello.
Dirección: Elvira de Coviello.
Redacción: Serafín Pazzi.
Comité Federativo: Alcides Greca, Ángel Guido (Santa Fe); Rodolfo Mondolfo (Córdoba); Ricardo Tudela, Fausto Burgos, Alfredo R. Bufano, Juan Draghi Lucero (Mendoza); Juan Alfonso Carrizo (Catamarca); Orestes Di Lullo, Horacio G. Rava (Santiago del Estero); Horacio Carrillo, Daniel Ovejero (Jujuy); Antonio de la Torre (San Juan); Elías Ocampo (La Rioja); Ataliva Herrera, Juan Mantovani, Alberto Córdoba (Buenos Aires); Francisco E. Padilla (Tucumán).

Elvira de Coviello. "Advertencia":
La finalidad de este número es rendir un homenaje a la memoria de su fundador a la vez que llevar a todos los ámbitos culturales del país y del exterior la explicación de su silencio...

[474] **"Alfredo Coviello", por Francisco E. Padilla.** Rector del Colegio Nacional. Catedrático en la Facultad de Derecho y Ciencias Sociales de la UNT.
La mejor semblanza de Alfredo Coviello está en su asombrosa actividad y en la obra fecunda realizada personalmente por él o por él dirigida u orientada en 15 años de actuación correspondientes a su madurez intelectual. Cuando empleo la expresión fecunda para calificar una obra, la empleo en el doble sentido de cantidad y calidad, de magnitud o dimensión física, pero sobre todo de magnitud y dimensión moral e intelectual. Con la advertencia de que al traducirse lo intelectual y moral en el pensamiento de Coviello en aspectos diversos del humanismo, lo que en realidad encontramos proyectada en las dimensiones de aquella obra, es la dimensión de la personalidad que las realizó. De donde, sin proponérselo, hemos arribado a una demostración práctica de que es una verdad aquella afirmación del filósofo de que *el estilo es el hombre*, por poco que tomemos al estilo como manifestación de fondo y forma, contenido y continente, alma y materia.
En dos oportunidades tuve ocasión de exponer mi juicio sobre Coviello; al despedir sus despojos, húmedos todavía los párpados con las lágrimas del dolor inminente, y al intentar una revaloración de lo que fue y de lo que hizo, aquietada ya la nota patética que pudiera perjudicar el análisis sereno e imparcial, esto último en cuanto quien fuera amigo pudiera dejar de serlo y proceder como un extraño en el momento de ese análisis. Y ya de por sí habla en favor de una riqueza en aspectos de la personalidad juzgada, la circunstancia de no advertirse una repetición de enfoques en el juicio emitido en aquellas dos citadas oportunidades. Un paisajista a quien seguí durante dos meses en su trabajo de copiar el mismo paisaje, del

natural, como le advirtiese mi extrañeza por algo que supuse insistencia de maniático, me respondió: – Es tan maravillosa esa montaña y tan rica en variantes y coloraciones a medida que el sol la va modificando en su declinación durante la mañana y la tarde, que en realidad, sobre un mismo paisaje, tengo tomados cien paisajes, uno no es igual al otro, y todos son lo mismo. Aspectos distintos de una sola belleza. Apliquemos el símil a estos valores humanos que atribuyo a Coviello, reflejados en sus obras y digamos: en una sola personalidad advertimos distintas personas; una no es igual a otra, pero todas son la misma, son el mismo Alfredo Coviello, el hombre multiplicado en proyecciones aparentemente diversas, pero que, como las facetas de un brillante, reflejan por igual la rica ley de la materia que lo forma y le da vida.

Entre esas proyecciones que nos presenta el examen parcial de su ser moral, hay una que por cierto no requeriría en el biógrafo preferente exposición, acaso porque al apreciar el conjunto y cada una de las posturas, se manifiesta en forma destacada. Tiene el valor del epíteto respecto del sustantivo, que no lo califica ni puede calificarlo porque están en la esencia misma de él. Me refiero al carácter. Esto fue, por sobre todos los demás aspectos que en su vida pudiéramos considerar, escribí y dije al hablar ante sus despojos, aun calientes, en 1944, la persona de Alfredo Coviello: *un hombre de carácter*. Para los necios es casi nada y resulta todo para los que consideramos como uno de los defectos mayores de la actual generación, la ausencia de esa fuerza interior que mueve la voluntad y fija un derrotero en la conducta del hombre. Y cité en abono de la razón de aquella consustancial fuerza moral que le atribuí, palabras de Epicteto que pocos desconocen y muchos parecen como que las ignorasen o quisieran ignorar, tanto se han multiplicado los hombres parásitos, postulantes inveterados a la prebenda que permite medrar sin mayor esfuerzo. "Consiste el carácter del ignorante en no aspirar a nada de sí mismo y sí de los demás, En cambio, el del filósofo consiste en esperar de sí propio todo; tanto todo su mal como todo su bien".

¿Necesito glosar este juicio, tan afirmativo y de tan sano valor docente? La mejor glosa hallámosla en el afanar sin soluciones de continuidad, de una vida que no conoció infancia y que habiendo logrado la madurez mental propia de las canas, no logró pisar los umbrales de la edad provecta. Ejemplo para generaciones de jóvenes que abaten los brazos antes de haber iniciado la lucha y se resignan al negativo papel del ser y del no ser por cuenta y obra de terceros. Y con olvido completo de la ley moral tan acertadamente glosada en la quintilla de nuestro poema máximo.

El trabajar es la ley
porque es preciso adquirir:
no se expongan a sufrir
una triste situación.
Sangra mucho el corazón
del que tiene que pedir.

Pero no ha de inferirse de lo que dejo expuesto, que hayan sacado las doctrinas pragmáticas todo sentimiento o ideal que no fuere el del trabajo por necesidad material, en este niño que se lanza a la vida y reclama la responsabilidad de bastarse a sí mismo en una edad en que los más alimentan banales o quiméricas ilusiones. El también tuvo sus sueños, es más: ellos le acompañan durante su breve e intensa labor de luchador y esos sueños tienen como en las normas de Próspero, el personaje de Rodó, la base firme y alentadora de la palabra esperanza. Sólo que no se conformó con ser un soñador. Tampoco quiso ser únicamente un realizador. Pudo hacer e hizo suya la frase kantiana expresada por el maestro en el mensaje a los jóvenes discípulos: *"Dormía y soñé que la vida era belleza, desperté y advertí que ella es deber".*
Pero del deber hizo su ideal de belleza. Y es así como va jalonando, desde su ingreso a los estudios superiores, ese cumplimiento del deber y logrando que cada acto fuera un triunfo y cada triunfo un alto motivo de satisfacción estética y moral.

No logró el título profesional, dije de él en 1944, porque comprendió que con otras armas – inteligencia y voluntad – y su condición de autodidacto, llegaría a lo que todo hombre debe aspirar como una meta: ser un valor de ponderación en su tiempo y en su medio. Por esto, le consagró la ofrenda del bronce – homenaje de la Universidad de Tucumán a su memoria – como *propulsor de cultura*; porque acertó en el secreto de su vocación en temprana edad y la hizo realidad en artículos y ensayos de prensa, en obras de texto, glosas y creaciones filosóficas o de otras especialidades en la ciencia y el arte, que patentizan la firmeza de sus conocimientos y la universalidad de su talento.

Y con especial referencia a esa facultad de producir sin descanso y con renovado y variado contenido, hube de calificar de prodigiosa una fecundidad como la de él, que le permitió enriquecer la bibliografía nacional bajo los diversos matices de la actividad creadora, en la proporción de tres obras por año durante el último lustro de intensa consagración a la docencia, al periodismo, a la ciencia y a las letras. Y como resumen y demostración plena a la vez de sus ideales y exigencias en punto a cultura superior, advertí que la revista *Sustancia*, constituye el más sólido y perdurable pedestal para la revaloración de Alfredo Coviello. Varios números que encierran dos mil quinientas páginas de gran formato, con trabajos de filósofos, educadores, historiadores y ensayistas de primera magnitud en el campo del pensamiento nacional y americano, pueden ser – dije – lo afirmo sin temor de incurrir en exceso de apreciación, pueden ser, lo son sin duda, la evidencia misma de una cultura propulsada, vale decir, provocada y difundida por el ansia insaciable de superación de su director y fundador.

Exponer, como en un catálogo, los títulos correspondientes a las piezas bibliográficas editadas por Coviello, equivale a confirmar la existencia en él, de un fecundo y variado talento, y aunque en apariencia, por la diversidad de temas, pudiera el observador formarse la idea de hallarse ante una enciclopedista, y por ende ante un superficial, por poco que se ahonde el análisis de esta obra ha de comprenderse que existe en sus elementos un nexo que las vincula en sus unidades constitutivas; a través de filósofo, preocupado en especulaciones de escuela; del sociólogo que persigue, en el sentido integral de las unidades regionales, dar la fórmula que salve la cultura y los fines de esos centros; del escritor que procura desarrollar un paralelismo geográfico para la vida intelectual argentina; del docente que en *El problema del conocimiento* se propone iniciar a los jóvenes, guiándolos en los primeros pasos por los caminos del filosofar; del crítico, bibliográfico, del historiógrafo, del investigador del folklore, que todo esto y más encierran los horizontes de la labor publicada en vida, advertimos y está patente el hombre, todo entero. Porque esa labor revela en su autor haber logrado desarrollar, lo que en el ideal de Próspero, el Maestro citado en la obra de Rodó, integra al hombre; *no un solo aspecto sino la plenitud del ser.* De allí que haya calificado de humanista el sentido de la producción de Coviello al iniciar este estudio.

No intentaré, de seguro, por no encuadrar en la finalidad de este trabajo y por no sentirme con la capacidad específica que requeriría un examen a fondo de las teorías desarrolladas y sostenidas por su autor en los libros que le dieran lugar destacado en el pensamiento nacional, hacer de cada uno de ellos ni un estudio ni una glosa. Pero sí, destacaré los dos que a mi juicio, han ejercido y han de ejercer mayor influencia social, y a través de cuyos postulados podemos enfrentarnos con menores peligros de errar, frente al complejo de esa personalidad que fuera el fundador de *Sustancia*. Me refiero a *Los trece temas de la democracia* y a los dos estudios integrados en un solo propósito constructivo que forman los volúmenes titulados *El sentido integral de las Universidades Regionales* (1941. Premio de la Comisión Nacional de Cultura) y *¿Cumple la Universidad Argentina con la función que le corresponde?* (1942).

En el primero, vemos a un demócrata en el sentido noble y pocas veces encontrado de la palabra; en sus

páginas está el idealista, preocupado por problemas de ética social-política, que no olvida que para seguir el curso de las estrellas es menester asestar con firmeza los pies en la tierra. El conocimiento del problema que encarna la democracia y de las causas de su decadencia y deformación, analizadas a través de la historia, de los sistemas contemporáneos que de ella se apartan, con la plena conciencia de los dos términos o sujetos activos de aquel problema: *estado, individuo*, ha de llevarlo, como lo lleva, a ver en la democracia sanamente entendida, la realización del ideal de dignidad humana; esta dignidad, será, debe ser, el principio animador, el núcleo vital de la democracia, en cuanto consista y pueda definirse como *"el anhelo colectivo, de la generalidad, del pueblo: de ser lo menos bestia posible".*
Este concepto de la *democracia-dignidad humana*, lo sintetiza en las palabras proemiales, pero fluye y se prueba en el decurso de la obra, verdadero ensayo de filosofía social-política. Porque no hay en su contenido, la sola enunciación o la exposición afirmativa; en él está, el pensador en la constante función de razonar y criticar, destruir y construir, que constituye el filosofar. *"Mientras haya hombres con dignidad* – escribe al final y como broche del prólogo –, *mientras un ser humano esté dotado de discernimiento y posea una fuerza de decisión voluntaria capaz de sobreponerse a los falsos destinos que engañosamente y en períodos intermitentes confunden nuestra auténtica visión, mientras los sentimientos altruistas alimenten en él la solidaridad no animal, será posible que la democracia subsista. El día en que sus luces se apaguen en el mundo, un nuevo Darwin escribirá la regresión del hombre en la escala bestial; todo quedará reducido a la LUCHA POR LA VIDA y a SUBSISTENCIA DEL MÁS FUERTE: ... Lo demás resultaría tan insignificante, tan ridículo, tan despreciable como el gorjeo de un ruiseñor ante el rugido sordo de los cañones".*
En el capítulo "Democracia y dignidad humana" hállase desarrollada en sus diversos aspectos, la misma idea rectora, que resulta de la demostración de cómo aquella

dignidad, en el hombre, le hace abrir las puertas de la historia y recorrerla hasta el presente estructurando las sociedades políticas; formando, modificando o matando, según los casos, las instituciones y en qué grado los atributos de la personalidad se manifiestan ricamente en las agrupaciones democráticas mientras la aplastante y niveladora *democracia* soviética despoja al individuo del máximo de cualidades, acercándolo más y más al concepto frío de la cifra y la cohesión coercitiva de los movimientos italiano y germano hacen, aunque en menor grado, predominar el *conformismo*.

Y aunque con distintas manifestaciones, al vincular el problema de la democracia con la educación ("Democracia y educación", p. 79 y sigtes.) ha de caer en el mismo principio, lo que llamo la síntesis, la idea madre de la obra: la educación, en la democracia, no es otra cosa que el florecimiento de la dignidad humana. He aquí un capítulo que de preferencia aconsejaría leer en los colegios y comentar en la tertulia hogareña, porque es fuente de muy sanas sugestiones.

Coviello dominaba el conocimiento del problema universitario. Asistió a la muerte, en 1918, de la vieja universidad, la de los grandes señores, impuestos y sostenidos desde arriba, con clases magistrales desarrolladas en tono declamatorio - el monólogo del *magíster* que se escucha a sí mismo, en la sonoridad de la cláusula - ante una clase numéricamente colmada y espiritualmente ausente, huérfano de ideas y de ideales. Convivió los primeros ensayos de *reforma* y hubo de comprobar también en qué grado sus más sanos propósitos se vieron frustrados y sus más nobles principios deformados hasta la crisis universitaria de la hora presente.

Mantener la universalidad de lo universal, pero llegar al ideal de desentrañar de ello lo auténticamente regional, para que aquella cumpla su finalidad en la sociedad, es la política estatal que preconiza y tiene su clara definición en los enunciados que para la estructuración de la universidad argentina, ordena en el capítulo final de

¿Cumple la Universidad Argentina con la función que le corresponde?
Acaso las más recientes tendencias hayan superado el problema, que, como lo reconoció, Coviello entendía resolver a través de conceptos relativos a la hora y el lugar. Pero en su momento, justo es admitir que logró adaptar los por él enunciados, a la realidad nuestra, en un ensayo experimental cuyos frutos son las actuales facultades de Derecho y Ciencias Sociales y de Farmacia y Bioquímica, creadas a su propuesta, que han permitido la integración de la Universidad de Tucumán. De este aspecto en la obra de Coviello me ocupé recientemente, al descorrer el lienzo de la placa recordatoria, en su tumba, homenaje de aquella alta casa de estudios. No está de más transcribir, a manera de epílogo, en este trabajo en el que entiendo contribuir a la difusión de una personalidad y de una obra que considero útiles en un sentido social y cultural, las palabras con que recordé tales creaciones:

"Hechos que el tiempo se encargará de acentuar cada vez con tonos más fuertes muestran la obra social en el campo del conocimiento realizada por Alfredo Coviello; hechos que hablan por sí mismos y no reclaman para ser conocidos el documento que los perpetúe en archivos, son las facultades de Derecho y Ciencias Sociales, Farmacia y Bioquímica, y de Filosofía y Letras; constituyen el inapreciable saldo que arrojan dos años de actuación como Consejero Universitario, saldo para cuyo asiento en las partidas haber debió sacrificar horas al calor de su hogar y años a una existencia que creíamos de roble porque la juzgábamos a través de la firmeza de su empuje interior, desmentida por la fragilidad de la materia como con dolor habríamos de comprobarlo después. Oportuno para proyectar la creación de esos institutos, no desmayó hasta verlos funcionar incorporados al medio como testimonios inequívocos de que el Norte Argentino había logrado madurez científica al universalizar los motivos de investigación y de labor docente en su más alta casa de estudio, que mediante las precitadas creaciones

quedó definitivamente incorporada al concierto de las universidades argentinas. Y no como una universidad más nacional, que en ello habría habido una deformación del pensamiento de su creador, Juan B. Terán; antes, dando a ese pensamiento su más exacta interpretación: lo regional contemplado sin mengua de lo nacional, como expresión correcta de una parte de este gran todo que es la unidad de la patria. Los pies en la tierra, como reza su lema: institutos de investigación y carreras técnicas, muy bien; pero esto, completado por aquella mirada hacia arriba y esa aspiración a encontrar lo universal que existe en las ciencias, y que constituye por esencia el filosofar, sin el cual ninguna cultura puede considerarse superior.
Por eso, la incorporación de los de bioquímica a los estudios de Farmacia, la creación de la Facultad de Derecho y la transformación del Departamento de Filosofía en Facultad, lejos de perjudicar a las otras ramas de investigación y de la docencia en nuestra casa máxima, son piedras que consolidan la estructura general del edificio y amplían sin restarle unidad, antes bien asegurándosela, el campo de actividad y la influencia social de la Universidad de Tucumán".

Estos conceptos no han sufrido atenuación alguna. Se mantienen, como sin duda en el espacio se mantendrá el cofre que guarda las cenizas del malogrado hombre-acción, hombre-pensamiento, que fuera Coviello, para ver renovada periódicamente la ofrenda de sus conciudadanos, y como se mantendrá, materializada en las páginas de hermosos libros, la idea que guió y explica sus afanes: dignificación del ser mediante el pleno y recto desenvolvimiento de sus atributos; un continuo ascender con la sola ayuda de sí mismo y un continuo tender las manos para que otros ascendieran.

Tucumán, noviembre de 1946.

[475] Con pocos días de diferencia con Coviello, fallece en Tucumán su querido amigo y compañero Alberto Rougés.

En el número póstumo de *Sustancia*, despide Serafín Pazzi dolorosamente, a Rougés:
   La escasa producción del maestro daba lugar a algunas apreciaciones negativas: Alberto Rougés era autor de una obra que no se terminaría nunca...
   En 1939 tuve oportunidad de conocer parte de la obra misteriosa. Acompañaba en ese tiempo a mi fraternal y malogrado amigo Alfredo Coviello en una intensa acción de cultura. Entre otras cosas se debía publicar la revista *Sustancia*, de la que yo había sido designado redactor. Se me encomendó conseguir una colaboración del filósofo. Cuando entregué a Coviello el trabajo correspondiente le dije: algún día *Sustancia* podrá reclamar para sí la gloria de haber publicado, con mucha antelación, el primer capítulo de la obra extraordinaria de Alberto Rougés.
   Bajo el título de "La vida espiritual y la vida de la filosofía", apareció en *Sustancia* N° 1, pág. 38-53, de junio de 1939, el capítulo I de su libro *La jerarquía del ser y la eternidad*, que la Facultad de Filosofía y Letras de la Universidad Nacional de Tucumán diera a conocer en edición de 1943.

[476] El N° 18 de *Sustancia* también incluyó estas notas:
Adelmo R. Montenegro. "Saúl Taborda y el ideal formativo argentino".
Joaquín Neyra. "Juicios norteamericanos sobre pintura argentina".
Braulio Sánchez-Sáez. "El Brasil según Juan Valera (*Cartas americanas*) y Martín García Merou (*El Brasil intelectual*)".
Teresa Suppa de Pelli, catedrática de la Escuela Vocacional Sarmiento. "La escuela que reclama el Norte Argentino".
Poemas de Serafín Pazzi, Justo G. Dessein Merlo, Alicia Santaella Murías, Sergio Núñez, Estela Witis, Rolando Farina.

[477] Elvira Martínez Castro dio la conferencia "Alfredo Coviello y sus relaciones intelectuales", en el Centro de Estudios Regionales, de Tucumán, conforme informó *La Gaceta*, el 7 de diciembre de 1972.

[478] En una hoja suelta del Archivo Coviello, se mencionan como "Obras póstumas (desconocidas)", las siguientes:
(1) Cuadernos de crítica literaria:
El folklore en la Argentina
Perfiles y esbozos
(2) En preparación:
El drama del hombre y del mundo
La crisis de la poesía
Los fundamentos de la democracia
(3) En prensa:
Conversaciones y escritos de García Morente.

[479] Serafín Pazzi, su íntimo amigo desde los días del colegio secundario, constante apoyo y colaborador Coviello, tal vez haya sido el indicado para seguir con la publicación de *Sustancia*.

> En el norte argentino, luego de la visita que en 1943 realizó Juan Queraltó por la región, la Alianza [Libertadora Nacionalista] se asentó firmemente.

Tal la revelación de Edgardo Atilio Moreno [*Alianza Libertadora Nacionalista. Una aproximación*. Buenos Aires, 2010. Prólogo de Antonio Caponnetto], quien señala entre sus adherentes en Tucumán a Serafín Pazzi.

[480] Serafín Pazzi, largo poema "En la muerte de Alfredo Coviello", en *Panorama. Una revista de Tucumán para todo el país*, N° 13, agosto de 1955:
> [Comienza]
> *Eras en los combates del espíritu*
> *como un soberbio gladiador romano.*
> *Del Tucumán ideal de la cultura*
> *levantabas la bandera por los mares,*
> *flameando al viento su mensaje augusto.*

[481] Serafín Pazzi. "Un nombre y una vida en la cultura de Tucumán: Don Alfredo Coviello", en *Noticias*. Tucumán, 12 de julio de 1961.

Cuando el 13 de julio de 1944 murió Alfredo Coviello, se lesionó por lo menos un período de veinte años la integridad de la cultura de América Latina. Las fuerzas que habían conjuncionado las bases en las que estaba asentada su acción, se dispersaron y cedieron frente al infortunio.

Tendrán que pasar muchos años para que puedan darse nuevamente las circunstancias que en un momento determinado y de pronto llevaron el nombre de Tucumán a la consideración universal por medio de *Sustancia*, la revista de mayor jerarquía y amplitud de contenido, como inigualada presentación, publicada en nuestra América. Pero es necesario que este juicio sea avalado por alguien de afuera para que no parezca motivado por el interés personal de quien, como el autor, estuvo vinculado íntimamente a Coviello.

[482] Horacio Descole, gran amigo de Coviello, quien fue rector *peronista* de la Universidad Nacional de Tucumán, ayudó a la viuda de Coviello, para entrar como profesora. Además, fue Descole quien le concedió un importante subsidio de la Universidad para la publicación póstuma del número 18 de *Sustancia*.

Descole fue Interventor de la UNT del 6 de mayo de 1946 al 5 de febrero de 1948, y Rector titular, del 5 de febrero de 1948 al 29 de enero de 1951.

[*Labor de la Intervención a cargo del Dr. Horacio R. Descole*. Buenos Aires: Impreso en los Talleres Gráficos Miguel Violetto, en noviembre de 1946].

[483] Durante la visita a Tucumán de los presidente Perón y González Videla, conforme surge del folleto *Discurso del Señor Interventor Dr. Horacio R. Descole en el acto de entrega del título de Doctor Honoris Causa al Excelentísimo Señor Presidente de la Nación Argentina, General Juan D. Perón, y al Excelentísimo Señor Presidente de la República de Chile, Dr. Gabriel González Videla. - 9 de julio de 1947* [Universidad Nacional de Tucumán - Publicación N° 429], dijo Descole:

Bastaría mencionar la introducción en la acción gubernativa de la planificación democrática como sistema

de gobierno y la proclamación de los principios originales contenidos en los Derechos del Trabajador, para comprender que habéis acreditado méritos más que suficientes para el título que se os otorga.
[...]
Pero además, la Universidad de Tucumán tiene motivos de particular reconocimiento para ratificar que os considera acreedor a esta distinción. Vuestro Gobierno ha satisfecho una aspiración largamente anhelada: tener una Universidad completa con todas las categorías de estudios necesarios e indispensables para dirigir las actividades que integran la vida nacional en esta comarca, sin privilegios de zonas que no se justifican, cumpliendo su función en el medio, frente al país, elevando su nivel espiritual, moral, cultural y científico. Con una Universidad completa existe igualdad de posibilidades para la juventud del Norte del país.

Descole se refiere a continuación a una serie de realizaciones de su gestión al frente de la UNT y concluye:

Al conferiros el título de Doctor Honoris Causa los hombres de la Universidad de Tucumán, ponen en él un reconocimiento grande a vuestra fecunda obra de Argentino, y os reiteran la amistad que os profesan y la simpatía con que siguen vuestra extraordinaria acción.

[Florencio Gilberto Aceñalaza. *Descole. Una pasión universitaria - Reseña biográfica del Dr. Horacio Raúl Descole*. Tucumán, 1993].

[484] Al cumplirse el 25º aniversario del fallecimiento de Alfredo Coviello, en julio de 1969, se constituyó una Comisión de homenaje, presidida por Enrique Kreibohm, Presidente de la Filial Tucumán de la S.A.D.E., que organizó un acto recordatorio en la Sociedad Sarmiento.
En la ceremonia efectuada en el Cementerio del Oeste, pronunció un discurso José Ignacio García Hamilton.

[485] Conforme lo dispuesto por Resolución de la UNT 1023/969, suscripta por el rector ingeniero Rafael Paz, el 4 de agosto de 1969, en el solar que ocupa la Facultad de Derecho y

Ciencias Sociales, se llevó a cabo un acto público recordatorio del 25° aniversario del fallecimiento de Alfredo Coviello.
Se descubrió una placa conmemorativa que reza:
> La Universidad Nacional de Tucumán y su Facultad de Derecho y Ciencias Sociales tributan este homenaje a / Alfredo Coviello / a los 25 años de su muerte. / Inspiró la fundación de esta Casa y animó con su ejemplo todo esfuerzo de cultura. / Julio 1969.

A continuación, pronunció un discurso alusivo el Decano de dicha Facultad, doctor Dardo Colombres Ugarte, quien concluyó expresando [Universidad Nacional de Tucumán. Facultad de Derecho y Ciencias Sociales. *Revista Jurídica*, N° 21, 1970]:
> Señores: si nos preguntaran si se han cumplido los anhelos, vaticinios y propósitos de Alfredo Coviello cuando inspiró y luchó por estas creaciones universitarias, podemos contestar honesta y sinceramente que sí, que sí se cumplieron como él lo quiso, que la Universidad se acercó al pueblo y que en ella pueden verse, cómo él también lo quiso, *las amplias portadas abiertas de par en par, para fomentar todas las sanas vocaciones, en un clima de absoluta democracia.*
> Este acto no es el consabido acto de recordación y homenaje a la memoria de un hombre, al que estábamos obligados por exigencias de la vida social o compromisos políticos. No; es, o quiere ser, una fiesta del espíritu, la recordación de un hombre superior, hecha por quienes lo conocieron, por quienes supieron de su inteligencia, de su voluntad, de sus convicciones, de su profundo fervor y sinceridad; hecha por hombres que mantienen vivo en su memoria y en su corazón, el reconocimiento de una obra sólida, perdurable, amasada con amor, con pasión, con desinterés, con sentido humano y social, inteligencia elaborada desde sus comienzos y seguidos sus primeros pasos con igual amor y dedicación.
> En muchas otras y en muchos aspectos de su vida, Alfredo Coviello puso todo su ser y todo su entusiasmo, pero en ninguna otra, como en la creación de estas dos facultades, de Derecho y de Bioquímica, esas condiciones y virtudes

que constituían su personalidad fueron servidas tan maravillosamente por ese inmenso motor, que era en su persona, su voluntad; y no voluntad de poderío, de figuración, sino voluntad de creación, de realización, voluntad de ampliar horizontes mentales, de hacer mejor a los hombres y de convertir a esta capital, como lo dijo, en la ciudad de cultura por antonomasia, presentida, decía desde hace un cuarto de siglo.

[486] El Honorable Consejo de Educación de la Provincia, presidido por Miguel Ángel Torres, por Resolución N° 1587, del 8 de agosto de 1969, resolvió:
Designar con el nombre de Alfredo Coviello a la Escuela de Administración de Empresas de la ciudad de San Miguel de Tucumán, provisoriamente ubicada en el local escolar donde funciona la Escuela José Mármol (Rivadavia esquina Santiago del Estero). En consecuencia, en lo sucesivo su denominación completa será *Escuela de Administración de Empresas Alfredo Coviello*.
En uno de los considerandos se expresa:
Que gracias a su esfuerzo se añadieron dos Facultades a nuestra Universidad y que la nueva Escuela de Administración de Empresas, sería una institución grata a su vocación fundadora.

[487] Posteriormente se lo denominó *Instituto de Enseñanza Superior Alfredo Coviello*, al ampliar su oferta curricular, funcionando en el mismo local, en horario nocturno. Es un terciario dependiente del Gobierno de la Provincia.

[488] Por Ordenanza Municipal N° 1131, del 18 de agosto de 1969, se denominó "Pasaje Alfredo Coviello", en la ciudad de Tucumán, a la calle que corre de Este a Oeste, entre Santiago y Corrientes, y se extiende de Necochea a Viamonte.

[489] Por resolución N° 1820, del 11 de diciembre de 1973, siendo interventor de la UNT Pedro Heredia, se dispuso:
Designar post-mortem Profesor Honorario de esta Universidad al doctor Alfredo Coviello.

El expediente fue propuesto por el delegado interventor de la Facultad de Derecho y Ciencias Sociales, y en los considerandos de la resolución se evoca que Coviello propició la creación de dicha Facultad y la de Farmacia y Bioquímica, y a continuación señala:
> Que ambos organismos a través del tiempo han cumplido con creces los anhelos de su gestor.

[Universidad Nacional de Tucumán. *Compilación histórica. (Desde el 1° de enero de 1963 al 31 de diciembre de 1989) – 75 aniversario de labor universitaria. Tomo III – Volumen 3-4*. Tucumán: Facultad de Bioquímica, Química y Farmacia, 1998].

[490] En 1998, al cumplirse un centenario de su nacimiento, se le puso el nombre de "Alfredo Coviello" al Departamento de Posgrado de Derecho de la UNT, siendo Decano, el doctor Rodolfo Luis Argüello.

[491] Nicandro Pereyra. "Vida de un hombre ejemplar", en *El Tribuno*. Salta, 20 de agosto de 2000. Sección "Agenda cultural", dedicada a "Alfredo Coviello, y el regionalismo universalista". Incluye también notas de: Ignacio Azcune. "Perfil de un filósofo", Ricardo Federico Mena. "La divulgación cultural como producto de calidad".
> No debemos omitir los nombres eminentes de Amadeo Jacques, luego héroe de *Juvenilia*, Paul Groussac, Ricardo Jaimes Freyre, William Cross.
> Pero hay que atribuir al caso Coviello el matiz debido. Tiene este hombre excepcional los arreos del que se construye a sí mismo, no obstante todas las adversidades posibles. Hay una suerte de instinto en él que lo pone diestro en la utilización de los datos favorables; una luz laberíntica en lo difuso y endiablado de las circunstancias. Tiene una red celestial que le permite absorber lo necesario. A ello se ajusta su capacidad de sacrificio, su olvido de la frivolidad y, entonces, es un irse con todo a la eficiencia última. Su conducta es un solo de amor infinito, una manía de aprender, y de aprehender lo inalcanzable. Por supuesto que no son solamente su tenacidad y lucidez razonables: viene también a servir ese imán

que llamamos intuición. Esta paciencia sobrehumana, por llamar de alguna manera a su empeño, nos dará un Coviello henchidamente hombre ejemplar.

Sin embargo, Coviello en Tucumán no es el forastero que ofrezca un estilo huésped: Alfredo Coviello ha sido honrado con el verdor de esta provincia infinita; está encubierto en su cañamel, en sus naranjales y jazmines y helechos. Tucumán es una taracea perfumada que destella en sus modales. Aquí Coviello más bien es un anfitrión: se ha incrustado en el ámbito cultural, y el analizar su vida, pasión y muerte, es caminar por los intersticios de la cultura. Es anfitrión, digo, y lo es en un deslinde de mucho rigor y que obliga a un impar poder de penetración inteligente.

Todavía están Alberto Rougés, Juan B. Terán, Lizondo Borda y el mismo Miguel Lillo, o su estela de sabio botánico. Y, además, por añadidura, hay un manojo de criaturas extremadas, huéspedes sí, que glorificaron a la universidad argentina por su labor en la Facultad de Filosofía y Letras.

No obstante, este ciclo que absorbe sus trabajos en el diario *La Gaceta*, en la Universidad Nacional de Tucumán, en la Sociedad Sarmiento, en la revista *Sustancia*, en la S.A.D.E., nos impresiona melancólicamente por su modo de estrella fugitiva, ya que su vida se apaga casi a la par del ciclo democrático en la Argentina. Quien tome contacto con estas páginas, habitadas a menudo por un epos lírico indudable, coincidirá conmigo.

[...]

Digamos que su vigilia y perspicacia, y su indudable alegría para el trabajo, le abrieron el entusiasmo de vivir y amar la libertad. Todo se une y transfigura y se machaca, se "apura día a día, hora a hora, en el ambiente periodístico, esto es, el tiempo, requisito de salir en tal instante". A lo que debe agregarse que conservaba íntegra la serenidad para tratar "con la acostumbrada altura todos los acontecimientos", según estimaba Alberto García Hamilton.

Dice Coviello que la moderna función del periodismo es la vigilancia permanente de nuestras instituciones; es claro que en la redacción de un diario no se labra con la paciencia del artífice; eso sí, la palabra debe fluir inequívocamente: las palabras se deben escribir sin entrelíneas.
Se ha instalado Coviello en un mirador muy fino. Se llama *La Gaceta* este mangrullo, y desde ahí atisba el moverse de esa colectividad que es Tucumán y el Noroeste del país. Porque ese periódico es un fenómeno de tucumanía. Pertenece a la misma simiente que la Universidad Nacional de Tucumán. De esa amplitud de visión han nacido los cantares tradicionales recaudados por Juan Alfonso Carrizo, Oreste Di Lullo en Catamarca, Tucumán, Santiago del Estero, Salta, Jujuy y La Rioja.
Pertenece a la misma simiente mítica que originó los trabajos del grupo *La Carpa* que, de alguna manera, significaba continuar con los problemas considerados, en 1914, en tres conferencias de Ricardo Rojas referidas al medio geográfico, el carácter ideal y estético de la universidad. El Tucumán que se agita en estas páginas es el mismo que apabulló mis desvelos intelectuales de molécula ávida y, sin duda alguna, mi experiencia vital tan ínfima y desposeída de inocencia, de vaguedad, de perfumes inundados de alma.
No aparece en la lista, pero se puede imaginar el cura Linares, desbordante, alto, una llamarada, con su empaque vital. En cambio sí vemos caminar al apacible doctor Maciel, puro y lejano.
Por supuesto, al padre Soubies, coloradote, hirsuto, mirar irónico, un patético Archipreste de Hita, en el ático, incisivo, bizantino mundo tucumano de aquellos días.
Más allá, casi intuidos, el penetrante y lúcido Juan B. Terán, el gran y tierno Ernesto Padilla, tan tucumano siempre. ¿Y qué diremos del nervioso Julio Prebisch, que oía un más allá invisible? ¿Cómo podremos callar nuestro temblor cuando nombremos a Alberto Rougés?

Donación de la Biblioteca de Alfredo Coviello

[492] Las mismas motivaciones que llevaron al doctor Marcos Paz, ex gobernador de Tucumán, a donar la primera biblioteca pública, hicieron que Elvira Martínez Castro de Coviello, dispusiera la donación de la biblioteca de su difunto marido.

Al respecto, evoca Alfredo Coviello (hijo):
> Mi madre cuidaba la Biblioteca como un santuario. [...] Mi padre, bibliómano de profunda adicción, con sus primeras remuneraciones de trabajo a temprana edad fue adquiriendo libros de todo tipo con ansiedad de conocerlo todo y de tener una amplia cultura. Su secretario de *La Gaceta*, Cristóbal Yácumo, había confeccionado un fichero por autor y temas estando los libros agrupados por áreas del conocimiento de modo que era fácil ubicarlos. Anualmente mis hermanas y yo los limpiábamos del polvo y espolvoreábamos DDT como insecticida.

[493] Las gestiones para la donación comenzaron en 1971, siendo Presidente del Consejo Provincial de Difusión Cultural, Gaspar Risco Fernández, durante una cena con la viuda en su casa familiar. El propósito era que tal donación constituyese el núcleo inicial de la biblioteca provincial.

Pasarían cuatro años hasta que se reanudaron las gestiones, a mediados de 1975, siendo Presidenta del Consejo, Estela A.G. de la Vega, cuyo esposo, el diputado provincial Luis Antonio de la Vega, presentó un proyecto de ley sobre la creación de la Biblioteca Provincial, que fue aprobado en el mes de septiembre de aquel año.

La ley establecía que la Biblioteca Provincial dependería del Consejo Provincial de Difusión Cultural, y encomendaba a su Departamento de Literatura elevar dentro de los 90 días un anteproyecto que contemplara el funcionamiento de la Biblioteca Provincial.

El acto de donación de la Biblioteca Coviello a la Biblioteca Provincial fue fijado para el 20 de marzo de 1976, en el cual se inauguraría un Ateneo de Cultura "Alfredo Coviello". El intento fue otra vez detenido ante la inminencia de la crisis política que se avecinaba y que estalló con el golpe de Estado del día 24.

[494] Cuatro años más tarde, Carlos Páez de la Torre (h) y Cansiano, a la sazón Director General de Cultura de Tucumán, retomó el tema...
La Biblioteca Coviello, con todo su mobiliario, fueron donados a la Secretaría de Cultura de la Provincia (San Martín 251).
En el acto de inauguración, realizado el 9 de abril de 1980, hablaron Elvira, Páez de la Torre (h); y Cansiano Flores Franco, en nombre de los discípulos y amigos. [*La Gaceta*, 10 de abril de 1980].

Dijo Elvira Martínez Castro de Coviello:
Encontradas emociones invaden mi espíritu en este acto. Por un lado la satisfacción de ver realizados mis anhelos y los de mis hijos: que la biblioteca de Alfredo Coviello que donamos a Difusión Cultural de la Provincia de Tucumán conserve la fisonomía que él le dio, y por otro, la nostalgia de su irremediable ausencia. Queda en todo esto impreso el espíritu de Coviello. Impreso en los títulos de los libros por él adquiridos y seleccionados, en sus cubiertas, en sus páginas, en sus anotaciones, en sus anaqueles, en la atmósfera envolvente que con libros y muebles aquí se ha constituido.
Estos volúmenes señalan irrefutablemente la vocación de autodidacta de un hombre de singular personalidad por su talento, su espíritu de amplias miras culturales, su infatigable afán de realizaciones útiles a la sociedad y al país.
En este ámbito aquí trasladado, Coviello escribió sus obras y ejerció su acción creadora sin pausas ni fatigas. [...]
Por cierto que aquí no se oirá a las 5 de la mañana el cotidiano tecleo de la máquina de escribir que Coviello abandonaba para cumplir con sus funciones periodísticas en el diario *La Gaceta*, pero en lo más recóndito de libros y de muebles, en lo más profundo de su contextura molecular imposible de percibir a nuestros sentidos,

ha quedado un tesoro de proyectos, cumplidos unos, no alcanzados realizar otros, todo un mundo de afanes culturales y de bien para el hombre y el país.

[495] La Secretaría de Estado de Cultura de la Provincia de Tucumán publicó con motivo de aquella inauguración, un folleto titulado "Biblioteca Alfredo Coviello", en el cual se informaba:
> La "Biblioteca Alfredo Coviello" [...] que perteneció al extinto esposo de la donante, está compuesta de valiosos volúmenes sobre temas de filosofía, psicología, literatura, etc., muchos de ellos agotados. Pueden mencionarse: Obras completas de Hudson (en inglés); Obras completas de Goethe, Heine, Hölderlin, Schiller, etc. (en alemán); Obras completas de Descartes (en francés y latín); Obras completas de Condillac (en francés, editadas el siglo XVIII); y Platón, Aristóteles, San Agustín, Kant, Ortega y Gasset, Croce, etc. (en español), entre otros muchos ejemplares, como se ha dicho, muy valiosos y de gran interés bibliográfico.
> También posee importantes colecciones de revistas literarias: *Nosotros*, *Claridad*, *Revista de Letras y Ciencias Sociales*, *Revista de Occidente*, etc., sin olvidar la colección de la revista *Sustancia*, fundada y dirigida por Alfredo Coviello.
> El patrimonio de la Biblioteca consta de aproximadamente de más de 4.000 volúmenes, como así también del mobiliario original de la misma.

Conforme el inventario realizado por entonces, la Biblioteca Coviello se componía, por temas, de: literatura, 1300 libros; arte, periodismo y obras de referencia, 275; antropología e historia, 274; filosofía y psicología, 640; política, biografías y ciencias naturales, 532; sociología, lingüística y economía, 300. A esos se agregaban 23 tomos de Condillac (edición de 1798), 6 de Comte (1830), 13 de Descartes (1897), 28 de Goethe (1909), 8 de Nietszche (1900); y 23 volúmenes de las obras de William Henry Hudson, edición de 1923. Además, la Enciclopedia Británica y la Italiana. Respecto de la hemeroteca, se inventariaron: 1.400 revistas: *Nosotros* (1ª y 2ª épocas); *Sur*, hasta el N° 112; *Criterio*; la *Revista de Filosofía*, dirigida por José Ingenieros; y por supuesto, *Sustancia* completa en sus 18 números.

En aquel acto de abril del 80, premonitoriamente, Páez de la Torre había expresado su deseo de que
> [...] la Biblioteca Coviello escapara al fatalismo del melancólico destino que suelen tener las donaciones bibliográficas.

[496] Con el advenimiento de la democracia, se dispuso que la Casa de la Cultura y el Consejo de Difusión Cultural fueran trasladados a su actual sede ocupando la Secretaría de Educación el local dejado en la calle San Martín 251.
La Biblioteca Coviello quedó en su primitivo establecimiento y fue luego trasladada – sin comunicación alguna con los donantes – a un recinto más reducido, dentro del mismo edificio.

[497] En julio de 1983, la Biblioteca no había sido nuevamente inventariada.
El 20 de junio de 1985, José Poviña denunció desde las Cartas de Lectores de *La Gaceta*, la "desaparición física de la Biblioteca Coviello" al encontrar sus puertas clausuradas a la consulta de los lectores.
Suscitó intercambio epistolar con el funcionario responsable, sin que se reabriera la Biblioteca ni se supiese fehacientemente la suerte corrida
Tras sucesivas vicisitudes, la Biblioteca Coviello fue reabierta en el Museo Provincial de Bellas Artes, el 15 de julio de 1991, en acto presidido por el Director General de Cultura, Ernesto Nicolás Jair

[498] En su edición del 31 de julio de 1999, *La Gaceta* denunció:
> El mal estado de los techos del Museo de Bellas Artes Timoteo Navarro y de la Dirección de Tránsito causó que ambas dependencias prácticamente se inundaran

ayer. Casi la mitad de los libros de la Biblioteca de la Provincia sufrieron serios daños como consecuencia de las filtraciones que tiene el edificio del Museo, ubicado en 9 de Julio primera cuadra; y en el caso de Tránsito, los empleados de varias dependencias debieron atender al público chapoteando en los pisos llenos de agua.

La lluvia del miércoles a la noche hizo estragos en el Museo, donde se estaban embalando los ejemplares para ser trasladados a la sede de la Secretaría de Cultura, en San Martín al 200.

"Este local tiene que estar cerrado durante dos años para que se hagan reparaciones", explicó el Director de Literatura de la Secretaría de Cultura, Sebastián Nofal. El edificio del Museo presenta serias deficiencias, como una grieta que lo atraviesa desde el primer piso hasta el suelo de planta baja.

Además, otras fisuras hacen peligrar la estabilidad de la edificación, e inclusive hay un vitral, ubicado sobre la puerta, que está extremadamente torcido y corre serios riesgos de caerse.

En 1999 el Museo estuvo cerrado, y dadas las malas condiciones que presenta se decidió trasladar las valiosas obras de arte, que sufrieron daños, y los más de 12.000 libros. Pero la tormenta no dio tiempo, y muchos ejemplares se arruinaron irremediablemente.

[499] Con fecha 5 de junio de 2000, Alfredo Coviello (hijo) se dirige al Secretario de Cultura, Ricardo Salim, para expresarle:

[...] mi honda preocupación por el estado de la Biblioteca que lleva el nombre de mi padre. [...] Con motivo de las noticias periodísticas que denunciaron el grave daño al edificio donde se encuentra instalada la Biblioteca durante las lluvias de este verano, en repetidas oportunidades he pasado por el local donde se encuentra ubicada en calle 9 de Julio primera cuadra, encontrando siempre las puertas cerradas. Un sobrino mío que requirió un ejemplar recibió información que los libros se encontraban seriamente afectados por las goteras de los techos.

Agrega Coviello (h) la cláusula del contrato de donación donde se contempla la rescisión por incumplimiento del donatario, y el monto a percibir por daños y perjuicios.

[500] Diez días después, se trasladaron 170 cajas de libros y piezas del mobiliario original que habían sobrevenido a la inundación y el abandono, a la Casa de la Cultura "Lola Mora", en San Martín 251, donde se reabrió la "Biblioteca Alfredo Coviello".
Alfredo Coviello (hijo) comenzó diciendo en su discurso:
> Estas breves palabras, cargadas de una profunda emoción las titularé *Rescate milagroso y heroico de la Biblioteca Alfredo Coviello en un verano de tormentas implacables.*

Retrato de Alfredo Coviello, por Ricardo Rodríguez.

ÍNDICE

**1.
ALFREDO COVIELLO
Su tiempo. Sus circunstancias.
Apuntes para una biografía intelectual.**

Alfredo Coviello:
algunas claves de su vida, su medio y su época 7

**2.
Notas y digresiones relacionadas con el breve ensayo precedente y con los materiales presentados en la tercera parte de este libro**

El ingenio San Pablo y la familia Padilla 31

Juan Luis Nougués y San Pablo 33

Don Alfredo Guzmán 34

La generación del Centenario en Tucumán 41

Juan B. Terán: cómo un pequeño pueblo
mediterráneo alcanzase personalidad continental 41

Alberto Rougés 48

Ricardo Jaimes Freyre 50

Sus actividades atingentes al proxenetismo periodístico ...51

El País de la Selva, a Ricardo Rojas 53

Ricardo Rojas: el culto de la tradición y la formación
de un ambiente histórico nacional 56

Ricardo Rojas: la universidad pragmática sudamericana ..59

Ricardo Rojas. Bases telúricas y ecuménicas tan
encontradas 66

Ricardo Rojas: la literatura y todo el *logos* del hombre 68

Ricardo Rojas: la primera estética argentina 70

Ricardo Rojas: la Universidad empieza a comprender,
y el pueblo empieza a comprobar 72

Ricardo Rojas: el espíritu de los lugares 73

Ricardo Rojas: la cruz del pueblo 76

Las bodas de plata 77

Ricardo Rojas: estas universidades del interior,
llamadas a equilibrar el país mediante la cultura 79

Alejandro Korn: una filosofía nacional 86

Manuel García Morente: la palabra tradición
adquiere ahora un sentido claro 90

Lorenzo Luzuriaga: la guerra actual decidirá 92

Gonzalo Losada: aunar lo clásico con lo
contemporáneo, la tradición con la vanguardia 93

Saúl Taborda: el socialismo 94

José Gabriel: el resurgimiento de las nacionalidades
con la noción de solidaridad mutua 94

Carlos Ibarguren: nuestro país mantiene aún su
fisonomía propia en las provincias del interior 96

La forma más firme y poderosa del lenguaje del pueblo ..100

En la tierra el principio diferenciador 104

La integración cósmica de hombre, paisaje e historia 108

María Rosa Lida: el estudio de la narración popular
que no desatienda a la actividad artística que tanto
ha contribuido a su conservación e influjo 118

Grande es también el sentido 122

Juan Alfonso Carrizo: una tarea ciclópea 129

Bruno Jacovella: la definición del ser nacional 139

Orestes Di Lullo: un pueblo que no ha muerto en
su tradición, porque pudimos llegar a tiempo para
recogerla 142

Juan Draghi Lucero: ¡ha llegado el momento del
diálogo con la tierra nativa! 146

Una fuerza viva que ha dado a cada región y a cada
agrupación, un sello propio y una sensibilidad
característica 149

Aprendidos con amor en la niñez, crearán una
conciencia nacional 159

Bernardo Canal Feijóo: todavía el destino del Norte
tiene un aspecto de encerrona más o menos amena
del espíritu nacional 164

Ángel Guido: se diría que América ha comenzado a
pensar en sí misma y a tener fe en su adultez recién
nacida 175

Alberto Hidalgo: sólo quedará erguido el espíritu
provinciano, hecho de altura y profundidad 180

ALFREDO COVIELLO
Ilustraciones de su archivo..187

3.
ALFREDO COVIELLO
Textos. Fuentes. Ensayos.
Materiales sobre su vida y obra

Hacia Tucumán, en Tucumán. 1898-1929 241

La Gaceta, 1929-1937 249

Universidad Nacional de Tucumán. 1937-1939 271

Sociedad Sarmiento, 1939-1941 325

Sustancia, 1939-1943/46 (Nos. 1 a 3. Año 1939) 338

Sustancia, 1939-1943/46 (Nos. 4 y 5. Año 1940) 375

El Ateneo de *Sustancia*, 1939-1942 385

La serie *Crítica de los problemas argentinos* 401

Sobre Bergson y Driesch, 1941-1942 407

Sustancia, 1941 411

Sustancia, 1942 421

El drama del hombre y del mundo, septiembre de 1942 ...443

Episodios nacionales. *La Gaceta*, 1937-1943 451

Tercer Congreso de la Sociedad Argentina de
Escritores, julio de 1941 456

Sustancia, 1943 503

Acerca de *Sustancia* 508

Visita a los Estados Unidos, 1943 516

Post mortem 524

www.ingramcontent.com/pod-product-compliance
Lightning Source LLC
Chambersburg PA
CBHW031700230426
43668CB00006B/54